中华优秀传统文化传承发展工程

CCTV.

记住乡愁

第四季

中国中央电视台 编

学习出版社

图书在版编目（CIP）数据

记住乡愁. 第四季 / 中国中央电视台编. --北京：
学习出版社，2018.8
ISBN 978-7-5147-0862-2

Ⅰ. ①记… Ⅱ. ①中… Ⅲ. ①中华文化－研究 Ⅳ.
①K203

中国版本图书馆CIP数据核字(2018)第162355号

记住乡愁·第四季
jìzhù xiāngchóu dìsìjì

中国中央电视台　编

责任编辑：向　钧
技术编辑：周媛卿
装帧设计：永诚天地

出版发行：学习出版社
　　　　　北京市崇外大街11号新成文化大厦B座11层（100062）
　　　　　010-66063020　010-66061634　010-66061646
网　　址：http://www.xuexiph.cn
经　　销：新华书店
印　　刷：北京盛通印刷股份有限公司

开　　本：787毫米×1092毫米　1/16
印　　张：31.5
字　　数：469千字
版次印次：2018年7月第1版　2018年7月第1次印刷

书　　号：ISBN 978-7-5147-0862-2
定　　价：98.00元

如有印装错误请与本社联系调换，电话：010-67081356

目录 | CONTENTS

芙蓉镇

第1集

吃得苦
霸得蛮

　　在美丽而神秘的湘西，坐落着一个当地最具传奇色彩的小镇——芙蓉镇。早在秦汉时期，这个小镇曾因地处酉水河之北而得名酉阳，到五代十国时期，更名溪州，土家族与苗族在此聚居。后因土司王的长期统治，又改称为王村镇。当年，一代文学大师沈从文沿酉水河而行，行至芙蓉镇，便为这里的秀美景色所倾倒，在古镇码头中写下"酉水河中奇山木石最清奇的码头，应数王村"的字句，而他笔下的王村，就是今天的芙蓉镇。"芙蓉镇"之名，则来源于1986年谢晋导演在此地拍摄的电影《芙蓉镇》。电影上映后红极一时，这个古色古香的小镇也因此闻名遐迩。久而久之，王村镇这个名字便被芙蓉镇所取代。

■ 依山傍水的芙蓉镇

从湖南阮陵到保靖溯水而上，一路所见皆是葱茏的森林与陡峭的崖壁，而芙蓉镇静静隐没其间，给人以"柳暗花明又一村"之感。清净、自然、纤尘不染的小镇，就静静躺在酉水河畔。瀑布与峭壁之上的吊脚楼参差林立，随山势而修成的五里古巷蜿蜒曲折。自古以来，芙蓉镇就有"八分山水两分田"的说法，陡峭的山势，湍急的河水，让先民们的创业变得十分艰苦。但土家儿女们"吃得苦，霸得蛮"，他们用自己坚毅的脊梁挑起一块块石板，铺就了古镇的兴旺，他们用自己灵巧的双手编织一缕缕丝线，缀出了生活的美好。一代又一代土家儿女们在小镇里栖居，在时光的长河中，繁衍出世世代代的繁华。

一　土司王朝保家卫国

湖湘儿女"吃得苦，霸得蛮"的精神历来为人称道，而早在五代十国年间，芙蓉镇的子民们就传承着这种精神意志。千百年来，这种韧劲儿在芙蓉镇人民世世代代的繁衍生息中，逐渐转化为一种更加博大的家国情怀。

939 年，正值五代十国时期，当时湖南处于南楚政权的控制之下，长沙楚王马希范昏庸残暴，惹得湘西民不聊生。一次楚王自长沙出巡至溪州，正遇上一对土家新人结为连理。楚王见新娘姿色甚美，心生歹意，意欲强行霸占新娘，便将新郎关入牢中。新娘坚贞不屈，投河自尽；而新郎在狱中听闻新娘死讯，也愤懑至极，撞石而死。

楚王此举，使得这对鸳鸯双双殒命，也激怒了溪州人民与土家族首领彭士愁。在彭士愁的带领下，溪州人民纷纷起兵反抗。面对长沙楚王两路精兵的夹击与围剿，土家军毫不畏惧，在人数与装备均不占优势的情况下，凭借着地形优势，在高山深谷之间硬是与楚军周旋了一年多的时间。持久的战争、巨大的消耗，让楚王败下阵来。最终，他厚葬了殉情的新郎新娘，与彭士愁以酉水河为界，盟约立誓。誓文的内容，被深深刻在一根重达 5000 多斤的铜柱上，这根刻有 2600 多字铭文的铜柱，在当地人眼中，不仅是一段战争的记忆，更是维持古镇兴旺的"定海神

■ 刻有誓文的溪州铜柱

针"。如今，它依旧矗立在当地的溪州铜柱纪念馆，于静默之中，镇守着一方太平。

溪州一战，让古镇儿女挺直了脊梁，也从此开启了"殿阁高耸碧云霄，威震边疆八百年"的土司王朝时代。在彭氏家族统治溪州的880多年间，溪州人民世代遵守铜柱上的约定，日子安宁而又祥和。但每当朝廷征召之时，他们总是奉召出兵，用湘西汉子的满腔热血保家卫国。

明嘉靖三十三年（1554年），江浙沿海地区常有倭寇进犯，朝廷下令组织一支精英部队奔袭抗倭。当时，年仅19岁的彭翼南刚刚坐上第25代土司之位，而就在除夕前一天，他接到了命他立即带兵出征、不得延误的圣旨。在遵循年俗与保卫国家的抉择之中，彭翼南毅然选择了后者。他召集全镇士兵当即过年，提前吃过年饭之后即刻就踏上了征途。为了纪念将士们的这一义举，"赶年"的习俗被土家儿女代代传续下来。每年的腊月二十九，家家户户都会围在火炉边，品着醪糟酒，呷着今日的甜美，品着过往的醇厚。

1500多公里的长途奔袭作战，给将士们带来了重重的困难。但他们"蛮霸"的性格，在艰苦的条件与凶悍的敌人面前，被更大地激发出来。王江径一战中，彭翼南用火攻大败倭寇，立下东南第一战功。湘西汉子们浴血沙场、同仇敌忾的精神使明军士气大振，最终击败了倭寇。嘉靖

3

"子孙永享"四个大字至今清晰可见

■ 记功石坊上的"子孙永享"四字

皇帝下旨修建石坊以表彰土家士兵功绩，石坊上"子孙永享"四个大字至今清晰可见。

湘西土家儿女"吃得苦，霸得蛮"的精神，是土家族勇猛、刚强精神的生动体现，也是和平时代艰苦创业的韧劲，更是国难当前时保家卫国的豪情。岁月流逝，昨日的金戈铁马早已远去。而今天，坚贞气节与遒劲风骨所抒写的传奇，还在继续。

二　芙蓉汉子龙洞创业

坐落在酉水之滨的芙蓉镇自古因水而兴。凭借舟楫之便，这座隐藏在深山中的小镇成为内河通商的黄金口岸。曾经，芙蓉儿女们靠着镇上的码头，过着安乐祥和的日子。可好景不长，随着酉水下游水利工程的修建与铁路的开通，内河航运失去了优势。往日喧闹的码头渐渐沉寂，千年古镇陷入了空前的萧条。为了维持生计，古镇人只好开着船四处找生意，漂泊的日子，一过就是七八年。

67岁的杨崇贵，曾是芙蓉镇航运公司的总经理，他亲眼见证了芙蓉码头由繁荣到衰落的变化。1984年，立志改变这一情况的他决定背水一战——利用地理优势开发猛洞河溶洞，发展旅游。

一不做二不休，在 1985 年 1 月 5 日这一天，6 个只有三十几岁的年轻人自发组成的"六壮士"突击队，驾着一艘机动小船开进了猛洞河峡谷，开始了艰苦的开发之路。万事开头难，一开始洞内无路可走，队员们就泡在刺骨的河水中凿岩架桥，借着酒劲暖身，队员们硬是架出了一条路。渴了喝洞中水，累了在船上睡，3 年多的日子里，队员们向洞内搬运了数十吨的建材，他们磨破了双手，磨肿了双肩，却从未抱怨过。当 1986 年小龙洞第一期开发完成，首批客人坐船游览溶洞时，小小的古镇沸腾了。

而今，六位壮士中仍有四位健在，夜幕降临，小舟上的渔火映红了每个人的脸颊。酾酒临江，他们把对逝去工友的思念与对美好生活的渴望倾入酒中。芙蓉儿女们"吃得苦中苦"、敢想敢干敢闯的开拓精神，就这样融入一方山水之间，成为千年古镇永恒的精神丰碑。

■ 瑰丽的猛洞河峡谷

三　芙蓉女子织洗持家

芙蓉镇土王桥的一边，总有一名女子在编织着"西兰卡普"这种土家族的传统织锦。一条条丝线，是土家族女子出嫁时对纯真爱情与幸福未来的美好念想。这名女子名叫曾小玲，她总是在编织"西兰卡普"时唱着山歌，展示着芙蓉镇的独特风情。

2004年，曾小玲的丈夫身患重病，而两个儿子也正在读大学，生活的重担全部压在了她的肩上。为了撑起家业，她到镇上的一家宾馆当了洗衣工。那时，只有80多斤的她要用一个背篓分三次把300多床被单背回家，晚上5点前再送回宾馆。家中没有洗衣机的她，只能一床一床地手洗。有一次她突发急性胆囊炎，上吐下泻几近虚脱。为了不让家人担心，她到床上休息一会儿，又起来接着洗。就这样，曾小玲用自己单薄的肩膀，撑起了这个沉甸甸的家。如今，她的两个儿子已顺利毕业，一个回乡创业，一个从事翻译工作。曾小玲再也不需要为生活而操劳，如今的她闲来就在土王桥边唱山歌，织西兰卡普，在如画的风景中，品味生活的恬淡与幸福。

如果说芙蓉镇的男人能够用肩扛起一座山，那么，古镇里的女人就

■ 土王桥旁编织西兰卡普的曾小玲

现在 她再也不用为了生计而操劳

能背完酉水河里的水。芙蓉镇的女子，用一个个小背篓，担起了生活的重担，背回了幸福的日子。对于她们来说，这只小小背篓仿佛承载着生活的全部，无论是柴米油盐，还是襁褓里的孩子。年复一年，日复一日，或许这沉甸甸的背篓能够磨破她们的肩头，却磨不灭她们对家庭的责任和担当。吊脚楼、小背篓，也就成为芙蓉镇人心中最柔软的家乡记忆。

（四） 芙蓉后人学术报国

2006 年 7 月，青藏铁路建成通车，这是中国运输史上开天辟地的壮举。但此时，外界却出现了一些无端的指责，说铁路的修建破坏了青藏高原的生态环境。作为全球知名生态专家的彭长辉决定展开实地考察，用事实说话。

今年 55 岁的彭长辉是加拿大魁北克大学的教授，从小喝着酉水河水长大的他，也传承了这方水土所赋予的性格。尽管离开故乡已经 25 年，但芙蓉镇人"吃得苦，霸得蛮"的血性心气依然体现在他的工作和生活中。

2007 年 7 月，彭长辉率领一行五人的科考队伍深入青藏高原，从未到过高原的他和队员们一起，执行着艰苦的科考任务。每天早上六点钟起床的科考队员们，背着干粮、水和设备前往采样点采样。负

■ 彭长辉在青藏高原

重 20 多公斤的队员们，最近也要跋涉 5 公里以上。

高原上艰苦恶劣的环境并没有难倒科考队员们，凭借着坚毅勇敢的吃苦精神，他们顺利地完成了此次科考任务。他们用事实与科学数据，向世人展示了中国政府在修建青藏铁路时是如何重视环境保护的，更彰显了中国政府在工程建设中，对生态环境保护的一贯重视。与彭长辉研

究相同领域的科学家们，在祝贺之余，也纷纷带领家人前往高原大地，亲眼见证铁路与生态的和谐图景。

"吃得苦，霸得蛮"的精神，是每一个芙蓉镇儿女心头永恒燃烧的火焰，它不会因游子离乡而冷却。它将永远火热，支撑着每一个芙蓉儿女奋勇向前。无论是生活中的美好愿景，还是为国家奉献的大任，都将在这种精神的支撑下，克服千难万险，臻于大成。

2200多年过去，突兀隆起的青石板路早已变得光滑平整，飞檐翘角的吊脚楼风采依旧。此起彼伏的吆喝声和沿街晾晒的衣物，让整个古镇充满了生活的气息。在这片神奇秀美的土地上，土家儿女们世代繁衍生息，"吃得苦，霸得蛮"的精神早已融入他们的血脉当中，世世代代地流传着。男人们用坚实的臂膀扛起了一座座山，女人们用灵巧的手编织着一湾湾水。生活的幸福与美好，在芙蓉儿女的世代耕耘中，溢满了这个小镇。夕阳西下，古镇上的人们再次跳起了摆手舞；年幼的孩子围着火盆听老人讲述那曾经的烽烟岁月。千年古镇的故事，那些飘散在石板路上的动人山歌，久久地回荡在酉水河的两岸。

编　导：王晓宇　主持人：徐　俐
撰稿人：王景浩　指导撰稿：王利花

编导手记

石头缝里的生活

起初，在我的记忆里，《芙蓉镇》是古华写下的一部小说。后来在电影学院上学的时候，看到了被谢晋导演拍成影片的《芙蓉镇》。时过多年，虽然电影里面的具体细节已经记不清楚，但画面上反复出现一条青石板老街，以及男主人公秦书田被抓走之时，对"米豆腐西施"的一句临别前的叮嘱，把我深深感动了："活下去，像牲口一样活下去！"只有坚强地活着，就总能盼到再次相见的时刻。

多年之后，这句台词一直在我脑海中回响，也一直想象着到底是什么样的山水，养育出了如此坚毅不屈的人们。

2017年4月，终于有机会去芙蓉镇调研。虽然对神秘的湘西山水早有耳闻，但当亲眼看到惊天瀑布从高山之巅一泻千里，一幢幢建于悬崖之上的吊脚楼鳞次栉比。才真正感到其势之壮，动人心魄。

当地陪同人员告诉我们，这座挂在瀑布之上的千年古镇，曾经是兴盛一时的土司王朝的都城，所以叫作王村。1986年，谢晋导演在此取景拍摄了电影《芙蓉镇》之后，小镇才因此更名。但不管如何，作为曾经的王者之地，站在瀑布之下仍能感受到当年的一抹豪情。

相传很久以前，土家人都住在半山腰上，为了防止野兽毒虫来攻击，每晚睡觉前都要点起火堆。如何改变这种夜不能寐的状态，一位老人想了个法子。他让一群小伙子砍了一些树枝，然后像扎木筏一样，在树上搭建了一个茅棚来遮阳挡雨。老人家在树上住了一段时间后发现，这样既能防止野兽的攻击，也能避开毒虫的侵扰，很是安全舒心。于是，他把这个主意告诉了周边的邻居，让他们也把房子建到树上。从此，这种建筑被土家人一代代地延续了下来，逐渐演变成今天的吊脚楼。也正是因为这种在石头缝里讨生活的经历，才磨炼出了当地人能吃苦的性格。

听完吊脚楼的故事之后，我们由码头上行，跟随着一个个背篓，进入了芙蓉镇的五里长街。如果把青石板街比作一本线装古籍，那每一个从石板街走过的人，发生的事，都是这历史书页中一个流动的点。沿着圆润光滑的石板路，蜿蜒曲折的街道，我听到了一千多年前老土司王彭士愁的那声长长叹息；听到了土家族士兵在东南沿海抗倭的金戈铁马之声；听到了小龙洞修建时，叮叮作响的敲击声。也明白了"要像牲口一样活着"的人生道理。

正是这些历史往事的积淀，在湘西土地上形成了一种特殊的性格与文化，也构成了我们的拍摄主题：吃得苦、霸得蛮。

半个多月拍摄下来，大家内心中都有一种难以诉说的情感，那是对六壮士的敬重，更是对"吃得苦、霸得蛮"精神的理解。一场简单的小聚，没有豪饮，没有狂欢，有的是一盏渔火，一声对离世兄弟的问候。但我们每一个人都深深记住了芙蓉镇，记住了那个夜晚。

节目编导：王晓宇

琅琊镇

家国两相依

琅琊镇，位于山东青岛黄岛区，处黄海之滨，依山傍海，人称"海上忽见神仙山，碧波浩荡通天边"。古镇旧属古琅琊郡，古齐人之地，姜子牙就曾在琅琊山上修主祠，立四时。三千年悠悠岁月，如白驹过隙，唯有背后沧海，默默记下一切，却又深沉不语。

漫步在小镇上，青山环绕绿树，碧波摇曳白帆，楼房整齐地排列，一片宁静祥和的景象。当铅华洗尽，波澜壮阔的历史似乎已经走远，平和的生活似已将其取代。然而，当你稍稍抬起头，就会惊喜地发现家家户户插着的五星红旗，那种传统、那种情怀，从未走远。无论是祈求平安的习俗，还是对国家热烈的感情，国旗、国家，都已经化为小镇人自心底而来的信仰与力量。

一　一统

"维秦王兼有天下，立名为皇帝，乃抚东土，至于琅邪"。这段文字，记录了公元前219年秦始皇东巡至琅琊，临碣石，观沧海，命李斯刻石于此。这块石刻，就是闻名天下的《琅琊台石刻》，而这段不朽的文字，记录的就是中国历史的第一个大一统王朝。

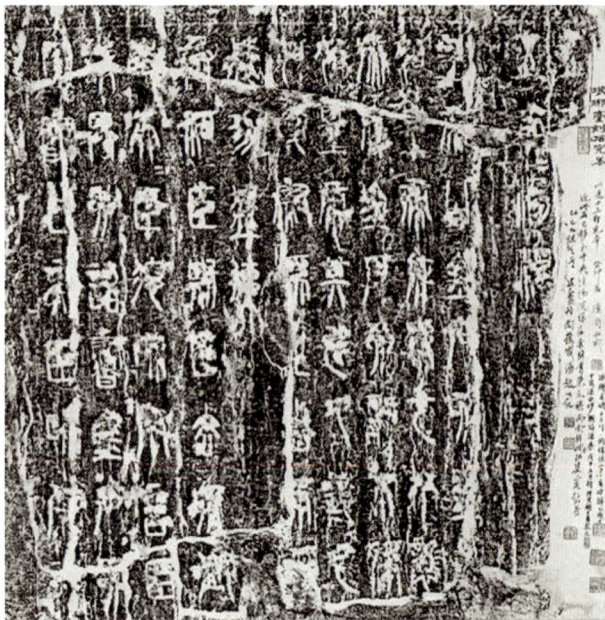

■ 琅琊石刻碑文拓片

可曾忆，战国七雄，诸侯逐鹿，历经久长战事袭扰，农事不兴，商贾不作，百姓呼唤着安定，期盼着和平。公元前221年，秦王嬴政"奋六世之烈"，终扫六合，从此，把"秦"这个汉字，牢牢钉进了每个华夏儿女的心里。

秦朝建立，书同文，车同轨，统一度量衡，修农田水利。石刻载"莫不受德，各安其宇"。始皇帝下令从内地迁来三万户人家，十五万名百姓，免除十二年的赋税徭役，在此夯筑琅琊台，百姓感受到了国家一统带来的福泽，古老的中国得以在绵延数百年的战火中得以喘息。虽然秦朝持续时间仅仅14年，但琅琊却以其独特的历史意涵世代延续下来。相传徐福携童男童女于此东去求仙；汉武帝数次登临，极目远眺；李白、白居易、苏轼，也都曾至此留下旷古名篇。因着临海之便利，北方渔盐、南方丝绸在此出海进港，至北宋，已俨然是北方最大的军港、渔港。然而，琅琊这个名字，远比我们想象的要更加响亮、更加重要。

琅琊在中国人心中的意义，已经超越了地域时空的限制。由于那块石刻，为了那段辉煌、兴盛的王朝会把琅琊作为重要的制所设立，即便偏安势衰的年代，也会在国土的某处，设上琅琊一地。最为著名的，莫过于永嘉之乱、衣冠南渡之后，因思念故国故土，于金陵另设的侨置琅琊郡。不管是真有昌隆的文治武功，还是复还山河基业的美好愿景，琅琊，在人们心中的地位，已经渐渐升华，成为一团闪耀的火炬、一面飘扬的旗帜、一个民族的图腾。这象征着一种认同、一种骄傲、一种流淌在先祖一脉继承下的血液中的激情。

二　卫戍

琅琊自古就是北方重镇，而在元末明初之际，倭寇进犯我国沿海，肆意抢掠，戕害百姓，一度繁华的琅琊港褪去了往日颜色。为了防止倭寇侵扰，明太祖朱元璋下旨在此修筑兵寨，加强海防，明成祖朱棣继续加强琅琊军力，修固堡垒，并从江南迁十五姓军户，跋山涉水，克服重重险阻到往琅琊，从此在这里开枝散叶，世世代代守卫着漫漫海疆。

将士们闲时为民，战时为兵，在呼啸的海风中，在翻腾的巨浪里，世代镇守在城墙之上。当时没有军号，他们就吹着海螺演练，海螺声就是严阵以待的标志，就是冲锋陷阵的号令，也是保家卫国的决心。对于他们来说，他们身后的每一寸土地都是家园，守护住这座海防卫所，就是守护住亲人的平安。

■ 迁至琅琊各姓氏将士名册

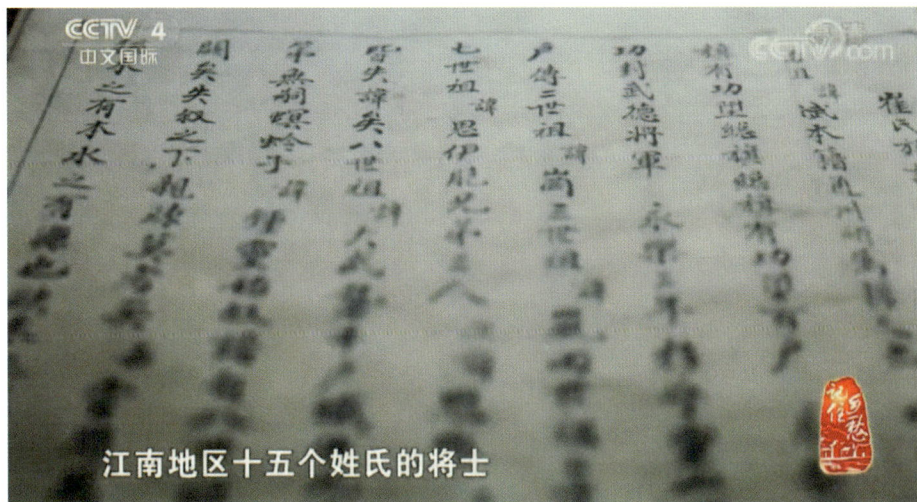

■ 海军官兵营救受伤渔民

正是在他们的坚守下，明洪武年之后的数百年间，琅琊海域再没有发生过一起大的战事。万里之外迁来的他们，守卫着这片国土，而我们的国家，也从来没忘记他们。

祖辈世居于此的渔民肖永学，今年已经54岁，十几年前的那次事故，让他现在想来既心有余悸，又心有余温。当时，他和哥哥一起出海，风浪滔天，小小渔船在大海中摇曳，一不小心，卷扬机铰断了他的胳膊，而他们离海岸太远，最快的救援也需要一两天才能抵达。

时间就这样一点点流逝，鲜血也在一点点流淌，肖永学的哥哥用床单勒住伤口，在那恶劣的环境里，人的生命是那样渺小，对死亡的恐惧与绝望笼罩着他。然而就在这时，海事局的一通电话却让兄弟二人燃起了希望，一艘完成训练的军舰正在火速前往，仅仅7个小时过后，高高飘扬的五星红旗，就劈波斩浪地出现在兄弟二人面前。手术随后紧张进行，在肖永学需要输血的时候，官兵们都抢着撸起袖子。每每想起那个时候，肖永学都会涌出泪水："他们都是救命恩人！"

"我爱我的国，我的国也像我爱她一样爱我"，这大概就是传承在琅琊人的血脉中的精神与爱，这份强烈的归属感和认同感，早已浸润在了这片历史悠久的土壤中，并世世代代感召着后世子孙。

三　传家

著名建筑学家梁思成、林徽因二位先生为保护古建筑付出的努力家喻户晓。而在祖国的各个角落，也有许多普通人，为保护这些珍贵的遗迹付出着自己的心血，他们可能没有那么高的学养，没有那么厚的积淀，但是却都有着一颗赤诚的爱国之心。杨茂兴杨玉革父子，就是这样两个平凡得不能再平凡的琅琊人。然而就是这样普通而平凡的人，却做了一件超越他自己，乃至超越时代、超越历史的事。

在杨玉革家的院子里，我们可以惊奇地看到一段明代城墙，尽管给人以断壁颓垣之感，但我们仍能依稀想象到600多年前城墙的模样和在此作战、守卫的士兵的辛苦。也许每个到这里的人都会问：为什么一个普通人家的院子里还保留着这样一段城墙呢？这还要从杨玉革的父亲杨茂兴说起。

■ 杨茂兴杨玉革父子保存下的城墙

这段城墙原是被划为宅基地归属到杨家，从此就被老杨当成了家里的宝贝细心呵护，看着城墙一天天被海风雨水吹打，实在破败得厉害，老杨想出办法，在上面种植枸杞，为了防止水土流失，把城墙抓牢护紧。在大儿子杨玉革结婚的时候，老杨宁可一家人挤在三间狭小的屋子里，也坚决不把城墙推倒修建新屋。无法想象那时候的杨茂兴究竟在家里顶住了多少压力，又领受了邻人多少的劝阻乃至非议；更加无法想象的是，他们到底为什么宁可放弃舒适安逸的生活，也要守护这段"无用"的城墙呢？

对这个疑问，杨玉革说了这样一番话："虽然咱们是农村人，咱不懂这个东西，这个价值，恐怕以后这个东西成了文物了。以后不行再到别的地方去盖，这个地方绝对不能动。"虽然质朴，但真实而动人。当他说到老父亲临终前几天还天天在城墙边走走看看，摸一摸城墙上的夯土时，无人不会流下泪水。家国天下的情怀从来不仅仅在恢宏磅礴的呼喊中，更在这无言无声的守护中。杨氏父子文化有限，但流淌在血脉中的传承却更加深刻，这段城墙，连同它所保留的那600多年的历史沧桑变幻，已经化为了杨家的家族记忆的一部分，而这记忆也以这种方式，将深深的家国情散播到更远的地方。

如今，在政府的帮助下，杨家人在老城墙周围垒砌起一道外墙，古老的历史留存有了更好的守护，这一段城墙如同一段纽带，将现实与历史连接起来，得到了最精心的守护。

现在的琅琊镇，青峰翠脊，延伸出人间的仙境，高楼石刻，倾诉着动人的传说。历史沧桑巨变，但总有一些钻石般恒久远的人和事，无论世事如何变迁，永远被人铭记。孟子云："天下之本在国，国之本在家。"即便沧海已成桑田，但一定有那样一种精神，一种家国相依的精神，会在这片山海间永远传承下去，就如同那一面面高高飘扬的五星红旗，一种植根于我们意识深处的家国情怀，化作一个灿烂的图腾，在琅琊镇，在全中国，更镌刻在每个华夏儿女的记忆里。

编　导：王晓宇　主持人：宫柏超
撰稿人：任春昊　指导撰稿：王利花

悠悠清溪绕山而行，摇橹声穿透了清晨的薄雾，位于福州市永泰县的嵩口镇伴水而居，每一天，都从吱呀声中醒来。戴云山脉顺势而下的涓涓细流，在这里汇聚成一条宽阔的溪水，滋养着两岸成片的香樟林。嵩口镇坐落于明山秀水间，恍若仙境。"嵩"是高高的山，溪水合流之处称为"口"，于是人们把这古老的集镇叫作"嵩口"。因地处四市五县的交界，水运发达，百货随船入市，这里自古以来便是舟楫穿梭、客商云集的商贸重镇。

■ 伴水而居的嵩口镇

一　公义渡人

在大桥还没建成的时候，船就是飘在水上的桥，是小镇人的另一双脚，人们往来两岸，伸脚就要船。但官渡要收钱，私渡更要牟利，付不起渡钱的百姓往往冒险涉河，这样十分危险。一位名叫毛羽丰的嵩口人就曾目睹过不幸。当时大樟溪上游连日暴雨，雨水裹挟着泥沙奔腾而下，河水急涨，漫上岸来。几名百姓行色匆匆，也顾不得这异常的天象，卷起裤腿，决定涉水渡河。但水流太急太快，涉水的百姓顿时被河水吞没，不幸溺亡。看到这幅场景的毛羽丰心里十分难过，回家后就捐出自家的50亩土地作为义田，买来渡船，并招募诚实可靠的船夫，用义田所得的收益支付工钱，免费渡百姓过河。

民间将毛羽丰的义举称为义渡，因为它有异于以营利为目的的私渡。后来，官府得知后，为毛羽丰立碑褒扬，并且颁布告示禁绝私渡，也叫作永革——永远革除废除私渡，让义渡源远流长，发扬光大。于是大户人家纷纷响应，卖地买船，组织义渡。当地村民也积极配合，轮流担任义务摆渡人。义渡人一船一篙地守着约定：除商业性渡河，其他行旅过渡分文不收。虽然没有报酬，但村民们甘之如饴。晨昏日落，风雨不歇，只要过渡的人一声招呼，就一定会有人划船来接。就这样，义渡

■ 轮流值守的义务摆渡人

摆渡人由当地村民轮流担任

在大樟溪两岸蔚然成风。从嵩口渡到溪口渡、洑溪渡，一个个渡口，一叶叶扁舟，护佑着人们平安渡河。

义渡已经变成大樟溪上不可替代的桥，连接起两岸，也通连着人心。船家将手中的竹篙轻轻一撑，便撑出一片市井繁华，船锚抛定，便定出一片怡人的静谧。小船迎来送往着各色的游客商旅，将小镇的义气播撒开来，接续下去。自此，"义"的种子就在大樟溪旁生根发芽，千百年来接续着别样的篇章，演绎着动人的传奇。

二　大义赠米

清康熙年间，嵩口邻县仙游发生旱灾，庄稼颗粒无收，民不聊生。饥荒残忍地在仙游土地上画了个圈，被圈住的生命逐渐干涸，边陲之地比不得江南，仅仅数天就饿殍遍野。嵩口富商陈长仁得知此事，不忍看百姓遭此苦难，于是将家产悉数拿出，用全部积蓄购买赈灾的粮食。然而，嵩口周边高山环绕，常有土匪出没。为了确保粮食可以顺利送到仙游，陈长仁请人在运送粮食的担子上，插了一面旗，上书"陈长仁义米"，表示这是赈灾义粮。当时已经73岁高龄的陈长仁不辞艰辛，在陡峭的山路上走了两天两夜，亲自押送至仙游。

为了解救素昧平生的百姓，他散尽家财，将生死置之度外。这份情义感动了土匪，于是土匪没抢他的米，让他安全地送米到仙游，解救苦难百姓于水火之中。仙游百姓感谢陈长仁，特地雕了碑送到嵩口，立在安前宫门口，表示全县人铭记恩人的义举。而正是这义举护佑着嵩口，使小镇在战火中也能保持一份祥和与安宁。

■ 安前宫旁斑驳的石碑

在军阀混战不息的年代，一个仙游籍

军阀占领了嵩口。军长攻下嵩口后当即立威，斩杀不服从命令者。而当他行至安前宫时，发现了一块斑驳的石碑，上面记载着陈长仁仗义送米的事迹。面对古人的高风和义举，军阀羞愧不已，对着石碑毕恭毕敬地说道："险些开罪长者于地下。"于是命令军队不得惊扰当地百姓。跨越了200多年时光，陈长仁当年的义行再一次守护了一方百姓的安宁。

三 情义救灾

古时的小镇附近布满深林，野兽也频繁出没。为了守地护秋，小镇成立了一支打猎队，数百年来不收取任何费用，不仅义务驱赶野兽，而且打到猎物总会在各家族间平等分配。古镇的人们生活简朴，却又毫无私心。也正因为这种无私，打猎队在古镇享有极高的声望。

大樟溪蜿蜒着，将文明渡来载去的时候，野兽便远了。古朴的木制建筑群，掩映在蓊蓊郁郁的林木之间，显得明秀而脆弱，天干物燥之时，一点就燃。县救火队远水不解近渴，一旦火情发生，后果不堪设想。于是打猎队换了身份，作为消防队员继续守护着这座小镇。2015年4月的一天，镇上一处仓库因为电路老化突然起火，仓库旁便是挨挨挤挤的民居群，情况十分危急。目击者掏出手机，立刻拨通了小镇消防队的电话。集合、装枪、出队、下车……短短5分钟，13名义务消防队队员便赶赴火场，一头扎进滚滚浓烟之中。在消防队员的水枪攻势下，只用了半个小时，大火就落败而降。因扑救及时，这次火灾只烧毁了仓库里的一些桌椅，周边的民居完好无损。

赴汤蹈火，救人于危难的是英雄；而随唤随到，功成身退之人更有侠者之风。义务消防队并非止于救火，抗洪救灾、维持交通秩序……只要碰到棘手的事情，小镇人都会第一时间想到他们。他们来自各行各业，木工、泥水工、水电工、司机、农民……与普通小镇人一样，消防队员们每天也在为生活奔忙劳累。但只要有训练或任务，他们就会立刻放下手中的活计，投入公益事业中。

■ 仁义无私的打猎队队员们

仁义无私，是消防队扛着的一面大旗，它是重担，亦是光荣。嵩口青年侠肝义胆，用一次次义务的行动赢得了人们的尊重，救灾归来时，古镇人都会自发地前去迎接，也会有面包与花果放在路旁，像是凯旋将士的犒劳品。人们不知道情义的种子从哪里来，扎根在哪里，只是在某个瞬间蓦然发现，它的明艳、它的芬芳，它那浓得化不开的清甜，早已凭着生生不息的生命力传遍了小镇的每一个角落，刻进每个嵩口人的骨子里。

四　道义担责

宋靖康年间，张元干担任行营属官，负责京都防务。而那时，京城正处于危机之中。金兵渡过黄河，围攻京都，张元干挺身而出，立刻投入京都保卫战之中。安炮台、设弩床、备火油，一次次打退金兵的进攻。战斗异常惨烈，金兵遭重大损失后，于同年 2 月退兵。因为有了他们的坚守，京城才暂时得以保全。然而，宋王朝的统治者却无心恋战，偏安江南。张元干愤而辞官，并写下千古绝唱《贺新郎·送胡邦衡待制赴新州》。曲子入人心，只要有码头的地方，都有过渡的舟子吟唱，称赞他宁死不降的志气。

大山深处的古镇习惯了低调，但绝不容忍苟且。仁义组构了他们的血肉，于是安定年代，他们守望相助；危难之际，便从身躯中爆发出不容忽视的能量，惊艳了历史，也叩问着人心。嵩口人世代传颂着张元干舍生忘死的情操，还有他在家乡的种种义举。张元干46岁那年，辞官回乡，途经大樟溪，一条渡船被山洪掀翻，三十几个人在洪水中挣扎。见状，张元干一面招呼船夫帮忙，一面不管不顾地入水救人，当他和船夫们精疲力竭地上岸后，发现只活下来五个人，于是张元干把携带的银两悉数拿出，买了棺木，将他们全部安葬了。

入土为安，是中国人的传统，也是张元干对死者的慰藉。从此之后，嵩口张家便多了一条家规，凡客死嵩口的异乡人，张家人都要把他们妥善安葬，并在义冢处设立祠堂，四时祭拜，香火不绝。当年张家人设立的北坛公庙直到今天依然被精心地维护着。清嘉庆年间，朝廷赐张家"急公好义"匾以彰显门楣，这不仅是张氏家族的荣耀，也成为了古镇人行为处事的道德标准。

■ 彰显门楣的御赐门匾

五　情义互助

流火的六、七月，李果的清甜在空气中发酵，嵩口镇也浸染了满满的幸福与惬意。在这个福建省李果的主要产地上，54岁的林立忠从事李果生意已经32年了。从小林立忠就接受父辈的教育，不论是做人还是经商都要讲求先义后利。

2003年，当地二十多户果农找到林立忠，希望由他牵头，在古镇里建一个李果加工车间。林立忠出资20万元，果农一起出资20万元。车间刚刚建好，正要投入使用，就被一场迅猛的山洪瞬间全部冲毁，就连林立忠原有的工厂也受灾严重，顷刻间，所有的心血都付诸东流。看着自己用全部积蓄建起来的车间化为乌有，果农们伤心欲绝，而那时的林立忠也几乎倾家荡产。按照约定，林立忠并不需要赔偿果农投入的20万元，但是他不忍心让果农们来承担损失。他的恻隐之心闪动着人性的伟大与光辉——他最终决定把果农的损失都承担下来，并承诺一定在新年到来之前把钱发给大家。于是他四处奔走筹款，借遍了所有的亲戚朋友。

第二年春天，加工车间又重新建了起来，果农们对林立忠有说不出的感激和信赖，这些年来，无论丰年荒年，他们总是把最优质的李果留给林立忠，林立忠的加工厂也因此越办越红火。

青山绿水间的古镇日益向世人展现出他美丽的容颜，曾经的商贸重镇正在向旅游小镇蜕变，近几年镇上在古渡口旁建起了一座民俗博物馆。馆里陈列的展品没有花费一分钱，全部由嵩口百姓自发捐赠。这些老物件曾经伴随着古镇人家度过漫长的岁月，不仅见证着嵩口的历史过

■ 重新修建的李果车间

记住乡愁 第四季（3）
嵩口镇——急公好义
果农们对林立忠有说不出的感激和信赖

往，更承载着古镇人家的悲欢喜乐。一位位捐赠者的铭牌，铺陈出的不仅仅是嵩口淳朴的民风，更是嵩口人的豪情与仗义。

《中庸》有云："义者，宜也。"就是说"义"是一种分辨是非、权衡轻重，又能够自觉选择正确方向去做的德行。对嵩口人来说，义是一艘渡人的小船，是一担救急的粮食，是一纸慷慨激昂的却敌书，也是乡邻间的互助与诚信。千年岁月，嵩口用急公好义书写着自己的故事，也必将带着这份对义的坚守，开创一个更为美好的未来。

编　导：王玉亭　主持人：杨　阳
撰稿人：梁晓宇　指导撰稿：王利花

青岩镇

知难不畏
砥砺奋进

青岩古镇，因镇旁有座狮子山呈青灰色而得名。小镇地近苗乡，距贵阳约 60 华里，曾是远到川、湘、滇、桂的通衢，往来的商贾都要由此经过。洪武年间，明太祖朱元璋为了稳定西南边疆在此设置屯堡。来自江浙、安徽等地的将士携带家眷来到这里，他们和当地居民一起开荒屯垦，过起了战时为兵、和时为民的生活。

如今的青岩古镇依然沿袭着明、清时期的格局，巍峨高耸的城墙把古镇分为内城和外城。30 多座不同时期的庙宇祠堂，述说着古镇深厚的

■ 青岩古镇，因镇旁有座狮子山呈青灰色而得名

历史积淀。青石板铺就的老街，由南向北延伸开来，铺陈出小镇数百年的风华。

一 以身飨军颂忠义

明天启年间，水西土司安邦彦起兵叛乱，兵围贵阳城。当时，青岩人周思稷与7000多名守城将士一起，对抗城外十万叛军。叛军截断了青岩通往贵阳的粮道。在没有任何粮草补给的情况下，周思稷和将士们没有丝毫退却。然而，叛军比想象的要狡猾许多，他们围而不攻。长达10个月的封锁，让贵阳城内陷入绝粮的境地，甚至连树皮、草根都被吃得干干净净。为了打通粮道，周思稷多次率军突围，却始终没

■ 周思稷"以身飨军"的故事，也被写入周氏族谱，被后人世代传颂。

能成功。在一次战斗中，他身负重伤，难以治愈，于是决定以死殉国。自杀之前，他嘱咐将士，在他死之后把他的遗体当作军粮分食充饥。

周思稷死后，将士们厚葬了他，并立下誓言，哪怕战至一兵一卒也要坚守到底。两个月后，援兵赶到，贵阳危机得以解除。明熹宗感念周思稷舍身报国的忠义之举，追授"诚意伯"。而他"以身飨军"的故事，也被写入周氏族谱，被后人世代传颂。

二 两赴台湾兴利除弊

台湾嘉义市的城隍庙中，供奉着一位知县的神像，人们每年举行秋

■ 如今，台湾嘉义市的城隍庙中还供奉着周钟瑄的神像

祭大典时都要缅怀他的功德。这位知县曾两赴台湾，在他任期内，当地百姓安居乐业，他就是青岩人的骄傲——周钟瑄。

清康熙年间，青岩人周钟瑄受任前去千里之外的台湾诸罗县担任知县。当时的诸罗县占台湾本岛面积的 2/3，但是地广人稀，十分荒芜，生产方式也很落后。

周钟瑄看着眼前的一片蛮荒之地并没有气馁，他立志无论多么困难，也要改变当地的面貌。但是，刚一到任，那里的贫穷还有官场的腐败让他感到措手不及。当时，诸罗县的官员们为中饱私囊，巧立名目肆意课税，让百姓民不聊生。

为解决这个问题，周钟瑄上任第一天，就召集地方官员，宣布除正常上缴的赋税外，其余不合理的捐税全部免除。周钟瑄知道，要革除腐败并不容易，这势必会得罪一大批官僚，但是他没有丝毫畏惧，将免税条款刻在石碑上，摆在县衙前。

清除腐败后，周钟瑄开始教导当地人使用农具，从事农业生产，组织百姓开渠堰、修城楼，并拿出自己的俸禄为诸罗县建起了文庙，兴办了义学。在他的 3 年任期中，诸罗县的百姓得以安居乐业。

然而，周钟瑄卸任之后，他的继任者却不问民间疾苦，以苛政相逼，最后激起了民愤，引发内乱。为了安抚当地百姓，朝廷决定再次派遣周钟瑄回台湾任职。到台湾后，周钟瑄倾尽家财，带头捐款，平价出售粮食，并主持兴修水利，广建粮仓，让当地百姓休养生息。在前后治理台湾的 10 多年里，周钟瑄励精图治，对于当地赈灾、修学、创城、建庙、清税、修志等做出了重要贡献。尤其是其到任次年捐 600 余两俸禄修建的城隍庙，至今仍香火鼎盛。同时，其任内修建的水利工程道江圳迄今仍对嘉南平原农田的灌溉发挥着重要作用。明知内乱后的台湾，满目疮痍，百废待兴，但是百年传承的军屯文化，造就了青岩人骨子里知难不退、大勇无畏的性格。

直到今天，越来越多的台湾青年人来到青岩古镇，去走访这位曾为台湾人民兴利除弊的清官的家乡。青岩和台湾情系两岸，血浓于水，其不畏艰险、砥砺奋进的文化基因将代代相传。

三　砖瓦之间铸坚守

如今延续着传统，青岩古镇依然保留着古朴的风貌，那些留存下来的老建筑经过岁月的打磨，更加质朴凝重，尽显沧桑之美。古镇的一砖一瓦间是青岩人守卫古城的坚毅与执着。

在历史上，对古镇进行大规模的修复有两次，一次在清咸丰年间，另一次在 20 世纪 80 年代。

清朝末年，社会动荡，战火四起。小镇也失去了往日的繁华。由于没钱维护，镇外十三里长的城墙，战道塌陷。一旦战事发生，后果不堪设想。咸丰年间，赵国澍担任青岩镇团务总理。为保卫当地百姓，赵国澍决定重修城墙。他当众立下誓言，六个月内如果修复不成，宁可自杀谢罪。

咸丰三年，赵国澍拿出了自家全部的积蓄，连同大家的捐款，全部投入城墙的修复中。他和工匠们不分日夜，用上等的木料和石块，垒砌城墙，在规定日期前完成了这项浩大的工程。

两年后，敌军攻打青岩城，连攻五日，始终没有撼动青岩的防御，最后只能放弃。赵国澍当年修复的城墙，再一次守护了当地百姓。后来，赵国澍在一次外出征战中，战死沙场。家乡的人们为了纪念他，建起了一座赵公专祠。赵公专祠肃穆而庄严，山门两旁"金汤、柱石"四个大字，寓意着青岩城池牢不可破、固若金汤，这也是祠堂主人一生的心愿。

时代的发展并未改变青岩人对古城保护的坚守。1988 年，青岩开始进行第二次大规模的古建保护和修复工作。第一期工程是修复已经坍塌损毁的古城墙。毕业于贵州省建筑工程学校的吴祯祥也组织了一支施工队，希望能够参与其中。当时，有意参与竞标的施工队很多，但是，当大家看到工程要求"一个是工期紧，资金少，还有起步费是三万元"时，都开始犹豫了。

面对这个有些棘手的工程，其他参与竞标的施工队都放弃了，但吴祯祥却下定决心，"我听老人们说，以前几代人都是在不畏艰难的情况下修复城墙的。到我这一代，不管有多大的困难，我也应该承接下来"。冒

■ 今天的古镇依旧保持着它原有的模样

记住乡愁 第四季（4）
青岩镇——知难不畏 砥砺奋进
拱门顶部的合拢处需要嵌入一块石料

■ 赵公专祠肃穆而庄严，山门两旁写有"金汤、柱石"四个大字

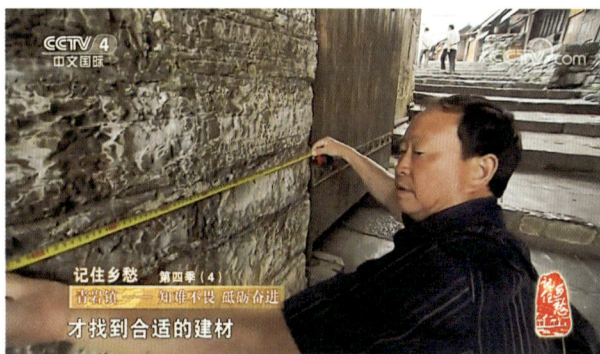

■ 吴祯祥正在测量石料长度

着赔本的风险，他接下了这个工程。

为了能够修旧如旧，吴祯祥和施工队走遍了周边所有的采石场，才找到合适的建材。修复定广门时，他们又遇到了最大的技术难题：拱门顶部的合龙处需要嵌入一块石料，只有毫厘不差才能牢固不倒。为此，他们试验了上百种方法，经历了上百次失败，终于取得了进展。凭借着一份使命和担当，吴祯祥和其他古镇人一起，用了10多年的时间，完成了镇里所有古建的修复工作。虽然每一项工程都是一次挑战，但是他们始终没有放弃过。

当拱门合龙的那一天，古镇人都来现场观看，当时大家很揪心，生怕不能成功，天时地利人和，成功合龙的那一刻，吴祯祥激动之情难以言表。虽然事情已经过去了30年，但当吴祯祥再次登上古城墙时，自豪感依然会涌上心头。

如今，古色古香的青岩镇吸引了四方游客前来旅游观光，古老的建筑里蕴藏着当地独特的军屯文化，也蕴藏着一代代青岩人对历史遗迹保护的坚守之魂。

四　苗绣挑花走向世界

作为多民族聚居的古镇，青岩有着许多独具特色的手工艺品。无论是汉族的木雕、竹刻，还是苗族的葫芦丝、银饰、刺绣，都是传承了数百年的老手艺。

苗族服饰的美，在于它精美的花色和图案，每一处纹饰，都有着严格的要求，一块巴掌大的布料上，就要缝制1500多针，多一针少一线，都会对整体效果产生影响，没有一二十年的功夫很难掌握这门技术。由于技艺的复杂，手工绣完一件衣服往往需要两三年的时间。

20世纪80年代，在现代工业化服饰的冲击下，耗时又费力的苗族手工服饰一度失去了市场。当时，很多人迫于生计，放弃了这门手艺，但是，作为苗绣挑花技艺传承人的王启萍却有些舍不得。她没日

■ 王启萍苗绣作品

■ 王启萍心无旁骛地练习着苗绣技艺

■ 随着端午节到来，舞龙队的小伙子们在古镇舞起了金龙

没夜地干着绣活。衣服做出了一件又一件，却无人问津。

"没有人支持，衣服做了又卖不出去，但我只知道这是我们民族的手艺，不能在我手上断了。"技艺的坚守，需要耐心，更需要过人的勇气。40多年间，王启萍心无旁骛地练习着，花样越绣越复杂，技艺越来越精湛。2001年，已经51岁的王启萍听到省城里要举办一次能工巧匠的比赛。那时她就想着，如果自己能参加，能让大家关注到，也许苗绣挑花技艺的未来还有一线希望。

当时，家人担心她太辛苦，身体吃不消，都劝她放弃。但王启萍却横下了一条心，不论遇到怎样的困难，都要试一次。靠着这股执拗劲儿，她在那次比赛中，获得了第三名。从那以后，原本渐渐没落的苗绣技艺，重新被人们关注。在她的努力下，苗绣挑花技艺已经成为贵州省非物质文化遗产，许多年轻人也慕名来到这里，拜师学艺，古老的手艺又有了新的传承。巴黎时装周2013年春夏"聆听 Horch"时装发布会上，苗绣作为中国古老的手工艺文化，被搬上了巴黎时装周的国际舞台。

在古老的传说中，青岩曾是一条巨龙的栖息地，龙头在河里，龙尾在山上，龙身则贯穿整座城池。古镇人认为，千百年来，是龙神一直护佑着青岩。因此，每到传统节日，他们都要舞起神龙，纳祥祈福。

随着端午节即将到来，古镇里响起了喧闹的锣鼓声。阵阵锣鼓声中，青岩人就像是一条矫健的神龙，在历史的舞台中，凭借着勇气和毅力，创造出独特的文化和成就。如今，青岩人正以一种更加青春和活力的心态，去迎接挑战，展望未来。

编　导：宋鲁生　主持人：宫柏超
撰稿人：高钰霞　指导撰稿：王利花

伯延镇

燕赵古风
实事求是

　　伯延镇，位于河北武安市城南。据《武安县志》记载，早在距今3600多年前的商周时期，这里就有人居住。北宋年间建村时，因村庄形如大雁而得名"伯雁"，后改为"伯延"。初始几户人家迁居此地，垦田稼穑，后人丁陆续迁入，繁衍生息，明、清时期逐步发展成为集镇，为武安八小镇之一。

　　清乾隆年间，大批伯延人外出经商，经过艰苦奋斗，涌现出诸多名噪一时的富商巨贾。这些富庶的商人建造起许多颇具影响的深宅大院，底蕴丰厚的伯延古镇也由此产生。在此基础上，也逐渐形成了对后世影响深远的商帮文化、建筑文化和红色文化等。穿越历史时光，如今的古镇更像一位历尽沧桑的老人，诉说着一段又一段的小镇往事。

一 "四不"原则立口碑

"冀南明珠哪里寻，武安伯延第一家。"伯延民居堪称冀南大地上的一颗明珠。明清时期150多座静静矗立着的老宅院中，最有代表性的要数徐家的"九门相照"。一进四的院落，建在同一中轴线上，四个院落，九门贯通，据说当年是仿照故宫格局而建。故宫有房9999间，而徐家建房99间。站在门外向里望去，可以看到四进院落中的九道门层层相叠，布局独特，装饰精美，规模宏大。

"里三门外三门三三见九门门门相照，前两院后两院二二合四院院院生辉"，这副对联生动描绘了古朴厚重的徐家大院。徐家大院的建成要归功于徐氏的雄厚财力。而这巨额的财产正是徐敬修走南闯北、脚踏实地做生意积攒下来的。

清嘉庆年间，伯延人徐敬修在东北做药材生意。有一次，总店的一位小掌柜因为贪图便宜，趁徐敬修外出进了一批次品药材，卖出去之后为店里赚了一大笔钱。徐敬修回来后，小掌柜连忙把这个消息告诉了他。徐敬修勃然大怒，指责他这样做是在坑客户，砸饭碗，要求小掌柜赶紧追回货物，给客户退货款。货物追回后，徐敬修不但辞掉了那个小掌柜，还当众销毁了次品药材。看着几千两银子付之一炬，人们都说徐敬修是"徐疯子"，但是在他看来，只有实实在在的买卖，才是长久的经营之道。

从此以后，徐敬修对药品的品质制定了更加严格的规定，订立了"四不"原则：即药材没有挑选好的不准进，药材没有炮制好的不准进，霉烂的药材不准进，不是原产地的货不准进。凡是违反"四不"原则的店员，都要严惩。

实在踏实的"四不"原则，为徐敬修赢得了口碑。最辉煌的时候，他在东北开设了

■ 徐敬修后人讲述"四不"原则

72家总店和不计其数的分店。徐敬修踏踏实实的做事风格正是伯延精神的写照。在这种精神的指引下，武安商人的生意越做越大，仅仅几年时间就闯出了响当当的名号。在东三省人们都打趣道：凡是有麻雀的地方就有武安人在卖药。武安的商人垄断了整个东北市场。

小镇商人宁可自己受损失，也绝不给客户造成损失。这不仅是伯延人待人处事、生存的信条，更是他们战胜各种困难的法宝。正是在这样货真价实、诚实守信精神的引领下，"武安商人"这个群体，同晋商、徽商、苏商一样，成为一个有着辉煌历史和广泛影响的商帮。

二　实地调研促改革

"经验从哪里来？就是要实事求是反映情况，从实践中调整不足……"这是电影《周恩来的四个昼夜》中的一句台词。而这部电影就是根据1961年周总理去伯延镇调研的真实故事改编的。

20世纪60年代初，刚刚建立的共和国正处于社会主义探索阶段，却遭受了三年困难时期这一巨大灾难。为了解农村的实际情况，1961年5月，周恩来总理来到了伯延。刚到伯延，总理就观察到了村里的树与其他地方树木的不同，这里的树没有枝繁叶茂，反而都光秃秃的，没有什么树叶。村口迎接的村民面面相觑，出于不给党中央"添麻烦"、让国家放心的目的，只说树叶都让羊吃了。总理半信半疑之际，路过的孩童道出了真相，原来树叶是被饥饿的村民摘下来吃了，总理听罢，很是痛心。

于是，在伯延调研的这四天里，周总理实地去百姓家中了解情况，与百姓同吃同住，参与劳动，关注百姓生活的细节。他注意到，百姓生活不像他们描述的那样富足，而是处在水深火热中，吃不饱是大家面临的最大问题。然而即使生活困难，大家依然不愿让总理忧心，也不敢对国家政策提出反对意见，因而难以敞开心扉。了解到这些情况后，周总理心急如焚，多次召开座谈会，耐心开导群众，试图让百姓放下顾虑，说出自己的心里话。

终于，在一次调研会上，当周总理问到大家对集体食堂的看法时，一个叫张二廷的农民突然站了起来，问总理想听真话还是假话。总理非常欣慰，让他走到前面来说。张二廷认真说道：办食堂不好，吃不饱，如果这个问题不解决，几年之后如果总理再来，就连粥也喝不上了。张二廷的话一出口，把大家都吓了一跳。一个普通农民，竟然在总理面前对国家的政策提出反对意见，这在当时是让人不敢想象的。

但是，周总理安之若素，并虚心向二廷请教。张二廷继续说道：自己虽然不识字，但明白一个道理，大家还是像现在一样吃不饱的话，就没有力气干活，打不下粮食，就交不了公粮，粮仓也是会坐吃山空的。张二廷的话让总理陷入了沉思，会场的空气像凝固了一样，大家都觉得张二廷闯了大祸，但是周总理猛地站了起来，抓住二廷两手，要和他交个朋友，这让大家大吃一惊。

总理的举动，就像热油锅里滴进了一滴水，会场的气氛立刻沸腾了，大家争先恐后地发言，说起对集体食堂的种种感受。周总理详细了解了当地食堂的问题后，在5月7日凌晨3点向毛主席电话汇报了情况，并提出了解散集体食堂的建议。

周总理在伯延的调研成果，对完善中国农村集体经济管理体制产生了积极影响。1961年6月，中共中央修改了《农村人民公社工作条例》，

■ 周总理在伯延召开调研会

一年后，全国相继解散了公共食堂，解决了当时亿万农民的吃饭问题。如今的徐家庄园已成为周恩来纪念馆，用展板、多媒体等多种形式展示周总理视察伯延的事迹，成为这段历史最好的证明。

一个说老实话的农民，遇上了一个办实事的总理，他们促成并见证了中国历史的重要转折点。说老实话，做老实人，自古以来就是古镇人的信念。一个崇尚传统的古镇，就这样在一代代伯延人的坚守中，绽放出愈加灿烂的实事求是光芒。

三　追求真理敢担当

武安，是全国较早命名的革命老区之一，抗日战争时期，是太行革命根据地的东大门，战略位置非常重要。1945 年 12 月，八路军三大主力师之一的一二九师司令部曾在此地驻扎。伯延人武伦佩深受革命文化的熏陶，走上了救国道路。

武伦佩 1900 年出生在伯延一个世代从商的家族，祖辈们求真求实的精神，深深地影响着他。1925 年正在北京大学读书的武伦佩，眼见着中国各地军阀混战，民不聊生，他在其中摸索着寻找一条正确的救国道路，欲救人民于水深火热之中，后来他毅然投笔从戎，进入了东北军骑兵部队。东北沦陷后，因不满蒋介石的不抵抗政策，他愤然辞职回乡。回到家乡后，武伦佩组建起一支小规模的自卫队，他以伯延镇为基地，联合周围 20 多个村镇，进行了抗日斗争。这时候，武伦佩的外甥带来了外面世界的所见所闻，告诉他只有八路军才是人民的队伍，只有共产党才能救中国。

接受了进步思想的武伦佩，多次派人去寻找共产党的队伍，几经周折，终于在山西找到了八路军。当时八路军 771 团的政委吴富善认为他这个人为人正直实在，是确确实实想抗日的，于是，当天就来到伯延跟武伦佩亲自座谈，座谈了一晚上，两人谈得很投机。在那次谈话中，武伦佩被深深地震撼了，他终于找到了正确的救国之路，立即决定要加入八路军，加入共产党。几天后，武伦佩的自卫队改编为中共冀豫边区独立游击大队，武伦佩担任大队长。

1938年9月的一天，武伦佩率部袭击日军，击毙了十几名敌人，撤退时，武伦佩不幸中弹牺牲，年仅38岁。但是，被激怒的日

武伦佩1900年出生在伯延

■ 武伦佩

军并没有善罢甘休，到处搜查武伦佩的尸体，准备枭首示众。为了守护这位家乡的英雄，伯延乡亲们冒险多次转移他的遗体，并最终把他安葬进武家的祖坟。

"赤胆忠心义厚可风，捍卫民族血溅乡里"，是时任晋冀鲁豫边区政府主席杨秀峰对武伦佩的高度赞扬。70多年过去了，战争的硝烟早已散尽，但是武伦佩不惜以生命为代价，追求人生真理，追求民族独立的精神，依然鼓舞着每一个伯延人。据不完全统计，在全面抗战期间，武安有1300多名英烈为争取民族的独立解放和自由，血洒太行。

历经数百年的时光，曾经因商帮而兴起的伯延古镇，虽然褪去了往日的辉煌和喧闹，却留给今天的人们一个个发人深思的故事。这些故事所蕴藏的古老智慧，让一代代的伯延人养成了说实话、做实事的性格，无论面对顺境还是逆境，他们总能做出正确的人生选择。而这样一份实事求是的人生态度，也成为留给后人的一份宝贵的精神财富。

编　导：李　娜　主持人：杨　阳
撰稿人：唐飞娆　指导撰稿：王利花

石塘镇

江南纸都
重信守诺

相传五代时，武夷山北麓，稼轩乡南方有方塘十口，故而得名"十塘"，后谐音为"石塘"。这里青山叠翠，绿水环绕，一条铅山河穿镇而过汇入信江。历史上由于水运交通的便利，石塘成为连接闽、浙、赣、皖四省重要的商品集散地，因商而兴的古镇也因此有了"武夷山下小苏州"的美誉。古镇内分布着众多的商行和各地的商会，见证着铅山当年的风光。

石塘连四纸，比宣纸还要贵重。石塘镇因纸而名动四方，有"药不过樟树不灵，纸不过石塘不齐"之说。元代起，当地的手工造纸业逐渐兴起，成为中国南方地区纸张生产和销售的中心，被誉为"江南纸都"。"掬水捞云云在手，一帘波荡一层云"，连四纸纸白如玉，厚薄均匀，防虫耐热，着墨鲜明，吸水易干，用于书写作画，着墨即晕，入纸三分。当时的《永乐大典》《四库全书》等很多古籍，均是选用连四纸印刷。繁盛时期，小小的古镇密布着 500 多家造纸作坊，几千名手工艺人。伴随着洁白的连四纸，他们也将"重信守诺"的名声传播到了全国各地。

如今，石塘古镇依旧保留着明清时期三纵十横的街道布局，200 多栋古民居错落有致地分布其中。修建于明嘉靖年间的水渠清澈见底，宛如蜿蜒的玉带穿街过户。人们在渠中洗衣、洗菜，提水劳作。孩童的嬉闹，邻里间的闲聊，伴随着木杵捶衣的清脆声荡入远山，成为千年古镇的生命律动。

一 祝可久守信：育侄兴学

祝家是石塘历史上的名门望族，至今仍是镇上人口最多的姓氏。在古镇的老街上，保留着两座祝氏宗祠，里面珍藏的族谱，记载了这个家族曾经的过往。

南宋年间，石塘人祝可久跟随名将刘子羽北抗金兵，南定叛乱，立下赫赫战功。有一年，正在贵州任刺史的祝可久回石塘探亲，顺道去福建探望兄长，却发现兄长身患重病，卧床不起。在病床上，兄长叮嘱祝可久，如果自己过世，请他照顾妻儿，祝可久答应了。让他没有想到的是，这次短暂的相聚，竟成了永别。半年之后，噩耗传来，祝可久的兄长因病离世，嫂子也因伤心过度，在不久后离开了人世。听到这个消息，祝可久立即辞去官职，放弃了前程似锦的仕途，行程千里赶到福建把两个侄子接回石塘，悉心抚养。当时，他的生活并不富裕，家人偶尔也会抱怨，祝可久耐心地向家人解释，自己既然已向兄长许诺，要把孩子抚养成人，答应的事必须做到，这样才是一个堂堂正正的大丈夫。

祝可久对两个侄子除了日常生活中的照顾之外，在教育上更加用心。为了给他们营造良好的读书环境，祝可久拿出全部积蓄，在石塘建起了一座占地八亩的隆教学院，学院内设六个书斋，凡是贫苦家庭的孩子都能免费入学，一时间，石塘文风大盛

但是他们并没有登科入仕

■ 祝氏宗祠中的"忠"字

，琅琅读书声不绝于耳。在浓郁的学习氛围影响下，祝可久的义举也深深影响到了两个侄子。他们发奋读书，先后考中秀才。为了帮助祝可久兴办义学，他们没有继续考取功名，而是留在石塘，担任义学的老师。在日常生活中，两个侄子还悉心照顾祝可久的起居，让他安度晚年。

南宋著名词人辛弃疾因仰慕祝可久的高尚品格，专门赴石塘为祝氏家族的族谱撰写了谱序，称颂祝可久"使愚不肖而为贤智矣，可久之有功于斯"。"以信立世"的为人之道在古镇中世代传承，成为石塘延续千年而不衰的奥秘所在。

二 "裕康号"换纸：以诚为利

作为历史上的文化商贸重镇，石塘曾经会聚了天南地北的文人和客商，很多人在这里安家落户，开设商号，他们按照自己家乡的风格，建起了一座座深宅大院。有着百年历史的"裕康号"就是其中之一，大宅客厅里的18幅壁画，记载了程家当年做生意的传奇故事。

20世纪40年代，"裕康号"接到了一个杭州书商的订单，要购买两船连四纸。当货船开走的第二天，老板程秀文却发现，由于伙计的疏忽，成捆的连四纸还在仓库，发给客商的是价格低廉的土纸。程秀文心急如焚，想马上给客商发电报，可是由于战乱，接连发出的十几封电报始终没有回信。如果客户发现收到的货物不对，不仅"裕康号"的信誉毁于一旦，也会让整个石塘纸业的名声蒙羞。程秀文当机立断，马上装了两船连四纸，让手下的伙计随船一起赶到杭州，当面说明事情的原委，并且把发错的两船土纸作为礼物送给客商。客商很感动，还想要把发错的那两船土纸也按原价交付，程秀文却坚决不收。

事情过后，程秀文亲手写下了家训：以诚为利、以信为赢、以善为德、以真为答。事情已经过去了七八十年，程秀文那"以诚为利、以信为赢、以善为德、以真为答"的家训已经内化为了一种精神，流淌在程氏子孙的血脉中。也正是由于石塘镇中数

■石塘特产"连四纸"上印着"连四纸简介"

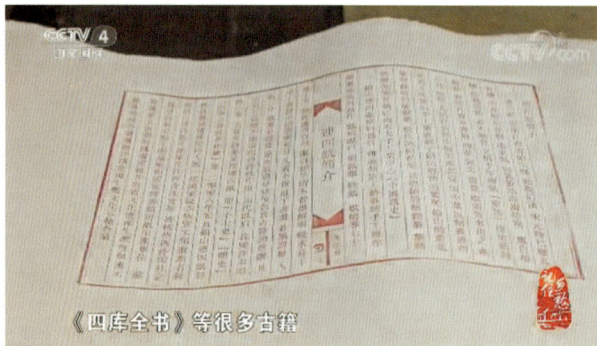

家与"裕康号"一样秉承着"重信守诺"纸商的努力，整个石塘纸业的牌子伴随着洁白如玉的连四纸，传遍了全国各地。

三　徐方锦竹编：以信为赢

见证过石塘竹编辉煌的徐方锦，是铅山当地闻名的篾匠师傅。20 世纪 80 年代，他开了一家竹编厂。工厂成立的那一天，他就向所有工人承诺，只要自己有一口饭吃，就绝不会饿着大家。1995 年，一个外地客商预订了四万多元的竹编。徐方锦带着工人们没日没夜地干了一个多月，按时把竹编交给了对方。可是对方收到货后，以没有拿到钱为理由，迟迟没有付款。

货款收不回来，没有钱发工资、买原料，工厂面临着破产的危险。那段时间，徐方锦心急如焚，眼看发工资的日子就要到了，他翻来覆去一夜没有入睡。第二天，徐方锦早早就来到银行，用自己的房子做了抵押，贷款 4 万元钱，按时给工人发了工资，付清了原料款。

贷款发工资的举动，让徐方锦赢得了工人的信任，更赢得了古镇人的尊重。在那之后，很多人慕名找上门来，跟他学习竹编。几年的时间，徐方锦的工厂里就招收了 100 多个竹编艺人，老徐不但还清了贷款，而且每年还有不错的收益。担任铅山县石塘镇竹编工艺厂厂长期间，他带领工人做出来的竹编工艺品曾经远销美国、意大利等几十个国

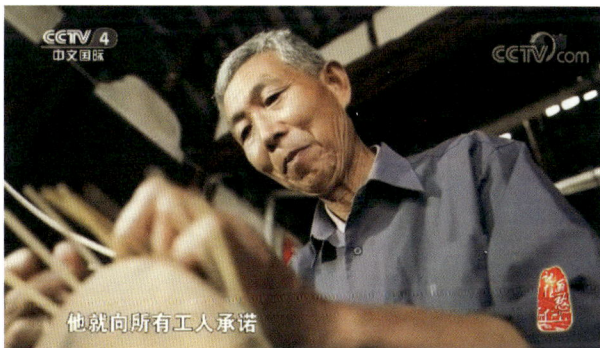

■ 正在进行竹编制作的徐方锦

家和地区，每年给国家创汇 10 多万美元。

千年古镇在岁月的变革中不断向前发展，然而对于石塘人来说，无论岁月如何变迁，血脉中传承下来的这种重信守诺的传统与勇于创新的精神不但没有改变，反而历久弥新。

四 姚筱舟"家书"：代友赡养

"唱支山歌给党听，我把党来比母亲；母亲只生了我的身，党的光辉照我心……"几十年来，这首歌唱遍了祖国大江南北、长城内外，激荡过几代人的心扉。这首歌的词作者就是现年84岁的姚筱舟——从石塘镇走出去的一名诗人。

1933年3月，姚筱舟出生在江西省铅山县石塘镇。1949年4月下旬，铅山解放。年仅16岁、正在铅山中学读书的姚筱舟与几十名同学一起，投笔从戎，考入中国人民解放军第二野战军"军政大学第五分校"，从此离开了家乡。他在毕业后被分配到二野十七军五十一师政治部，1951年，又随部队高唱志愿军战歌跨过鸭绿江。

抗美援朝期间，他在朝鲜战场结识了一位河北籍的战友。二人年龄相仿，志趣相投，床对床睡觉，每次写信回家，两人都会交换来看。在朝鲜的两年时间中，姚筱舟和那位战友同吃同住，并肩作战，结下了深厚的友谊。可是回国后不久，他的战友突发重病，为了不让家人担心，战友委托姚筱舟代为写信回家报平安，并希望姚筱舟答应，无论发生什么事情，都要一直写下去。

几个月之后，战友因病去世。姚筱舟像当初承诺的那样，每隔一

■ 姚筱舟温馨的家宴

温馨的家宴上演着浓浓的亲情

建起了一座座深宅大院

■ 古色古香的石塘镇

段时间就会替战友寄回一封家书，随信寄出的，还有赡养战友父母的生活费。这样的书信往来持续了一年多的时间，直到战友的家人得到了亲人离世的消息。虽然完成了战友的嘱托，但姚筱舟始终难忘对战友的承诺。很多年里，他依然定期给战友的家人写信，给老人寄去生活费，直到战友的父母百年之后。

时代在发展，生活在改变，但"重信守诺"的精神却在石塘古镇人家中世代传承。"少小离家老大回，乡音无改鬓毛衰"，即使他们远离故乡，外出打拼，那份流淌在血液中的信义也依然存在。

千年时光悠悠走过，如今的石塘古镇虽然没有了往日的繁华和喧闹，但依然到处充满着浓郁的生活气息。清晨，早点铺里坐满了人，一碗正宗的石塘烫粉，浇上浓郁喷香的汤汁，给人带来一天的满足。色泽艳丽的灯盏粿、鲜香柔糯的烧卖，各种家乡小吃挑动着食客的味蕾。老街上，古朴大气的建筑、精美传神的手工艺则吸引着往来的人们驻足流连。在新的时代中，这座古老的商贸重镇正在向旅游小镇慢慢蜕变。石塘再一次焕发出蓬勃的生命力。

编　导：韩　辉　主持人：王端端
撰稿人：汪瑞琪　指导撰稿：王利花

45

我与我的灯塔——《记住乡愁》

每次接到拍摄《记住乡愁》的任务，我总是很兴奋，同时又怀有一颗忐忑的心。因为，《记住乡愁》每期节目展现的都是中国最深厚的积淀下来的传统文化，记录的都是一个个古老村落千百年来流传下来的规矩，串联的都是家族传下来的最深情的故事。这些，都需要我以一颗细腻、谦虚、沉静的心去探索、去体会、去汲取。每次拍摄回来，我都会沉思很久，这些故事里折射出来的中华民族最可贵的精神，我们如何化为自身的内力，又该如何把它传承下去。

在第四季的拍摄中，江西上饶的石塘镇让我印象特别深刻。整个小镇全部铺以青石板，街上的店铺鳞次栉比，古朴温馨。最难得的是古镇设计之初就有一条人工水渠沿街而流，当地人叫作"官渠"，每家每户都能听到潺潺的流水声，水质极好。这样的村景我从来没有见过。而就是这一点恰恰反映出整个镇上的人都遵守的同一条乡约：诚信。大家都在同一时间上午用官渠的水洗碗，傍晚洗衣服。就这样，官渠的水流了几百年，从未干涸。

就在我们拍摄的过程中，我们要拍一户人家洗衣服，当地的奶奶说：现在不行哟，你们要等一会儿，太阳还得再落落的。遵守约定好的事情已经渗入当地人的骨子里。

习近平总书记在一次演讲中提道："人而无信，不知其可也。"诚信是一个人安身立命之本。在采访中，我被石塘镇人的故事一次又一次感动。每次采访，我们都像从蚌中取出珍珠一样，要层层剥离，才能看到最美的核心。石塘镇的传说、故事很多，无论是清代建成的建筑上的花纹故事，还是家族挂在墙上几十年的祖训壁画，还有口口相传的家族一诺千金的故事，都闪耀着人性的光辉。

这期嘉宾，我最难忘的就是《唱支山歌给党听》的词作者姚筱舟的故事。他年轻的时候就离开了家乡去陕西做一名煤矿工人，因为爱好文学，经常往诗刊投诗，有了这些积累，就有了那首著名的《唱支山歌给党听》。他尽管很早就离开了家乡，但从未忘记过从小就在耳边回荡的"诚信"二字。在我们的节目中，他讲述了为战友遵守承诺的故事。战友得了重病，临死之前，怕太突然，老妈妈身体不好接受不了，请求他帮忙瞒着老妈妈两年，两年之后再慢慢告诉家人。姚老这两年多坚持每周给战友的妈妈写一封信，以儿子的口吻，慢慢地再告诉她生病的消息。而老妈妈最终得知了消息后，姚老又坚持了十多年每年都去探望老人家，直到老人家去世。我问他为何能坚持下来，他说："答应别人的事情就一定要做到，这就是我一直认的理儿！"在《乡愁》节目的采访中，嘉宾就是这样的朴实，很少说出惊天动地的豪言壮语，但就是最朴实的话却给我们带来最大的力量。

每一次拍摄《记住乡愁》，不仅仅是业务上的成熟，更重要的就是精神上的洗礼。对我而言，《记住乡

出镜记者：王端端

将台堡镇

不忘根本
守望家园

秋日的暖阳透过淡淡的晨雾，倾撒在六盘山西麓。大片成熟了的玉米田如一匹金黄色的丝绸，随风在大地腰间飘荡开来，合围着将台堡镇。将台堡镇位于宁夏回族自治区固原市西吉县东南部，地处黄土高原腹地，左邻葫芦河，右靠马莲川。小小一座将台堡镇，古往今来都是兵家必争之地，霍去病在此大破匈奴收复河西走廊、李世民巡视民情推行兵马政策、穆桂英点将击退西夏、红二方面军和红一方面军会师红军长征胜利……如今，土堡被风雨剥蚀，残垣土壁镌刻下岁月的沧桑，将台堡人依旧围绕着古堡修建起新式

■ 今"绿色明珠"将台堡的俯瞰图

住宅，共同守护着他们的精神家园，让这座千年古镇始终焕发着勃勃生机。

寻常日子里，三三两两的老人临街而坐，孩童在屋檐下嬉戏玩耍，闲话家常间，娓娓道来的是古镇的往事，祖上的荣光。远处山丘传来歌声，"天高云淡的六盘山，路弯弯，山清水秀的好看……"歌声回荡在这辽阔的荒原上，萦绕耳际，挥之不去，天地间只剩下安静的呼吸。这是一种经历岁月磨洗而沉淀下来的质朴而简单的幸福，也是每一个将台堡人内心深处最惦念的味道。

一　烽火绵延西瓦亭，百姓扎根黄土间

将台堡古称西瓦亭，历史上是连接内地和河西走廊的重要关口，历朝历代都是兵家必争的战略要地。早在2200多年前，秦昭襄王就派人在此夯筑长城以抵御北方游牧民族的侵袭。后来汉武帝来此巡视边防，任命19岁的霍去病为骠骑将军，出兵夺回被匈奴长期占据的河西走廊。霍去病临危受命而不惧，怀抱一腔报国热血，率军来到这座边陲小镇。沙场点兵风卷狼烟，肃杀的战意映出士兵面容的冷酷，霍去病引剑指天高呼："匈奴未破，何以为家！"铁马声起，霍去病带领千万紫金战甲于阵

■ 将台堡镇现存的战国秦长城西吉段

秦昭襄王就曾派人在此夯筑长城

中厮杀，一举歼敌 4 万余人并俘获匈奴王。大军势如破竹，摧枯拉朽，一直向西收复河西走廊，打通了西汉王朝与西域各国的通道，为开辟丝绸之路奠定基础，也给镇上百姓带来百世安宁，将台堡人对先人用血泪换来的每一寸土地都视如珍宝，保家卫国的精神在这座边陲小镇代代流传。此后，历代朝廷都在将台堡扩建土堡、整修长城、屯兵戍边，将台堡逐渐发展成为一座军事重镇。

北宋时期，宋、辽、西夏对峙并存，西夏军队屡屡侵扰边境，宋仁宗派穆桂英做先锋，率军出征。大军刚到六盘山时，遭到西夏军队的伏击，伤亡惨重。就在穆桂英和将士们商讨如何应战之时，当地居民来到军营前要拜见元帅，建言献策。古镇人熟悉地形有利军事，久经训练骁勇善战，在他们的支持下，宋军士气大振，穆桂英在此点将，一举击溃西夏军队。镇民为纪念这场军民团结赢得的战争，把事件编成戏曲，在古镇里年年上演。耸起的戏楼里锣鼓响起，几声清啸传来，又几声喝彩。台上人走步轻盈，唱念坐打中"汇千古忠孝节义，成一时悲欢离合"；台下镇民戏文烂熟于心，聚焦武旦颦蹙之间，回味着那段金戈铁马的烽火岁月。

■ 将台堡镇民改编戏曲《穆桂英点将》的武旦表演

在历史的长河中，每当有外敌入侵，将台堡人总会挺身而出，浴血沙场，因为国家的稳定、家园的安宁是古镇人民得以繁衍生息的根本所在，他们珍视也竭力保卫家乡的平静。

（二）　星火散落聚将台，燎原之势护万民

和平年代，古镇人民凭借地理位置优势，把将台堡建设成为一处重

要的通商口岸，内地的茶叶、盐巴、布匹源源不断地运往镇上用以交换关外的马匹、牛羊。随着商队的聚集、人口的增加，将台堡逐渐热闹繁荣了起来。20世纪30年代的中国处于矛盾混乱之中，民生凋敝，战乱不止，华夏大地上酝酿着一场剧变，红色革命的星星之火开始化为燎原之势，这座有着千年历史的小镇又一次迎来了新的蜕变。1936年10月，贺龙、刘伯承、任弼时率领的红二方面军和红一方面军历经千难万险来到将台堡会师，标志着两万五千里长征胜利结束，这座有着保家卫国传统的千年古镇迎来了一支人民的军队。

红二方面军在和红一方面军会师之际，到达六盘山南山脚下时有过一场激烈战斗，行进中军队遭遇敌人骑兵。敌人从附近的山头朝红军将士疯狂地扑来。前卫营拼命力顶敌人的进攻，以保证军团主力北移。经过激烈的战斗，他们打退敌人的进攻，占领了一个小村庄控制了山下的大道。但黎明前敌人约两个团的兵力，在炮火掩护下又冲过来，红军战士们一齐开火，再加上一阵手榴弹，打得敌人倒下一片。随后将士们像猛虎似的发起了冲锋，把敌人压到一条沟边去。正当他们准备把敌人全部歼灭时，敌人的飞机突然飞临上空，疯狂地扫射、轰炸，红军只好迅速疏散隐蔽，逐步撤出战斗。

那时的将台堡一直处于纷乱和动荡中，当地军阀割据，土匪横行，经常有军队到镇里抢粮草、抓壮丁，搞得人心惶惶，许多人躲进深山

■ 红军停留期间为将台堡镇民打下的水井遗迹

■ 将台堡镇红军纪念馆中红军会师时贺龙、刘伯承、任弼时画像

里。为了让当地百姓了解红军，战士们挨家挨户宣传政策。白天，他们在古镇里帮着打扫街道和院落，晚上就铺一个草垫子，睡在街头。红军指战员按照"三大禁令四项注意"，露宿村外，尊重回族风俗，宣传党的民族平等政策，热情为群众送医送药。严明的纪律、良好的作风感动了将台堡人，原本躲在山里的百姓陆续回到家中。虽然镇民生活十分困难，但他们依旧拿出家中所有的粮食支援红军。

葫芦河淙淙流过，它仿佛一座城镇的胃，消化着将台堡镇人的故事，也记录着小镇的光阴。当年红军每天往返数公里来葫芦河挑水喝，只为不给本就用水紧张的镇民增加负担。为帮助将台堡解决水源问题，红军在原来小水井的位置向下深挖 10 多米建成水井，新水井水量极旺，为当地百姓的生活提供了很大的便利，老百姓为了纪念红军，称其为"红军井"，并在旁边写上"饮水思源"四字，提醒后人铭记历史，不忘恩情。

红军在将台堡只停留了 40 多天，却在当地产生了深远的影响。红军为国为民的初衷、为百姓谋福利的一举一动，让有着保家卫国传统的将台堡人感同身受，也让他们对美好生活充满了向往。当红军离开的时候，有上百名古镇居民跟随红军参加革命，一同踏上了新的征程。当红色的记忆融入千年的古镇，将台堡便有了不一样的底蕴和气度。那段红色往事，古镇人至今难以忘怀，在古镇的中心广场矗立着一座高大的红军会师纪念碑，碑前经常有人献花，来缅怀那段红色岁月。

（三） 齐心守望将台堡，创业反哺故乡人

当红色记忆融入千年古镇，将台堡便有了不一样的底蕴和气度。远离战争硝烟的古镇平静安宁，在时代浪潮里迎来了新的发展机遇和挑战。

镇民火彦红，祖上世世代代务农为生，年轻时候外出闯荡，整日奔走于钢筋水泥的城市之中，干过泥瓦工，跑过运输，虽然辛苦却也收入可观。2007 年他的父亲生了一场重病，火彦红赶回家探望时父亲的一席话改变了他。将台堡镇有一句谚语"人养地，地养人，土地不亏勤劳人；多出汗，勤用心，土中自然有黄金"。父亲希望他去种地，靠粮食养活家人，把家里粮仓装满。思量了许久，望着父亲期盼的眼神，他最终下定决心在自家 18 亩地里种起西芹，可当年西芹丰收，市场价格回落，土地也出了问题开始退化。为了解决问题，火彦红一天只睡三四个小时，查资料，走访专家，终于找到根源，开始在土地上轮作花菜、甘蓝。经过

■ 回乡创业青年火彦红与田中农民忙碌的场景

然而 要想在土地里刨出黄金并不容易

几年实验，土地大获丰收，火彦红进而成立了蔬菜合作社，把自己一路走来的经验分享给大家，带动许多外出务工的年轻人纷纷回乡创业。

36岁的谢宏义在杭州生意做得顺风顺水，但在公司每年销售额千万元的时候，他心里还一直惦记着六七岁的时候——家里人多地少粮食不够吃，并不富裕的邻居送来土豆、玉米解困，出去放牛割草，

■ 谢宏义在储藏室打扫收购的老物件

背篓塞得满满当当背不动的时候，邻居阿姨替他送回家。乡愁难忘，乡邻的恩情难忘，他做出了一个让很多人难以置信的决定：结束城里生活，回乡再创业！希望让乡亲们不离乡土就能过上好日子。谢宏义在古镇旁的荒沟里规划了养殖场、试验田、红色旅游村……几年来他倾尽积蓄，专注于改造建设，修复古屋，收购老物件。巨大的落差让他一度怀疑自己的选择，甚至想要放弃。但在乡亲们的共同努力下，谢宏义的基地里养起了山羊、骆驼，种植起玉米、藜麦，山上旧屋改造为磨坊、书屋。许多乡亲一起在他的基地工作，现在谢宏义信心满满，修建了一个红色旅游度假村。

在艰苦的环境中，一代又一代居民没有另择良地，而是依靠顽强坚韧的精神开荒造田，挖井引水。一改从前"山是和尚头，沟里无水流，十年九有旱，岁岁人发愁"的窘境，将古镇打造成黄土高原上一颗熠熠生辉的绿色明珠。在当今越来越多年轻人选择外出务工的潮流中，将台堡人逆流而行：镇上年轻人"走出去又回来"，扎根上地，在土壤里产出将台堡人的物质诉求，创造属于全镇的财富，让沉寂一

■ 劳作一天的镇民聚集观看皮影戏

时的千年古镇又开始重新焕发出生机与活力。

镇上的绝大多数人是农民，他们对土地有着天生的热爱。每天清晨，踩着晨光，扛着锄头，向自家的田埂上走去，破旧的草帽挂在锄头的另一端，晃荡在倾泻的日光中，脸上每一丝皱纹舒展成最惬意的弧度，等着太阳东升西落，收获一天的富足。即使是秋收时节，忙活了一天的人们依然不忘来到镇上的晒场，演上一段地摊戏，唱起一曲秦腔。粗犷豪迈的腔调，质朴灵动的舞姿，让整个古镇都变得鲜活生动起来。

在将台堡镇周边至今还保留着20多公里的长城遗址，这段栉风沐雨2000多年的长城，如同古镇的一座精神丰碑，暗自记录下这里悠久的历史，默默向后人讲述传承千年的不屈风骨。直到现在，将台堡还流传着"头可断、血可流，家国的寸土不能丢"的警世恒言，这是古镇人守望故土家园的铮铮誓言，也是他们始终不变的赤子之心。

编　导：韩　辉　主持人：宫柏超
撰稿人：严　钦　指导撰稿：王利花

河下镇

隐忍立丈夫

　　"祭运河：神来下兮翠帷举……"河下镇的老人们在每年的 9 月，都会来到运河边，举行祭祀河神的仪式。多年以来，不管时代经历着怎样的变迁，伴水而居的人们依然延续着祭河神的传统，小镇人民通过这样的方式祈盼着来年风调雨顺，物产丰饶。

　　春秋时期，吴王夫差意欲北伐，在此开凿"邗沟"，贯通长江与淮河两条"天堑"。这条人工河道建好后高出了沿岸城镇 3 到 5 米，是条名副其实的"悬河"，也由此形成了河在城上，城在河下的奇特景观。水运的通达使得集镇在车水马龙中发展了起来，而这个位于江苏淮安的小镇也因地处古运河之下而得名为河下古镇。

■ 河下古镇全景

大运河的出现与发展，将豪迈的北方与温柔的南方紧密有机地结合在了一起。小镇人民不仅拥有着北方民族的豪爽，也酝酿着南方民族的细腻，一时间吸引了越来越多的来往船只，带动了小镇的经济繁荣发展。

一　韩信胯下之辱现隐忍

进入古镇，一座"胯下桥"牌坊就映入眼帘。这里曾是西汉大将韩信遭遇"胯下之辱"的地方。先秦时期，原是韩王后裔的韩信随母亲迁居河下，母亲病逝后由于生活窘迫只能依靠别人的接济勉强度日。虽然家道败落，但韩信内心深处仍然有着远大的抱负，每天出门时都要佩带一把宝剑。这把宝剑不仅仅是父亲留下的遗物，也是唯一能够彰显他士族身份的物品。然而，这把剑也给他带来了不小的麻烦。

■ 河下古镇胯下桥牌坊

有一天韩信在途经集市时路过一家肉铺，被一个屠夫挡住了去路。屠夫认为韩信已经穷途末路不配携带宝剑，扬言要和他比试一番。周围人都在义愤填膺地替韩信道不平，并支持他杀掉屠夫，而韩信在经过反复思考之后依然忍耐了下来。然而这种情形并没有让屠夫停止羞辱，反而变本加厉，跨开双腿站在了桥头，让韩信钻过去。俗话说"士可杀不可辱"，韩信在经过了激烈的思想斗争之后，放弃了杀人的念头而是慢慢伏下了身子，趴在地上，在满街人的嘲笑声中，从屠夫的胯下慢慢钻了过去。

忍一时风平浪静，退一步海阔天空，自古以来拥有远大志向的人心里都有抗衡一切的杠杆，决不会因一时羞辱而争狠斗勇。经历了"胯下之辱"的韩信从未偏离自己的人生方向，他研习兵法，修炼武艺，最终

助汉高祖刘邦成就了一统天下的宏图霸业

■ 腰间别有宝剑的韩信

得到刘邦的重用。在乱世之中，韩信平定三秦，又擒魏破赵降燕灭齐，大败楚军，最终迫使西楚霸王项羽自刎于乌江边，助汉高祖刘邦成就了一统天下的宏图霸业，被后人誉为"初汉三杰"。再后来，当上大将军的韩信荣归故里，讨好他的人们把当年那个屠夫绑到他的面前，希望韩信能亲手惩罚这个恶人。出人意料的是，韩信不但没有恼怒，还封屠夫为楚中卫，并对众人言：没有当年"胯下之辱"，就没有今日之将军韩信。隐忍一向是伟大的中华儿女所传承的优良美德，引领着一代又一代的中国人秉持着和平的理念，共同构建属于我们的和谐社会。

（二）　梁红玉一雪前耻筑姻缘

这座充满着灵气的小镇孕育出了许许多多的大家：明朝状元沈坤，不愿摧眉折腰事权贵，虽常年不被重用，仍在国家危难时刻，以一颗赤子之心抗倭明志，民间称"武状元"；中国四大名著之一《西游记》的作者吴承恩，一生宦途困顿，几十年间，始终忍耐着屈辱与不公，闭门著书，终创传世之作；中医名家吴鞠通、清代数学家骆腾凤、民族英雄关天培、左宝贵等人，都是从河下镇走出来的优秀人才。

而在古镇的中心广场上，有一座英姿飒爽的女子雕像，这是北宋年间出生于军人世家的梁红玉。梁红玉虽为一介女儿身，但却酷爱兵法战阵，每日习武读书，希望日后能像父辈一般有所作为。然而，她的父亲却在一次平定叛乱中不幸战败最终被杀，而梁家也受到了牵连。按照当时的朝廷律令，梁红玉被迫沦为官妓，身陷红尘。虽是卑微之身，但梁红玉却没有随波逐流，希望有朝一日能一雪前耻，重振家声。这样的境地下想法固然是好的，但是事实往往令我们失望。有一名恶吏看上了梁红玉的姿色，想纳她为妾，并承诺如果她能以身相许，从此不仅衣食无忧，还能安享荣华富贵。面对威逼利诱，梁红玉断然拒绝。恶吏起了歹心，命令士兵把她捆绑起来。就在那一刻，这个个性如烈火的女子抢过一把利剑，横在了自己的脖颈上，宁死不从。后来，恶吏为了报复梁红玉，把她送去修城池，每天和男人一起搬运石头、垒砌城墙，还常常派人恶言相向，毫不留情地羞辱她。但是为了心中的志向，这个弱小的女子只是默默地承受着。

就这样熬过了整整八年，直到一次偶然机会的到来。当时，梁红玉在一场酒宴上结识了大将韩世忠。韩世忠见梁红玉精通翰墨，又能挽强弓，虽流落红尘，却毫无娼家之色，心中顿生好感。最终，志趣相投的

■ 梁红玉雕塑全景

两人结为了夫妻。从此，梁红玉随夫出征，平内乱，御外敌，立下赫赫战功。在与金兵对阵的"黄天荡之战"中，她披挂上阵，亲自擂响战鼓，和丈夫共同指挥作战，率8000名精兵把金兀术的数万大军阻击在长江南岸达48天之久，从此名震天下。而梁红玉不仅成了河下人的骄傲，也成了后世女子的楷模。坚定自己内心的信念，与恶势力作斗争，时刻谨记着自己的使命，总有一天隐忍的力量会释放出来。

三　周恩来救亡图存保国家

1898年，众所周知的周恩来总理出生在了河下镇的一条古巷里。从小被韩信胯下之辱的故事所熏陶，构建起了自己的一套专属思维模式。

鸦片战争时期，中国处在内忧外患的困境当中，而生活在特殊年代下的周恩来，既接受着传统文化的熏陶，又接受着先进思想的启迪。当时，他的表舅是一名革命党人，在家人的影响下，周恩来从小就懂

■ 河下古镇周恩来总理的雕塑

得了"救亡图存"的道理。在他12岁那年，发出了"为中华之崛起而读书"的人生宏愿。

20世纪30年代，在上海秘密从事地下党工作的周恩来，接到一个任务。他要紧急赶往租界区，营救一名被逮捕的同志。就在他乔装打扮赶往营救地点的路上，目睹了一起车祸。当时，一名外国人开着汽车在租界区横冲直撞，不仅撞伤了路人，还蛮不讲理，目中无人。租界区的警察在处理事故时，竟偏袒起了肇事者，指责中国人的不是。由于身份的特殊，周恩来不得不忍耐住内心的怒火离开了现场。然而这件事情却让他清醒地意识到，没有强大的国家做后盾，人民永远无法获得尊严。在

此后几十年的岁月里，他将自己的一生完全奉献给了祖国和人民，全心全意地为人民谋福利，为中华的崛起贡献自己的力量。

四　荣光辉临危受命兴淮剧

浮沉的社会依旧没有打扰到小镇人民的文艺传承，由于南北文化的交融互通，孕育出了有着"江北大戏"之称的淮剧。荣光辉，是淮剧团的老团长，虽然退休了，但是只要一到周末，他就会和老朋友们一起，相聚在吴承恩故居唱上一段。而作为国家级非物质文化遗产，淮剧曾在荣光辉的手中走过了最为艰难的十年。

CCTV 4
中文国际
CCTV.com
为了必须传承下去的淮剧

■ 执着于淮剧的荣光辉

20世纪90年代，娱乐方式的多样化使得传统的淮剧表演受到了冲击。古镇里的淮剧团面临着解散的危机。而从小就在剧团里摸爬滚打的荣光辉，临危受命，接下了这个有些棘手的摊子。当时，团里不仅一分钱经费也没有，还有许多人等着发工资。从来没伸手借过钱的荣光辉，只能弯下身子四处求人拉赞助。这个过程对于荣光辉来讲是一个极其困难但却珍贵的过程，趴在地上的目的，是为了更从容地站起来。河下镇的人，最能理解古代大将军韩信的人生智慧。如今，荣光辉每次回忆起那段往事，还是充满了感激。人只有在被逼上绝路的时候才会发现拥有是多么踏实的一件事。最终荣光辉和自己剧团的成员共同重构了剧团的辉煌，如今，古镇悠长的巷弄里，依旧飘散着古老的唱腔，人们传唱着家乡的文化，讲述着家乡的故事。悠久的历史，就在这咿呀唱响中，流传开来。

这座经历了漫长历史的河下古镇，即使在新旧时代的交替颠簸之中依旧保存着自身固有的特色。一方水土养育一方人，小镇人民也在世世代代的优秀人物身上学到了书本上远远不能够到达的新知识，他们徜徉在历史与现实的河流交汇中，树立起了属于自己信念的桅杆，任凭风吹雨打，隐忍地矗立在纷繁的世界当中。斑斑驳驳的历史是古镇厚重久远的积淀，连接江河湖海的运河水，表面波澜不惊，却在实际上构成了这个国家的血脉。它承载着世纪绵延的文化与荣耀，滚滚向前，以大丈夫般的博大与伟岸融入新的时代。新中国的到来，使得小镇人民在丰富自身的同时也填满了中国梦，将和谐社会的理念融入日常小事之中。

编　导：宋鲁生　王　洁　主持人：杨　阳
撰稿人：吕智慧　指导撰稿：祁瑞萍

精益求精

万安镇

"小小休宁城，大大万安街。"每日清晨，万安古镇的码头前人声熙攘，茶叶、罗盘、竹木等精致的货物遍地堆积等待着运输。古镇坐落于安徽省休宁县，距今已经有1700年的历史，因东邻万安山而得名，也寄托着百姓对"万世万安"美好生活的无限向往。不同于其他古镇多是以血缘关系来维系的农耕型居住聚落，万安古镇则是借助于政治、经济、交通等要素形成的商业型居住聚落，万安人做事向往精益求精，他们凭借精湛的手艺打造了一出出商业传奇，更在生活、求学和工作中处处践行。

■ 万安古镇全貌

古镇精益求精的传统并没有伴着 1700 年的历史消逝，时光的打磨使它更具智慧，指导着万安人的一言一行。如今的万安古镇，依旧延续着它往日的繁盛，离不开历代人对精益求精精神的传承。

横河之滨水长流　水南桥上百年走

横河水自西向东环抱古镇，万安城沿江而立，石桥成了古镇必不可少的建筑。明朝初年，为了方便出行，万安人合力在横河之上建起了一座石桥，不幸的是，一场暴雨突然来袭，洪水冲垮了新建的石桥，连带着石桥上的居民也被卷进湍急的河流中未能幸免，万安人陷入了巨大的悲恸之中。

事故发生以后，当地的乡贤黄廷侃率先发出倡议，倡导万安人一起重修一座更为稳固的石桥，得到了大家的一致拥护，乡民们自发集资，建桥的工程顺利地开展了起来。为避免悲剧的再一次发生，黄廷侃请来了当地最有名的石匠，建桥用的石料也都择优使用。然而，就在工程过半，石桥慢慢成形的时候，一位路过的建桥师傅告诉黄廷侃，万安古镇正在修建的石桥桥墩是椭圆形的，保证美观的同时质量也能达标，但是

■ 万安古镇的水南桥

65

如果想让桥更经久耐用，可以把桥墩修成尖形，利于分水的同时也可以更好地保护桥墩和桥身，延长石桥的寿命。

要建就建一座可以让古镇人放心走的最好的桥，于是黄廷侃和全镇人一起做出了一个艰难的决定——拆桥重建。这座桥的每一块石料都经过匠人的精心打磨，出了一点差错，就要拆掉重建。因此，原本一年就可以建成的石桥，万安人花了整整10年才建成。

500年的时光已过，水南桥依旧在践行着自己的使命，方便古镇居民来回往复，万安人无数次走过这座石桥，先辈的智慧和精益求精的追求就在不知不觉中渗透到自己的血液里，世代传承。

八山一水半分田　万安街巷起商缘

两晋时期，中原战乱不断，百姓不堪离乱之苦，纷纷选择举家南迁，万安也成了很多人安家立命的处所。然而，万安镇周边可做农耕用的田地不多，"八山一水半分田"的生产现状如何养活全镇居民，成了大家面临的第一难题。幸而万安人足够聪慧，他们在玉米地里间种黄豆，在茶园地里间种红豆、绿豆、豌豆，冬季的时候在水田里种上大片的红花草，来年开春翻埋到土里去，用以滋养土地，万安人凭借精细的耕种技术克服了大自然给予的挑战。

万安古镇沿河而建，东西向仅有一条主街，名叫万安街，垂直于万安街衍生出了数条小巷，状若鱼骨。而这样的道路结构既长期服务着古镇繁忙的内部交通和日常生活，又促进了当地的经济发展，获得了"小小休宁城，大大万安街"的美誉。如今的古镇还保有100多间旧时商铺，其中最具代表的是"吴鲁衡"罗盘店。

万安罗盘的制造业始于明代，发展到清代中期便已经闻名天下。"吴鲁衡"罗盘店创立于清雍正年间，这家老字号能够传承三百年不衰的法宝就是罗盘的指针。吴家先人吴鲁衡开店之初，罗盘的制作工艺已经非常成熟，精确度高，使用寿命可以维持十数年，但吴鲁衡并不满意，他希望可以赋予一面罗盘百年的寿命，为此，整个吴氏家族开始不断探索

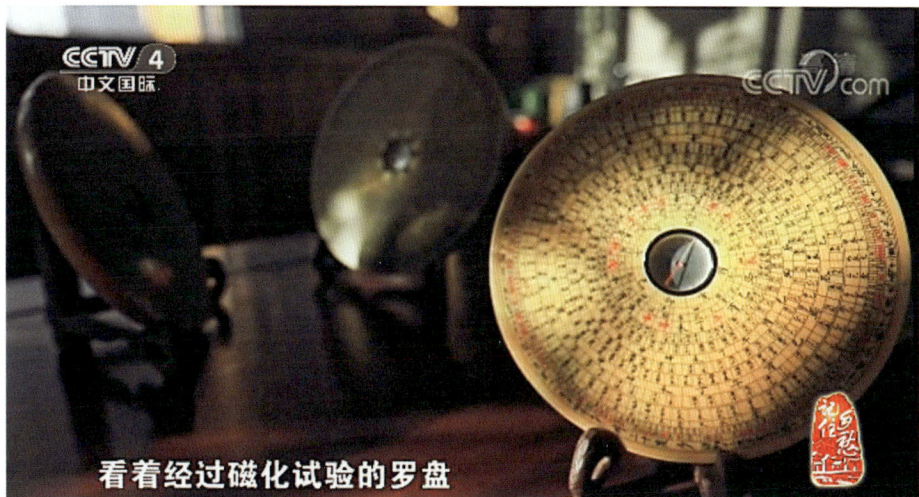

看着经过磁化试验的罗盘

■ 万安罗盘

增加罗盘使用寿命的方法。

吴鲁衡尝试用不同的磁矿石来磁化指针。为了寻得一块好的磁石，他走遍了徽州附近大大小小的磁铁矿，这些磁铁矿往往深藏于大山之中，往返一趟，需要数月时间。在吴鲁衡的努力下，到了他儿子吴光煜这一代，磁针已经可以保持几十年的精准了，但还是没有达到精准百年的要求。一次，罗盘指针和一块陨石被无意间放到了一起，吴光煜却惊喜地发现，陨石对于指针的磁场有着强大的干扰力。于是，吴光煜尝试着用陨石来磁化指针，做好以后发现罗盘指针具有超高的灵敏度和准确度。而这面罗盘也成功地将万安罗盘的寿命提到了百年以上。民国年间，万安罗盘凭借着精湛的做工，经久耐用的品质获得了巴拿马万国博览会金奖，从此闻名海外。

吴兆光是"吴鲁衡"罗盘店的第八代传人，自幼跟在长辈身边的他，亲眼看见一扇扇精美绝伦的罗盘从父辈手中诞生，深以为荣。如今他沿袭着家族制作罗盘的传统工艺，始终专注于罗盘的制作。为了使罗盘更经久耐用，一道上漆的工艺要反复20遍，一个指针的磁化要耗时两个月，8寸的罗盘上，需刻画大小圈层共21个，刻线密如蛛网，又要求毫厘不差，罗盘打磨好后，还要由手工艺者用微尖的毛笔一笔一画写上2000多个蝇头小楷，这个过程又要历时数天。由于制作工序的复杂和技

艺的精细要求,"吴鲁衡"罗盘店一年只能做 800 面罗盘,远远不能满足每年上万面的订单要求。许多人劝说吴兆光,通过减少几道工序来提高产量,但吴兆光不愿悖于先祖的追求,仍旧遵循着它繁复的工序,拿出了一件件极具诚意的作品。

指针在罗盘上稳固了百年,吴家却已经更迭了几代,古老的手艺因为坚守有了传承,因为创新有了发展,集历代心血于精益求精中打造了一出传奇,而这正是万安人历代的信仰。

三读三书始明意　学海无涯勤治学

万安的精益求精不仅体现在万安人的耕种、经营上,更体现在严谨的治学上。万安古镇有一道特色菜叫"状元饭",由红枣、糯米、莲子蒸制而成。作为习俗,每年的开学之初,家长们都会为孩子们准备这道菜,激励他们能够学有所得,百年习俗传承的背后也与历代古镇人精益求精的治学态度有着不可分割的联系。

金德瑛是康熙年间万安镇有名的学子,少年时代就熟读经书、聪慧过人,在乾隆年间的科举考试中,一举夺魁,成为当年的状元郎,先后在江西、山东、福建等地督办学政,他始终秉承着精益求精的态度为朝廷培养、选拔人才,因此乾隆皇帝曾赞誉他:"甚有操守,取士公正,诚实不欺,无有偏党。"而金德瑛精益求精的治学态度,则来源于挚友汪由敦对他的影响。

有一次,金德瑛去汪由敦家拜访,在汪由敦的案前看见了一本自己已经读完的书,便自得道:"这书我早已看完,你为何到现在还在研读它?"汪由敦知晓金德瑛的言下之意,对他说:"我已经读到第三遍了。"书读百遍,其义自见,读书当求甚解,不仅要理解文章的表面意思,还要精益求精钻研背后的深层含义。金德瑛听罢,对自己的自得而感到万分羞愧,从此在学业上也更加认真。

精益求精的治学态度一直为万安人坚守,一代代状元郎的故事也被谱成一出出戏曲,在古镇里传唱,潜移默化中影响了无数的万安学子,而近代著名教育家陶行知也深受这种治学态度的影响。

陶行知 7 岁那年被送到万安的外公家，拜当地名师吴尔宽为师，吴尔宽学识渊博，治学严谨。有一次，陶行知写完一篇文章后拿给先生过目，先生看后表示文章写得不错，又问他能不能写出更好的一篇，陶行知回答说可以，吴尔宽就把陶行知的第一篇文章撕掉了，尽管有些不情愿，但也不敢违抗先生的命令，自幼聪慧、才思敏捷的他很快便写出了一篇更好的文章，先生读完这一篇认为较于第一篇有很大的长进，但是还有进步的空间，再一次撕掉了他的文章。这一次陶行知明白了先生的用意，回去以后没有急于动笔，而是细细构思，3 天后，提交了一篇令老师十分满意的文章。

吴尔宽想要借此告诫陶行知写文章、做事、做人都是一样的道理，要不断进行自我的完善。少年时的求学经历，深深影响着陶行知。他把明代哲学家王阳明提出的"知行合一"学说，与西方现代教育体系进行创造性融合，从中悟出学习与实践相结合的道理，经过不断探索与完善，最终创立了"生活即教育""社会即学校""教学做合一"的生活教育理论，让千千万万的学子受益终身。

■ 吴尔宽严格要求陶行知

临危受命探新知　中国航天领先锋

坐落在万安亥山脚下的休宁中学建于 1912 年，自建校起，便把"诚毅"二字视作校训，意思是"止于至善，是之谓诚，能常常止于至善而不迁，是之谓毅"。一百多年间，一代代新时代的"状元"从这里走出，成为各行各业的佼佼者。

余青霓在中国航天员科研训练中心工作，参与过"神舟一号"到"神舟十一号"的研究项目。家乡精益求精的传统文化、学校止于至善的学习态度始终激励着她不断成长，成为她人生最好的导师。

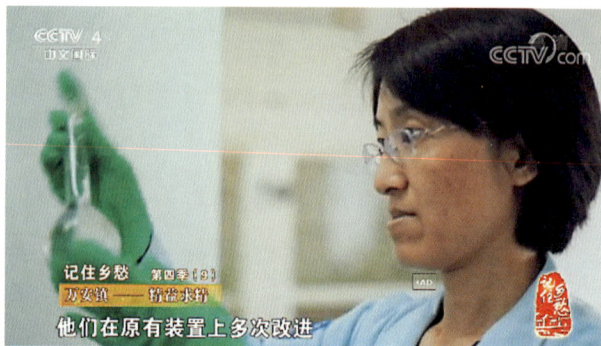

■ 余青霓和队员们反复进行着实验

2002 年，在神舟五号载人飞船的研制中，科研人员在分析模拟飞船返回舱内的气体参数时，发现舱内残留的一氧化碳超过了国际标准，这意味着宇航员的生命安全将受到威胁。为了解决这个难题，余青霓的团队临危受命，承担下了这项科研任务。

一年的时间，上千次的实验，一氧化碳的排放量终于控制在了国际标准以下，就在所有人都为此欢欣不已的时候，余青霓做出了一个让人出乎意料的决定，她要继续研究下去，实现一氧化碳的零出口，要做就要做到最好。一氧化碳的百分百净化在未知的太空里，是她能送给宇航员们最大的保障。在距离神舟五号正式起飞不到 3 个月的时间里，余青霓和她的队员们一起反复进行着实验，终于实现了一氧化碳的零出口，而这一项技术也成为国际航天领域的一大突破，中国在航天领域的影响力再上一层楼。

万安人既可以沉浸在饮一壶青萝的悠闲里，也可以陶醉于鞭炮与烟花齐飞的热闹中。脚下耕种的土地，双腿走过的长桥，手上捧着的器具，身后背着的书囊，万安人自幼身体和思想都沐浴在先人的智慧里，对精益求精的不懈追求已经深入每一个万安人的骨血之中，在血脉里沸腾，也在血脉里延续。

河水缓缓如往昔，古镇也依旧热情洋溢。1700多年光阴的打磨，这座古镇却愈加闪亮，如明珠，带着她沉淀千年的智慧光芒，照亮古镇今人的方向，也孕育着未来的希望。

编　导：吕明月　主持人：吴　鹏
撰稿人：魏　钰　指导撰稿：祁瑞萍

江孜镇

王城之顶
坚守执着

在西藏自治区日喀则市东南部、年楚河上游的北岸，江孜这个农业发达的盆地中，一片葱郁的色彩拔地而起，白墙红顶的城堡，格外显眼，犹如古格王朝的古堡，雄伟震撼。

这就是宗山古堡，在悬崖峭壁上熠熠生辉。这座巍峨的古堡就耸立在江孜古镇的中心，黄褐色的沙石，斑驳的墙体诉说着江孜的古老与沧桑。数千栋传统藏式民居围绕宗山而建，酥油茶的甜香弥漫在古街的巷陌间。固守着传统的生活方式，一代代的江孜人在这片土地上创造着历史，耕耘着希望。街边随处可见的茶馆中，茶水的热气正缓缓升腾，悠

■ 宗山古堡

闲的古镇百姓享受着这份宁静与祥和，享受着这份江孜人历经万难、不懈坚持才守住的安详福康。

红河谷：勇拒外侮

"高高的雪山顶上次仁拉索，一朵格桑花开次仁拉索，含情脉脉绽放次仁拉索，顶峰抗寒雪雨次仁拉索……"站在宗山古堡上，西风猎猎，这首《红河谷》的主题曲愈发清晰地回响在耳旁，古堡的悬崖旁，枯草在寒风中抖动，断垣屹立在绝壁上，月亮依然挂在蓝色的天空中，一大群鸽子从古堡顶上飞过。

冯小宁导演的电影《红河谷》曾经演绎了一段汉藏儿女生死相依的爱情故事和并肩抗战的英雄传奇，这部影片所讲述的故事就发生在当年的江孜古城中。至今，宗山古堡前的英雄纪念碑上还在诉说着这段可歌可泣的历史。

自唐朝末年，藏王后裔站在宗山之上，为这年楚河畔的小镇取下意味"王城之顶"的江孜之名开始，这片土地上，世世代代的江孜人就为了守护这方家园热土而不懈奋斗，无论面对朝代更迭，世事变幻，江孜人始终坚守着"王者之顶"的尊严与荣光，一寸山河一寸血。

时间转眼来到 20 世纪，地处沟通拉萨与日喀则的交通要道，同时也是通往印度、不丹的必经之路的江孜，受到了妄图鲸吞西藏的英国侵略者的觊觎。1903 年 7 月，为了把中国西藏纳入殖民版图，英国侵略军头目荣赫鹏率领一支万人大军，由麦克唐纳少将指挥，开始了对中国西藏地区的武装侵略。次年 1 月，英国在相继占领了堆拉、戈吾等地后，将矛头直指江孜。以江孜人民为主的西藏人民反抗英国武装侵略的抗英战争轰轰烈烈地展开了。

这一年，已经享受了数百年安宁的江孜再一次面临家园的毁灭，600 余名英国侵略军气势汹汹地从亚东向北入侵江孜，人有踏平古镇之意。隐藏在江孜人身体中，几百年来都不曾改变的誓死守护家园的热血，再一次喷涌而出。无论男女老幼，僧侣战士，无一不投身于反抗侵略者的战斗之中，江孜人在宗山上筑起炮台，用土炮、土枪"乌躲"、刀剑、梭镖和弓箭与入侵者展开了英勇的血战，昏天黑地的战斗持续了 8 个月之久，英勇的江孜军民偷袭英军兵营，几乎把以荣赫鹏为首的窃据江孜的英军全部消灭。

受挫的英国侵略者不甘心失败，恼羞成怒，调来大炮，猛轰宗山炮台，不幸堡垒中的火药库为英军炮火击中而爆炸，形势一时逆转，红了眼的侵略军疯狂地向古堡进攻，英勇的江孜军民在最后关头，面对着敌人的强大攻势，发出了铮铮誓言："纵然男尽女绝，誓不与侵略者共天下。" 3 天的时间里，敌人的炮火不曾间断，宗山上的这支由士兵、平民、僧侣组成的守军早已疲惫不堪。为数不多的弹药打完了，看着越来越多的敌人攻上山头，守军们开始了一场血肉之躯与钢铁、炸药的抗衡，鲜血浸透了他们脚下的这片土地。

数千江孜军民倒在了宗山土堡的血泊里，却依然无法挡住英军的洋枪和火炮。就在敌人冲上阵地的最后时刻，眼看已经无法突围，仅剩的一百多位守军却没有一个人逃跑，也没有一个人投降。他们来到悬崖边上，纵身跳入黑暗之中，用鲜血和生命守护了自己与家园共存亡的誓言，写下了光辉而悲壮的篇章。

■ 江孜军民反侵略塑像

■ 跳崖烈士纪念碑

　　"皑皑的雪山顶上，传来一个古老的声音：'雪山女神有三个儿子，老大叫黄河，老二叫长江，最小的弟弟，叫雅鲁藏布江……'"100多年过去了，战争的痕迹渐渐被雪域高原的冰雪覆盖，但一曲曲英雄的赞歌却始终在古镇中传唱。为了告慰那些壮烈牺牲的英灵，人们在守军当年跳崖的地方建造起了纪念碑。一块块垒起的玛尼石，一条条洁白的哈达无声地诉说着先辈的英勇无畏，也传递着后人守护故土家园的信念和决心。

　　宗山古堡的城墙依山而建，它历经万难，如今早已残破，却依旧坚强地挺立在蓝天之下，恰如江孜人对于家园的坚守，亘古不易。

多彩卡垫：初心不变

　　炮火硝烟已然远去，宗山古堡得到修复，江孜人也迎着改革开放的春风，步入了崭新的时代。在今天的江孜，现代化的生活方式已逐渐被江孜人所接受，给当地的民众带来了诸多的便利，然而在这一过程中，传统的文化却受到了挑战。

凝聚祖辈生活智慧的卡垫

■ 卡垫

江孜有一种地毯长 2 米宽 1 米，被称为"卡垫"。藏族人把卡垫铺在一种用獐子毛或青稞草填塞的厚垫子上，当作坐垫或卧具，它是藏族百姓家中必不可少的用品。因为江孜卡垫素以色泽鲜艳、毯面柔软、细腻和风格浓烈著称，江孜镇也以"家家有织机，处处闻织声"而闻名，所以这里自古也被人们称为"卡垫之乡"。

然而，从 20 世纪 90 年代开始，手工制作的卡垫在与机器织造的卡垫的竞争中，逐步落了下风，机器制品因为价格低廉，款式多样，占领了市场，给传统的卡垫织造业带来了巨大的冲击。不得已，人们开始纷纷转行，曾经在江孜人生活中无处不在的卡垫，已然失去了它原有的本色，绵延 600 年，久负盛名"卡垫之乡"的光环褪尽，甚至在江孜地毯厂，工人们的工资也只好暂时用卖不出去的卡垫来抵扣，大家的日子过得十分艰辛。面对工人的困苦，文化的流失，作为厂长的边多心中难以释怀。

内外交困之际，一位商人来到江孜考察，他建议边多引进一些机器设备，用以节约成本和提高生产效率，帮厂里获得更多的利益。商人承诺，只要地毯厂同意引进机械化生产，所有的费用都由他们来承担。如此的诱惑和地毯厂面临的实在的窘境让边多陷入两难：工人要生活，要领工资，如果采用机器生产，或许能挽救工厂；但如果选择机器，就意味着整整响了 600 年的织机声会就此结束，江孜人祖祖辈辈坚守的文化会在自己手中走向消亡，曾经所有江孜人的精神寄托将不复存在。比起冷冰冰的机器制造，那些满载着江孜文化的手工卡垫不能不让边多留恋。想到这里，他果断拒绝了这个建议。也许工厂的困难很难克服，但如果放弃了对文化的坚守，江孜卡垫就会名存实亡。

守着一份初心，他希望能够在改变中寻找突破。为了解人们的喜好，边多走了很多地方。他发现过去卡垫的图案与色彩都比较单一，如果在原有样式的基础上增加一些多样性，就能让传统的工艺更加符合现代的审美。边多和工人们为此做了很多尝试。在保持风格不变的基础上稍微做出调整，保留 80% 的原貌来适应市场需求。

因为有着悠久的历史和精细的做工，样式改良后的卡垫很受人们的喜爱，销路也再次打开。很多年轻的江孜人也来到厂里学艺，重新拾起了这门古老的手艺。在五彩纺线的背后是一张张质朴而执着的面孔，数十年如一日，人们把坚守家乡文化的精神编织进了卡垫，也编织进了心底。

在江孜，像卡垫一样被保护发展起来的传统手工艺还有很多。织布机上，勤劳的妇女编织出美丽的氆氇；服装店中，年轻的姑娘挑选着漂亮的藏装；青稞地里，古老的祝词诉说着心中的祈愿。对他们来说，脚

■ 边多工厂

销路也再次打开

下的热土不仅给予了人们粮食的馈赠，也孕育出独特的文化，宗山之下的这片热土，是故土家园的根脉所在，是他们要用毕生心血守护的宝贵财富。

迁家保树，守望相助

■ 江孜人栽种的沙棘树

对于世代生活在江孜古镇里的人来说，这片土地上的一切他们都视若珍宝，精心呵护。无论是草原放牧，还是田地耕作，都有着严格的规矩和不可逾越的底线，而这一切都是为了保护江孜人家园的守护神——树。

因为地处高原，常常风沙肆虐。每到这个时候，树林就成了一道天然的屏障。祖祖辈辈的江孜人在古树的庇佑下免受风沙的侵扰，而百姓们也把对树的保护延续了一代又一代。

几十年间，江孜人自发地在院子周围种下沙棘树苗。在海拔4000米的高原上，氧气稀薄，树木难以生存，但在江孜人的精心呵护下，随着时间变迁，树苗慢慢长成了大树，原先的院落逐渐变成了树林深处的人家。这就使江孜人面临另一个问题，如果继续在这里居住下去，人和牲畜的活动就会对树木造成破坏。世世代代生活在这里的人们感到十分纠结，一个两难的选项摆在了江孜人的面前，保树还是保家？

在江孜人眼里，古树是从祖辈那里继承下来的遗产，树苗是自己给后人留下的财富。在江孜人眼中，正是祖辈们的坚守带来了今天的生活环境，所以在他们的心中，也有一份对子孙后代的责任，保住树木即是守住家园！因此，为了守护这片弥足珍贵的绿色，也为了家园长久的存续，2007年，江孜人做出了一个重要的决定，他们要把"家"让给树。在政府的帮助下，搬迁的居民建造起了新的房屋，开始了新的生活。而他们对树林的牵挂却始终萦绕在心头。

在2015年的夏天，江孜人视为神圣的泉眼干涸了，百年一遇的旱灾降临了。第一时间，人们想到的不是自身的安危，而是树木的安全。无数的江孜人赶着马车，去数十公里外背水，送往树林。尽管刚刚经历过重建家园的艰辛，农田和牲畜是很多人唯一的依靠，但看着因为缺水日渐干枯的树木，江孜人的心中有一杆秤，宁可牺牲一年收成也不能干死树林，人可以找别的食物吃，但是树林不一样，这是江孜人给出的答案。那一年，江孜人省下自己的饮用水，省下农田的浇灌水，倾其所有，保证了树林的水源；那一年，1806亩的土地，有收成的只有800

■ 江孜人栽种的树木

于山水之间自成一派美好的景象

■ 江孜人栽种的树木

亩，如此的灾难下，江孜人却没有丝毫难过，虽然庄稼毁了，但树活了，庄稼没了可以来年再种，但树如果死了，自己的家园便危在旦夕。

数百年间，淳朴的藏族百姓用最执着的方式坚守着对树木的保护，坚守着赖以生存的家园。人与树的守望相助间，这份情谊走过了数不尽的悠长岁月。闲暇之余，古镇里的人们再次聚到一起，歌声中有道不尽的赞美与感恩。

如今的江孜古镇，像一位老人，背负着数不清的岁月沧桑，从历史的地平线上缓缓走来。在年楚河川流不息的滋养中，于山水之间自成一派美好的景象。在新的时代里，江孜所承载的古老文化从不曾褪去他的光芒，人们心中对家园故土的热爱始终炙热如初。宗山上高耸的古堡，是江孜人绵延千年的执着，王城之顶的坚守，从未间断。

编　　导：赵奕琳　　主持人：宫柏超
撰稿人：李俊楠　　指导撰稿：王利花

涞滩镇

同心合力
众志成城

"脚蹬地嗨嗨，嘿作嘿嗨嗨……"一段古老的渠江号子；一杯芳香扑鼻的浓茶；一碗热气腾腾的阴米粥；瓮城门楼里的剃头匠；石板路上嬉戏的孩童；巷子里闲谈的街坊……这些画面是铭刻在每一个涞滩游子心底最温情的家乡记忆。

这座位于重庆合川渠江边的古老小镇，始建于晚唐，兴盛于宋代，距今已有1000多年的历史，如今依然保留着古朴的风貌。饱经沧桑的老城墙依然坚固如初，如同壮硕的勇士，护卫着小镇走过千年的时光。这里三面悬崖，四座城门呈十字形对称，墙体全部是由石头垒成，狭窄弯

■ 涞滩镇全景

曲的小街小巷、古朴典雅的明清建筑、错落有致的民居民宅，处处都给人以宁静、返璞归真的感觉。老街深巷里，涞滩人延续着传统的生活方式，日出而作、日落而息，用勤劳的双手耕耘着新的生活。

小镇依水而建，因水而兴。悠悠渠江水如同一条玉带环绕着它，水道蜿蜒曲折，如同草书的"来"字，涞滩由此得名。作为远近闻名的"水码头"，这里曾经商贾云集，贸易发达。世世代代的涞滩人在这里繁衍生息，创造出一派市井繁华，也留下了许多传奇故事。

一　天灾人祸，共筑坚城

滔滔的渠江水为古镇带来了财富，也让临江而居的人们饱受水患之苦。清朝乾隆年间，一场百年不遇的大洪水淹没了涞滩百姓的房屋和田地。曾经繁华的小镇变得满目疮痍。看着眼前的场景，乡贤张奇杰十分悲痛。他把大家召集起来，倡议在500米之外的鹫峰山上新建一座场镇。涞滩人一呼百应，他们下定决心，要为自己和子孙后代修建一座美丽家园。

那时，涞滩镇只有不到一百户人家。在没有大型机械的年代，人们能够依靠的只有自己的体力。木工们日夜不休，赶制门窗；挑夫们磨破了肩头，往返搬运；泥瓦匠不顾酷暑严寒，搭房盖瓦。在重建家园这个共同的目标面前，涞滩人紧紧团结在一起。经过20多个寒暑交替，100多间高低错落的青瓦民居沿着青石板路拔地而起。

然而，还未等人们在新的住所安定下来，猖獗的匪患又给他们带来新的危机。涞滩镇三面都是陡峭悬崖，唯独西面地势平坦开阔，无险可守。古镇里一位名叫戴廷灿的读书人建议修筑一道城墙，并加修一座瓮城。为了守护家园，涞滩人再次凝聚起来，投入建设当中。

古镇人协作分工，一块块重达两三百公斤的条石被打磨成型，一个个壮汉依靠肩挑背扛把它们运往山上垒砌成墙。又是一个10年过去，到了清同治元年，涞滩人终于修建起一条长达1300多米的城墙和一座坚固的瓮城。众人商议，在城门上题了"众志成城"四个字。

■ 瓮城城门与城墙

城寨建成后，成功防范匪盗山贼进犯数十次，古镇军民曾上演空城计：在山寨城墙遍插旌旗，又用竹席卷成圆筒，用锅烟墨染黑，架在瓮城炮台上，远远望去，只见城门洞开，旗帜飘扬，火炮林立，壁垒森严。

据碑文记载，1841 年，李蓝起义军来到涞滩，见其城池坚固，地势险要，叹曰"炮矢不可至，云梯不可接也"，遂放弃攻城。

历经 150 多年的风雨，城门上的四个大字依旧清晰可见。遒劲有力的字迹，彰显着古镇人共同保卫家园的决心和勇气，也把众志成城的精神镌刻到了一代又一代涞滩人的心中。

搬迁到新场镇之后，涞滩居民再也不用担心房屋会被洪水淹没，但是渠江边他们赖以生存的耕地却无法幸免。洪水过后，无米下炊的场景深深烙印在所有人的脑海中。1769 年，涞滩镇的各大家族聚集在了一起，商议抵御灾年的办法。他们决定在二佛寺内修建一个社仓。每家每户拿出一部分粮食储存起米，一旦遭遇灾年，随时可以开仓赈济。

就在社仓建好 4 年之后，渠江洪水再次泛滥。尽管涞滩百姓又一次陷入颗粒无收的困境，但是在社仓的荫庇之下，集镇上没有一个人出外逃荒，也没有任何一个人挨饿。

在古镇人的共同维护下，社仓制度在此后的数百年间从未中断。但是，到了清同治九年，社仓因为虫蚁侵蚀，已经有坍塌的危险。这时，古镇里的人们又一次聚到了一起。

在3个月的时间里，涞滩人有钱出钱，有力出力，靠着大家筹集起来的290多两银子，把社仓修整如新。而那些参与过社仓建设的古镇居民，他们的名字被永远镌刻在石碑上，成为涞滩人患难与共、同心合力的见证。

"土帮土成墙，人帮人成城。"小小集镇逐渐发展成远近闻名的商贸重镇。富裕起来的涞滩人在古镇里建起了九宫十八庙，其中集学校和孔庙功能为一体的文昌宫最为恢宏大气。每逢遇到大事，人们都会来到这里，共同商议解决办法。

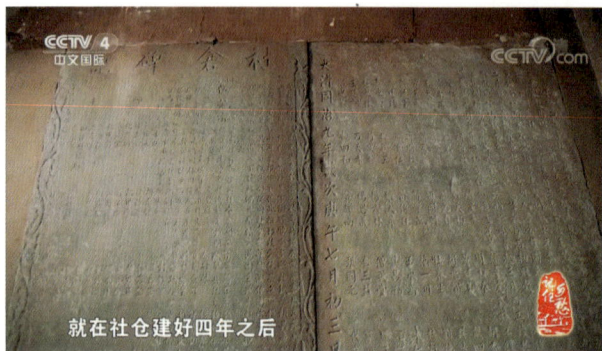
■ 关于社仓制度建立的碑记

（二） 烽烟岁月，共赴国难

1940年7月的一天，涞滩的街坊父老们会聚一堂，表情肃穆，气氛凝重。就在几天前，40公里外的合川县城遭遇日军大轰炸。全城2/3的建筑物被严重破坏，700余人死亡，2000多人受伤。战火中，100多名幼童失去亲人，无家可归。得知这个消息，乡贤刘慕陶当众表示，愿意把自己居住的月亮房子腾出一半，供孩子们居住。从这一天开始，所有涞滩人成为娃娃们共同的亲人。镇上人家自己吃红薯，把大米和小麦留给孩子们吃；学校里的先生带来自制的课本，教他们读书写字；附近的郎中，义务前来给他们看病。涞滩人把自己微薄的力量集聚在一起，温暖着孩子们弱小的心灵。不久后，旅居合川的施剑翘听说了月亮房子的故事，专程前来看望这里的幼童们。

当时她很感动，觉得涞滩人很了不起。大家有的出一把力，有的捐一点，就把难童收容所的困难解决了。她也受到启发，回去就发起了"一元献机"运动。运动很快开展了起来。施剑翘在合川县城发出号召：每人捐赠一元钱，为中国空军购买军机。

当时，中国的空军力量在旷日持久的抗日战争中，几乎被消耗殆尽。国家危难之时，涞滩人全体行动起来。80岁的老人捐出了办

■ 捐献战机的字据

寿宴的钱；新媳妇捐出了陪嫁的首饰；有钱的有些捐了几千块，没钱的尽量多捐。在不到半年的时间里，涞滩以及合川其他乡镇的居民一共筹集到了法币45万元，购买了三架先进的战斗机，并取名"合川号"送往抗日前线。此后，这场运动被推广到西南地区，并最终成为一场中国人民共同参与的爱国行动。"学生号""妇女号""记者号""忠义号"，一架架由普通民众捐款购买的战机飞赴战场，汇聚成了一股巨大的抗日力量，涞滩城门上的这四个大字也成为抗战时期铭刻在每一个中国人心中的共同信念。

当战火硝烟远离了中国大地，涞滩古镇又恢复了宁静与祥和。文昌宫内，人们听戏品茶，安享着先人们为他们创造的和平与幸福。烽烟岁月里，涞滩人共赴国难的壮举早已汇入古镇千年的历史，化为一种更为强劲的精神力量，被后世的人们坚守和传承。

㈢ 众志成城，薪火相传

走入新的时代，这座千年古镇也悄然发生着蜕变，昔日的商贸重镇逐渐转化为旅游小镇。许多在外打拼的涞滩人也纷纷回到家乡，周显学就是其中一位。

当时，涞滩镇周边有不少村庄，因为地处大峡谷附近，群山阻隔，交通不便，那里的人们生活依旧不太富裕。从大山里走出的周显学深知乡亲们谋生的艰难。为了给家乡的发展尽份力，他决意要打造一个乡村旅游度假村。然而，承包下来的数百亩荒沟杂草丛生、碎石遍布，光是清理道路就是一项巨大的工程。由于周显学的人手不足，工程推进十分缓慢。附近的乡亲们听说后，主动找上门来，大家都觉得这是一件造福子孙的好事情，一定要搭上一把手。

在接下来的两年时间里，1000多名涞滩人接力参与，曾经荒芜的大峡谷很快就换了模样。为了让家乡的山更青，水更绿，周显学又开始谋划起来。

■ 记者采访周显学

2017年3月的一天，2万株桃树苗被运送到度假村。此时正值春耕农忙季节，周显学不愿麻烦乡亲们，他带着自己的10多名员工一起上阵，可是，即使加班加点，一天下来也只栽下了500多棵。按照这个速度，全部栽完至少需要一个月的时间。如果等到那个时候，许多树苗就会枯死。就在周显学犯难的时候，200多名村民闻讯赶来，他们宁愿放下自家地里的农活也要过来帮忙。

乡亲们的倾情相助让周显学十分感动。度假村建好后，他专门开辟出一个土特产集市，村民们种出的粮食瓜果都可以在这里集中贩卖。许多曾经参与建设的乡亲们也成了度假村的员工，大家的日子越过越红火。

如今，涞滩镇不断有游子回乡创业，这座千年古镇再次焕发出勃勃生机。依靠着旅游，古镇上的街巷恢复了客栈林立，人来车往的繁华景象。打糍粑，切桃片，点豆花，在美食的香气中，涞滩人品味着富足安逸的生活，他们用双手把丰衣足食从美好愿景变成了现实。

古老的城墙上，"众志成城"四个大字依旧遒劲有力；袅袅的茶香中，耳畔传来的还是古老的传说、动人的往事；文昌宫的戏台上，反复吟唱的依然是先人的教诲、做人做事的道理，涞滩古镇的游子们无论身在何方，故乡赋予他们的精神风骨始终不曾忘却。

回看过去，曾经的激流险滩已经淹没在了渠江平静的水面下。古镇人共筑瓮城的壮志豪情已凝固在了古镇沧桑的街巷中。但无论时代如何变迁，古镇人骨子里那一种"同心合力，众志成城"的精神始终不会改变。也正是这种信念指引着过去和今天的涞滩人不畏艰险，一路向前，开创更美好的未来。

编　导：陈　松　主持人：杨　阳
撰稿人：郑　凯　指导撰稿：祁瑞萍

百福司镇

青山绿水
百福来

　　酉水蜿蜒流淌，两岸青山环抱，源鄂入湘，复穿鄂渝再返湘。百转千回交界处，是美丽边城——百福司镇。坐落在鄂、湘、渝三地交界处的湖北百福司镇，自古有"一脚踏三省"之称。作为土家人千百年来的生息之地，从唐代开始，这里就传袭着土司制度。明朝时，当地设立卯洞和百户两大土司，百户司也就成为集镇的名字。后因"户""福"谐音，为取吉祥之意，改称为百福司。如今，镇上居民大多是土司后裔，在青山绿水间过着悠闲的生活。

　　"万担桐油下洞庭，十万杉条达九州"，百福司镇独特的古商贸文化，以"卯洞""落印瀑"为代表的原生态文化，土司文化及"土家食道"的饮食文化等，无不向世人展示着百福司镇悠久的历史和丰厚的文化积淀。随着晨曦的到来，贴着山脊的云烟褪去，露出浩无边际的绿海，碧如青练的酉水河上响起渔歌，被山水拥在怀里的百福司镇又迎来安静的一天。在自然中劳作的土家人看来，茫茫青山之中自有主宰万物的力量。他们敬畏天地自然，千百年来，这种敬畏之心融入生活，成为信仰，因为人们相信，青山和绿水听得懂他们的赤诚……

一　以树为亲，虔诚守护

扎根在大山里的土家人，靠山吃山，靠水吃水。山川土地是过日子的依仗，不可轻易怠慢。人用几分敬自然，自然便用几分报人间。这份与自然相处的智慧，源于土家族流传已久的一个故事。

相传，很久以前的一个春天，大雨下了三天三夜。倾泻而下的洪水淹没了酉水河两岸的房屋和田地。家园被毁，洪水又迟迟不退，所有人陷入了绝望之中。就在那时，从酉水河上游顺水漂来了一根木头，在一户覃姓人家的门前生了根，长成青枝绿叶的大树，很是令人惊讶，一家人便向着树跪拜。更使人称奇的是，第一拜时，洪水一下子退了一尺，第二拜后，又退下去几丈，拜第三拜时，水就退完了。躲过灾难的人们围着大树欢呼跳跃起来，乡亲们都说是树神显灵，救了大家的性命。为了纪念神树，土家后人每修建一座摆手堂，都会在院落中央栽上一棵树。时光漏进树荫酿成了岁月，传说故事也随着摆手堂流传下来，化作精神信仰的种子，植入土家人的血脉。

每年祭祀的时节，也是古镇人与树结亲的好日子，百福司人用独特的方式来诠释对自然的信仰，在当地，一直流传着"视水如母，拜

■ 拜树习俗

树为父"的古老习俗。在土家人看来，广袤的山林拥有无尽的生命力，每场拜祭都是人心与树灵的交流，通过建立两者之间的亲密联系，人也会变得更加健康，对树的崇拜也在老一辈人中一代一代传下来，他们带孩子们来拜祭树，希望土家子孙像树一样茁壮成长，根连根，心连心，拜过的古树成为家族至亲，对古树山林以亲相待、虔诚守护，就是理所当然的事情。得益于此，如今，百福司的森林植被覆盖率超过 70%。叠翠的青山与蜿蜒近千里的酉水河交相辉映，构成了一幅奇峻秀丽的景观。世世代代的土家族人依山而耕，泛舟水面，生活得怡然自得。

二　伐木致祸，谨记教训

曾经有一段难忘的历史，深深地烙印在祖祖辈辈的记忆中，那次教训让他们明白，只有守好山水，生活才会幸福。

明嘉靖二十年（1541）的夏天，京城仁庙忽然起火，火势迅速蔓延，当时九大庙几乎全部烧毁。火灾后，朝廷派遣大臣到湖广、四川采办大木修复庙宇。时任辰州府同知的徐珊，带着工匠来到百福司，他们发现这里的山林古树苍天，微风袭来，还伴有一股沁人心脾的清香，隐藏在群山中的大片楠木林，从此被人知晓。当时，有一种说法称百福司"人不见天，雨不湿路"，也就是说，下雨的时候，落多大的雨都不能淋湿路，所以徐珊就选择在这个地方搭台了。修复宫殿、庙宇需要大量的木材，从那时起，百福司深山中珍贵的楠木，成为皇宫里高大的梁柱、陵墓中巨大的棺椁，许多木材商也纷至沓来，通过采办木料，赚得了大量财富。金钱堆砌起的欲望在这座千年古镇中积累膨胀，一场危机悄然而至。

那时，近边的楠木已经伐完了，要再找楠木就要到沟壑等险恶的地方去选。加之当时恶劣的自然条件，传说伐木的人"进山三千，出山八百"，其余的都是死的死、伤的伤、残的残。这一段辛酸的伐木史，导致当地人口急剧减少，过量采伐，使得深山中巨大的楠木几乎不见踪影。天灾频频发生，大雨过后，滚滚泥石流倾泻而下，许多村寨被夷为平地。

大自然用自己的方式警示着贪婪的人们，在广袤辽阔的天地面前，人是如此渺小，绝望之后，人们痛彻地醒悟，自然的慷慨馈赠，必须守护与珍惜，绝不可用尽取尽，否则，还会带来更大的灾难。在这个惨痛的教训下，百福司人决定重建家园。从那时起，明文告示规定，不准砍伐金丝楠木，砍树便罚跪，接受严惩，并被族人所不耻，从那以后人们使用木材一直遵循着规矩，在严规的保护下，山林又恢复了郁郁生气。他们在荒秃的山里遍植楠木，并立下一套完整的"山规"，把森林资源分为生态林、风水林、经济林、用材林等不同类型进行保护，其中生态林、风水林和经济林，禁止砍伐；用材林也要做到取之有度、及时补种，任何违反规矩的人，都要受到严惩。

这段历史让百福司人谨记着，青山是宝，但也并非取之不尽，只有悉心守护相依相存的自然，才是自身繁衍不息的长久之道。这条路漫长而持久，需要一代代人坚定不移地走下去。

■ 森林保护现状

CCTV 4 中文国际

如今 百福司的森林植被覆盖率超过70%

（三）　自然馈赠，取之有道

那时，原本以桐油为主要经济收入来源的百福司人，遭受了一场大的变故。高新技术的发展，使得许多材料逐渐取代了桐油。市场没落，家家户户种植的桐树荒废了，人们的生活也变得非常困苦。在填饱肚子和保护山林的矛盾选择中，一些人为了维持生计，不得不开始砍伐树木，在自家耕地里种植烟叶。看着美丽的家园一点点地被破坏，百福司的居民彭大波再也坐不住了。

■ 收获山茶籽

"靠山取宝，取之有道。"长年在外打拼，彭大波积累了不少生意经，眼界也比较开阔。1995年的时候，他做出了一件让乡亲们震惊的事：他把自己好不容易赚来的500万元积蓄拿了出来，开始培育茶树苗，还不停地劝说大家和他一起种茶树。但是，要在相对闭塞的小镇里推广新的事物并不容易，彭大波一次次地把大家聚到一起，提出无偿提供树苗，还发工资给种茶树的人。然而，最终打动大家的，还是因为他说的一句话："山不平，路不平，心要平。"彭大波解释道，百福司生在大山中间，居民们所有的资源都是从大山得来的，不能为了个人的利益，而毁了繁茂的山。于是，乡亲们的共同参与使产量不断增多，百福司人抓住了市场上需要绿色作物的商机，让小小山茶籽，变成了大都市的"奢侈品"，渐渐成了增收的"大产业"。

如今的百福司，青山起伏间一片片苍茫树海，恢复的生态环境为这里带回久违的繁荣，许多在外打拼的年轻人也纷纷回乡搞起油茶产业，满城茶油飘香，依稀让人回到酉水河边桐油争香的岁月。大家也更加懂得了人与自然唇齿相依的道理。20多年前的一天，居民彭南树发现山林里来了一群陌生人。这些人一进山就是好几天，到处转悠寻找大楠木，老彭感觉有些不对劲，便天天在林子里蹲守着。僵持不下时，有人跟彭南树提出要高价购买，每砍一棵楠木就给他28万元，这在当地人均月收入只有十多元的情况下，砍几棵树就能挣近百万元，这树无疑就等于摇钱树。但面对这样的诱惑，老彭没有回应，只是请他们马上离开，再不要打树的主意。"身教重于言教"，每到周末，彭南树的儿子就会回到家里，和父亲一起栽种楠树，身后的大山里，他们已经种下了30多亩楠木林。

顺应自然，保护山林，早已成为当地人的共识。为了保障山林的安全，无论春夏秋冬，镇上的护林队都要进山巡逻。每个月巡山25天，每天9小时。如今，200多棵珍贵的古楠木连同整片森林都被精心地保护了下来。金丝楠木落下的籽，人们捡起来后，会种在自家的房前屋后。正如百福司的护林员田广德所说："有了山林，自然就是讲留得青山在，你何愁没柴烧，山林守好了，造福子孙后代，自然福气就来了。"在人与

■ 合理捕捞

只会让自己无路可走

树的相依相守中，百福司人安享着岁月的恬淡、幸福。除了守山护林，百福司人也没有随波逐流、肆意捕捞。在他们看来，打破了捕鱼规则，就会打破自然的法则，守不住底线，只会让自己无路可走。五年前，居民赵发银遇到了一群提出要租船游玩的陌生人，可他却发现那些人随身携带着农药。赵发银当即拒绝租船，双方还起了冲突，赵发银的态度坚决，对方无计可施，只好离开。后来渔民们自发组织巡逻，一旦发现有人电鱼、毒鱼，马上制止。在百福司，还有许多像赵发银一样的渔民，默默守护着这条母亲河。在他们看来，取之自然，必回馈自然。每年从"冬至"到"立春"，渔民会一同来到酉水河边撒下鱼苗，以期待山水永续，年年有鱼。

和山睦水，山水才会永远相伴，守望家园，福泽才能绵延久远。夜幕降临，古镇广场上燃起了篝火。篝火旺，日子旺，通红的火焰映照在喜庆的笑脸上。百福司人守住了青山，也守住了生活，他们相信，红火的日子还会亘古绵长。

编　导：李　婕　主持人：唐天骄
撰稿人：张　倩　指导撰稿：祁瑞萍

编导手记

给青山以生命

我的家乡是一座小山城，那里青山环绕，绿水长清。儿时的记忆里，大山是我们玩耍的乐园，穿城而过的清江水是夏天纳凉的好去处。小时候居住的卧室推开窗，对面就是大山河流，被绿色包裹着，读书学习也变得有趣了很多。

后来离开家乡到外地读书，再到北京定居生活，我一直怀念着那方山水。跟朋友一起聊起老家，总会自豪地介绍，那是一块纯净的土地，空气质量一直排在全国前十名之内。在北京只要有空，我就会带着孩子去爬山，去北海划船，找寻山水相伴的感觉。我想，那也是属于我的乡愁。

这次机缘巧合，《记住乡愁》第四季选题中的百福司镇，与我的家乡同属于恩施土家族苗族自治州，它们之间的距离不过100多公里，有着相似的风土人情。初到百福司，我没有告诉当地人，我也是土家族，我想用更冷静和清晰的视角来看看当地的风土人情和文化传统。

从《记住乡愁》第一季到第四季，一路走来，对于我来说感触最深的是，作为编导，你需要对每个所到达的地方，做文化的深层剖析和解读，披沙拣金，找出符合这方水土的精神气质，找出深藏在当地人血脉中的文化基因。这是一个探源的过程，也是一个烧脑的过程，当我走进古村古镇时，大多会问上当地人一句："你们这的人性格怎样？""祖祖辈辈有没有留下一些怎样做人做事的道理?"往往给出的答案并不能说明问题,那些中华优秀传统文化蕴含的思想观念、人文精神、道德规范其实已经潜移默化地融入了当地人的生活中,成为一种习惯。而如何将这种习以为常的习惯提炼出来,这就需要我更沉下心去思考、去概括。

百福司镇坐落在大山深处,远离城市喧嚣,居民生活还保留着原生态风貌。无论是土家人的摆手舞,还是他们"视水为母,拜树为父"以及拜河神的许多习俗,都是土家人感恩天地自然的方式。然而,初到那里了解到这些时,我的思维有点懵,这里有着与我同样的语言、有着熟悉的习俗,这里是一片熟悉的乡土,但核心价值是什么?文化基因又是什么?是人们对自己民族文化的守护,还是土家族能吃苦、能打拼的性格?仿佛越熟知的东西越不容易发现其本质,直到我遇到古镇上的一位老人,他为我打开了思路。

百福司镇绿色植被覆盖率高,珍贵树种和百年老树很多,最让百福司人骄傲的就是当地拥有一大片金丝楠木群,古时皇宫里高大的梁柱、陵墓中巨大的棺椁大都采自百福司,但正是明朝时皇木的所需,导致当时山林的过度砍伐,暴发的山洪泥石流摧毁了百福司人的家园。人们深刻地认识到人与自然的关系,无节制的索取,是会遭到报应的。

百福司的副镇长带我们走访了那片富有传奇色彩的珍贵楠木林,向我们讲述着那段历史。震撼之余,我们总觉得少了点什么。好像少了些当地人对这段历史的看法,少了当地人是如何看待价值这么高的楠树。

我们随机走进一户楠木林旁的吊脚楼里,遇到了78岁的彭南树老人,他当时正巡完山回到家中。见到老人我心里是惊讶的，年近八旬的老人依然每天上山看护金丝楠木林，在陡峭的山路上健步如飞。我们问老人家为什么要守着楠木，他告诉我们"靠山吃山，就要爱山养山"。问老人家知道楠木的价值吗？他说过去几十年的时间，他遇到过很多觊觎楠木林的外来人，十几年前，就有人出 28 万元买树，但在对方许下的巨大利益面前，老人仍然没有让步。在他看来，钱只是桥梁，买车车有一天总会坏，买房房也会烂掉，但这些树不会，会比银行的存款还要高，留着给子孙后代，可以为他们造福。特别朴实又略带一些幽默的话语，却那么感染人心。

偶遇的彭南树老人，成了我们此行最珍贵的收获。这是当地文化与生态关系的和谐写照，留给子孙宝贵的"绿色银行"是当地人的共识。就在那一刻，我想，我也找到了内心中浓墨重彩的乡愁，青山绿水之于我的，不仅仅是儿时那片玩耍之地，更是一种对自然的认知，对天地的热爱。

山水林田湖是一个生命共同体，人的命脉在田，田的命脉在水，水的命脉在山，山的命脉在土，土的命脉在树。人与自然该如何相处？人类自诞生至今一直在寻求答案。人类文明从原始文明、农业文明发展到工业文明，生产方式在进步，但人与自然仍旧相互依存。五千多年的中华文明里，沉淀出"天人合一""道法自然"的哲理思想，其实与百福司人对山水自然朴素的尊敬之情不谋而合。"一方水土养育一方人"，这方水土养育的，不仅仅是我们的身体，更养育了我们的文化，培育了我们的性格与价值观。《记住乡愁》每一集想传达给观众的，正是这些隐藏在乡土深处的优秀文化，通过一个个鲜活的故事把中华民族五千年生生不息、薪火相传的精神纽带，把深埋在每个人心底的每一个基因表达出来。

拍摄中，百福司人大多朴实，面对镜头，他们只是用平实的语言讲述自己的生活。问他们乡愁是什么？他们也许无法用三言两语解释清楚。但他们从小拜过的大树爷爷知道答案，酉水码头边的油茶汤香气知道答案，每次跳起摆手舞时捶响的大鼓知道答案，每天映在眼里的青山绿水，也知道答案。而我的乡愁也在节目的一字一句中，娓娓道来。

节目编导：李　婕

沙溪镇

以退为进
海阔天空

　　"来到沙溪镇，古街三里长"，轻摇木橹，泛舟溪上，船娘低吟的浅唱萦绕在水乡的天地间，不仅诉说着江南的过往，更流淌着古镇独有的淡然与宁静。

　　位于江苏省太仓市的沙溪镇，东接长江，南临黄浦江，距上海只有半小时车程。纵横密布的河网，给小镇带来了百业的兴旺，也让这里的人们自古以来就能在城市的繁华与水乡的闲适间进退自如，品味着生活的千滋百味。前店后宅的建筑格局，让世代居住于此的人们既能享受生活的便利，又能时刻远离尘世的喧嚣纷扰，得享安宁优雅的时光。就连古镇之名"沙溪"，也暗含着这种遗世而独立的气质。沙是最小的石头，溪就是小的溪流。沙溪人认为，小的东西可以发展壮大，而巨大的东西就已到顶了。

　　相传明代诗人黄甫孝在游历沙溪时就被这里的美景所吸引，曾写下"水尽三江棹，花缘七浦堤。自堪江路永，不比武陵迷"的诗句，写出了古镇两岸迷人的景致。

（一）　退而有为，以退为进

　　自元末兴起之始，沙溪就吸引了大南地北的人栖居于此，到了明清时期，伴随工商业兴起，三里长街上聚集了 500 多家商铺，经营着绸缎、布匹、药材、饭庄等民生百业，当地人几乎家家开店，户户经商。

　　在当地提起带来富足生活的主要航道——七浦塘，沙溪人都会满怀

■ 范仲淹被贬期间开凿引流的七浦塘河，被沙溪人称为母亲河

感激地提到一个人。他就是先天下之忧而忧、后天下之乐而乐的范仲淹（989—1052 年）。

公元 1034 年的深秋，二次被贬的范仲淹转调苏州，前往沙溪探视民情时，见当地因连日暴雨导致内涝成灾。于是，他提出了"疏五河，导太湖注之海"的整治方案，得到朝廷批准。两年之后，治理工程如期完成，从此，太湖地区再无旱涝灾害，粮食年年丰产，仅苏州一郡年产稻米就多达 700 万石。而在此期间开凿引流的七浦塘河，也被沙溪人称为母亲河，造福之功延续至今。

沙溪人因七浦塘而永远记住了范仲淹，他以退为进、退而有为的精神，也伴随着七浦塘水缓缓流淌，被一代代古镇人所铭记。

七浦塘的开浚，连通了阳澄湖至长江的河道，为小镇带来了航运商贸的兴盛。便利的交通，富庶的生活，也使得沙溪古镇吸引了众多文人墨客云集于此，其中不乏一些从朝堂退隐的高士。

在小镇的东侧，至今还保留着一座宁静雅致的江南园林——乐荫园，这座园林就是由元末隐士瞿孝祯所建的。

据记载，瞿氏家族早在东晋时期，就来到了沙溪一带定居。当时，瞿家先祖瞿硎（366—371 年）是一个刚正不阿、一心为国的官员，在朝为官期间，因看不惯大司马桓温独断专权，结党营私，故而辞官，带着家人来到这里隐居下来。没想到，他的到来却为沙溪古镇带来了一番新气象。

瞿硎见沙溪地势平坦，气候温润，非常适合棉花的生长，就从中原引进了棉花的种植技术和印染技术，不但给沙溪人带来了富足的生活，也为古镇后来棉纺织业的发展奠定了基础。

晚年时，瞿硎留下了一句家训："是处即可济人，何必居官也！"以此告诫后世子孙：出仕为官是为了造福百姓，而当官场腐败，自己又无力回天之时，就要懂得适时退隐，沉淀自己，用另一种方式为国尽忠，为民谋利，尽己所能造福一方。

在这样的家训影响下，出生在元末乱世的瞿孝祯也不再考取功名，他在古镇里修建起一座精美雅致的江南园林，一生隐居其间，开坛讲学，以诗文会友。碰到灾荒年，他就拿出自己的讲学费，捐助给当地的百姓。

如今，乐荫园中仍保留着一块石碑，铭刻着瞿氏家族留给古镇人的精神——"使道而进焉乐在庙廊，使道而退焉乐在山林。"这体现出瞿氏家族进与退的精神，也体现出沙溪古镇隐逸文化的精髓所在。

■ 元末隐士瞿孝祯建立了乐荫园

"有道则见，无道则隐"，正是中国文人追求的一种处世原则。在沙溪古镇，像瞿氏父子一样隐居于此的人络绎不绝。他们退而有为，用自己的见识和智慧，不断改变着古镇人家的生活。

二　互退墙院，温情永存

"千里来书只为墙，让他三尺又何妨"，安徽桐城三尺巷的故事流芳百世，成为邻里之间和睦相处的典范，更是中华民族里仁为美、和谐理念的充分体现。而在沙溪镇，也有着属于自己的"三尺巷"。

作为东乡十八镇、沙头第一镇的沙溪，寸土寸金，许多人家的商户，都是墙靠着墙，瓦连着瓦。家家相连的房屋结构虽然节省了空间和成本，但也给附近居民的出行带来极大不便。

曾经，龚家和朱家两座大宅前便是小镇主街，居住在后面的人要走到前街去十分麻烦。龚家人把邻里出行的不便早就看在眼里，当他们翻建房屋时，主动把自家围墙往里退让出了两尺。时隔不久，隔壁朱家在翻建房屋时，也主动把自家院墙向内再退了一步，这一步加上那两尺，就让窄巷变成了宽巷。

朱、龚两家的退让不仅为附近百姓出行提供了极大方便，也让大家感受到了一份邻里间的善意。每天从这里走过的沙溪人，都能体味到这份退让之间的邻里温情。

有一年冬天，这条让出来的小巷还成了古镇人的生命通道。当时，弄堂里面的一户人家不慎失火。火势很快蔓延，殃及了周边几十户人家。就是因为有了这条弄堂，北边有逃生、运水的地方，当地居民用了一个多时辰把整个大火扑灭了，大火中没有一人伤亡。

■ 朱家和龚家主动把自家围墙往里退，形成一条巷子

为了感激龚家和朱家这份让路而来的救命之恩，百姓们提议用两家姓氏来命名这条小巷。不管把它命名为龚家弄还是朱家弄，两户人家坚决不同意，他们说，作为一个沙溪人，为沙溪的父老做点事情是应该的。

两家人不但互退院墙，还互让美名，他们的做法让大家分外敬重。后来，镇里一位德高望重的老者提出，龚家和朱家的房子，最早都是属于邱家的，不如就取名为"邱家弄"。

上百年时光弹指即逝，"邱家弄"的故事，潜移默化地影响着一代又一代沙溪人，他们有的在建房时特意让出一条过道，有的则刻意把门脸儿向内退让，建起一个个遮风挡雨的屋檐。

③ 要做科学家，不做科学官

一方水土养一方人，沙溪人自有一种为而不争的性格，更有一种抓大放小的远见。

中国著名核物理学家、"两弹一星"元勋王淦昌（1907—1998年）先生，年少时就在沙溪镇读书。那时的王淦昌，课余时常去七浦塘边，听老人们讲述古镇里发生的故事，沙溪人适时进退的精神，在少年王淦昌心中留下了极为深刻的印象。

1961年，刚刚回国不久的王淦昌，接到了第二机械工业部的通知，希望他放弃正在进行的科研工作，参加中国核事业研究。作为国际上知名的物理学家，当时的王淦昌，已经在自己的科研项目中取得了很大的进展，如果选择放弃，不仅他之前十几年的努力全都付诸东流，也意味着，在未来很长一段时间里，他要在世界学术领域销声匿迹。

但就在那个时候，王淦昌只说了四个字：以身许国。王淦昌清楚地知道，科学与爱国之间从来密不可分。从那之后，他化名"王京"，隐姓埋名，背井离乡，投入中国"两弹一星"事业中，那段日子里，他与家人联系的唯一方式就是写信。他的孩子也多年没有见到父亲，每当吵着要见父亲时，王淦昌先生的夫人就含着泪讲，你父亲调到信箱里工作去了。

为了国家的需要，也为了民族的自强，王淦昌把个人得失抛在脑

■ 王淦昌用一生的时间践行了自己"以身许国"的诺言

后，也把对家人的思念沉入心底。从1961年到1978年，他在学术界静默了整整17年。对他来说，中国可以没有人叫"王淦昌"，但绝不能没有"两弹一星"。后来他在回忆当时的决定的时候说，国家的强盛是我自己真正的追求，个人的利益，在国家利益面前是那么的渺小。

1982年，刚调回北京没几年的王淦昌接连辞去核工业部副部长和原子能研究所所长的职务，专门领导了一个科研小组，继续从事激光核聚变研究。他说这个工作可以由别人来做，但是有一样东西是不能辞掉的，那就是科学研究。

要做科学家，不做科学官。对名与利的淡然，对家与国的深情，让古稀之年的王淦昌，再一次选择了退居幕后从事科研，他也用一生的时间践行了自己"以身许国"的诺言。

（四） 名人有名人的决断，百姓有百姓的舍得

源自沙溪的古老文化，让生长于此的人们能够清楚地知道，究竟什么才是生命中最重要的东西。

沙溪老街的一间茶馆里，每天都会传出一阵阵二胡的悠扬旋律。演奏二胡的人是这间茶馆的主人戴建国。在老戴的这间茶馆里，大部分空间都用来放置乐器和老物件，整个茶馆只有两三张桌子，以前曾有人建议戴建国撤走一些老物件，多添置几张桌子，这样收入也会更多些。他却总是笑而不语。戴建国认为，这种平凡的小茶馆，其实也是古镇的一个窗口，它传播的是沙溪的文化。

对戴建国来说，让更多人了解家乡的历史和文化，才是他最大的满

足。两年前，曾有一位上海来的客人，开价800万元要买下他这家位置绝佳的茶馆。

当时戴建国的茶馆每年收入也就三四万元，800万元对他来说无异于天文数字。有了这笔钱，不但能给家人带来衣食无忧的生活，也能让自己后半辈子安稳闲适。不过，在短暂的动心之后，戴建国还是断然回绝了那位上海客人。

后来老戴回忆说，人是有得到，有失去。在金钱这一方面，我可能是失去了。但是和文化、和祖宗传下来的东西比，金钱就不值一谈。

对老戴来说，开茶馆虽然发不了财，但能守护着祖辈传下来的老宅，做着自己钟爱的事情，这份惬意才是千金不换的好日子。一壶香茗海天阔，二三知己话正浓。累了的时候，坐在临河窗边，呼吸着温润的空气，眺望着水面的涟漪，想象着古人的风骨。云舒云卷中，世事荣辱便归于了一颗平常心。

时代始终向前，古镇又迎来了新机遇。为了更好地向外界展现沙溪的历史与文化，政府计划修复古镇最大的园林——龚氏花园。可是，龚氏花园里一直居住着20多户老居民，他们有的从小就生活在这里，有的在这里结婚生子，度过了人生中最难忘的岁月。

黄家栋老人的房子是地理位置最好的一家，阳光充足，冬暖夏凉，走出小院几步就是古镇中心。对于他这样上了岁数的老人家来说，这是最理想的居所，不管出行还是购物都很便利。

虽然多少有些不舍，但听说古镇要修复龚氏花园，让从前的历史与文化得以延续，黄家栋老人带头做通了家里人的工作，第一个搬了出去。

在黄家栋老人心中，古镇开发事关全镇居民的利益，自己的房子虽好，但在大局面前该退则退，没有什么好顾虑的。这种大度是他从小就听古镇故事懂得的。

黄家栋明白的道理，其他古镇人也明白。龚氏花园里其他居民，也都在规定时间让出了房屋。

如今，在政府的安排下，大家都住到了新房子里。居住环境变好了，空间也更大了，大家在享受新生活的同时，也在用自己的方式怀念着曾经的古镇岁月。他们有的把老房子的门牌珍藏了起来，也有的把老

■ 老人把老房的花窗装在自家的客厅做装饰

屋里的物件搬到了新家里。

已过耄耋之年的范济川老人，就把老房的花窗带了过来，装在自家的客厅做装饰。范济川说："装起来，也是一个装饰，也是一个回忆，那老家，我也非常留恋，经常回忆，有时候梦里还是住在老宅。"

沙溪不在别处，故乡就在心里。对于老人来说，虽然搬出了老屋，却把对故乡的深情厚谊全都深深地留在了心底。

和从前一样，成为旅游小镇的沙溪，每天迎来送往着天南地北的客人。一边是热闹的街巷，游人往来穿梭；另一边是临河人家，照旧波澜不惊。宁静与喧嚣，传统与时尚，隐逸与进取，全都在这里完美融合。

岁月随着七浦塘的水静静流淌，也将水善利万物而不争的情怀留给了这里的人们。枕水而居的沙溪人，就像这七浦塘的水一样，不争不抢，不急不躁，积蓄力量走向远方。而这份恬静淡然的人生智慧，恰是一份宝贵的精神财富，让小镇在时代变迁中总能进退有度，永葆生机与活力。

编　导：李　娜　主持人：杨　阳
撰稿人：罗　艺　指导撰稿：祁瑞萍

太平镇

同心同德

　　"土地平旷，屋舍俨然，有良田美池桑竹之属。阡陌交通，鸡犬相闻。其中往来种作，男女衣着，悉如外人。黄发垂髫，并怡然自乐。"陶渊明曾经把这样的生活场景称为桃花源，也就是太平盛世。而四川省的一座与贵州省隔河相望的古镇就以"太平"二字命名，古镇坐落在四川省古蔺县城以东35公里处，自古便是出川入黔的重要通道。

　　之所以用"太平"命名古镇，是因为古蔺河与赤水河在此交汇，河道水流湍急、险滩密布。靠水吃水、以水运繁荣的当地人，为祈求出航平安，在明朝时，将从前的"落洪口"更名为"太平渡"，并一直沿用至今。在漫长的发展过程中，古镇人始终凭借自己同心同德、同舟共济的精神使古镇繁荣至今。

■ 太平镇全景

一　船工队伍团结一致保平安

从西汉时期开始，赤水河畔的太平渡就成了川盐的重要集散地。小镇居民原本以务农为主，但是由于生计所迫也纷纷加入川盐运输的队伍中。太平渡与下游的合江码头相隔179公里，运盐的船只从合江码头返航时，需要逆流而上，这在一定程度上加重了运输的难度。而岩滩作为运输过程中最危险的地方，由于水势落差极大、流速迅猛，船只到了这里经常遭遇急流的冲撞，如果遇到暗礁，就有可能船毁人亡。在这种恶劣的情形下，船工们每次经过岩滩都要打起十二分的精神，从舵手、艄公、桡工、纤夫到号子手，每一个人都在时刻关注着自己的所属部分，团结一心，拼尽全力，只有这样才能够让船顺利通过险滩。

船工们的感情也在经历过多次艰难险阻之后变得更加的坚定和牢靠。30多年前，刘代明和同伴运煤到合江码头，在离目的地还有90公里的时候，一位名叫明凤秋的船工突然感到腹部剧烈疼痛。千钧一发的时刻其他的船工们一刻也没有停留，连忙调转船头，把货船开回离他们最近的县城。急性阑尾炎，炽烈的病情单敲打着每一颗船工的心。由于船队带的备用金不够，大家又一起凑了700多元，替他付了医药费。手术的及时使得明凤秋转危为安，误工一天但是帮助了工友，每个人脸上都洋溢着满足的笑容。看似简单的一件小事，传递给我们的却是人性的温度，不管是湍急的岩滩还是无法预料的病情，小镇人民之间凝练起来的爱与温暖时刻流连于每一个太平人心中，在复杂的世界下依旧可以心连心，秉持着共同的理想。

二　小镇人民齐心协力建码头

航运的发展为小镇带来了繁荣与拥堵。明朝时期，太平古镇已经发展成为川黔地区重要的水陆码头。矿物金属、木材粮食、食盐百货在这里往来交易，一时间商贾云集，船只密布。原本宁静淡然的小镇已经完全超越了自身所能承受的体量，一时间来自五湖四海的船只和客商遍布小镇的周边。

这时朱复桐率先站了出来，作为镇里德高望重的乡贤，他把镇上的商人们召集到了一起，建议大家一起出资兴建码头和集市。并且把这样做的好处一一提了出来，提议得到了商人们的一致响应，参会的人员都捐出了银两，随后古镇的居民也加入其中，用自己的力量为古镇的发展添砖加瓦。合理的分工也是码头建设过程中必不可少的一个环节：石匠、木匠负责码头的搭建，青壮年的汉子负责材料的搬运，女人们负责为大伙儿做饭。经过3年的努力，同心协力的太平人，终于建起了

■ 纤夫团结一致拉纤建码头

一座崭新的码头、一个宽阔的集市。

交通的便利为小镇增添了更加旺盛的人气，更多的盐商涌入了太平古镇，川盐通过太平渡源源不断地销往全国各地，最繁盛时期，太平镇上就有八家盐号。而当地的居民也纷纷建立起了属于自己的商业基地，一瞬间小镇变得繁华起来。发生在小镇里的一切，都离不开小镇人的同心同德，劲儿往一处使，最终实现了小镇人民的"共同富裕"。

（三） 雕塑"红色见证"筑友谊

在太平镇的陈列馆中，小镇居民与红军之间的故事被一次次讲述着。与红军队伍接触之后，他们严明的纪律、为百姓服务的态度深深打动了太平人，古镇居民开始把红军当成了朋友、亲人，不仅把他们接到自己家里居住，还拿出平时舍不得用的新毛巾给战士们使用，古镇人像过年一样，煮上了一锅锅鸡蛋，端出热腾腾的茶水，招待这支在长征途中疲惫劳顿、需要休整的队伍。由于红军人数众多，古镇人让出沿用千百年的会馆和庙宇，腾出自家商铺和院子，为红军提供了指挥和备

战的场地。红军总司令部驻地设在渔翁庙，临时医院驻地搬进了朱家大院，毛泽东住在荣盛通盐号，彭德怀住进了刘家的四合院。与红军同心同德的太平人，为中央红军的艰苦岁月提供了一处温暖的港湾。

为了治疗部队伤员，古镇的居民们组织起来，设立了临时医院，镇上的医生们都义务出诊，免费施药。胡大成作为古镇上有名的老中医也参与其中，用祖传的创伤药为红军治疗枪伤，救治了不少伤患，效果十分显著。原本对祖传秘方守口如瓶的他最终将秘方送给了红军，临别时红军也把一本珍贵的西医医书送给了他。如今，这本医书被珍藏在古镇的博物馆中，成为太平人民与红军队伍深情厚谊的历史见证。

红军在太平古镇得到了有效休整之后，迎来了四渡赤水实现战略转移的新时机。1935 年 3 月 20 日，毛泽东命令红军迅速从太平渡、九溪口、二郎滩第四次渡过赤水河。在前有大河后有追兵的严峻情形下，2 万红军要在短时间内强渡赤水河不是一件容易的事。由于渡船的缺少，只能想办法搭桥过河。但是在宽阔凶险的河面上迅速搭起一座大桥是极其困难的，关键时刻太平人用自己的智慧协助红军来完成这次的任务。古镇上的所有居民拿出自家的小船，把船作为支点，船与船之间用纤绳和船艄连接，两端固定在岸边的岩石上。在船固定的基础上，桥面上需要搭板子，小镇居民就自发地把门板拆下来到河边去把浮桥搭好。一块块门板被人们铺在了木桨和纤绳上，只用了一个晚上的时间，太平人就为红军搭起了一座约 6 米宽、150 多米长的浮桥。

一块块门板被人们铺在了木桨和纤绳上

■ 红军搭设浮桥用的门板

1935 年 3 月 21 日，红军主力军从这座浮桥上渡过赤水进入贵州，当红军最后一支后卫队通过浮桥后，古镇人又冒着枪林弹雨，帮助红军把西岸四川一侧的绳索砍断，整列浮桥随着湍急的河水漂走，断了敌军的追路。这是红军长征道路重要的一笔，是将太平人与国家命运紧密连接起来的一次经历。太平人在遇到困难时表现出来的英勇正是中国梦的集中体现，承载着我国人民渴望和平的愿望与决心。

四　洪水灾难无情显人情

新中国的成立让小镇恢复了以往的安逸与祥和。耕种劳作、喝茶听戏，一个个平常的日子，就在这份惬意从容中缓缓流淌。然而，一场突如其来的自然灾害打破了古镇的平静。

1953年端午节前后，太平古镇发生了一次特大洪水。暴雨持续了三天三夜，到第四天上午，赤水河的水位上涨接近20米，古镇的街道被淹没在了洪水中，不少房屋也被大

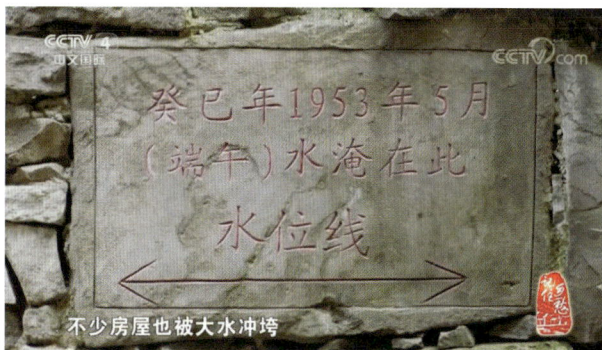

■ 1953年特大洪水水位线

水冲垮。洪灾面前，太平人迅速行动了起来。冯开庶还清晰地记得，为了帮助被淹家庭抢救出重要的生产生活用品，很多居住在高楼层的居民不惜破坏自己屋顶、地板，把楼下的东西用绳索往上吊。只用了一天一夜，古镇里的许多重要物资都被抢运了出来。无情的洪水让住在地势较低的古镇居民失去了住处，地势较高的上街乡亲们分别把他们接到了各自家里居住。当时，冯开庶一家把镇上20多人请到了自己家中，悉心照顾他们的生活。

这种与受灾家庭同吃同住的情形持续了一个多月，直到洪水消退、家园重建。这场洪灾让居民们变得更加团结，大家的心也紧紧地连在了一起，每家每户只要遇上困难，邻里之间都会毫不犹豫地伸出援手。在温暖的乡情中，小小的古镇渡过了一次又一次的难关。

五　古镇居民传承文化创旅游

随着科学技术的发展，水运逐渐没落，曾经繁华一时的太平古镇也变得冷冷清清。当地的年轻人为了谋生，大多选择外出打工，小镇里留下的多是老人与孩子。

胡敬华曾是太平古镇社区居委会的主任。他从小在古镇中长大，看着家乡的衰败，心里十分难过。为了让家乡不再沉寂下去，胡敬华把镇上的居民召集到一起，大家商量决定，依托明清建筑及红军遗址，发展当地旅游业。要发展旅游并不是一件容易的事。当时，镇里的一些重要历史建筑，在几十年前被人为地分割成了许多小空间，作为公租房分配给了当地居民。10多户人家杂居在一起，原有的建筑格局被破坏，再加上年久失修，房屋的墙体和梁柱也出了问题。要还原小镇当年古朴原始的建筑风貌，就必须要劝说里面的居民全体搬出，再进行重新整修。

当时，张世鲲一家经济状况并不富裕，搬离老街意味着要重新买

■ 小镇滋养着一代又一代太平人

房，这无疑是一笔巨大的开支。但他觉得，保护明清建筑及红军遗址，发展旅游不仅可以带来商机，让镇上的居民都获利，也可以更好地传承古镇精神。于是，张世鲲二话没说，带着一家人搬到了古蔺县城。

在张世鲲的带动下，长征街上的居民陆续搬了出来。毛泽东、朱德、周恩来等领导人的休息处，红军团部驻地旧址、红军临时医院等遗址恢复了原貌。

如今，太平古镇古朴典雅的明清建筑，帮助红军四渡赤水的光荣历史，吸引了众多游客游览古镇，缅怀先辈。那些为了古镇发展迁出的人家，虽然离开了老屋，但还会经常回到那里去看一看。家乡变美了，生活更好了，每个太平人都分享着这份内心的喜悦和自豪。无论时代如何发展，同心同德的精神将永远回荡在这片土地上，滋润着一代又一代太平人。

编   导：郭宗福 主持人：蔡丽娜
撰稿人：吕智慧 指导撰稿：祁瑞萍

南阳镇

风雨同舟 和合而居

京杭大运河微山湖段，坐落着已有 2000 多年历史的南阳古镇。早在战国时期，渔民们就来到这里安家落户，岛上渐渐形成了一个小渔村。1282 年，取直之后的京杭大运河穿村而过，南阳凭借沟通南北的优越位置，逐渐发展成运河航运和贸易的枢纽。来自南方载满丝竹白米的渔船、酒船、米船、官船往来相接，樯桅林立，随之带来的人气使得南阳镇工商百业兴旺一时，有着"小济宁"的美誉。康熙皇帝下江南途经此地，见街道两旁商号林立，民风和善，不同民族的人在这里融洽共处、亲如一家，当即题下"和合居"三个大字，意为风雨同舟，和合而居。

■ 四面被水包围的南阳古镇

这里有"岛在水中、河在岛上、镇在湖内"的独特景观，船是唯一的交通工具。走在南阳镇青石板铺就的老街上，看着街道两旁大大小小的风干鱼和各种各样的湖产品，南阳人团结互助的生产生活场景仿佛就在眼前。有福同享，有难同当，有利同取，有喜同乐，是岛上形成的默契，这个古老的生存法则深入人心，伴随着静静流淌的古运河，无声无息又自然而然地浸润着这座千年古镇。

同心勠力福同享

伴随着日出，渔民们开始了新一天的劳作，宋新华的拖队也开始了新一天的航程。

一艘动力船，九艘无动力驳船，通过缆绳首尾相连，组成了一条超过 400 米长的大船，这艘大船就是当地人所说的"拖队"。宋新华是动力船的船主，也是整个拖队的领头人，因此被称为"拖头"。

58 天前，宋新华接到一趟从济宁运送建材到杭州的生意，他把九条驳船召集起来，组成了这个临时的拖队。尽管船主们大多数互不相识，但是只要同在一个拖队，他们之间就变成了亲密无间的合作伙伴。宋新华作为"拖头"，必须指挥后边的驳船统一方向打舵，防止碰到别人的船

■ 宋新华带领的"拖队"

组成了一条超过 400 米长的大船

上去，遇到转弯处更需提醒防止船开到岸上。

互相配合，齐心协力，这是船帮自古以来的传统。一个船队之间如此，不同的船队之间也是如此。每当船队遇到突发状况时，光凭上面一喊，船主之间不论亲疏，都会伸出援助之手。

2000 多年来，数不清的大小船只沿京杭大运河北上或南下。如今，已经成为世界文化遗产的京杭大运河，依然航运繁忙，而船队之间这种互帮互助、情同一家的故事，也随着运河水传遍四方。

守望相助难同当

在历史的长河中，南阳镇这艘大船行驶得并非一帆风顺。明朝嘉靖年间，古黄河决口，小镇遭遇水灾，运河漕运中断，众多商家和店铺只能关门停业。朝廷派人前来南阳治水，提出要重新开凿河道来疏导洪水。

当时住在南阳镇的除了本地居民，还有许多天南地北前来做生意的客商。但无论是家乡人还是异乡客，都明白一个道理：共同生活在这座孤悬于陆地之外的小岛上，大家的命运是紧紧捆绑在一起的，只有同心合力，才能共渡难关。

新河道开始动工的那天，从山西来做粮食生意的富商胡金发，给工地上送来了 100 斤面粉，作为粮食储备，并且承诺，以后天天送，直到新河道开通为止。唐记铁匠铺的老板也承诺，凡是用于开凿新河的工具，一律免费加工和修理。就这样，胡金发每天 100 斤面粉，一直送了八个月。唐家铁匠铺叮叮当当的声音，一直响了八个月。在所有人的团结协作下，不到一年，新河开凿完成，南阳不仅从此免除了水患之苦，水运航道也变得更加畅通，小镇也由此进入了发展的黄金时期。

开凿的京杭大运河蕴含着古人创新与包容的智慧，它不仅沟通了城市与城市，也架起了一座连通人心的桥梁。在紧邻古运河的回春堂里，同样可以看到一幕幕温暖人心的故事。

回春堂的创办者是晚清秀才马玉山。有一年，一个在南京码头做苦力的乡邻李继江染上了肺痨，无钱医治。家人们见他危在旦夕，却束手无策。马玉山听说后，赶忙去李继江家中探望，并送医送药，看他家里条件困难，还送米送面，就这样过了半年，这个李姓邻居就彻底康复了。

■ 施医舍药的回春堂

马玉山对贫苦的患者施医舍药，对有钱人却一律提高药费。曾有一位开钱庄的富商不解，为何自己一服中药竟然需要十块大洋？马玉山答："因为你的命值钱。"自此以后，找马玉山看病的富人便不再计较，欣然接受他这"穷人看病，富人掏钱"的规矩。

今天的回春堂，马玉山的孙子马同安和曾孙马在清继承了祖上的医术，也一直谨守着这份规矩。他们从来不问病人身上钱多钱少，只管看病开药方，有的时候，病人一时半会儿地掏不出药费，马在清也不计较，留下一张单子，照样让他们把药拿走。按照生意人的传统，秋后就要开始计算一年的账目，古镇人也知道这个习惯，大多数病人都回来结清欠款，可也有的病人家里实在困难，马在清也不计较，只是默默地把欠费的单子清点出来，一把火烧掉。

对于马在清来说，医者父母心，开医馆本就不是一门生意，更何况大家都是彼此熟悉的乡邻，困难时搭上一把手，帮助了他人，也快乐了自己。

和衷共济利同取

俗话说，靠山吃山靠水吃水。用鱼鹰捕鱼，是南阳渔民的传统捕鱼方法之一。60岁的宋叶魁，是一个放了40多年鱼鹰的老手，也是南阳"鹰帮"的老大。每当要放鹰捕鱼，宋振华就和其他六位同伴，各自带着自家的一船鱼鹰，迎着朝阳，向南阳湖的深处进发。嘴里喊着号子，脚下跺着船底，有节奏地敲击船帮，向鱼鹰发出进攻的号令，也是一种

是一个放了40多年鱼鹰的老手

■ 用鱼鹰捕鱼的"鹰帮"

信号，告诉鱼鹰不要远离，就在附近集中力量围捕鱼群。鱼鹰脚上系着线，扎入水里捕到鱼后，渔民再将鱼从鱼鹰嘴里拿出来，有时候能捕到五六斤的大鱼。鱼鹰逮上来鱼大家都是放一起的，按大小进行分类，按照老辈的规矩，统一售卖之后进行平分。一旦发现湖上风浪变大，出于安全考虑和对大自然的敬畏，宋老大就会果断结束这一天的放鹰。

水面茫茫，风浪难测，在这样的环境下，一个人的力量是渺小的。水上讨生活的艰辛，让南阳人自觉地团结起来，依靠群体的力量，有利共取，合作共赢。除了"鹰帮"，在南阳镇还有用竹竿和网罱鱼的"罱帮"、撒网捕鱼的"网帮"，他们虽然捕鱼方法不同，但是信守的规矩都一样：团结合作，平分收入。不只是渔民之间遵守团结合作、平分收入的规矩，船帮兄弟们之间也信守同样的规矩。

近年来，不少游客赏荷花，采莲蓬，品尝地道的全鱼宴，体验远离喧嚣浮躁的清闲生活。一些渔民也专门开起了摆渡船，每人收取十块八块的船费。可是开摆渡船的人多了，便出现了熙攘混乱的招揽生意场景，影响乡里乡亲的和睦，还会损害南阳古镇的形象。

于是，杨、宋、胡、梁、马等几个大姓人家坐到了一起，商量解决办法，决定沿用渔帮的老规矩，一起经营，将船进行编号，所得利益进行均分，排班采用循环制，不会存在多劳或者少劳的人。统一了价格，统一了管理，大家的心也统在了一起。

如今，轮渡码头变得井然有序，前来游玩的人们从开始登岛的那一刻，就有了良好的观光体验。而在南阳岛上，许多古镇居民也开起了农家乐，经营起了住宿和餐饮。曾经的渔民们，虽然登了岸、改了行，但风雨同舟、齐心协力的做事方式从来没有改变。在古镇人的共同努力下，小小的南阳岛在新的时代里又有了新发展。

亲如一家喜同乐

同住一个岛、亲如一家人的血脉情缘，把南阳人的心紧紧地连在了一起，从南阳外出创业的人，无论走多远，这份亲情，都是他们心中无法割舍的眷恋。

11月3日，上海山南勘测设计有限公司董事长王延华回到南阳镇，为这里的小学捐款100万元。王延华在南阳出生，在南阳长大，后来到上海创业。这次回到老家，除了给学校捐款，他心里最牵挂的，还是曾经帮助过他的乡亲们。

83岁的徐纪安老人，当年对王延华一家的照顾最多。王延华还记得，小时候，父亲常年在外工作，兄妹三人全靠母亲一人照料，日子过得很清苦。当时，邻居们见到这种情况，隔三岔五就会做些好吃的送到他们家，有时还会为孩子们添置一些新衣服。在乡邻们的帮助下，王延华一家渡过了最艰难的岁月。

几十年来，街坊邻居的恩情，王延华始终记在心里，自己富裕了，却深深记得有喜同乐，报效家乡。对于每一个离开老家到外边工作的游

■ 载满乡亲美好祝愿的新人婚礼

子来说，他们都像是一只放出去的风筝，无论这只风筝飞得多高多远，它的线总是牵在故乡的手里面，对故乡充满着深深的感恩和眷恋之情。

千百年岁月悠悠，人们同舟共济，同乘南阳古镇这艘大船。今天，一对新人的婚礼，又让这艘船上的人们聚在一起，分享这份甜蜜和喜庆。新人带着乡亲们美好的祝愿，开始了他们人生的新旅程，而古老的南阳镇，也伴随着这份喜悦，步入新的时代。

编　导：张晓华　主持人：王端端
撰稿人：闫春霞　指导撰稿：祁瑞萍

编导手记

风景这边独好

　　在没有拍摄南阳镇这期节目之前，我没有到过南阳镇，甚至连微山湖也只去过一两次。南阳镇的地理位置很特别，它处在茫茫微山湖中的一个小岛上，进出这个小岛，唯一的交通工具就是船。还记得第一次去调研，小船沿着长长的航道向前行驶，脚下是轻轻作响的湖水，两边是大片的芦苇、荷花，不时有水鸟腾空而起，远处小镇的轮廓也隐隐映入眼帘，在那一瞬间，我不禁惊叹：在豪迈大气的山东，竟然还有这样一个婉约安静的好去处！

　　京杭大运河的古河道还从这个岛上穿过，这样就形成了南阳镇"岛在水中、河在岛上、镇在湖里"的特殊景观。生活在这样一个与外界隔离，只能靠船进出的小岛上，很多事情需要大家共同去面对，遇到问题就需要大家共同去解决，这样，大家的利益就自然而然地连在了一起，也就是说，生活在这样一个小岛上，大家就是一个"命运共同体"。在调研中我们得知，在只有四五平方公里的小岛上，有九个村的人交错混居，这些人家大多是随运河而来，大运河沟通包容的特性也让两岸的人们融洽共处，亲如一家。这样，也就有了本集节目的主题"风雨同舟，和合而居"，具体来说，就是有福同享、有难同当、有利共取、有喜同乐。在南阳古镇，谁家有喜了，就聚在一起一同分享快乐；谁家有难了，就尽自己所能互相帮扶着，这是岛上居民千百年来形成的默契。这种默契，也成了岛上最吸引人的文化风景。

在到处充满了互助和睦之风的这样一个小镇上采访，也是一件很舒服的事情，因为小岛面积很小，只有四五平方公里，所以我们摄制组上去之后，几乎全镇的人都知道我们来了，我们在拍摄的过程中，无论走到哪里，老乡们总是很热情地跟我们打招呼，问我们吃了没、喝了没，那种感觉非常舒服，就像到了自己家里一样。

不过，在整个采访和拍摄过程中，并不是所有的事情都很顺利、都很舒服。有一次为了拍两段主持人出镜，就花了整整一天的时间。央视主播王端端在京杭大运河的船上出镜，成片展现出来的效果是：王端端站在一条行驶的船上介绍南阳镇的地理位置等情况，身后一条长长的拖队驶过。这看似简单的场景，实际拍摄起来却很不容易。首先，得等拖队，这个无法安排，只能等；其次，端端所在的船和摄像所在的船要保持同样的行驶速度并保持相对固定的距离，也就是说，两条船、一个拖队、一位主持人、两位摄像，所有这些都得配合得恰到好处才行。好在主持人和摄像都是经验丰富的同事，两条船的船老大配合了几次之后也渐入佳境，最后终于把这个场景拍摄完成了。接下来，端端采访鹰帮捕鱼那个场景的时候，微山湖上起了很大的风，浪也比较大。我们的计划本来是让主持人坐到鹰帮宋老大的小船上进行采访，但是宋老大非常坚决地拒绝了我们的要求，因为他所在的小船，在风浪中已经摇晃得非常厉害了，再上去一个人的话，随时都会有翻船的危险。我们只能改变计划，让宋老大和他的同伴带着捕上来的鱼上到一条稍大一点的水泥船上接受采访。被采访对象、主持人、摄像师、录音师等七八个人，都挤在一条小小的水泥船上，随着风浪在茫茫的湖面上不停地摇晃，场面很惊险。为了出镜效果，端端也没有穿救生衣，表现出了很大的勇气和很好的敬业精神。那一天，我们是一早就出发了，拍完主持人出镜，从湖里返回镇上的时候，已经快下午5点了，直接就吃晚饭了，省了一顿午饭的钱。

从最初的踩点调研，到最后拍摄完成，我们前前后后在南阳镇住了近60天，在这些日子里，特别是后期集中拍摄的日子里，我们经历了一种难得的"简单"生活：每天除了拍摄，就是在考虑明天如何拍摄，因为，在这个小岛上，一到晚上7点多，渔民们就熄灯睡觉了，地摊、歌厅、酒吧，这些在城里常见的娱乐项目，一个也没有。

现代社会的生活节奏很快，每个人都很忙，忙得顾不上别人，也顾不上自己。我们就希望通过这期节目，能让大家了解南阳人那种代代相传的风雨同舟、和合而居的生存法则，也能够体会南阳镇那种远离喧嚣的清静与自然，放慢节奏，静下心来，享受最真实的风景，找回最本真的自己。

节目编导：张晓华

　　"三步两座桥，一望十条巷"是枫泾古镇独有的建筑风情，小镇身处上海的西南郊区，蜿蜒的市河水缓缓而行、穿镇而过，水网密布，是上海地区现存最为完好的水乡古镇。旧时因横跨吴越两地获得了"吴根越角"的美称，自古吴越多文人，士族精神与书生意气在枫泾人的血脉之中代代传承，承袭着这方水土所赋予的风骨与气节。

　　碧水长桥人有志，枫泾古巷千年意。古镇成市于宋、建镇于元，具有浓厚的历史文化底蕴。1430年，古镇南归属嘉兴、北划入松江，开始了长达500年的南北分治，一直到20世纪50年代，南镇并入北镇，古

■ 枫泾一角

镇才得以统一，60 年代后枫泾划归上海，先后被授予了"中国历史文化名镇"和"中国特色小镇"的称号。1500 年的历史使古镇的韵味更加深厚，时光沉淀出"气节"的智慧，滋养着每一位枫泾人的成长。

乱世之内相　廉正辞圣意

吴越之地多文人，崇尚耕读是枫泾人的传统，古镇的历史上曾出现过 3 位六部大臣和两位宰相，陆贽就是其中一位。

唐德宗李适即位后，曾派使者 11 人巡视天下，使者途经枫泾时了解到了陆贽的一些治国理念，加之皇帝李适在太子时就曾听闻陆贽的才学，于是下旨任命他为翰林学士。陆贽感念德宗的知遇之恩，工作上恪尽职守，政事上一旦有缺失，无论大小他都会向德宗陈述，皇帝也由此更加看重陆贽。

唐、宋时期，翰林学士常需值宿内廷，向皇帝进言献策，因此有了"内相"的别称。781 年，德宗为了应对由节度使发起的"四镇之乱"，将禁卫军抽调一空，甚至撤掉了边防部队，不料被抽调平叛的军队因为待遇问题发动兵变，逼近首都长安，"泾原之变"爆发。陆贽随德宗出逃奉天，途中远近征调、奏章批复等机要事务陆贽处理起来得心应手，能胜任其余人所不能胜任之事，由此成为德宗的左膀右臂。

783 年，奉天之围得以解除，德宗欲大赦天下，交由中书省起草赦令，陆贽以为此举不妥，向德宗献策，希望德宗能够效仿周成王责己、汉武帝自悔的举动，以归顺民心。陆贽亲自执笔作《奉天改元大赦制》，赦令以德宗的口吻直言自己"长于深宫之中，暗于经国之务。不知稼穑之艰难，不察征戍之劳苦……天谴于上而朕不悟，人怨于下而朕不知，罪实在予，永言愧悼"，言辞恳切，闻者皆感于德宗盛举，叛军的首领主动除去王号，上表谢罪。自此，反叛势力气焰大消，国家逐渐恢复稳定。陆贽也因此番作为，被世人赞为"救世内相"。

792 年，陆贽出任大唐宰相。有一年，陆贽的母亲去世，按制需丁忧三年，朝中很多官员都借吊唁之名，行贿赂之实，不料遭到了陆贽的严词拒绝。中唐时期，朝野内外奢靡腐败之风盛行，陆贽秉公办事的作风招致了诸多官僚的不满，就连德宗也曾私下明示陆贽：像鞭靴、特产之类的东西，收下也无妨。面对皇帝的劝说陆贽也不为所动，认为小物件终究会演变成大腐败，面对众人的不解，陆贽只用一句"吾上不负天子，下不负吾所学，不恤其他"来回应。

先人掷地有声的话语，一直被枫泾人铭记在心，争相效仿。自唐朝以来，古镇上共走出过3位状元、56位进士、122位举人。无论官职大小，为官皆清廉正直，直击时弊。后人为了纪念他们，便把这座原本名为"白牛"的小镇，更名为"清风泾"，后传为"枫泾"，古镇才有了现在的名字。

儒衣付一炬　书生笔化刀

枫泾人的气节和操守既可以如陆贽一般，居庙堂之高；亦可以像陈继儒一样，处江湖之远。

明万历年间的一天，枫泾人陈继儒在枫泾街头当众点燃了自己的儒生衣帽，一时间引起了轰动。一个才华出众、仕途一片光明的儒生放弃

■ 枫泾古镇状元坊

道尽了陆贽为官做人的风骨气节

了自己的儒服，就等同于放弃了自己身份的象征。然而这一切在陈继儒看来却并不值得留念。他自幼聪颖，才华过人，经常被显贵邀请去参加各种雅集茶会，进阶入仕对于其他书生而言是一番苦战，而对于陈继儒来说，却是触手可及的事情。然而面对官场腐败、宦官专权、忠义之士不得善终的时局，陈继儒作出了退守田园的选择，闭门著书，隐居在昆山之南。

虽隐居在山林之中，却非置身于尘世之外。士族精神与书生意气始终在陈继儒的血液里沸腾。有一年，江南发生灾荒，百姓生活难以为继，陈继儒为此十分忧心，多次上书，提出自己的赈灾方案，请求朝廷能够开仓救济灾民，在他的努力下，华亭、青浦二县每日免费向百姓发放粥食，许多乡贤富商也都参与到了赈灾行动中，百姓的温饱终于得以解决。

书生报国无他物，唯有手中笔如刀。陈继儒虽隐居山林之间，但仍旧心系天下，并没有割断自己与世俗的联系。而这也为他招致了一些争议。

陈继儒隐居昆山，得了隐士的名号，却又不像传统意义上的隐士一般息影山林、声闻不彰，他常常于官绅间周旋，引起了诸多人的讽刺。相传有一日，陈继儒在大臣王荆石家偶遇一显宦，显宦虽然知晓所遇何人，但仍然出声询问主人陈继儒的身份，王荆石回答说："是一山人"，显宦借此讥讽陈继儒说："既然是山人，怎么不到山里去？"而清乾隆间，蒋士铨（清代戏曲家、文学家）在传奇《临川梦·隐奸》的出场诗"妆点山林大架子，附庸风雅小名家……翩然一只云间鹤，飞去飞来宰相衙"也被指是在暗讽陈继儒的行为，诗句中的云间正是松江的古称。对于这些质疑，陈继儒并不在意，他将自己长期立身行道的感悟，写成了家训《安得长者言》，留给后世子孙。书中提到："盖

■ 陈继儒家训《安得长者言》

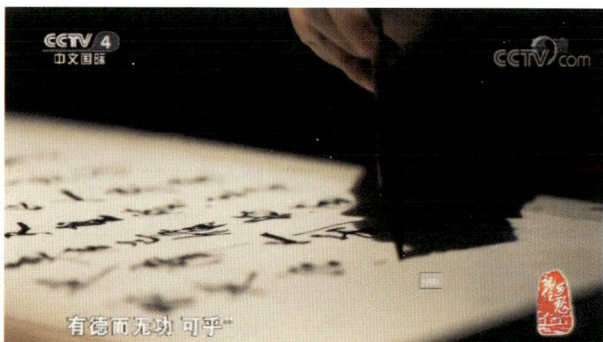

洁己好修，德也；济人利物，功也。有德而无功，可乎?"意思是说士大夫阶层，修身养性是品德，利物济民是功业，只有品德没有功业是不合理的。在陈继儒看来，自己隐居昆山是修身养性，而周旋于官绅间则是为了利物济民，二者并不冲突。

天下有道则见，无道则隐，无论居庙堂之高，还是处江湖之远，枫泾人始终不忘对自我的内在要求。士大夫的精神伴着缓缓流淌的市河水滋养着这方水土，浸润在枫泾人日常生活之中。

丹青就桃李　感辞赠房情

枫泾不只有直臣隐士，还有文人墨客。色彩绚丽的金山农民画最受大众喜爱，它诞生在物质匮乏的岁月里，汇聚了枫泾人对美好生活的向往和对脚下热土的眷恋。

顾世雄是枫泾中学的美术老师。40多年前还是买什么都需要票据的计划经济时代，顾世雄准备和妻子结婚的时候，迟迟买不到新房需要的家电和家具。他的父亲在当地供销社当部门经理，朋友们建议顾世雄去求求父亲，他却觉得不妥，票据都是公家的，自己一分一毫也不能侵占，他不会提，父亲也不会同意，这是家庭教育给他和父亲的默契，更是父亲给自己的最宝贵的精神财富，夫妻两个东拼西凑，勉强凑齐了一套家具。

结婚之后不久，镇上缺美术教师，毕业于上海师范大学音乐系的顾世雄转行教起了美术。小镇上的美术课，要什么缺什么，顾世雄自己动手，在不足10平方米的楼梯过道里给学生们搭建了一片美术天地，凭借特色教学，让2000多名"农村娃"相继走进高等院校成为美术人才，美术高考上线率高达95%。

2005年是顾世雄从教的第25年，学生们特意为他准备了一场师生联谊会。就在联谊会前，顾世雄无意间知晓学生们因为心疼自己一家吃住都在一间十几平方米的房子里，想要凑钱买一套房子来改善自己的生活境况。顾世雄第一时间联系到学生们表示自己坚决不会收下这份大礼，在他的极力劝说下，学生们终于打消了这个念头。退休以后，顾世雄租了一间老宅，成立了艺术工作室，他教过的学生们也常常结伴来到这里，谈天说地，亦师亦友。

■ 顾世雄在枫泾街头绘画

"德高为师，身正为范。"师者的言行像光束照亮学生们的前路。一块画板、两支画笔、三尺讲台，陪伴着顾世雄走过了数十年的光阴，那份传道授业解惑的信念也不曾改变。在他的身上，我们看到了枫泾的文人风骨与师者的职业操守并重。

心善而德恒　为人后为医

晨起屋檐垂下玉露，盛午阳光撒满大地，夜晚游人散去，古镇又恢复了她原本的静谧与温柔，巷陌深处的灯光，静候离家人的归期。枫泾的男女老少在平凡的生活中恪守着清白做人的准则。

每个周末，医生徐小云的身影便会出现在古镇的街头巷尾，虽然已经年过耄耋，腿脚也不复从前，但是每周上门给镇上的老人们量血压、检查身体是他一直在坚持的事情，这份坚持也换来了古镇人的信任，数十年来，古镇人但凡有个头疼脑热都爱找徐小云诊治。正所谓，医者仁心，徐小云坚持以高尚情操，行仁爱之术。

■ 徐小云去行动不便的老人家里为其检查身体

曾经有一家医药公司的代表找到徐小云，想要借助徐小云的力量销售自己公司的药品，每卖出去一盒就给徐小云五块钱的回扣，那时候的徐小云一个月可以接待上千名病人，如此下来，徐小云的收入可以翻几番，但他拒绝了医药公司合作的请求。古语有云，"无恒德者，不可以作医"，古之医生，向来以悬壶济世为己任，徐小云力不至济世，却万万不愿舍弃他的医者操守。

壁立千仞，无欲则刚，人皆有欲，有人顺之，有人克之，后者虽物质上不足以肆意生活，然精神上却无上富足。枫泾的美，美在古镇人对风骨气节的追求，对人间正道的向往，而枫泾人的故事，藏在市河水的微波里，伴着时光缓缓流淌，从未停歇。那些先人的教诲，在吴侬软语里口耳相传，在日升日落间为枫泾人所践行，更将在未来的时光里启思后人。

编　导：赵奕琳　主持人：杨　阳
撰稿人：魏　钰　撰稿指导：祁瑞萍

从前，西南角那座荒芜的山岭，浩浩荡荡地迎来了一群工匠，人气和热闹使这里聚集成镇，又因为他们的一双巧手和匠心，使冰冷的石崖有了温度和灵性，最终度化成佛；后来，历经风霜的古镇名扬四方，凿刻成像的石佛护佑一方，成为信民朝拜的信仰，而造就辉煌的石匠们不仅留下了精妙绝伦的作品，还将自己对事业的虔诚传承后辈，发扬光大。从前到后来，八百载风流沧桑，这座古镇，在那些工匠的一凿一锤间留下了令人瞩目的熠熠光辉。

坐落在中国西南角，重庆市大足东北部的宝顶，便是这样一座因为石刻雕像而闻名于世的古镇。"宝顶山不高，神仙起窖窖"，藏有上万尊石刻造像的宝顶，聚集无数卓越石匠大师的宝顶，会有多少古镇故事呢？

一　千锤匠心铸观音

宝顶历来香火旺盛，自古就有"上朝峨眉，下朝宝顶"之说，"朝宝顶"主要就是朝拜观音。因此，宝顶山又被当地人称为"香山"。这里共有摩崖造像近万尊，包括大佛湾、小佛湾等13处造像群。主要以佛教密宗故事人物为题材，充分展现了宋代石刻艺术的精华。其中一尊被世人称作人间唯一的千手观音石雕像，堪称天下一绝！一般的千手观音，多数只有几只十几只或几十只手，"千"只是象征性地表示手多的表达，但是宝顶却有一尊实有1007只手的摩崖石刻造像，好似孔雀开屏的布局，在仅 88 平方米的崖石上，层层叠叠雕出了 1007 只手，且手势无一雷同。这尊石像不但是中国观音之最，是世界石窟艺术的一大创举，同时也代表了宝顶石匠雕刻技艺的玄妙入神。

南宋淳熙年间的一天，叮叮当当的锤击声，伴着同样清脆的鸟鸣声，从宝顶山的山谷中传出，上千位的石匠聚集于此准备完成一项宏大的工程——开凿宝顶石窟。高僧赵智凤承持其教，他准备在这里开凿万尊石刻造像，建一个宏大的密宗道场。为此，赵智凤请来了以文家、伏家和胥家为主要代表的工匠，希望他们能够齐心协力完成这项工程，由此石匠们与相携而来的家眷逐渐地在这里安顿了下来，使宝顶最终形成了集镇。

生活的安定使得石匠们有专注的精力投入石窟的创作中去，春去秋来，朝来暮往，一窟窟精美绝伦的石像从工匠的手中诞生，几十年过去了，赵智凤也从风华正茂的青年变成了耄耋之年的老者，看着石壁上的成品，他倍感欣慰。但这天清晨，他将几个手艺高超的石匠召集到山谷中最大的一块石壁前，对他们讲出了自己最后一个心愿：在这块石壁上刻一龛千手观音，必须是真的有 1000 只手，而且互不雷同，完全都不一样。此前也有石匠挑战，但也只能刻出几十只手，最多刻出 100 只手，

■ 图为千手观音开凿 3D 复原的设计图

每人为千手观音雕刻出一只手

而且比例都是缩小了的。这个任务实在艰难。但是石匠们都跃跃欲试，即使知道这是一道难题，但是能够由自己来打造一龛真正意义上的"千手观音"，这是何等的荣誉和骄傲啊！于是石匠们各自带领着徒弟，开始钻研设计。

3个月过去了，没有一位匠人能够设计出既合理又美观地把1000只手全都安放到观音身上的图纸。几次失败后大家都纷纷打了退堂鼓，但是文家的石匠文赑还在继续坚持。他把自己关在屋子里日夜琢磨，经常两三天水米不进，甚至晕倒在桌子上，但皇天不负有心人，他从金孔雀开屏的梦境中得到灵感，设计出了千手观音的雕刻图纸来。文赑的设计图纸得到赵智凤的认可，同样文家也拿到了雕刻这龛惊世之作的绝好机会，只要能完成千手观音的雕刻，文家必然会成为石雕翘楚。但就在开凿前夜，文赑却发现图纸上的1000只手，竟然有很多处雷同。他不能接受这样的瑕疵，最后决定延期返工。闭门钻研了很长时间的文赑终想明白了一个道理：一个人的思维终究是局限的，只有集众人的智慧，才能完成这个任务。最后他主动邀请所有的匠师都来雕刻这龛石像，千人千智，最终石匠们共同造就出了千手观音这龛令人惊叹的传世佳作。

二 独运匠心刻石艺

"技可近乎道，艺可通乎神。"八百多年来，一代代工匠用刻刀和心血在这座古镇甚至大足地区雕刻出了几万尊石刻雕像，内容丰富，刻画了中国古代儒释道三家经文典籍中所记载的许多重要人物和故事，不仅成为中国石窟艺术史上的一座丰碑，在世界石窟艺术中也占有重要的一席。1999年，以宝顶摩崖石刻造像为代表的大足石刻入选《世界遗产名录》，宝顶古镇也随着数万尊石刻造像一起蜚声全世界。一锤一凿间，匠心独运、精益求精工匠精神，也在宝顶匠人中　代代传承了下来。

"錾指一条线，摸得到，看不见"，这是宝顶石匠代代相传的一句话，即匠人用铁錾在石头上打一条线，细微到眼睛都看不见，只能用手去摸，才能感觉到。但这仅仅才算是入门的石刻学徒而已。要成为一名真正的石雕匠人，工匠们需要经过几年甚至十几年的苦心磨炼。刘能风从事石雕行业已经 30 多年了，但还一直保持着每两年摹刻一尊宝顶石刻造像的习惯，从不懈怠。

2014 年的立春，刘能风开始动手雕刻一件作品。作为宝顶石匠的后人，从入行开始，他的心中就一直有一个梦想，那就是亲手做千手观音。之前也曾做过实验品，用几个月的时间雕了五六件出来，但是最终都被他亲自摔了，因为没有达到自己心中的标准。这次老刘下定决心一定要完成，他的目标是把近 100 平方米的大型雕塑缩小到一块不足 1 平方米的石料上，这既需要勇气，也需要毅力。微缩的千手观音，每只手不足 1 厘米，每根手指不足 2 毫米，衣纹和眼线更是细微至极。

■ 图为刘能风雕刻的微缩千手观音

这尊石刻，耗费了他两年的时间，成功近在咫尺，但石材内部的一道裂痕，导致观音像的一根手指出现了残缺，千手观音有了瑕疵。那个晚上，刘能风在工作室整整待了一夜，30 年的梦想，两年的心血，只是因为这一点小小瑕疵就毁了吗？内心挣扎无比的老刘也想过，如果这道裂痕用石粉注胶进行弥补，完全不会影响大局，一般人根本不会发现，但是他又如何对自己交代呢？最终他决定放弃这件作品，即使后来有人出价几万块钱想要购买，刘能风都没有答应。因为在老刘看来，这件作品是不完美的，从自己手里流出一件残次品，他过不了自己的那道关。为了使自己不留遗憾，老刘重新找来一块合适的石材，开始创作。如今这件作品还要一年才能完成，老刘却丝毫没有急躁，沉浸在千手观音的雕刻中，完成着一个匠人的梦想。

刘能凤是宝顶匠人们的一个缩影，他们同老刘一样，对这个行业存有敬畏心，在他们看来，如果对自己的手艺都不诚实，也就不配做一名匠人。在古镇里，商家会明确告知游客哪些是手工雕刻作品，哪些是较便宜的翻模工艺品。这既是对手工艺人的尊重，也是对宝顶石雕声誉的维护。

（三）　秉承匠心传各行

宝顶古镇一代代传承下来的工匠精神不仅让古老的石雕行业永葆活力，还影响到各行各业，延伸到了人们生活的每个角落。

罗登强在古镇里种植荷花，已有将近20年的时间。为了改善荷花品质、延长花期，老罗做了许多尝试，但都不太成功。偶然的机会使老罗了解到太空育种可能改变物种基因，从此送荷花种子上太空的念头就存在了罗登强的心里。2004

■ 图为罗登强种植的十里荷花

年，当得知"神舟六号"载人飞船有太空育种计划时，他立即背上了一包自家荷塘的莲子，到北京去寻找希望。但是老罗却被拒绝了，因为进行太空育种都是跟科研单位和大的集团公司大的企业在搞合作，从来没有和个人合作过。于是老罗的希望破灭了。但是回到家之后，他越想越不甘心，于是他联系了重庆的西南大学，和他们合作一起建了一个育种实验室，这一下把科研单位和育种的问题全都解决了。2005年初，不放弃的老罗第七次来到北京，找到了中国航天集团。最终他们被老罗为太空育种所做的充分准备和坚持不懈的精神打动，同意了他的请求。随着"神舟六号"成功发射，老罗的第一批莲子顺利进入太空，并在太空遨游五天之后返回地球。经过六年的苦心培育，育种成功的荷花终于从温室里移植到了荷塘。经过太空育种的荷花，不仅花瓣层数变多，莲子更为饱满，花期也成功延长了两个月。

宝顶人家骨子里对事业的敬畏心和永远追求创新的血液一直流淌，古镇几起几落，但是由石匠们传承下来的工匠精神却一直没有变过。

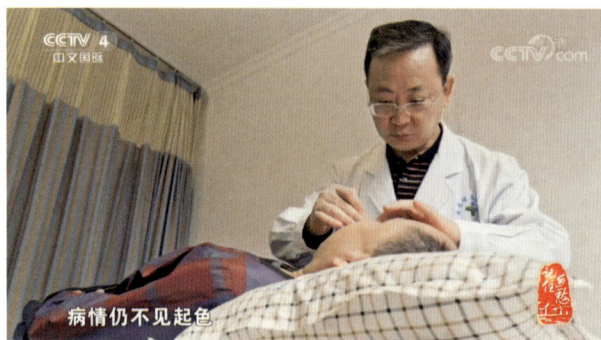

■ 图为杨智在为病人针灸

2009年的一天，针灸医生杨智接诊了一位严重的三叉神经痛患者。他为患者治疗了一个月，仍不见好转。此时，他想到了风险很大但治疗效果更好的"四白穴针法"。四白穴位于眼眶下部三叉神经末梢，一个只有针眼大小的地方。针刺这个穴位，必须非常精确，稍有偏移，就可能伤到眼部神经，甚至导致失明。这个方法很冒险，但是为了病人的健康，杨智还是决定试一试。为了提高针灸的准确度，杨智决定先在自己脸上试针。为了确定施针的精确位置和手法，他一次次把银针刺进自己的皮肤深处。有时因为手法不对，还会刺中血管引起面部出血，形成熊猫眼。直到现在杨智脸上还有当时扎针留下的一个疤。经过数百次试针，杨智找到了四白穴的精确位置和最佳刺穴手法。但他还是不放心，科室的同事知道他的顾虑后，主动提出让老杨在他们脸上试针。通过大家的共同努力，他终于把这套针法烂熟于胸，并顺利地应用到对患者的治疗中，取得了非常好的治疗效果。

（四） 修复石佛获新生

八百载朝起云落，依靠石刻而兴起的这座古镇经历多少跌宕起伏，如今却巍然屹立在重庆东北一角，传承着先辈的坚守。古镇日新月异，越来越兴盛，而宝顶石窟，却在风化中一天天衰老。八百年前工匠凿崖成佛，八百载来众佛普度众生，这一方古镇受着众佛的庇护，时间却无法减慢他们衰老的速度。佛度众生，众生度佛，让千手观音重获新生，是今辈之责。

2008年起，为了拯救这一文物，全国石质文物保护"一号工程"——"千手观音"保护性修复工程启动。由于修复工程的复杂性，工作团队进行专业分工，各司其职。其中陈卉丽和她的团队压力很大，因为他们承担着修复工作中最重要的石质本体修复任务。这部分工作十分繁复，首先他们需要对风化的石质注射加固剂，而在这个过程中针尖不能接触石质的表面，药剂滴渗的速度也要掌握好，不然会对佛像造成二次伤害，因此整个过程大家都十分谨慎小心。这个过程持续了一年后，工作的第一步算是完成了。接着，他们需要做的是对每一只手进行专属的修复方案。宝顶千手观音之所以被认为是世间唯一的千手观音，最主要的就是这龛佛像真的有千只手，可想而知要想将这纵横交错，上下重叠，反侧

■ 图为修复后的千手观音

松柏环绕的宝顶山谷中

相承，深涉错落的千只手——标记有多困难。最终他们按照从左往右，从下往上给每只手进行编号，通过计算，一共实存 830 只手，这个数据与相传的有所出入，如今我们已不得而知剩下的那些手是未曾存在过，还是在时间的侵蚀下逐渐消失了，但这丝毫动摇不了这尊石像的雕刻技艺的伟大。

就这样，陈卉丽和团队克服了一个又一个难题，为这堪称作奇观的石像工作着，历时八年，在陈卉丽所带领的石质修复团队和补漆、贴金等其他团队的共同努力下，千手观音修复工程正式完工并通过验收。公元 2015 年 6 月 13 日，历经八百年风霜的千手观音，在今天的匠人们手中重获新生。

800 年前，宝顶山谷间传出叮叮当当的琢磨声，千万匠人的到来使这里形成集镇，慢慢地，这里开始有了一条蜿蜒的石板街，有了热气腾腾的笼屉，有了鸡犬相闻，还有怡然自得的黄发垂髫……随着石窟的完工，这个籍籍无名的小山头，渐渐成了香客云集之地。如今，古镇西南角蹄形山谷中，那一尊尊精美造像慈目低垂，轻述着古镇过往的沧桑与荣耀；而在古镇的石雕作坊中，那叮叮当当的雕凿声清脆悦耳，传承着先辈留下的工匠精神……

编　导：郭　鹏　陈秉均　主持人：蔡丽娜
撰稿人：尹雨苗　指导撰稿：祁瑞萍

"梆打三更满街灯，恭候宾客脚步声。四更五更买卖盛，十里能闻市潮声。"夜色深沉，"夜猫子集"的热闹场面却在一座小镇上演。南来北往的货船在此停泊，船工们将在今晚准备好下一段航程的货物和补给。于是，附近的农民连夜把蔬菜瓜果、湖鲜河鱼运往集市，镇上的大小店铺也在半夜开门，灯下营业。

■ 夜猫子集夜景

CCTV 4 中文国际

记住乡愁 第四季（18）
窑湾镇 —— 勇于担责
叫卖之声不绝于耳

这座古镇就是窑湾，坐落于江苏省新沂市西南边缘，东濒骆马湖，西傍京杭大运河，老沂河穿境而过。窑湾始建于春秋时期，自唐朝建制以来，已经走过了1300多年的时光。相传西汉大将军韩信曾在此驻军，并建起规模庞大的土窑烧制军需用品。他要求每件军需用品都编上号码，并记录下承制人姓名，如果有质量问题，承制人将会被处以极刑，甚至会招来灭门之灾。工匠们谨小慎微，不敢有丝毫马虎。一代代窑工恪尽职守，将这把熊熊的窑火燃烧了数百年，为这方水土留下了"窑湾"这个世代相传的名字。

特殊的地理环境孕育了窑湾独特的码头文化，在漫长的历史变迁中又赋予了窑湾人顶天立地、勇于担责的人文精神，这种人文精神融汇在窑湾人的血脉中，凝结成了窑湾人亘古不变的乡愁。

■ 窑湾镇城门

一　忠壮义士保家国　仁人志士念民生

清康熙初年，京杭大运河中段开通，在骆马湖边拐了一个弯儿，这座苏北小镇迅速成为南北水运枢纽和重要的商品集散地。清朝末期，窑湾镇上有江西、山西、福建等八大会馆，有美、英、法、荷等十国商人，钱庄、当铺、商铺、工厂、作坊、游乐场所一应俱全，有"小上海"之美誉。然而，繁华盛景的背后却隐藏着深深的危机……

清道光年间，西方列强为牟取暴利，向中国倾销鸦片。当时，商船私带烟土进入古镇，一时间镇上烟馆林立、烟贩聚众成帮，不少人因为鸦片倾家荡产，家破人亡。面对严峻的现实，作为主管窑湾治安防务的地方官，臧纤青组建了"忠壮营"，他明令禁止鸦片交易，查抄鸦片走私商船，抓捕黑市烟贩，查封大批烟馆。

他雷厉风行的禁烟行动受到古镇人的欢迎，同时也受到了鸦片商贩的重重阻挠。这些商贩拉他下水不成，又搬出朝中主张议和的权贵施压，甚至以他家人的性命相要挟。与此同时，好友林则徐因虎门销烟而被革职流放的消息也让他倍感压力。

臧纤青深知，禁烟之路前途凶险，但任由鸦片肆虐，不光是窑湾人民，整个民族也将陷入苦难的深渊。权衡之下，他还是毅然选择坚守职责——将禁烟运动进行到底。最终，他以强硬的手段肃清了烟贩，大大减轻了鸦片对古镇的危害。臧纤青为国为民的担当精神影响了无数窑湾人，许多年轻人纷纷加入忠壮营中。

如果说"苟利国家生死以，岂因祸福避趋之"是忠壮营义士对责任二字的理解，那么"为天地立心，为生民立命，为往圣继绝学，为万世开太平"就是陆文椿这样的仁人志士对"责任"二字的诠释。

清朝末年戊戌变法失败后，作为参与者之一的陆文椿潜回窑湾老家，过起了隐姓埋名的生活。有一年，沂河决堤，沿岸庄稼全部被淹，百姓流离失所。面对突如其来的灾害，有着治水经验的陆文椿一边绘制治水图，一边带头并发动300多位乡绅救助灾民，完全不顾自己被官府通缉的风险，全力为灾民争取一方民生太平。

然而，就在救灾工作有条不紊地进行时，宿迁县令陈杭却派人到镇里征收当年的湖租。为了帮助乡亲们渡过难关，陆文椿联合数位有名乡绅，向陈杭提出免除窑湾百姓三年湖租的申请。可是，陈杭不仅拒绝了免租要求，还克扣朝廷的赈灾粮食。窑湾人把这群恶吏的故事编成一段柳琴戏《打蛮船》，诉说着心中的不满。

■ 柳琴戏《打蛮船》表演场景

目睹古镇人的困苦与愤怒，陆文椿意识到，单纯的请愿无法解决问题，他组织窑湾百姓发起了抗租斗争，以谋得生机。为了平息动乱，陈杭终于免除了湖租。

"责任"与"担当"是无数窑湾人在历史长河中凝练而成的精神追求，在面对民族危亡的时候，英雄的窑湾儿女勇敢地担负起救国救民的历史责任。抗日战争中涌现出了南京保卫战中死守到最后一刻的抗日将领陈颐鼎、威震敌军用兵如神的游击队队长徐玉珍，在这里产生了宿北中国共产党第一个党支部，打响了淮海战役的第一枪……

■ 红色窑湾纪念馆

二　千金不换我古宅　传统技艺铸匠心

穿越战争年代的滚滚硝烟，大运河畔的这座千年古镇恢复了往日的

这一砖一瓦 不容易啊

■ 吴家大院远景

宁静。水运的没落，封尘了当年船队如织的盛况，唯有那些青砖灰瓦还记录着往日的繁华。改革开放为窑湾带来全新的机遇，但当镇上的老建筑被高楼大厦取代的时候，从小在这里长大的陆振球心里五味杂陈。

吴家大院是窑湾古镇上规模最大最完整的古建筑，距今已有 300 多年的历史。退休前，陆振球在这里开了一间诊所。1988 年，一位开发商想把吴家大院拆除改建，并向陆振球许诺了一笔丰厚的搬家费，但却遭到了陆老先生的严词拒绝。

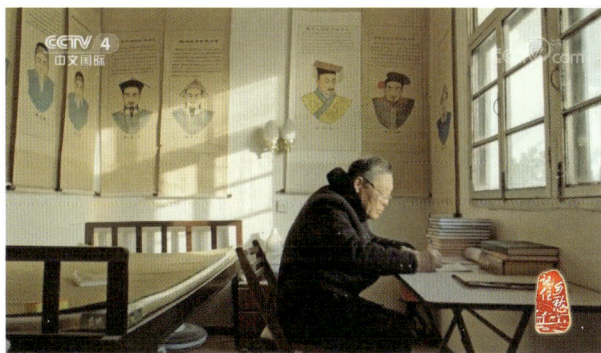

■ 陆振球写信寻求帮助

开发商就此不断游说纠缠，甚至影响了他和家人的正常生活。面对不肯善罢甘休的开发商，陆振球始终没有答应，他将这些老建筑视为古镇的根脉，这些建筑拆时容易建时难，作为窑湾人，理当承担起保护历史建筑的责任。那段日子，陆振球索性搬到了店铺中居住，日夜守护着吴家大院。最后他求助于政府，吴家大院终于得以保存。后来，当地政府对古镇进行保护性开发时，这位曾经执拗的老人毫不犹豫地搬离了吴家大院。

如今，在陆振球的行为感召下，越来越多的古镇人意识到历史文物的重要性，他们共同承担起保护家乡文化的责任，并逐渐形成了一个规矩：一块古砖、一片旧瓦，哪怕是一块不起眼的石头或纸片，只要与历史有关，就不准买卖、损毁。原风原貌的传统建筑，才是窑湾人心中最真实的精神家园。

古镇人不仅自觉保护着这些有形的传统建筑，也在尽心尽力地守护着无形的传统文化和老手艺。油炸小鱼是窑湾一道知名的传统小吃，香嫩酥脆，食之唇齿留香。一直以来，制作者都要严格选用骆马湖的新鲜小鱼，现场烹制。不光保证食材的新鲜程度，还要确保制作工艺的纯正程度。

甜油是窑湾独有的一种纯手工制作的调味品，由黄豆和面粉混合酿制而成，必须经过200多天的发酵，才能酿制出最为纯正的味道。随着古镇旅游的发展，甜油销量大增，但传统制作工艺耗时久、产量低，甜油产品供不应求。虽然偷工减料，外地游客根本分辨不出，但甜油的制作者们却依然坚守老规矩。老工匠钱宗亮曾说，从春天制曲上缸，要晒足一百天太阳，少一天都不行。对他们来说，自己肩上那份传承老手艺的责任，远比眼前的利益更为重要。

■ 窑湾传统小吃炸小鱼

逗留舌尖的油炸小鱼，沁人心脾的甜油香，这才是窑湾真正的味道。这种味道加入了时间与耐心，历经了岁月风霜，在一代代制作者的守护下保留住了独特的味道，这是窑湾人生活的滋味，也是窑湾人鲜活的精神营养。

三　保家安民英雄胆，老骥伏枥志千里

时光荏苒，岁月更迭，但勇于担责这一优秀传统却未曾断绝。如今，古镇旅游日益规范化和制度化，旅游公司的保安在入职时，就要接受消防安全知识教育，并在以后的工作生活中自觉承担起维护古镇治安消防安全的责任。

李政，就是古镇旅游公司保安队伍中的一员。2015年5月的一天，连续工作多日的李政终于得以休息，他本准备和家人共同度过假期，但一场意外火灾却不期而至。听到邻居的喊声，李政第一时间冲出了家门，发现失火地点在一片密集的居民区，他明白如果火势不能及时扑灭，极易引起室内的煤气罐爆炸，后果不堪设想。

作为一名接受过消防技能训练的保安，李政毫不犹豫地冲进了熊熊烈火中。炸碎的玻璃无情地击打他，他果断抱起即将爆炸的煤气罐，迅速送到了安全地带。经过消防队员的紧急救援，火终于被扑灭了，李政却转身悄悄地离开了。

谈及往事，李政也很平静，他坚定地相信，在那种万分危急的情况下，不光是身为保安的自己会去抢险救援，每一个窑湾人都会做出同样的选择。这种毅然决然的"冲动"与职业身份无关，而是勇于担当的精神在一代又一代窑湾人身上的薪火相传。

古稀之年的苏子龙是一位电视工作者，退休后的他本可以过上含饴弄孙的清闲日子，但他却"自讨苦吃"，干起了一件比工作时还要累的事情：他回到了思念的家乡，要用一生所学，拍一部取材于窑湾、拍摄于窑湾的电视剧。

家乡在苏子龙心中有千斤重，家乡的青砖灰瓦，美味的船菜和满街飘香的甜油味，是他儿时最美

■ 苏子龙和学生们写书法

赠送给家乡的孩子们

勇于担责也成为了窑湾人不变的精神追求

■ 窑湾镇远景

的记忆，也是他离家后最浓的乡愁。他希望能够通过电视剧，把窑湾的故事讲给更多人听，也把窑湾人勇于担责的精神传播到更远的地方。在他看来，这是他对家乡的一份责任，只有用最美的画面才能表达他对家乡的热爱，也才能一解多年来浓浓的思乡之情。

2014年，苏子龙的电视剧终于完成了，他将电视剧的光碟赠送给家乡的孩子们。他希望孩子们记住家乡的故事，继承勇于担责的古镇精神。他希望孩子们记住自己的根在故乡，人生之路要从家乡出发，才不会在未来迷失方向。

依偎着流淌千年的骆马湖，湖畔的窑湾从一个制作军需用品的窑工聚居地，逐渐成为一个功能齐备的古镇。窑湾人民历经历史的沧桑，无论是抵御外敌，还是务农经商，大家各司其职、各担其责，确保了古镇高效有序的运转。"责任"二字在窑湾人民心中有千斤重，维系着窑湾古镇的繁荣发展，哺育着千千万万的窑湾儿女，沉淀为窑湾人永恒的乡愁。许许多多的窑湾人，担负着对国家民族的责任，怀揣着对家乡亲人的热爱，走向外面的世界。一如浩浩汤汤的运河水，奔流不息却永远不忘源头，窑湾儿女无论走到哪里都会记得：懂得责任，勇于担当，才是他们的初心所在。

编　导：夏　健　戴鲁宁　主持人：杨　阳
撰稿人：王　婧　指导撰稿：祁瑞萍

第19集

靖港镇

热血丹心
果敢坚毅

湘江的浪花滚滚北上，自西向东的沩水静如碧空，两水相遇，交汇交织，便在一处三角滩上打磨出了靖港古镇那朦胧轻柔的水乡丽影。靖港何以"靖"名？据《长沙县志》记载"唐李靖驻兵于此，秋毫无犯，百姓德之，名曰靖港，以志不忘"。

时光荏苒，靖港已陪同湘江走过了千年悠悠岁月。麻石铺就的八街四巷七码头，犹如历史的脉络，向人们娓娓倾诉着曾经发生在这里的故事。

■ 靖港水乡

直面一浪惊骇的湘江怒涛

靖港伴水而生，湘江和沩水自然是靖港人赖以生存的生命之河。明清那会儿，湖南盛产的湘杉、楠竹，都得要经由湘江运到武汉，放排便是当时靖港人最主要的谋生手段。

放排是个弄险的活儿，全靠自然动力。水位低，风平浪静的时候，木排没法行走。涨水的时候，木排才能沿江而下。每当风高浪急，暴雨将至的时候，排工们就要作别妻儿，转身扎向湘江。主航道是最险象环生的地方，要是碰上了"剑窝子风"（龙卷风）肆虐，甚至会危及生命。阴风怒号；浊浪排空。在波涛汹涌的湘江上，撑排的汉子要闯过个个风浪，绕过处处险滩。为了生存，排工们只要上了排就没得选，只有一往无前。

如果撑着木排出了洞庭湖，在镇上人眼中便是真正的硬汉，理应受到尊敬，这也是古镇上每一个男人至高无上的荣耀。应了那句湖南老话："看你混得出湖不。"也正是有了这般历练，才打磨出了靖港人骨子里敢闯敢拼、果敢坚毅的劲头，也成就了古镇的繁荣。靖港人送走了木排，也摇来了财富，四方财货咸聚于此，古镇上商贾云集，店铺相连。时至明清，靖港已发展成为一方商贸重镇。

■ 人们在做排筏

放排是当时靖港人最主要的谋生手段

搏命一场跌宕的沙场岁月

地理上的优势带给靖港的不只有连绵商贾，还有纷飞的战火，靖港古镇曾经发生过几十次大大小小的战事。

在曾国藩的记忆中，靖港水战注定难以抹去。

1854 年，曾国藩率领刚刚组建的湘军南下围剿太平军，不想战船刚抵靖港码头，就遭遇了伏击，结果给折去了近半水师。

■ 曾国藩像

吃了败仗的曾国藩深感自责，便要投河自尽，若非身边的将士及时发现，恐怕他早已化作湘江里的怨魂。命虽说保住了，曾国藩却也萎靡了下去，直到父亲寄来了一封措辞严厉的家书。老父亲把理讲得很明白：你这次带兵出去打仗，肩上扛着的可是国家，胜败乃兵家常事，你如果是出了湖南，战死了，我为你骄傲，可如果你要在湖南境内就这么个死法，我不会为你哭的！

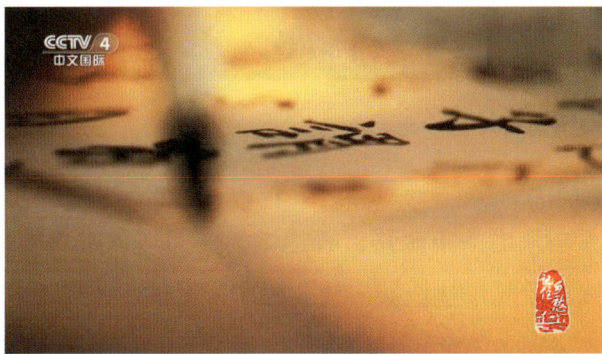

■ 笔墨挥洒在纸上

父亲这番醍醐灌顶的话让曾国藩重新振作了起来，他整顿了军纪，招募新兵，费尽九牛二虎之力，才最终将太平天国运动血腥镇压了下去。

靖港水战对曾国藩一生影响巨大，此后他始终把"忠勇血性"作为选拔将士的最高标准，由此创建的湘军异常骁勇，在南征北战的过程中立下赫赫战功。此后，曾国藩的故事在古镇里世代相传，激励着后世的湖湘子弟。在往后一系列抗击外国侵略者的战争中都能看到湖南人的身影、靖港人的身影，"忠勇血性"的湖湘子弟从此赢得了"天下无湘不成军"的美誉。

1865 年，在英俄的支持下，阿古柏率军入侵新疆。陕甘总督左宗棠抬棺入疆抗敌。他的属下侯桂林回到家乡靖港招募湖湘子弟。保家卫国，匹夫有责，靖港男儿踊跃报名，人口不到 2 万的小镇，却涌现出 500 多人从军。

战至达坂城，清军面临着前所未有的困境。当时，敌军倚仗着列强援助的克虏伯巨炮负隅顽抗。克虏伯炮不光威力巨大，射程还特别远。除非清军冒着生命危险将手中的土炮向前推进数百米，否则休想啃下这门克虏伯，攻克城池。

克虏伯炮

面对如此战局，侯桂林一马当先，率领他的靖港子弟兵，抬起炮身，扛起了先锋大旗，在密集的炮火中杀出一条血路，直达城下。一炮命中克虏伯巨炮，摧毁了敌人的防线，收复了达坂城。为此，左宗棠的一个部下特地赋诗一首："大将筹边人未还，湖湘子弟满天山。新栽杨柳三千里，引得春风度玉关。"以表彰湖湘子弟的英勇且无惧死亡的精神。

当战争进行到 1878 年初时，新疆除伊犁外已全部收复，左宗棠粉碎了英、俄勾结阿古柏侵占新疆的企图，维护中国主权和领土完整。而在铸就了这座胜利之碑的无数将士们的身影中，必然会留出侯桂林这一批靖港子弟的位置。

湘军忠勇血性的精神传遍四海，也影响着后世的靖港人。每当战事来临，父送子、妻送郎，人人争相上战场的动人场景就会在古镇里上演。

1940 年，抗日战争打得如火如荼，以两位空战英雄陈锡纯和沈崇诲的故事为原型创作的电影《长空万里》上映，极大地鼓舞和激发了中国人民的抗日斗志。值得一提的是，陈锡纯恰好是靖港人。

1937年，抗日战争全面爆发。国难当头，陈锡纯随大批的靖港人毅然从军，走上战场。在同年的淞沪会战期间，陈锡纯所在的空军大队从广德机场起飞，他和战友沈崇诲驾驶着904

■ 电影《长空万里》剧照

号奉命出征。执行轰炸日舰"出云号"的任务，该舰自8月13日侵入黄浦江以来，完全将上海当作了靶场一般狂轰滥炸。

在海空激战中，"出云"舰率领日军第三舰队组成了强大的火力网，中国空军的第一轮袭击不但没有取得战果，还遭受重创，陈锡纯和沈崇诲的飞机也出现了故障。此时，还未抵达日舰上空的两个年轻人可以选择迫降或跳伞，或许还有生还的希望，但他们却并没有这么做。他们怀着满腔的国恨家仇，把油门加大到最大，从高空俯冲而下，撞向日舰。在震耳欲聋的爆炸声中，两位飞行员年轻的生命消逝在了爆炸升腾起的火光中。

此前，陈锡纯曾向家里写信，以示自己报国志向，誓为中国的正义而战，誓为民族的生存而战，即使献出生命也在所不惜。而撞向日舰的那一刻，他的年轻与热忱，便已吹响了壮士断腕的悲歌。

■ 程国利老人讲述陈锡纯的故事

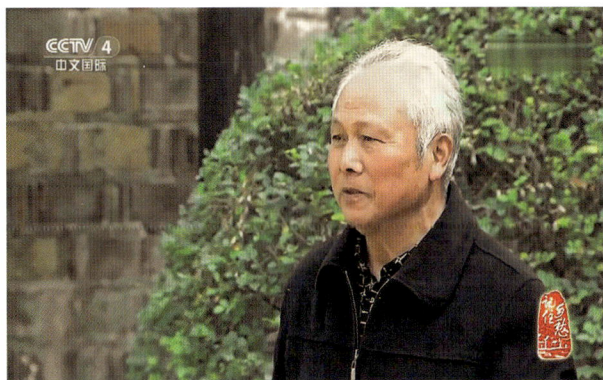

"若要中华古国亡，除非湖南人死尽"，湖南人就是有这种血性，抗日的正气。陈锡纯是靖港人民的骄傲，是湖南人民的骄傲，是中国人民的骄傲。在抗日战争中，靖港古镇有数千人奔赴前线，中华大地上洒下了这些湖湘勇士的鲜血。他们在国家危亡之际慷慨赴义，以勇猛无畏的精神守护着国家与民族的尊严。舍生取义，杀身成仁，一代代靖港人用自己的热血与丹心演绎着传奇，书写着历史。

直到今天，说起那段往事，靖港人仍然为这些保家卫国、视死如归的英雄们感到骄傲和自豪。英雄们的赞歌在靖港人的心中不断传唱，历经无数金戈铁马岁月洗礼的他们，早已将热血和丹心融入骨髓，永远传承着、涌动着。

盛开一簇坚韧的边疆之花

当战争的硝烟散尽，面对满目疮痍的家园，靖港人又把战场上的那种血性融入古镇的建设中，也把这种精神带到了祖国的边疆。

20 世纪 50 年代初，靖港的大批湘女响应祖国"保卫边疆、建设边疆"的号召，奔赴新疆屯垦戍边，开荒创业。这些靖港的姑娘们，传承着先人英勇不屈的精神，在祖国最需要的地方挥洒着青春，书写着传奇。

今年 84 岁的许斌是当年援建新疆的一名女兵，如今已经回到古镇上颐养天年的她，回忆起 68 年前的往事，依然激动万分。

1950 年，靖港的大街小巷贴出了西北军区的招兵公告，一批批湘女唱着《共青团员之歌》，赶往长沙的招兵地点。许斌满怀一腔热血报名参军，盼望着远赴边疆，报效祖国。

年轻的许斌并不清楚新疆是个什么样的地方，只晓得很远，甚至有可能回不来了。尽管如此，穿上军装，能把理想和青春播撒边疆，她依然为自己能第一批入疆感到光荣。当时年

■ 精神镶烁的许斌老人

仅 16 岁的许斌被分配到了 24 团。那个时候，共和国刚刚成立，物资紧缺，新疆的屯垦部队提出口号："不向国家要一分钱、一寸布、一粒粮，自己动手，丰衣足食。"为了解决吃饭的问题，24 团决定开荒 1000 亩。这些风华正茂的女孩子们就和男人一起，拉羊犁，修水渠，每天起早贪黑地忙碌在茫茫戈壁上。夏天的炎热还可以忍耐，可到了冬天，气温降到零下 30 摄氏度，这些年轻的女兵们在冻土上还要挖树坑。

即便如此，她们武装上帽子和口罩，依旧坚守在自己的阵地上，不言退缩。

工夫不负有心人，10 多年的时间里，许斌和战友们一起在石河子开垦出了一亩亩良田，建起了一栋栋高楼，戈壁荒原中，一座崭新的城市拔地而起。眼看舒适生活即将到来，许斌却主动申请，要去更艰苦的阿勒泰北屯兴建农场。

"不向国家要一分钱 一寸布 一粒粮

■ 许斌所获得的个人荣誉

也实现我们的理想了

■ 老照片上的入疆女兵

当这些年轻的女兵抵达那里时，映入眼前的只有一片荒滩，寥无人烟，更别谈住的地方了。当时，农场的负责人把几位女兵带到工作地点，用棍子在地上画了一个 10 多平方米的圈，告诉他们，这就是驻地。

恶劣的生存环境出乎大家的想象，一开始只能"天当房，地当床，看着星星，盼着太阳"。但她们却没有丝毫抱怨，学着别人，在地里挖出一个四米深的洞穴，又从河边砍来柳条，铺在地上。就在这个临时简陋

小小的靖港古镇有数千人走上了前线

■ 靖港勇碑

的"地窝子"里，许斌生活了整整一年。

在那个特殊的历史时期，共有十几批湘女进疆，人数接近8000人，而靖港籍的就有100多人。在这远离家乡的边疆上，许斌她们这些女兵，倔强地成长着，她们争当先进，抢做能手。巾帼不让须眉。她们和20万屯垦戍边的战士们一起在那片广袤的土地上挥洒着汗水，燃烧着青春，为新疆的发展奠定了坚实的基础。

2012年，许斌回到了阔别已久的家乡定居，叶落归根，常年漂泊在外的雪莲花终于扎根在了故土。沧海桑田，家中老屋已变了模样。但家乡的山水草木，却早已深深地印在老人的心中，这里是她的根，盛开着童年的记忆，结出着难以磨灭的乡愁，滋养着老人的一生。

无论是在炮火纷飞中置身枪林弹雨，还是和平年代建设边疆，拱卫家园。靖港人都未曾有过退缩，这种精神不仅仅是靖港独有的精神，它更是中华民族的精神。如今，靖港人秉承前人之赤诚，不断地寻求突破和发展。他们耕耘着这方土地，用果敢不屈的精神继续书写着新的传奇，他们的记忆和乡愁里，始终盛装着一杯英雄的烈酒。浩浩荡荡的时代潮流中，古镇人的生活平静如水，但那些不老的故事和英雄，依旧在用皮影戏的形式不断演绎，依旧在街头巷尾中讲述，依旧在人们心里激荡，启迪着孩子们的成长。

江水滔滔，流尽岁月。听！千年古镇正在用自己的脚步与智慧，走出新的发展希望，每一个踏向光明的脚印都是英雄的呼吸！

编　导：吕明月　主持人：王　洲
撰稿人：文烁棋　指导撰稿：祁瑞萍

昭君镇

能扛事　有担当

"香溪河水起浪花，青山怀中抱琵琶，采石咚咚弹一曲，山歌声声唱万家，要唱昭君回娘家……"每当听到回荡在青山绿水间的兴山民歌，古朴悠扬的旋律，总会让人在不经意间想到那份难以割舍的乡音、乡情，那份难以割舍的文化之魂。

在青山碧水环绕下，宛如淡雅水墨画的昭君古镇，位于湖北省西部、长江西陵峡北侧，原名高阳镇。此地因是西汉明妃王昭君的家乡，后人为了纪念这位千古流芳的奇女子，便把这里改称为昭君镇。古镇地处香溪河畔，已有 1000 年的建镇历史，因其和谐宜居的美丽环境、彰显特色的传统文化，入围全国第二批特色小镇。漫步在昭君古镇，鲜活的

■ 位于长江西陵峡北侧的昭君古镇

气息扑面而来，彩色民居、特色壁画……更像是一股清冽的甘泉，让这历经岁月洗礼的历史古韵都变得灵动起来。

昭君精神永流传

虽然"昭君出塞"的故事妇孺皆知，但今天讲述的是昭君小时候就为家乡做出过的贡献。据记载，昭君的父亲王穰是一名武将，为保一方平安，他长年带着儿子驻守边关，虽然与家人聚少离多，但他们这种为国尽忠、征战沙场的担当精神深深地影响着幼年的昭君。有一年，昭君所在的村庄遭遇大旱，那时正值庄稼生长的季节，大人们心急如焚，纷纷上山寻找水源，把一切都看在眼里的小昭君也想为大家做点事。一天，她在外面玩耍时，无意中发现一处岩石缝里长出了一株荷花。自小聪慧的昭君当即有了想法：岩缝里既然能长出花，就一定有泉水，于是她约了十几个小伙伴去凿岩石。连续多日的劳而无功，让许多小伙伴都放弃了，但昭君不顾受伤的双手，日夜不停地凿着岩壁。几天过后，一股清泉从石头缝里冲了出来。这股甘甜的清泉不仅缓解了当年的干旱，从此之后，也成了当地人最方便取用的水源地。两千多年过去了，人们一直记得是王昭君给他们带来的甘泉，所以一直称之为"娘娘泉"。

王昭君出生在香溪河畔的一座小村落中

■ 王昭君雕像

...

王昭君的绝世才貌和聪慧能干，顺着香溪河水传到了京城。公元前38年，汉元帝昭示天下，遍选宫女，昭君作为当地首选进入皇宫。五年后，北方匈奴首领呼韩邪单于来到汉朝，请求和亲。为了平息战火，这位外表柔弱、内心坚韧的女子告别了故国，嫁往千里之外的塞外。昭君出塞，结束了汉朝与匈奴的百年对抗，给双方带来长达半个世纪的和平。这位奇女子勇于担当的精神，也因此在古镇里世代传扬。无论是楠木井、娘娘泉，还是涓涓流淌的香溪河，每一处古老的遗存都深深烙上了她的印记，家乡人更是把对昭君的思念与景仰，内化为一种勇于担当的精神，在危难之时，能够为国为民挺身而出。这种精神薪火相传，在不同的历史时期，上演着同样感人的故事。

民夫队用生命背负国难之责

"昭君临水而居，恒于溪中浣手，溪水尽香。"这条昭君曾经浣纱洗衣的香溪河，不仅哺育出一位美丽坚强的女子，也孕育出一批仁人志士。他们在国家危难之时，挺身而出、勇于担当，在这条美丽的河道上，上演着一首首感天动地的抗战诗篇。

70多年前，日本侵略者计划夺取重庆，而进攻重庆就必须打通长江占领湖北石牌。在那次战役中，距离石牌仅一百多公里的昭君镇，就成了抗战前线的大后方，而香溪河也成了重要的战略物资补给线。面对这种情况，临河而居的古镇人责无旁贷，成了运输物资的主力军，他们中有六七十岁的花甲老人，也有十几岁的青少年。河滩凶险，民夫队时刻都面临着生命危险。有一次，连日暴雨导致洪水泛滥。一位名叫杨义久的背夫，发现另一位老乡在涉水渡河时因脚底打滑，不慎被河水卷走。那时，已经上岸的他没有片刻犹豫，立即跳进水中营救。危急时刻，杨文久忘记把背上的军粮卸下，湍急的水流冲击着背篓，肩带死死勒住了他的脖子，但杨文久却顾不上自己的安危，拼尽全身力气把老乡托上了岸，而自己却被洪水冲走。杨文久向我们展示了昭君镇人们在国难当头，为国为民铤而走险的精神。像这样的事情在这条水路上，时有发

无论是河谷溪涧 还是崇山峻岭

■ 昭君镇村民在抗日时期用背篓运送物资

生，但民夫队却丝毫没有退缩，在国破家亡的紧要关头，他们知道，肩上背着的不仅仅是战备物资，更是家园之重。

在那段烽火连天的岁月里，无论是河谷溪涧还是崇山峻岭，打杵声始终不绝于耳，响彻云霄。昭君镇当地流传着一句话："高山也怕矮打杵。"这里的人们，靠着一个背篓，手握一支木杵，再艰险崎岖的山路都能被征服在脚下。据统计，从1940年到1945年，4万多民夫，共运军米1170多万包，面粉1.4万多袋，食盐1.9万包，枪支弹药50多万箱。其中，不幸牺牲的民夫达1100多人。一代代古镇人背着重物往返于深山峡谷间，日复一日，年复一年，用双肩扛起了一家人的生计，也在国家危难之时，肩负起了一份沉甸甸的责任。英勇的古镇人民用生命担负起了为国为民的重任，展现了兴山人民"笃实前行勇担当"的时代风貌。

谈锡恩守藏之责重于守土

河的壮美、山的博大赋予这片土地刚毅不屈的筋骨，也使得生活在这里的人们有着鲜明的性格特质。为了守住国土，民夫队不畏牺牲、前赴后继。在那个年代，有一位老人，为了守住文化，以死相拼，并发出铮铮誓言："守藏之责，重于守土。"

1938年6月，日军逼近武汉，湖北省国民政府准备西迁。当时，湖北省图书馆馆藏的近十五万册图书中，有许多都是珍藏古籍。然而时任馆长的谈锡恩却发现，这批珍贵的图书没有被列在西迁的名单上。出生在昭君镇的谈锡恩，自小受家乡文化影响，知道自己身上所承担的责任重大。当时已经 65 岁的谈锡恩到处寻求帮助，终于把这批馆藏图书列入省政府先行转移的计划中。临行前，他从 15 万册图书中，选出最有价值的九万八千余册，分门别类装进 170 个大箱，溯江而上，前往恩施。为了保护书籍，谈锡恩每天都打着地铺睡在甲板上。尽管他日日夜夜小心谨慎，但意外还是发生了。搬运工不慎将第 134 号箱子的盖子损坏了，书籍有十余册都落在江中。对于这次事故，谈锡恩非常自责，他专门上书省政府，做出深刻检讨。从此，老先生更加小心翼翼地守护这批宝贝。由于西迁途中，遭遇了日机的空袭，无法继续前行。为了确保图书的安全，谈锡恩只能选择家乡昭君镇暂时躲避。在古镇休整

■ 1938 年湖北省图书馆馆长——谈锡恩

期间，谈锡恩不间断地对家乡人民开放借阅，目的就是宣传抗战，鼓舞士气。

　　冒着敌人的炮火，飞机的轰炸，风吹雨打，历时 3 年，辗转七次，行走 1000 多公里，谈锡恩和同事们终于把这批古籍珍本及板片全部运到恩施，9.8 万余册图书，损失还不到 1/100。谈锡恩用他的行动践行了"守藏之责重于守土"的誓言，他的勇于担当，也为子孙后代留下了一笔宝贵的精神财富。

陈家珍传承兴山民歌

　　兴山民歌在昭君镇传唱了近千年，被誉为"巴楚古音活化石"，是国家首批非物质文化遗产保护项目。兴山民歌虽受到了非遗保护，但因其音调奇特，不见经传，让人不识音高、不辨调式、不易歌唱，仍存在消

亡的险境。

83 岁的陈家珍，打小就痴迷兴山民歌。老人家年轻时嗓音高亢明亮，唱起兴山民歌韵味十足。十里八乡的学艺者纷至沓来，"歌师傅"这个称谓传遍了整个古镇。然而，随着时代的变迁，20 世纪 90 年代，兴山民歌悠扬的曲调开始慢慢消失，渐渐被流行音乐所取代，唱了一辈子兴山民歌的陈家珍，看到这种状况非常着急。她觉得兴山民歌是前人留给后人的宝贵遗产，自己有责任把它传承下去。于是，老人家不顾年事已高，走村串户，开始寻找散落在民间的歌本。由于不识字，她就把歌本从歌者手里借回家，让丈夫、女儿或孙子帮忙抄下来，再念给她听。由于年纪大，记忆力明显大不如从前，一首短短的民歌，她也要记上一个多星期，但她一直坚持着自己身上的责任。如今，在她的带动下，陈家珍一家四代，人人都学会了兴山民歌，就连九岁的小孙子和更小的重外孙女也学得有模有样。

■ 兴山民歌国家级传承人——陈家珍

2006 年，兴山民歌被列入第一批《国家级非物质文化遗产名录》，陈家珍被评为国家级非遗传承人。如今，耄耋之年的老人，在当地政府的协助下，开始走进古镇的小学，义务教孩子们唱兴山民歌。陈家珍用她高亢明亮的歌声歌唱着家乡，为后人留下一份难以割舍的乡音、乡情，更留下了一个民族难以割舍的文化之魂。

向涛苦心钻研高温超导体

兴山籍科学家、中国科学院院士向涛，每次回到家乡，都会回到母校，和老师聊聊天，和同学们聚一聚，对于他来说，古镇悠久的文化始终影响着他的人生。1979年高考，向涛以物理满分的成绩考入清华大学工程物理系。毕业后，先后在英国牛津大学、华威大学和剑桥大学从事科学研究。1998年，祖国的一声召唤，向涛当即决定放弃国外优越的研究环境和丰厚的物质条件。

CCTV 4 中文国际
如果说是大人的话
向涛
中国科学院院士

■ 兴山籍中国科学院院士——向涛

向涛回到祖国后，成为中国科学院"百人计划"中的一员。那时的中国，高温超导体研究在世界上还处于相对落后的尴尬境地，无论是实验设备、还是专业人才都相对薄弱。喝着香溪河水长大的向涛，早已把能扛事有担待的精神品格融入他的血脉。自从接下了这项课题，他就始终不曾在困难面前退缩过。经过20年的不懈努力，中国的高温超导体研究，如今已经跻身世界先进行列。向涛为家乡、为祖国赢得了荣誉，但是，无论走多远、飞多高，故乡永远在他的心里。

"美人故里昭君镇，水面微波卧长龙。"走过2000年的风雨历程，如今的昭君镇，依旧如诗如画美如仙境。随着时代发展，古镇不仅向世人展现它动人的容颜，更从先人的故事里汲取着力量，把能扛事有担待的精神带入今天的生活。古老的文化在今天可以薪火相传，千年古镇也可以在新时代中续写辉煌。

编　导：龚　群　主持人：杨　阳
撰稿人：薛　琳　指导撰稿：祁瑞萍

能扛事、有担待的山里人

做《记住乡愁》第三季调研的时候，就曾关注过这个古镇，毕竟有名扬天下的王昭君，一定有值得挖掘的故事。最后却因时间的关系未能前往调研，但还是通过种种关系拿到了一些不成线条的故事和昭君别院的图片，关键时候又接到另外一个古镇的选题而放弃了这个地方，成为憾事。

终于，《记住乡愁》第四季启动了，冥冥中就好像天注定，昭君镇顺利通过选题申报，我也算得偿所愿。

7月盛夏，我们一行来到昭君镇——一个山清水秀的美丽小镇。小镇原名高阳，因楚国公主得名，后因王昭君更名。古镇位于湖北省西部，地处香溪河畔，距今已有1000余年的建镇历史。

到达当天，我们就召集当地相关部门进行研讨，古镇里大量鲜活的人物故事在研讨会上凸显出来，经过仔细梳理，决定留下震撼人心的个体和群像。

参与过《记住乡愁》的人都知道，这个节目最难把握的是主题。它代表着这个古镇的精神，是这个古镇的魂。于是，我们开始起了实地调研和走访。

突然有一天我们发现，当地人到现在还在用背篓，背篓里装有孩子、生活用品、劳动工具和丰收果实。古镇人告诉我们，地处大山深处的昭君镇，世世代代靠着肩上的背篓，背负全家的生机和责任，渐渐形成了一种特有的背篓精神。这种精神一直在古镇里静静地流淌，王昭君、抗战民夫队、谈锡恩、陈家珍、向涛等，他们就像镶嵌在这个古镇上的一颗颗珍珠，串联起古镇的历史与当下，传承着一代又一代用于担当的背篓精神。

主题很快达成共识，但总觉得差口气，没有很好地抓住古镇的魂儿。于是，一天，我问一位当地人，你们是怎么表达"担当"精神的？一位40多岁的妇女告诉我：不就是能扛事、有担待呀。

"能扛事、有担待"，多接地气的一句话，却非常精准地表达出古镇人的精气神儿。于是，主题确定。

《记住乡愁》的开头有多种形式，古镇介绍、主持人串场、山歌等，可谓仁者见仁。那么如何开好这集的头？如何既做到和主题相关，又和之前不一样？

于是，我们又开始走访和调研，在昭君别院的一个小小博物馆里，我发现一组图片，它们都和背篓有关，图片下面标注着"送祝米"。

什么是"送祝米"？古镇人是这样给我们介绍的："送祝米"的传统在昭君镇由来已久。每当古镇人家有孩子出生，他的父亲就要第一时间前往妻子的娘家报喜，娘家人再约定好日子，邀请亲朋好友背着喜物前来祝贺，贺礼通常都是当年新收的稻米，"送祝米"这个称呼由此而来。

开篇有了。

女婿到家来报喜，不知是男还是女，

接到喜物便知底，娘家商量送祝米，

鸡蛋要有五百几，又买花鞋和布匹，

家家幺姨一大群，热热闹闹送祝米。

山歌有了。

拍摄时，正好碰到古镇人家喜添麟儿，热热闹闹的"送祝米"开场啦！

"送祝米"开场，既扣主题，又和背篓和当地民俗和百姓生活息息相关。万事开头难，一切又迎刃而解。

这一季乡愁有小小的创新，就是增加名人回故乡的章节。

古镇人给我们推荐了当地的一名科学家、中国科学院院士向涛。然而，联系院士却异常艰难，古镇人一直强调院士很忙，恐怕很难接受采访。可能是怕打扰到院士吧，我们迟迟没有取得院士的联系方式。后来，通过院士的母校终于联系到他，诚惶诚恐中拨通了院士的手机，交谈中发现，院士的工作非常忙碌，除每周带有本科生的课程、手上有多个研究课题外，还与多个国家保持着合作研究，每个月都要飞1到2个国家。可意外的是，当我说明情况后，向院士非常客气，当即答应配合我们的工作，并把自己的空闲时间告诉我们，好让我们协调好拍摄时间。当我提出，拍摄期间所有费用由我们承担时，向院士当即回绝：这个你们就不用管了。

然而，增加一个故事就得删掉一个故事，手心手背都是肉，删掉哪一个都疼。万般无奈我们拿掉了舍小家为大家的伍尉全。

老伍人很憨厚朴实，早在20世纪80年代，他就在古镇开起了公司，跑起了运输，1993年实现了年收入达500多万元。可正当公司蒸蒸日上之时，国家工程要在家门口开工。作为搬迁企业伍尉全损失严重，18个门面1300多平方米，金额达200多万元。经过一晚上翻来覆去地思考，老伍决定：第一个带头搬家。

这样一位"能扛事、有担待"的铮铮汉子，让我放弃有多心疼，可老伍却对我："没事，我背得起失，也吃得起亏。"多么可爱的古镇人，关键时候他又担起了责。

如今，大家都在大谈中国精神，中国精神在哪里？

其实，他们就在你身边，在大国脊梁隐姓埋名的奉献里！在每一个古村、古镇、古街里默默传承着！

节目编导：龚　群

第21集

田庄台镇

摸着良心
做事

对于大多数人而言，田庄台是一个略显陌生的名字。这个位于辽宁省盘锦市大洼县的小镇，是连接辽南与辽西的重要通道，镇内的田庄台辽河大桥贯通辽河两岸。"辽河水，长又长，千船万船运货粮"，这首流传在古镇上的民谣，唱出了田庄台曾经的繁华景象。

明朝时这里曾是边防重镇，建有两座烽火台。由于最早来到此地定居的两户人家，一家姓"田"，一户姓"庄"，而得名"田庄台"。清顺治年间，朝廷颁发《辽东招民开垦则例》，大量关内人口涌入东北，史

■ 位于辽河下游的田庄台镇

称"闯关东"。田庄台凭借天时地利，迅速发展成为辽东第一码头。清中期，作为东三省内河航运最大的通商口岸和农副产品集散地，南方出产的绸缎、布匹、茶叶和瓷器，都要通过田庄台销往东北各地；东北平原出产的高粱、大豆、木材、皮毛，则在这里经水路转运销往江南。

商贸的兴盛带动了人口的进一步增长。来自山东、河北等地的大批移民先后来到这里，他们带着对未来美好生活的向往，在田庄台安家落户，做起了各种小买卖。一群天南地北的陌生人聚集一处，置业经商，当务之急就是要建立大家认可的行为规范。

那时的田庄台，商家之间生意往来，可以不用现金交易，而使用一种叫"折子"的小册子。伙计们拿着自家的折子，可在镇上任意商号提货交易，交易结束后，只需在折子上记录钱数就行。到了年底，各商号的掌柜会拿着折子集中对账，清算一年的账目。除了商业往来的"折子账"，田庄台民间流传有一句话叫"豆腐账"，意思是卖豆腐的去了某户人家，也不问家里有没人，就给弄两块豆腐，隔天来了再收钱。古老的经营之道讲究的是货真价实、公道人心。传承百年的商业模式至今仍在延续，如今的田庄台依然有着订货不用交押金的习惯，因为在古镇人看来，名声比金钱更重要，信誉比利润更珍贵。

一 传守不渝，"正兴合"秉承良心准则

繁盛时期的田庄台，每当有船队靠岸，小吃商贩就会挎篮叫卖，从一条船到另一条船，不下船能走 20 里地。古镇里各种饭铺酒家也应运而生，最多时达到 500 多家。对于那些舟车劳顿的商贾船夫来说，这些小吃足以慰藉他们疲惫的身心。久而久之，田庄台的各种美食成为了古镇的金字招牌。可是，这块金字招牌也曾染上过污点，让古镇人世代以此为戒。

相传，清朝年间小镇上有一家包子铺。老板为了多赚钱，经常使用一些质量不好的肉做成馅料。有一次，一个邻居买了他家的劣质包子后，碰巧遇到了包子铺老板的小儿子，就顺手给了孩子几个。孩子吃完

"辽河水 长又长"

■ 水陆交通极为发达的田庄台

铺点糕合兴正

靠着老掌柜的苦苦支撑

■ 百年老字号正兴合糕点铺

之后就闹肚子、疼痛难忍。不久，这个孩子就病逝了。包子铺老板觉得孩子的夭折十分蹊跷，一路追查下去才知道，孩子是因为吃了自己做的劣质包子才命丧黄泉的。包子铺老板悔恨不已，可为时已晚。

善恶终有报，良心天自知，包子铺老板的故事在古镇上流传开来，为那些投机取巧的人们敲响了警钟，也时刻警醒着田庄台人秉承良心做人做事。一代代田庄台人在岁月的流逝中，坚守着良知的底线，维持着古镇的兴隆。正是凭借着这份"摸着良心做事"的原则，"正兴合"老店传承了上百年。

1895 年年初，中日甲午战争的战火烧到了田庄台，当时许多老店生意惨淡，唯有一家老字号"正兴合"勉强维持生计。一天，突然有个老主顾来到店里，说家里出了点事急需回去，让老掌柜帮忙保管一个装满古玩玉器的大箱子。在动荡的岁月中，老掌柜精心守护着这箱子，期待着老主顾的归来。即使在生活最困苦的日子里，他也没有动过箱子里的一分一毫。几年时间过去了，老掌柜不见有人回来拿走箱子，就托人四下打听，才知道那位客人早在回家的路上染病身亡了。得知这个消息后，老掌柜非常着急。他了解到这个老主顾并未留下一儿半女，只是隐约听说，他有个干女儿住在外地。于是，老掌柜几经周折找到了这位顾客的干女儿，终于把当年的一箱财物亲手交还到她的手上。

大伙得知此事后都大为不解，觉得老掌柜可能干几辈子都挣不回来这么多钱，还不如自己留着，这辈子都吃喝不愁，为什么还要把到手的东西又送回去？可是在老掌柜看来，不是自己的东西坚决不能要，要是不还人家就会落下心病，心病又怎么能治好呢？在田庄台人看来，人的身体有了病，可以医治，但人的心却不能有病，病了就会无药可治。

刘玉梅是这家老字号"正兴合"的第四代传人，从小在田庄台长大的她，听着祖辈的故事，也自然遵循着祖上的经营之道。

20世纪90年代初期，一个顾客拿着当时市面上还很少见的百元大钞到"正兴合"买糕点，等刘玉梅进屋找完零钱出来时，那位客人已经走了。看着手里的90多块钱，夫妻两人随即分头找人。一个多小时后，刘玉梅终于在一家超市里找到了这位粗心的顾客。

二　坚守良知，良心人打制"良心刀"

如今的田庄台古镇，依旧保留有九庙一寺的历史遗存，散发着浓郁的古镇风情。生活在这片土地上的人，不欺心、不欺人、信于义、行于义，享受着无愧于心的幸福与快乐，达到了一种"人生高境"。

30多年前，吴连军兄弟三人从父亲手中接下了这家铁匠铺，打制的铁器也从过去的钉马掌，发展到如今的镰刀、锄头等农用刀具。打铁是个实在活，更是良心活，来不得半点虚假。早在15年前，他就给自己刀具起了个名字，叫"良心刀"，时刻提醒要把自己的良心"刻"在刀上。

2012年吴连军接到一个订单，经销商要求在一个月内生产出五万把农用刀具，这对吴连军来说是笔大生意。他马上联系钢厂，订购材料加工生产。那段日子里，吴连军和工人们加班加点，眼看着即将全部生产完成，检测时却发现个别刀具硬度不够，达不到质量要求，这种情况他还是第　次遇到。他重新检测各道工序，才发现是材料质量出了问题。吴连军赶忙给钢厂打电话，这才得知钢厂因为新换了原料供应商，原材料出了问题，导致钢材硬度不合格。看着自己辛辛苦苦生产出来的这五万把刀具，吴连军心情十分沉重。堆积成一座小山的成品刀具，像一

■ 吴连军在打造"良心刀"

座大山压在了他的心头。思来想去，他并没有想方设法折价抛售，而是顶住巨大精神压力，果断将这批刀全部报废，重新进料加工。经过起早摸黑的埋头苦干，刀具终于如约交货。虽说这笔生意让他损失了 10 多万块钱，但他却从不后悔自己所做出的这个决定。

打铁得实打实凿，良心得正。有了好良心，才能生产出好产品，有了好产品，才能有好市场，这是吴连军内心遵从的准则。他开玩笑说，一年假如生产 50 万把刀，如果质量都不合格，这 50 万客户都举着刀找过来岂不是很吓人？田庄台人的性格中，继承了许多"闯关东"汉子们对生活的幽默领悟和对生命的激情张扬，这种阳刚而乐观的性格，让他们可以坦然地面对生活中的一切。对他们来说，良心的安宁比金钱更重要，每一次实凿实捶，换来的是每顿饭都吃得踏实，每一晚都睡得香甜，这才是人生最大的幸福。

（三）　推诚相见，用良心打造地方美食

活蹦乱跳的鱼贝虾蟹，鲜嫩水灵的蔬菜瓜果，热气腾腾的油条、切糕……汇聚成了田庄台独具特色的乡村大集。方圆几十里的人们，都喜欢到大集上转一转，吃喝玩乐，采买所需，这种热闹的生活场景在小镇已经延续了 600 多年。民以食为天，这句话在田庄台的地面上就是实实在在的生活。

魏子军的祖辈清末从河北来到田庄台，也把制作大饼的手艺带到了这里。从他小时候记事起，爷爷就每天提着篮子卖饼，换取一家人的生活所需。魏子军至今记得，爷爷常挂在嘴边的一句话就是"咱做的是入

口的生意，赚的是良心钱，来不得半点儿马虎"。一次，一个外地人到他店里推销面粉，每袋面粉售价比市场价低了近一半。魏子军打开面袋一看，立刻明白了其中的蹊跷。普通面都是白的，而这家面呈黑绿色，上手一摸也十分粗糙，他马上意识到这是劣质面，立刻把对方轰出去了。魏子军近乎执拗的坚持——不为省钱出卖自己的良心，换来的是乡亲们的认可。有一些老街坊，即使搬到了很远的地方，也坚持回来买魏家大饼。这些年，有些外地来的游客在买大饼之前，总会问上一句"你家东西质量怎么

■ 清晨的田庄台镇集市

■ 魏子军烧制大饼

■ 于占波的饺子馆

样？"面对这样的询问，魏子军总是二话不说，把自己的老婆、儿子叫到身边吃一个让顾客看。

"己所不欲，勿施于人"是中国人的优良传统。自家能吃的东西才能卖给别人吃，这看似淳朴的道理不仅是魏子军的生意经，也是田庄台古镇里传统美食能够长盛不衰的秘诀。

■ 田庄台镇俯瞰图

于占波在古镇上经营着一家手工饺子铺，每天早晨，他都会到市场挑选新鲜的猪肉剁馅儿。开店几十年来，老于家几乎每天都门庭若市。忽然有一次，店里一连几天都没有客人出现，这让于占波有些摸不着头绪。他一番打听才明白原来乡民们怀疑他买质量不好的血脖子肉做饺子。老于没想到自己给小狗买的一块肉，竟会引起顾客这么大的误会。古镇上的生意人怕的就是大家认为他以次充好，觉得他家东西"不干净"。好在那天老于买肉回去的时候，正好有邻居在他家聊天，亲眼看到了他把血脖子肉喂给了小狗。事情过后，老于考虑再三，把他心爱的小狗送给了亲戚，这样就再也不会引起类似的误会了。

良心在古镇里不是一句空话，它既是安身立命之本，更是不可违背的底线。从600多年前热闹繁华的辽河码头，到如今再次熙熙攘攘的辽南小镇，因辽河航运而兴起的田庄台古镇，也因一代代人对良知的坚守，兴旺至今。无论世事如何变迁，"摸着良心做事"早已成为了田庄台人内心自觉遵从的一种行为准则，深植于内心，无须刻意，即能恪守。

编　导：李　娜　主持人：李七月
撰稿人：乔　艳　指导撰稿：韩晓芳

惠远镇

守土护边
尽职尽责

天阔高远，静水深流。当晚霞延伸到祖国西部边疆，俯首便是伊犁河谷。就在这苍茫的天山脚下，有一座走过数百年光阴的古镇——惠远古镇。古镇北依天山，南临伊犁河，东与伊宁市接壤，西近哈萨克斯坦，距离中哈边境线仅有60多公里。自古以来，这里就是通往中亚、连接南北的军事要塞，也曾经是威震西域的新疆第一大城。

■ 惠远古镇

也曾经是威震西域的新疆第一大城

惠远偏于边陲，却在时光流转中经历过辉煌，度过峥嵘，最终安然伫立。作为古丝绸之路的重要通道，早在西汉时已有人烟；唐朝时，唐太宗设北庭都护府，辖制西域各方事务；到清朝中期，康熙皇帝三次御驾亲征，历经整整 68 年，在飘扬的旌旗和殷红的热血里平定西部准噶尔分裂称王的叛乱，一举收复近 200 万平方公里的国土。

1763 年，在伊犁河北岸崛起一座巨大的城池，乾隆皇帝亲赐其名"惠远"，寓意"皇恩浩荡、惠及远方"。惠远城是第一大城，以惠远城为中心又建了八个卫星城，防止外敌入侵，以及守护城内的安全。惠远城建立后，清政府陆续从各地调遣大量兵民，屯垦戍边。当时城内设有大小衙署200 多个，盖有八旗官兵住房 1 万多间，中亚各国商人云集于此。一时间，惠远"商铺林立，百货云屯"，享有"小北京"的美誉。

时移事易，如今的惠远古镇只是一座边陲小镇。然而它在历史的风雨里迈过极盛，最终铸就了惠远人尽职尽责的精神和风骨，在光阴沉淀中世代相传。

青山何其幸，伊犁将军镇边陲

一方土地安然，一水河谷静缓，一族人民安康。而惠远正是作为清政府在新疆地区设立的最高军政长官——伊犁将军驻地，它才能纵身成为首府，名垂史册。由于要统辖新疆南北地区，责任重大，伊犁将军人选大都由朝廷重臣担任，并由皇帝直接任命。古镇至今还保留着这座伊犁将军府，在历史上先后有 42 名将军在此坐镇。他们以不屈的民族气节为国家尽忠职守，谱写了一曲曲可歌可泣

■ 明瑞将军

的卫国之歌。

作为首任伊犁将军，明瑞到任之初，就把操阅伍营、巡边驻防作为首要任务。与此同时，还广辟良田，让百姓休养生息；在城内兴办教育，建起 10 所官学、私学和义学，使得当地文风逐渐兴盛。不到 10 年，惠远成为当时新疆最大的城市，各族人民来此安居。可安定并不容易，战乱总是不断。然而，坚毅勇敢的惠远人平时耕地战时出征，从未惧怕。不论是准噶尔还是大小和卓，不论是浩罕军官张格尔还是阿古柏之乱，伊犁将军永远立于战场的中央，热血洒战场，忠骨镇边陲。

清同治三年，新疆各处发生叛乱。明绪临危受命，接任伊犁将军一职。叛军人数众多，不到 3 个月，惠远周边城镇相继失陷，而朝廷大军又被牵制在陕甘一带无暇西顾。孤悬塞外的惠远，成为军队退守的最后堡垒。

祖国子民在后，战士誓死不退。惠远将士破釜沉舟，倾尽所有兵力死守城墙。但苦战了 18 个月后，叛军仍然挖通地道，炸毁了城墙。眼前是即将失守的城池，战斗到最后一刻的伊犁将军明绪，带着家人来到军火库中，亲自点燃炸药，以身壮烈殉国。

山水毫无瓜葛，可情谊长存世间，最高军政统帅必须要和惠远城共存亡。"在惠远，只有战死的伊犁将军，没有投降的伊犁将军"，这是所有惠远人心中最大的自豪与骄傲。从为边疆建设殚精竭虑的首任伊犁将军明瑞，到一生忠于职守，最后卒于任上的伊勒图，还有为再度收复新疆立下赫赫战功的金顺——每一位在惠远驻守的伊犁将军，无不把守土护边作为使命。

如今，伊犁将军府依然被完好地保存在惠远古镇中。它坐北朝南，气势不凡，如同一座坚不可摧的精神丰碑，激荡着后世子孙的万丈雄心。伊犁将军的精神，就好像将军府里的参天大树一样，深深地扎根于惠远，扎根于伊犁的大地上，哪怕有湍流，仍然不动不摇。

贬擢不足惧，林公忠义长在心

因为地处偏僻，历史上许多被贬官员会被流放到惠远，其中也不乏一些爱国忠义之士。他们面对人生的低谷仍然保有一颗为国为民、恪尽职守的赤子之心。

1841 年，"虎门销烟"之后，林则徐被清政府革职查办，在年近花甲之时被发配到新疆惠远。告别家人之际，为勉励自己不要因此而沉沦，他写下了流传千古的名句："苟利国家生死以，岂因祸福避趋之。"

流放充军惠远期间，林则徐从代表皇帝的钦差大臣沦为掌管粮饷的差役。虽然人生遭遇巨变，但职责永远在心。为了改善民生，林则徐向伊犁将军布彦泰提出修筑水渠、灌溉农田的计划。计划很快得到采纳，然而刚开工就遇到了棘手的问题。由于喀什河龙口处地势复杂，开凿难度超乎想象，要靠原本预算已经无法完成，工程陷入停滞状态。听闻消息后，林则徐主动请缨，承担下开渠重任。

为了开凿水渠以利边塞，林则徐捐出了自己一辈子的积蓄，亲力亲为，和 10 万多名兵丁劳工日夜奋战，最终修建起了一条长达 200 多公里的水渠，引水灌溉耕地约 15 万公顷，成为清代伊犁开屯以来最大的水利工程。如今，这条人工渠依然灌溉着农田，滋养着这方水土。后人为了感念林则徐的功德，把它命名为"林公渠"。

为天地立心，为生民立命。小忠忠于君，大忠忠于民。一代名臣林则徐，坚定儒家忠义，以自己的一言一行，诠释着"职责"二字，以一股铮铮铁骨的浩然正气，留名青史。古镇人为纪念他，特意建了一所"则徐中心学校"。每到周一，学生们就会前往展馆，聆听这位民族英雄的故事。

事了拂袖去，深

■ 林则徐

提出修筑水渠 灌溉农田的计划

藏功与名。近百年来林公的情义就那么掷地有声地深藏于伊犁温润的河谷里，滋养着祖国边陲，长存在每一个敬仰英雄的惠远人心里。

血烈铸剑犁，峥嵘兵团垦戍边

时光往前回溯，惠远之地，长眠着我中华战士。每到周末，87 岁的闫欣秋老人就会来到惠远镇的烈士陵园，看看他从前的兵团战友。"兵团人"在共和国成立之初，抛家舍业随着 20 万大军奔赴新疆，铸剑为犁，屯垦戍边。在祖国最需要的地方，永远扎根下来，成为新一代惠远人。

1949 年，闫欣秋和战友们跟随部队进驻惠远，成为兵团一名军垦战士。初抵新疆，正值严冬。为了不给当地人添麻烦，战士们在伊犁河两岸安营扎寨，点起篝火，艰辛熬过寒冬，却在夏季由于天气闷

■ 新疆兵团农垦

热，蝇虫成灾，染上了疟疾。无医无药，82 名战士，一去就是永别。只有 18 岁的刘雯留下照片，其他的只留下了忠诚。无数战士把最宝贵的年华奉献给了这片土地，许多年轻的生命被永远定格在了那段峥嵘岁月里。

新疆有幸，所遇中华儿女。一野十七师五十团是当年第一支驻防惠远进行戍边屯垦的部队。刘光汉将军是他们的老团长，在老人即将调离新疆时，为那些早逝的英烈们修建了一座纪念碑并赋诗一首，永远纪念他们。"戍垦四十年，边关梦魂牵；汗浇戈壁绿，血洒雪山妍。战友相逢日，西陲锦绣天；莫道双鬓白，尽诉一寸丹。"

这便是兵团人的风骨：一旦屯垦便不能离开，献身在这个地方，要献出你自己的青春，世世代代贡献到新疆这片土地上。纪念碑下，人们

缅怀英烈。他们曾用生命和热血建起了一座美丽的家园，他们的英魂也将永伴这方热土，成为惠远古镇长存不灭最坚实的精神底座。

汗浇戈壁绿，护边不惧洒泪血

在距离惠远 65 公里的地方，就是中哈边境。在这里生活着一群特殊的护边员，数十年来他们和寂寞相伴，默默值守在神圣庄严的国境线上。

1993 年，朱国力无意间来到了这片位于中哈边境上的草场。在这气候恶劣的荒芜之地，他遇到了一支巡逻的边防部队，也听到了这句改变他一生的话："放牧就是巡逻，种地就是站岗。"这让朱国力第一次觉得，自己虽然只是一个普通牧民，但是身上却肩负着守护国土的重任。这是一种莫大的荣耀，更是一种无上的信任。于是朱国力决定，就在这条边境线上扎下根来，不走了。

荒芜之地并不友好，大风肆虐日可达近半年，夏冬温差可达 70 度，风雪也经常让人迷失方向。即使这样，朱国力每天都要在边境线上巡逻三个来回。几十年时间下来，他对这里的每一寸土地都无比熟悉，哪怕一点点泥土的损失，朱国力都会十分在意，更别说界碑了。在他心里，

■ 朱国力日常巡逻

但是 这个敦厚朴实的汉子却没有久留

我们的界碑扎在这里，便永远不能动，便永远要在这里。

护边员的主要任务是发现情况及时通报给边防派出所。自从接下这个任务，8000多个日日夜夜，朱国力没有一天离开过自己的岗位。在边境的漫长岁月里，朱国力甚至为了巡逻戍边，在妻子生产的时候都没有一直守护在她身边。只在孩子出生之际匆匆赶去看了一眼便又回到岗位上。大禹三过家门而不入，是圣人作为；而朱国力坚定巡边，是凡人情义：守土护边、尽职尽责。朱国力觉得自己每天的巡逻都异常神圣，那些碑界上被他一次次描红的"中国"，灿烂而光辉。

现在护边人员的生活条件越来越好，而且为了统一管理，明确责任，2017年，当地边防派出所成立了护边员大队，所有护边员每人每月都有2000元工资。在护边员和边防派出所官兵的共同努力下，这一带边境线，几十年来没有发生过一起安全事件。界碑庄严不动不移，赤诚之心永不褪色。国家在后，风雨不足惧；责任在前，中华长久安。

山水走过光阴，岁月长留亘古。惠远的历史已经沉淀在风月里，留"尽职尽责"之情义与过往相连。如今的高山脚下，是一个宏大与温情，活力与庄严并存的镇。一座气势恢宏的钟鼓楼伫立在古镇中心，四条纵横笔直的大街直通四座古老的城门，战火洗礼下的古城墙，仍然不动不摇。边境稳，家国安。正是有了一代代惠远人的守护，惠远才犹如一颗璀璨的明珠始终镶嵌在戈壁荒漠中，承载着历史的照耀，历久而弥新；而这长达一万公里的绿地边境线，终使得中华大地，长久安宁，生生不息。

编　导：宋鲁生　主持人：杨　阳
撰稿人：王紫瑶　指导撰稿：韩晓芳

松溉镇

念乡情
报乡恩

在重庆市永川区，有一个松溉镇，因境内有松子山和溉水而得名。"峭壁临江势欲倾，丹砂蘸叶一江明"，清代学者王士祯在《吟松溉诗》中形象地描述了松溉崇山峻岭、澄江如练的风景。

明清时期，这里商业发达，水码头上船只密布，石板街上马铃叮当，一派繁荣景象。到了清末，凭借着便捷的航运、发达的商贸，松溉一跃成为川渝名镇，十里长街，商贾云集，店铺林立。往来商客熙熙攘攘，络绎不绝，有"白日千人拱手，入夜万盏明灯"之说。随着交通网络的完善，水路失去了它原有的地位，小镇繁忙的景象也随历史的脚步

■ 松溉镇鸟瞰图

渐渐远去。20多条老街巷烙印着历史的繁华，饱经风霜的祠堂大院静立在岁月一隅。青瓦白墙的旧式建筑错落有致，整齐伫立在街道两旁，围成一条条曲径通幽的小巷。

在这里居住的代代乡贤们，心系桑梓，有的兴修水利造福一方，有的兴办教育厚植文脉。而更多的松溉人在平凡中践行着睦邻友爱的拳拳桑梓之情。一桩桩、一件件反哺乡贤的故事在小镇上演。

一　少南办学启民智

在松溉众多的历史先贤中，有一位著名的"陈博士"。他就是与苏东坡、张子韶一同被誉为宋代"注经三杰"的太学博士陈少南。13岁那年，陈少南在古镇码头拜别父母，一路辗转江南求学，成为崇政殿说书，专为皇帝解释经义。靖康之乱时，陈老夫子因为得罪奸臣秦桧，遭受贬谪迫害，便愤而辞官，带着一家老小回到了家乡。

"陈博士"饱读诗书，学问精深，深受古镇人爱戴。他回乡的消息一传十，十传百，很快就传遍了小镇的大街小巷。大家纷纷前来探望这位镇上最有学问、最有见识的贤者。有主动给他打扫庭院，送来粮食衣物、家具的；有来增广见闻、求一幅墨宝的；也有请他裁决纠纷、主持正义的，一时间陈家老宅里门庭若市。

■ 陈少南画像

那时的松溉，溉水是恶水，松山是险山，老百姓的生活全凭担担、拉纤、赶马等繁重的体力劳动来维持生活。为了回报家乡，陈少南决心办学，以此改变家乡与后代的生活状况。可他为官清廉，拿一笔租大房

181

松溉特色"九道碗"

子的钱都不容易，更别说修建书院了。深思熟虑后，他决定把自家老宅的右厢房改成书院，免费开馆授课。从此之后，琅琅的读书声每天回荡在古镇的上空。

陈少南为家乡兴办教育，以诗书化人，开启了一方民智。后来，学子们为表敬意，常常在节日期间做上九道菜宴请他。在中国，数字"九"蕴含吉祥之意，有久久长寿的祝福，表达了学子们对"陈博士"绵绵不绝的情谊。相传，陈少南每次吃饭前，都要先给学生们谈些治学为人之道。所以当菜上桌时，学生们要先听老师讲话，而后方能动筷，否则便被视为不尊师重道。如今，这一习俗演变成了松溉古镇最有特色的"九道碗"。每逢喜庆之日，人们都会置办上一桌，坐在主位的必定是乡民公认最德高望重之人。宴席间，人们怀古思今，言语间总会感念历代先贤的功德。

陈少南致力兴学，厚培文化乡风。无数松溉学子又循着陈少南的足迹，读书明理，成为一方贤者。他们以陈老夫子为榜样，顾念乡情，回报乡恩。这座巴蜀大地上的小镇也在代代乡贤的引领下，逐渐发展壮大。

二　汝钧修渠兴水利

清道光年间的举人陈汝钧出生在松溉西郊，自幼家境贫寒，靠着吃百家饭、穿百家衣长大。考取功名后，陈汝钧心系百姓，时常扶弱济贫，深受乡民敬重。有一年，永川地区遭遇大旱，小溪虾筏口下游的百亩田地受灾最为严重，几乎颗粒无收。陈汝钧对下游百姓的遭遇感同身受，便尽自己所能去帮助他们。

一日，陈汝钧挑着一担新谷子去给灾民赠粮，在飞龙洞瀑布边的水潭歇脚，无意间发现了虾筏口下游年年旱灾的原因。原来，这条溪流虽然水量充沛，但是到了飞龙洞这里，河道陡然下陷，跌入深谷，溪水全部流入江中改道，下游的田地才变得无

■ 陈公堰

水灌溉。陈汝钧脑海中生成了一个大胆的想法：如果能在这里修建一个围堰，开凿出水渠，就可以把溪水引流到受灾田地，困扰下游百姓多年的旱灾问题也就迎刃而解了。

回到家，他用自己的积蓄筹集了一百多锭银子和十多担米。松溉人也积极响应，整个小镇拧成一股绳，出力出钱，投工投劳。半年时间，堰沟就修成了。

在陈汝钧的带领下，围堰筑成了，水渠挖通了，数百亩的农田都得以自流灌溉，昔日干涸的土地变成良田沃土。从此以后，即使在干旱之年，松溉的田野上仍是一派绿意盎然的景象。为了感恩陈汝钧的修堰之举，古镇人在飞龙洞的石壁上镌刻下"陈公堰"三个大字，让后世子孙始终铭记他的功德。

幽幽潭水流淌千年，不仅滋养着广袤良田，也润泽着桑梓情浓。在一代代乡贤的引领下，小镇持续繁荣。而"湖广填四川"的移民大潮，也把天南海北的外乡人带到了松溉。他们长期感受着古镇人的善意和帮扶，也把这份情怀化作了自身的道德要求。

（三）　罗氏建校救危局

在松溉，众多的祠堂依山就势，沿街而建。其中，位于松子山街的罗家祠堂是古镇中规模最大的祠堂。然而，罗氏先祖并不是松溉人。当年

是古镇中规模最大的祠堂

■ 罗家祠堂

为避战祸，罗氏家族的先人们扶老携幼从中原地区一路艰辛入川，经过松溉河边的时候，烧锅做饭，不小心把锣锅绳索绊断了。船工们伸出援助之手，拿出自己的物资帮助他们。罗家先祖觉得锣锅打翻寓意落地生根，加上这些人和谐贤淑，便决定在此处定居。在古镇人的接纳包容下，罗氏族人得以安居乐业，经过数代繁衍生息，逐渐成为一个家境殷实的大家族。

1937 年，抗日战争全面爆发。国家动荡不安，战备物资紧缺，民生物资匮乏，急需大量技术人才。家国危难之际，罗氏家族决定要为民族工业和地方经济的发展倾尽全力。1938 年，时任族长的罗乾初在宗祠内召集宗族各房，商议创办一所职业学校——答民校。罗氏祠堂议定"每年提租谷陆拾石，提洋贰佰圆拨作学校经费，如不敷用，由各支房长设法筹助"。答民校引入西方教育科目，不论贫富，不分男女，都可免费就读，无偿教授他们纺织、刺绣等职业技能。3000 多

■ 陈海门

和松溉商会的会长

名古镇子弟在这里接触到了最先进的机器织造技术。1939年，松溉开办了一家纺织厂。500多名由答民职业学校培训出来的纺织女工日夜不断紧张生产，一批批高质量的布匹、纱布、药棉等成了支援前方抗战的重要物资。

为了民族的救亡图存，罗氏祠堂实业兴邦，首开职业教育先河，也打开了松溉发展新兴工业的窗口。这座深藏在群山之间的小镇渐渐迎来了发展的黄金时期，形成了一批专业商品集散市场，当地的商人们还自发成立了商会和各种行业协会。当时棉纱行业协会的会首和松溉商会的会长陈海门在任职期间，曾把一间拒为贫苦老婆婆看病的大药房逐出商会。在他的号召下，松溉还成立了帮扶乡邻的松溉慈善会，开办义诊堂，请来知名老中医免费坐诊，如遇贫苦乡民，还可免费取药。

商业固然是利益为本，但在松溉，经商做人，都要念及乡情。战乱时，松溉众多外出谋生的工人被迫回到家乡。罗氏感念松溉人的接纳，创办实业，带领失业镇民为民族经济和地方工业发展献力。陈海门会长肃清嫌贫之风，塑造"一人有难，人人来帮，一家有事，家家来帮"的小镇理念。这种日常生活间的守望和相助，让松溉古镇在商业繁荣的同时，也得以维持着人与人之间的深情厚谊。

四　乡贤思源润桑梓

时光悠悠走过千年，小镇古朴依旧。新时代的乡贤们传艺助学、种树修路，厚培出最美的乡韵乡风。萦绕在邻里之间的温情始终滋润着这方水土，人们生活中总是相伴着关爱的阳光。

57岁的刘阿本是松溉"艺庐"微雕石刻第十二代传人。他的父亲刘声道，在生命最后的两年时间里，始终在为家乡建设奔走忙碌。当时，刘声道计划把自己收集到的历代名家4000多幅书法作品刻在绵延5公里的石崖上，形成供后辈学习观赏的大型摩崖石刻群。1984年，刘声道倾尽毕生积蓄，率家人弟子，仅两年多的时间，就在石龙山完成摩崖石刻360余幅。2010年5月，中国书法家协会批准永川成为西南地区首个"中国书法之乡"。获批的一个重要原因就是石龙山摩崖书法石刻群。然而工

就在石龙山完成摩崖石刻360余幅

■ 刘声道

邓贤英
松溉镇居民

也资助了几个

■ 邓贤英

周继华
松溉镇居民

因为一个人做点儿好事就是幸福

■ 周继华

程还没有完工，刘声道就因病去世，留下了一个永远的遗憾。父亲对于家乡的热忱深深地影响着刘阿本，2013年，他结束四方游历的生活，回到故土，一面在古镇的学校从事美术教学，一面寻找机会在石龙山打造"艺庐街"，修建石刻文化长廊。

今年80岁的邓贤英是一名退休老教师。2005年的一天下午，她在参加社区的读书会时，了解到镇上一个家庭遭遇剧变，孩子上学困难。她想到自己小时候，因家贫无法入学，11岁才靠着乡邻们两毛三毛地凑齐学费进入学堂，得以有现在的安稳生活。邓贤英深谙孩子内心对知识的渴望。当天下午，她就给那家人送去了一年的资助款。如今，她靠着一份退休工资，同时资助着6个孩子。多年来，人数从来没有变过，资助完一个，又会再增加一个。15年的坚持和付出，犹如一道希望之光，照亮了无数孩子通向未来的道路。

今年 78 岁的周继华，曾任松溉初中校长，1999 年退休后，和老伴一起回到乡下的老宅居住。看到院子附近的路泥泞难行，周继华就从自己的退休工资中拿出钱来买材料，铺设石板路。修路并不容易，小一点的石块，老人家就自己抱着搬，大一点的石板，就用绳子绑着，用肩膀拉着运。累计 5000 余米的小路，不知用了多少石料；数千次的搬运，不知被绳索磨破了多少次肩头。道路修好后，周继华还在路旁种下了大量的果树，让孩子们分享丰收的喜悦，给他们上学的路上增添乐趣。不管刮风下雨，每到凌晨六点，周继华老人就拿着扫把出门，把通往学校的道路清扫一遍。如果下过夜雨，细心的老人家还要摇掉每一棵果树上的雨水，以免过路的孩子摘果子时打湿衣衫，影响身体和学习。每到上学的时间，宁静的小路上变得热闹起来，孩子们摘下清甜的柑橘，欢快的笑声一路相随。在这一幅秀美的田园画卷背后，周继华默默耕耘了 18 年。在这期间，周继华在古镇人心中种下了结草衔环的乡情种子，成了一名真正的园丁。

松溉乡贤们承先人遗泽，以德为范，化育着一方水土。他们用爱心诠释着浓浓乡情，把古镇变成了一个温情的大家庭。漫漫岁月，悠悠长江，一枚枚江石经过激流的冲刷，烈日的煎熬，仍然年年月月守望着这方水土，为古镇不朽的年轮镌刻下一个个桑梓情深的故事。故乡的山水，邻里的温情，让无数身在远方的游子时刻记挂在心头。这座千年古镇在流转的时光中，始终延续着这份浓浓的温情，带着希望走向明天。

编　导：王　旭　主持人：宫柏超
撰稿人：韩冉冉　指导撰稿：韩晓芳

右卫镇

第24集

久久为功
利在长远

　　山西北部与内蒙古的交界处，是毛乌素沙漠的边缘。这里风沙成患，山川贫瘠。就在这样的一片塞北荒原上，却存有一处不可思议的绿洲，一座静谧的古镇深藏其间，它就是右卫镇。右卫镇曾是右玉县人民政府的驻地，现为右玉县四大建制镇之一，隶属山西省朔州市。

　　右卫虽地处偏远，却是守卫山西、屏藩京师的要地。早在2000多年前，就有大军在此驻扎。历史上，由于其重要的战略地位，始终是兵家必争之地。生活在这座城池的戍边将士们平时拿着锄头耕作生息，战时就拿起刀枪奔赴战场。元朝时，蒙古大军入主中原，右卫几乎被夷为平

■ 杀虎口

地。直到明代，古镇人历经 17 年，在原址的基础上，重新修建起了一座更加坚固的城池，成为当时护卫边境最重要的"九边重镇"之一。在战争与和平的悲欢中，这座北国小镇演绎出了一幅波澜壮阔的历史画卷。

数千年来，游牧民族与农耕民族间为争夺生存空间，爆发过无数战事，他们的冲突几乎贯穿了整部中华文明史。位于古镇西北不远处的"杀胡口"便因多次抵御胡人南侵而得名。随着清军入关，国家疆域扩大，右卫不再是一座边塞。清康熙皇帝平定噶尔丹叛乱后，经此凯旋还京。为摒弃民族争端，促进民族融合，他提笔把"胡"改为"虎"，"杀虎口"一名沿用至今。"度尽劫波兄弟在，相逢一笑泯恩仇。"这一字之改，让右卫从战争要塞变成了通商要道，小镇迎来了商业的繁华。

随着战火硝烟的飘散，右卫迎来了长久的和平，面对饱经战火、满目疮痍的家园，面对"十山九秃头，黄沙遍地流，十里不见人，百里不见树"的场景，右卫人首先扛起锄头、担起水桶，打响了一场改善生存环境的接力战。他们用坚守铸就了一座绿色之城，用无畏护佑着子孙世代相传，是他们让右卫的天更蓝、水更绿，也正是他们那功在久远的朴素追求，推动着右卫走向美好明天。

一　麻家军砥砺坚守右卫御鞑靼

右卫镇占地 88 平方公里，就是这样的一个小镇，却在一次次的烽火狼烟中上演着无数英雄的忠勇故事。麻禄带领的麻家军就是其中可歌可泣的英雄人物。

麻家善养战马，明正统年间，由于草原游牧民族的侵扰，边关急需战马，于是麻家被朝廷征召到边塞右卫一带专门负责牧养战马。明嘉靖三十六年（1557 年），蒙古鞑靼部借家事纠纷挑起边界事端，在进攻右卫的同时，向大同、宣府一带发动袭击。对方来势汹汹，有不攻下城池不罢休之意。而右卫远离内地，孤悬边境，兵少粮缺，岌岌可危。面对伤亡严重、敌众我寡之境，不少人提出弃城而去、从长计议的想法。时任参将的麻禄却力排众议，引领麻贵、麻富一干儿郎登上城楼，誓与右卫共存亡。

古镇百姓在麻家军的带领下

■ 麻禄

城内将士百姓群情激昂，立下同敌人血战到底的誓言。

然而，在被围困八个月，没有任何补给的情况下，守军陷入了弹尽粮绝的境地。麻家军只得发动全城的军民，挖老鼠、网麻雀，将死去的战马存起来充饥。老百姓们把自己的房屋拆毁当作柴火，给部队烧水煮饭。

在小镇军民砥砺誓忠、团结对敌的同时，城外的敌人因久攻不下，开始变得焦灼不安。这场旷日持久的战役逐渐演变成一场耐力的比拼。坚守到底是麻家人的信念，也是古镇人的追求。终于，古镇等来了援军，鞑靼大军眼见形势逆转，便自行撤回关外。

古镇百姓在麻家军的带领下取得了这场战争的胜利，麻家右卫一战成名，他们不计眼前得失、坚持不懈的精神让所有人钦佩。此后，他们中的很多人成了朝廷的得力武将，为风雨飘摇中的明王朝谱写了夕阳中最后的辉煌。

二　右卫人冒死运送物资齐抗日

1937 年 7 月 7 日，卢沟桥事变爆发，中国人民开始了奋力抗击日寇的艰苦岁月。右卫镇是晋蒙两地的重要交通枢纽，对于日后建立大青山根据地意义重大。因此，作为晋绥抗日根据地的核心区域，右卫自然成了抗日战争的重要战场。为了更好地抗击日寇，八路军先后开辟了和（林）右（玉）清（水河）等多个抗日根据地，并组建县委。这些县委的常驻地就在如今右玉县的右卫镇。

从 1941 年 9 月到 1943 年年底，日军严密封锁革命根据地，就连柴火都难以运进根据地，当地军民的生活难以为继。作为连接山西和内蒙古的要道，右卫被日军重点布防，但这样的情况并没有阻碍古镇人的抗日行动。他们冒着生命危险，在家中悄悄为八路军战士们纳鞋织布。白天怕被日军发现，他们就晚上做，一做就是一整夜。做鞋的时候不敢发出一点声音，也不敢让窗户透出一点光。一旦被日军发现，便会丢了性命。千辛万苦做好了棉衣、布鞋，如何给城外的八路军送过去，这又是一个大难题。不过这难不倒、打不垮机智的右卫人。他们在日军的眼皮子底下，利用赶大车的方式做掩护，把粮食、布匹、鞋袜等藏在柴火里、车板下或马鞍下，悄悄地送到八路军手中。团结一心的右卫人在抗战期间一共为八路军募集、运送了 10 万多银圆，制作棉衣 1 万多件，布鞋 1 万多双。许文才的姑爷爷就曾是运送物资的其中一员。

在一次运送物资的途中，许文才姑爷爷的同乡被日军发现，牺牲在敌人的枪口之下。目睹一切的他丝毫没有胆怯，依旧坚持为根据地军民

■ 许文才

运送物资，一天都没有落下。在日军排查严密的时期，为了能送出去物资，许文才的姑爷爷白天出去劳动时穿着一双鞋，晚上光着脚回来。就是这一双鞋，他也要想尽办法送出去。在他看来，干革命就如烧柴火，只有不断添柴，火才能越烧越旺，革命才能成功。

正是右卫人的这股韧劲，这种聚沙成塔、聚土成墙的理念，支撑着他们每天往返在运送货物的路途上。也正是在古镇人不间断的支援下，晋绥革命根据地的抗日斗争才能取得重大胜利。他们用一股非凡的韧劲筑起了一道全民抗战的长城，为后世的华夏儿女赢得民族的自由和独立贡献了自己的力量。

（三）　植树娘子队誓把荒漠变绿洲

"一年一场风，从春刮到冬。白天点油灯，夜晚土堵门。风起黄沙飞，十年九不收……"一首民谣形象地道出了古镇人的无奈与苦楚。绵延的战火加上风沙的侵袭，右卫周围的生态环境遭遇了严重破坏。中华人民共和国成立时，这里的森林覆盖率只有0.3%。而现在连同右卫在内的右玉，百里已无风沙起，森林覆盖率达51%，近90%的沙化土地得到治理。正是由于人们60多年来从未挫败的征服黄沙之心，才有了如今右玉的蓝天碧水，绿波荡漾。

■ 植树娘子队

60年前，右玉的首任县委书记张荣怀、县长江永济，两个人背着水壶，拿着地图就爬上了那被黄沙掩没的丈二高的城墙。他们扛上铁锹，带领全体机关干部来到苍头河畔，率先完成每人10棵树的造林任务。在右玉，书记一任换了一任，但不变的是，每一任书记的办公室都有一把铁锹。在普通人眼中，"新官上任三把火"。然而，60年来，右玉18任书记、17任县长都在往植树造林这把"火"上"浇油"，让这把"火"越烧越旺！

几十年的植树造林过程，恶劣的自然条件和高强度的体力劳作时时刻刻考验着这里的人们。65岁的王明花，自幼生活在右卫。自她记事起，从右卫镇东北方向吹来的风就终日不停。古镇不远处有一道40里长、8里宽的流动沙丘，在大风的助推下，以每年十几米的速度向右卫逼近，因为风起时黄沙蔽日而得名"黄沙洼"。据说，明代万历年间修建的一座三丈高六尺宽的西北城墙，就在一夜间被从黄沙洼吹来的黄沙淤积吞没。1949年，右玉县委县政府的驻地还在右卫镇，为了守护家园，右玉县提出了"要想风沙住，就得先植树"的口号。就这样，一场长达 60 多年的绿化接力开始了。

王明花在 15 岁时就加入了"植树娘子队"，她的任务是浇水，可一桶水浇下去，转眼间就没了踪影；其他人上午刚挖好的树坑，下午就被风沙填平了；刚栽好的树苗，一夜间就被风沙连根拔起。狂风怒号，风沙肆虐，树苗成活率很低，然而右卫人却从未放弃。那时，"植树娘子队"里的大多数人都只有十几岁，半天在镇里的学校上学，剩下的半天就去种树。她们每天的目标就是种树，面对着漫天黄沙，吃着玉茭面窝窝头，渴了就喝沟里的长流水。扛树苗、砍秧、插秧、挖坑、埋土……这些都是她们的日常。年复一年，她们把青春和汗水全部献给了荒山和石滩，而荒山和石滩也用满眼苍翠回报着她们。如今的她们都已老去，闲暇时聚在一起，说的最多的还是那段与黄沙抗争的岁月。

一只简陋的水壶、一把并不锋利的铁锹和一副遮挡风沙的风镜，是 20 世纪五六十年代陪伴右玉人民的必备工具。当年"三战黄沙洼"，阻止了肆虐的狂风，挡住了流动的沙丘，将日益汹涌进逼的沙丘锁死在长 40 里宽 8 里的地带中。如今，这三件工具已成为右玉人民 60 年来持续不断

■ 古镇旁边的树林

改变当地沙化现象、全心全意植树造林的历史见证。曾经拥有近百公里古长城的右卫古镇，如今又拥有了一道锁定风沙的绿色长城。他们用"功成不必在我，福祉留与后人"的大勇气、大担当，为后世子孙留下了一座美好的家园。

（四） 赵宝平苦心研习建造苗圃基地

"建设富而美的新右玉"是右玉人嘴边常常挂着的一句话，这句话深入右玉人心中，而改善生态环境只是富而美的第一步。为了让绿水青山变成金山银山，不仅是右卫人，所有右玉人都开始行动了起来，今年53岁的赵宝平就是其中之一。20多年来他终日与树相伴，致力于苗圃的建设，勤勤恳恳为右玉谋发展。

一茬树苗培植需要三到五年
■ 赵宝平

1997年，赵宝平抱着为家乡发展尽一份力的想法，放弃了机关办公室的工作，主动申请前往位于乡下的苗圃基地。他希望在他的努力之下，能够将生态效益转换成经济效益。然而，这20年间，他遇到的困难数不胜数。三年前就应该定植的樟子松原床苗，因为缺水过了四五年都没有栽种成功。他为了攻克这些技术难关，四处收集相关书籍，苦心钻研然后进行试种。然而，到了第二年却发现，那些被寄予厚望的树苗依旧没有成活，他意识到自己的能力有限。为了取得突破，他多次请教专家，然后再结合苗圃现状进行试种。一次次失败，一次次从头再来。终于，他摸索出了一套适合当地土壤气候的栽培办法。一茬树苗培植需要三到五年，一棵大树成形需要将近 20 年的时间。如今，20 年过去了，苗圃的树苗从当年的只有樟子松、油松、落叶松三种常见树种增加到 30 种，远销内蒙古、陕西等地。

守卫绿色，就是守卫一个绿水青山的中国梦。赵宝平用 20 年的岁月完成了一个绿色的梦想，他让现在的古镇人除了种树又多了一项在苗圃里育苗的工作。也正是这项绿色产业，让镇里 200 多个贫困户人均增收 2000 元。前人栽树后人乘凉，是他们在曾经风沙肆虐的"不毛之地"上，书写了"塞上绿洲"的苍翠传奇。这青山绿水也必将回报给他们更加美好的未来。

信念立，干劲增；信念坚，事业成。右卫人的持之以恒和永不言弃让他们免受搬迁之苦，从而鼓起信心和勇气去建设属于自己的美好家园。现在，久久为功已成为右卫人乃至所有右玉人的一种行为自觉。简单纯朴中透露出他们坚韧不屈的气质，更透露出他们功在久远的朴素追求。在这里，绿色就是希望，绿色就是生机，绿色就是未来。如今的长城内外生机盎然，或许古镇的先人在建筑它的同时，也在自己的内心建起了一座心灵的长城。这座心灵的长城不为其他，只为绿色，没有终点站，只有进行时。

编　导：支建庆　主持人：杨　阳
撰稿人：武　涛　指导撰稿：韩晓芳

四川省成都市东郊的龙泉山麓，有一座走过两千多年时光的古老镇集，这就是洛带古镇。古镇一面靠山、三面临川。青山秀水间，一代代洛带人在崇山峻岭中开垦良田，在勤业精业中创造了一个个令人叹服的奇迹，留下一个个流芳后世的励志故事，造就出励志勤业的洛带精神。

凭借水路交通便利的先天优势，洛带人铸造了商业的繁华。早在唐宋年间，勤劳的洛带人就凭借水陆交通的便利，做起了货物中转的生意。洛带自此成为古代商业重镇，成为成都乃至川渝两地人丁兴盛、商贾云集、货畅其流、物通八方的重要场镇。

如果说"填不满的成都府、拉不空的洛带镇"是洛带古镇繁荣景象的真实写照，那么客家人祖祖辈辈的接续奋斗则是洛带古镇永葆生机与繁华的永恒动力。明末经历兵燹之劫、清代再度实现中兴的洛带古镇，正是凭着平凡的洛带人低调追求的精神和全力以赴的热情，让这座巴蜀小镇重振雄风，以更加多姿的面貌笑迎四方来客。

一　阿斗落带诚勤勉

古镇中的八角井，水通东海，历经千年。它不仅静静地见证了洛带的时代变迁，还悄然诉说着饱含训诫的历史故事。

远在汉代，古井的水量就极为丰沛，喷涌出地面形成池塘，里面出产的鲤鱼，肉质鲜美，吸引无数人前来捕捞。蜀国太子刘禅好玩乐，听闻此事后，也带着一帮随从来到这里抓鱼。正当一行人一无所获时，刘禅看到旁边一位老者钓起了一条肥美的鲤鱼，见此情景便上前强行索要。不料争抢之中鱼儿脱手，游回了井口。行事向来荒唐的太子竟不顾身份，也跟着跳入水中，最后鱼没抓到，腰间的玉带却落入了井底。此时，恼羞成怒的刘禅想向老者兴师问罪，却发现人早已悄然离开，坐钓处仅余一白绸帕，上面留下了一首打油诗：不思创业苦，孺子太荒唐。带落八角井，帝运终不昌。

不久之后，刘禅即位。他果然如同诗中所说，胸无大志、贪图安逸，最终丢了江山，亡了国。为了记住刘禅亡国的教训，当地人把古镇命名为"落带"，后演变为"洛带"。以此告诫人们要奋发立志，勤勉尽责。

贪图安逸使人丧志，不思进取便会亡国。阿斗的故事时刻警示着后人，而喝着八角井井水长大的洛带人从来不敢忘记先人的训诫，洛带逐步成了巴蜀地区一处繁华的商贸重镇。人们在崇山峻岭间开垦出万亩良田，也把励志勤业的种子一并种在了那片土地上。

■ 洛带古镇

"带落八角井 帝运终不昌"

二　客商勤业兴天府

　　洛带古镇的场镇街巷，呈"一街七巷子"格局。穿过下街旁一条一米多宽的小巷子，映入眼帘的是一座古色古香、造型别致的大夫第。这座客家民居，便是巫氏家族的祖屋。几百年过去了，曾经由巫作江打拼来的家族荣光，早已在岁月中悄然褪尽。洗尽铅华，关于他勤奋兴业的故事传承至今，为世代洛带人所津津乐道。

　　清乾隆年间，迫于生计的巫作江放弃读书，跑到酒厂当学徒，开始学着做生意。酿酒是一个辛苦的行当。凌晨两点，当人们都进入梦乡时，巫作江和师傅却要在这个时候把发酵好的酒糟倒进酿酒池里。

　　因为干活勤快，对人真诚，巫作江逐渐得到了掌柜的信任，前途可期。然而，谁也没有想到的是，成都周边的一场战乱彻底打乱了他的计划。掌柜逃到陕西老家避难，酿酒师傅也离开了酒厂。巫作江却觉得此时正是一个磨砺意志、学习经营的好机会，于是选择继续留在酒厂。没有了师傅，一切都只能依靠自己摸索。为酿出美酒，巫作江一遍遍地进行试验。他夜里学习酿酒技术，白天到市面上回访买酒的老客户，根据客户的建议不断地改进技术、更新口味。就这样，巫作江酿出的酒品质越来越醇厚，酒厂生意也开始好转。第二年，老板回来，惊讶地发现酒

■ 洛带古镇的客家土楼

厂不仅还在，而且被经营得有声有色。于是，他提出要把酒厂送给这个有心的年轻人。没想到，巫作江却坚辞不受。老掌柜深受感动，干脆就在旁边新建了一个作坊，交由巫作江经营。

靠着勤奋努力，巫作江成了洛带首屈一指的富商，被清廷诰赠为"奉直大夫"。创下巨大家业的他，按官职居室定制，在古镇中修建起一座占地近万平方米的大型宅院。巫氏大夫第静静地伫立在老街上，成为客家人励志勤业的历史见证。洛带的乡亲们，依然牢记祖训，恪守祖言，守望着这座曾经辉煌的殿堂和精神家园。

三 叔岷奋志传文化

洛带古镇自古文风淳厚、崇文重教，有"洛带出文人"的说法，从小镇走出的王叔岷是其中的代表之一。王叔岷被称为20世纪华人世界的《庄子》专家，是当今学界研究先秦诸子所必须关注的国学大师之一。为了纪念他，古镇人把他曾居住过的巷子命名为叔岷巷，并把他的塑像立在巷口，供后人瞻仰。叔岷巷与镇子上的字库塔互为呼应，一道守护着绵延兴盛的洛带文脉，激励着代代洛带人励志勤业、奋发向上。

王叔岷把"勤志服知"作为自己的座右铭，以勉励自己勤奋学习，担起知识分子的职责与使命。王叔岷一生著作等身，其著述不仅才情兼备，更有一种强烈的使命感，以至到了舍生忘死的地步。他对民族的文化和教育颇有思考。早在战争年代，年少的王叔岷便意识到文化是一个民族能够生生不息的根本。

■ 洛带古镇的字库塔

他们渴望在治学上有所建树

1939 年，战火波及古镇洛带。即使在战火纷飞的动荡年代，王叔岷也没有放弃学习。战争能够摧毁的是房屋、是城市，但绝不能让中华文化的火种就此熄灭。怀揣着这份崇高的使命，王叔岷决心考取北京大学文科研究所的研究生。在准备应试的那段日子里，正值日军对洛带展开疯狂的空袭，战火淬炼的不仅是王叔岷的意志，更是他学术报国的志向。一年后，他通过北大严格的考试，师从傅斯年和汤用彤两位先生学习考据学。

王叔岷与傅斯年被人称为近代一对另类的师徒典范，他们师徒二人第一次见面的情景，一直被学界传为美谈。当得知王叔岷想研究《庄子》时，傅斯年先生便让他背诵《齐物论》"昔者庄周梦为蝴蝶"一章。傅斯年先生对王叔岷说"要把才子气洗干净，三年内不许发表文章"。王叔岷当时很不自在，又无可奈何，只能下苦功学习，按着老师的要求从基础功夫研究《庄子》。汤用彤先生在给王叔岷的回信当中也曾经写道，研究学问要"痛下功夫"。也正是"痛下功夫"这四个字影响了王叔岷的学术人生。在两位导师的影响下，王叔岷潜心学问，言别人之未言，撰写出研究《庄子》《史记》的学术专著近 30 种，最终成为台海华人圈内广受推崇的历史语言学家、校雠名家、国学大师。

（四）　客家女勤业续华章

在洛带，还有一群这样的客家妇女，她们在困难面前不低头，面对家庭责任不逃避，任劳任怨，勇于担当。洛带当地一家颇有名气的豆花店店主曾万华，就是其中的代表之一。

曾万华的豆花店开于 2005 年。由于店家深得百岁老人的独家秘方，并选用了颇为传统的石磨制作流程，再加上店面古朴的装修风格以及热情周到的服务，使她的豆花店生意十分红火。说起经营豆花店，曾万华也曾坦言，开豆花店还是费了一些周折的。

当初考虑到家庭担子过重，曾万华和丈夫便在洛带镇的老街上开了这家豆花店，以补贴家用。刚开张的那段日子，曾万华没日没夜地忙碌着，可换来的却是一次又一次的失望：当时，店里一天只能卖出10多元钱的豆花，有时甚至不开张，每月的房租却高达500元。有一天，几位游客刚吃了一口豆花，就因味道不佳扔下筷子走了。这让曾万华意识到问题出在了口味上，必须下决心做出好吃的豆花才行。

凭着一股不服输的劲儿，曾万华借钱交了豆花店的房租，暂停营业，前往自贡跟随丈夫的奶奶重新学做豆花。奶奶年轻时也曾做过豆花生意，在当地颇有名气。由于年事已高，外加年代久远，奶奶已然记不大清楚年轻时候自己做豆花掌握的独特要领，只能说出个大概的方法。至于卤水什么时候下，下多少合适等关键技术，都得靠自己去试。这无形之中加大了曾万华学习做豆花的难度，也延长了她在乡下学习的时间。没有气馁的曾万华，立志学好做豆花的方法，边照顾孩子边学习做豆花，每天凌晨四五点便起床开始磨豆子。经过一次又一次的试验，3个月后，曾万华终于做出了嫩而不散的豆花。

如今，勤劳坚韧的曾万华把自家的豆花店经营得有声有色，日子也过得越来越好。正如一位女作家曾写过的："客家妇女不缠脚，也不束胸，不为孩子雇乳母。她们用自己的奶喂养孩子，轻视虚饰的美，必要时像男人一般去战斗。"洛带人已然

■ 曾万华的豆花店

习惯了用自己的双手放飞人生梦想，用汗水挥洒着属于自己的欢乐和幸福，励志勤业的精神让这个古镇繁华依旧的同时，也让每个洛带人的平凡生活充满希望。

走进洛带古镇，仿佛有种时光倒流的错觉：长达1200米的古街依然保持着古朴的风貌，衍生而出的七条古巷，串联着古镇人家的生活百态。老字号、老商铺依旧顾客盈门，一座座明清时代的建筑像是在对我们诉说着厚重的历史和曾经的繁华。岁月浸染下的斑驳与沧桑，让来到

这里的人们能够轻易地回到过去，管窥千年前的往事。

洛带古镇就像一本经过岁月洗礼的古书，抖落的是尘埃，留下的是珍贵。那些往事经岁月的洗涤，逐渐沉淀为古镇不可复制的精神文明。数百年时光过去，生活在这里的客家人依旧保留着传统的生活方式，世世代代遵循着先人的教诲。千年的时光中，龙泉山见证了洛带的繁华与兴衰。这座历经千年风雨洗礼的古镇，吸收了当地水土与物候的菁华，吐纳出励志勤业、自强不息的文化和精神。它们浓缩在洛带一座座古老的建筑中，影响和激励着一代又一代笃行致远、砥砺前行的洛带人。

编　导：李　维　主持人：王　静
撰稿人：闫柏州　指导撰稿：韩晓芳

众埠镇

能舍
天地宽

　　在江西省东北部的乐平市，有一个环抱于青山之中、流淌在绿水之上，名曰"众埠"的古老小镇。千年以前，此地原名"箸竹坞"，因山谷中盛长箸竹而得名。公元 14 世纪，因水陆交通便利，四方人来此聚众成街，故有"众人聚埠成街之义"，遂改名为"众埠街"，后由街扩镇，历经 700 余年。

　　众埠曾是铜山县城所在地，后因唐末兵乱火烧被毁。两宋时，大批北方移民迁居到此，古镇渐渐人丁兴旺起来。到了明清，来自乐平、德兴、弋阳、万年四县的货物均在此集散，商业逐渐繁荣。

■ 众埠镇全景

时光荏苒，岁月悠悠，青山环绕、绿水穿城。建节水缓缓流淌，经年不息地滋养着这片土地，造就了一处"富庶东南乡"，养育着一代又一代的众埠人。千百年来，善舍善得、以义当先的精神品质，早已成为了众埠人行商为官、待人处世的准则和智慧。走进众埠，体味这座千年古镇悠远绵长的感人故事，聆听众埠人传承下来关于忠义德行的精彩唱词。

舍子救主唱不厌 马程和睦奉大义

村村有戏台，岁岁唱不停。众埠是中国有名的"古戏台之乡"，近百座漂亮壮观的明清戏台遍布在大小村落。无论是逢年过节，还是婚丧嫁娶，众埠人都会请戏班唱上几天大戏。

秋收过后，按照传统，众埠镇的马氏家族会请来戏班，开场大戏必定是《赵氏孤儿》。因为在此地生活了上千年的马氏家族，就是戏文里赵氏一族的后代。

春秋时期，晋景公听信谗言，派奸臣屠岸贾诛杀忠臣赵朔全家。赵朔的妻子是晋景公的姐姐，那时怀有身孕，便躲入王宫逃过一劫。不久，产下一子，取名赵武。屠岸贾得知消息，带兵进宫抓人。危难之

■ 戏台上演《赵氏孤儿》

际，赵朔的门客医者程婴冒险前去营救，他将赵氏孤儿藏入药箱背出宫去。屠岸贾宫里没有找到婴儿，便派人四处打听，得知很可能被程婴藏了起来。为了斩草除根，屠岸贾率兵围住程家村，下令将当月出生的婴儿全部搜出，准备统统杀掉。

为了保住赵氏孤儿，也为救全村婴孩，程婴强忍悲痛，交出了自己出生不久的儿子顶替赵武。赵武长大后奋发图强、习得满腹经纶，新君即位，对他委以重任，后因治世有功，被封马服君，赵家后人从此便改为了马姓。

南唐时期，马氏家族迁居众埠镇。2000多年过去了，如今的马氏家族依然不忘当年的往事。当地有马姓、程姓两个村落，村落间山水田地接壤，"马不欺程"，凡遇事马氏都会礼让程氏、村民往来十分和睦。传唱千年的《赵氏孤儿》，是世代众埠人对忠义之道的守护和推崇。

"四留家训"遗后世　修史明德传千年

在古镇众埠，马氏一族凭借着耕读传家、忠义立世的家风，培养出了无数杰出子弟。出生在南宋末年的马廷鸾便是其中的佼佼者，他晚年所著的《四留家训》，更是被后世子孙传承至今。

马廷鸾自幼父亲早亡，家境贫寒却勤学苦读、不坠青云之志，从小他的文章就在同龄孩子中出类拔萃。哥哥马严甫也是满腹才学，兄弟俩一同参加乡试，全都榜上有名。

因为家境贫寒，家中又有老母亲需要赡养，为了兄弟之义，哥哥马严甫主动将考取进士的机会让给了弟弟，自己则留在家中开办私塾、赡养母亲。马廷鸾不负家人期望，一举中第。为官之后，他秉承家族的教诲，刚正不阿、廉洁奉公，在朝中颇有清誉。

南宋理宗年间，右丞相丁大全结党营私、把持朝政。文武百官敢怒不敢言，但马廷鸾却不惧强权，收集了丁大全的种种劣行，准备向皇帝参奏。丁大全想方设法拉拢利诱马廷鸾，廷鸾公态度坚决，一口回绝了丁大全。被激怒的丁大全一党便编造罪状诬告马廷鸾。

虽然这次弹劾失败了，但马廷鸾宁舍荣华也要忠君报国的故事却在百姓中赢得了口碑。几年后，奸臣丁大全终于被罢官免职，马廷鸾重新被朝廷重用。然而，南宋末年奸佞当道、官场积弊难返，马廷鸾眼看无力回天，便毅然辞官，回到家乡众埠。

为了让家乡父老得以休养生息、读书明理，他拿出全部积蓄兴水利、办义学，把一生为官处世所得归纳为"四句家训"："留有余不尽之巧以还造化，留有余不尽之禄以还朝廷，留有余不尽之财以还百姓，留有余不尽之福以还子孙。"这四句家训被写入族谱教化后世。

《四留家训》表面上说"留"，但目的在于回馈：不要过多地掠夺自然，做官要全心全意为百姓着想、为国家效力，要重视子孙后代的礼仪教化。取舍之间，道尽了马廷鸾的气度与胸怀，也将古镇绵延千年的舍得精神体现得淋漓尽致。

在《四留家训》的影响下，马廷鸾的儿子马端临也继承了父亲的风骨。南宋灭亡后，元朝建国，因久闻马氏家族人才杰出，朝廷便派人来到众埠马家，邀请才华横溢的马端临赴京任职。他心系旧国，始终守着一份民族气节，不愿为元朝效力。但朝廷步步紧逼，带着圣旨直奔众埠，"逼"他出仕为官。

万般无奈之下，父亲马廷鸾便借"父亲去世儿子必须守孝三年"的

■ 马廷鸾

弟弟马廷鸾则不负家人的期望

■ 马端临

他心系旧国

传统习俗，让马端临披麻戴孝，谎称父亲亡故，借口守孝躲过一劫。马端临内心极度痛苦，慈父尚在他却披麻戴孝，这被视作对长者的大不敬；谎称守孝，实则抗旨不遵，一旦查实，就可能满门抄斩。马氏父子明知其中利害，却舍小家太平以保全心中大义，为后世留下了一段佳话。

自此，马端临一生隐于古镇，教授家乡孩子读书的同时，潜心研究历代史志。在他看来，以史为鉴可以知兴替，修史同样可以救世于水火。他用尽毕生精力，编纂出 348 卷历史巨著《文献通考》。这是继《通典》《通志》之后，中国历史上规模最大的一部记述历代典章制度的著作，马端临用自己的方式践行了"留有余不尽之福以还子孙"的古训，为后世留下了一笔宝贵的精神财富。

赣东北创建红十军　众埠镇燃起革命之火

悠悠建节水，往事越千年。有马氏文章流芳，古镇孕育出了一方文脉。在《四留家训》的影响下，古今众埠人都把忠义报国、舍小我为大我的民族气节作为立身处世之本。在近代国家动荡、民族危亡之际，众埠镇也曾点燃过"红色的火把"，在中国革命军队建军史上写下了浓墨重彩的一笔。

赣东北的乐平市众埠镇，地处乐平和弋阳两县交界，交通十分便利。而界首村则是众埠镇最大的一个村庄，共有近 500 户人家。1930 年 7月 22 日，方志敏、周建屏等革命先辈在众埠镇界首村创建了中国工农红军第十军，古镇百姓纷纷报名参军。红十军建军后，血战东南，屡建奇功，声威远播。后来在方志敏等人的领

■ 众埠镇界首村红十军纪念馆

在众埠镇界首村创建了红十军

导下，更是高举抗日大旗，进军皖南，英勇作战，为巩固和发展闽浙皖赣革命根据地、配合中央苏区五次反"围剿"斗争、为全国解放建立了不朽的功勋。

在第二次国内革命时期，有名可查的众埠籍烈士就有 900 多人，他们当中许多人甚至连一张照片都没有留下，舍小家、为大家，却把不尽之福还给了子孙，为今天的人们谋得一个太平盛世。几十年过去了，红军烈士舍生取义的精神和这古镇遗传千年的古训早已融为一体，影响着子孙后代。

众埠商人舍利明义　留不尽之巧还青山

历史上，众埠因发达的水运成为远近闻名的商贸重镇，众埠商人凭借着聪明的头脑积累财富，始终坚守着"见利要思义，不义则不为"的传统义利观，倪丰龙就是其中的杰出代表。

42 岁的倪丰龙是众埠数一数二的养殖大户。2002 年，他承包了当地的一座荒山，改建成土猪放养基地。经过十多年的努力，规模越来越大。2015 年，基地旁边发现了几处溶洞，当地政府决定把这一带规划成风景区加以保护。

在自己的利益与家乡的发展面前，倪丰龙毫不犹豫地选择了后者。他不仅按时拆除了养殖场，还没有要政府一分钱补偿款。之后两年，倪丰龙又因同样的原因接连拆掉了自己另外的两个养殖场。

留有余不尽之巧以还青山。在倪丰龙眼里，只有留住了一片青山绿水，才能永远造福子孙后代。如今，在当地政府的帮

■ 倪丰龙正在指挥拆除养猪场

助下，倪丰龙又找到一块合适的土地，重新建起了养殖场。在他的带动下，古镇人纷纷拆掉自家不合规的屋舍、鱼塘……山美了、水绿了，人们的生活也变得越来越舒心。众埠商人宁愿舍弃自身利益也要保护家园美景，留下的不光是青山绿水，也为子孙后代传递了舍利明义的从商美德。

众埠人热心公益勇担当　知恩图报美名扬

漫步在众埠的大街小巷，心灵触碰到的是岁月沉淀后的那份宁静和安逸。虽然这座历经千年沧桑的古镇建筑形态早已发生了巨变，但那份对传统文化的坚守和传承，却在一代代众埠人的心中始终不变。每到周日，众埠志愿者协会几十名成员便聚集起来，

■ 志愿者为留守老人修剪指甲

他们有的是医生、农民，还有的是公务员，利用休息时间深入小镇里需要帮助的人家，帮助他们做一些力所能及的事。

千年文化的熏陶，众埠人深谙快乐之道不在索取，而在付出。不论有谁遇到难事，总有人会伸手相帮，饥饿时的一碗米、寒冷时的一件衣，都如雪中送炭般温暖。

46岁的魏秋香就始终珍藏着这样的记忆。2002年，丈夫不幸患上了尿毒症。为了给丈夫治病，魏秋香用尽全部积蓄、四处借钱，却远远不够治病钱。这时，善良的乡亲们自发组织起捐款，5元、2元、1元……众人拾柴火焰高，大家终于帮助魏秋香凑齐了20多万元的救命钱。看着零散票子凑在一起的时候，魏秋香感动得流下了眼泪。

靠着乡亲们的帮衬，魏秋香一家渡过了难关。安定下来后，她开始想着如何回报乡亲们。她看到村民的土地虽然肥沃，却只种粮、种菜，收入

并不高。魏秋香到各地考察，引进了适合当地种植的翠冠梨，并成立了合作社。在她的带动下，乡亲们依靠种梨收入翻番，日子也越来越好过了。

然而，到了 2017 年，全国的翠冠梨都大获丰收，市场收购价格大幅下降，跌到了四块五一斤。看着乡亲们发愁，魏秋香当即决定以远高于市场的价格"六块钱一斤"收购了乡亲们的梨。除掉包装、运输等成本，魏秋香几乎没赚到钱，但她却很开心，因为乡亲们拿到这笔钱可以过个踏实年。有舍必有得，当年古镇人舍财纾困，换来魏秋香一颗感恩的心。现在魏秋香舍私利取情义，又换回了乡亲们的信任和感激。

■ 魏秋香修剪梨树枝

■ 宴席上共饮一碗酒

岁月流逝，过往的故事成为了历史，但古老的文化却得以世代相传。深得取舍之道的众埠人，养成了包容大度的性格，把日子经营得既舒心又惬意。

赵氏孤儿的故事已逾千年，马氏家族的忠义德行也已传承至今，生活在这座古老小镇中的每一个人都不忘"能舍天地宽"的传统祖训，舍生取义、舍名取义、舍利取义……一代代的众埠人都在以自己的方式诠释着新的"舍得"智慧。

编　导：韩　辉　主持人：长　啸
撰稿人：李　鑫　指导撰稿：韩晓芳

道口镇

公而忘私

提起道口，首先印入脑海的便是"道口烧鸡"。作为"烧鸡之乡"的道口古镇，地处河南省安阳市滑县境内。相传4000多年前，这里曾是黄河鲧堤上的古渡口之一，因摆渡人姓李，而被称为"李家道口"。

道口古镇因河而兴。隋大业四年（608年），隋炀帝下令开凿京杭大运河，永济渠段流经古镇，使这里商贸逐渐繁荣，运河上每日往来船只数以千计。到1907年，道清铁路修通，道口成为连接铁路、公路、航运的"水旱码头"。四通八达的交通连接了30多个城镇，因而享有豫北"小天津"的美誉。

■ 因河而兴的道口古镇

CTV 4
中文国际
CCTV

记住乡愁 第四季（27）
道口镇 —— 公而忘私
道口古镇位于河南省安阳市滑县境内

千里运河水悠悠。昔日，这里曾舟楫交错、商船如织，造就了数百年的繁华盛景。如今，这里不再百舸争流、浮华喧嚣，却在时光中沉淀出古老文化。大运河畔的这座千年古镇，早已成为道口人无法割舍的故土乡愁。古镇中世代流传的传奇故事，潜移默化地影响着一代代道口人。即使到了新时代，"公而忘私"的精神也丝毫没有褪色。年轻的道口人传承了古老的文化，又迸发出蓬勃的创造力，正是他们才让这座古镇彰显出前所未有的生机与活力。

御厨刘义：知恩图报 施予秘方

"要想烧鸡香，八味加老汤"。闻名遐迩的道口烧鸡，始创于清顺治十八年（1661年），距今已有300多年的历史。当年一碗无私帮助他人的鸡汤，成就了御厨刘义，更造就了传承数百年的中华老字号"义兴张"。

乾隆年间（1736—1796年），有个叫刘义的孩子，出身贫寒。一年冬天，他年迈的奶奶突然想吃一碗鸡汤面，父亲便让刘义到镇上的烧鸡铺讨要鸡汤。当他手捧空碗来到一位张姓人家的烧鸡铺时，却呆立在门前，不好意思开口。心思细腻的老掌柜发现这个腼腆的小男孩后，和蔼地招呼他上前，取过大碗，满满地盛了一碗鸡汤。在道口周边都有个习惯，凡遇上经济条件不好的家庭，烧鸡铺都会免费送碗鸡汤。一碗热腾腾的鸡汤驱散冬日的严寒，也成为刘义记忆中最亲切的味道。

10多年的光阴弹指即逝，当年的落魄少年刘义已成长为一位大厨，他不仅习得了灶台案板上的十八般武艺，还因天资过人，一跃成为清宫御厨。

乾隆五十二年（1787年），刘义告老还乡。当他漫步古镇街头时，无意间看到当年那家烧鸡铺里，张掌柜的儿子张炳正在给街坊盛鸡汤，熟悉的画面让刘义想起当年。说起往事，刘义、张炳二人万分感慨，张炳也把自己多年的苦恼和盘托出。原来，这些年间，张家的烧鸡因为口味并不出众，一年到头也没多少客人光顾，这份家传的祖业眼看难以为继。

年轻人充满担忧和自责的话语，让刘义很是动容。做了多年御厨，他手中握有不少宫廷秘方。当他看到张炳虽然生意惨淡，却能像老掌柜那样接济邻里，顿时心生好感，决定要帮他一把。

刘义将烧鸡秘方说与张炳，张炳依法烹制，做出来的烧鸡，色香味果然非同一般。很快，张家的烧鸡铺就在镇里打响了名号，生意也越来越兴隆。然而，不久之后，御厨刘义就在家乡去世了。为了感念他无偿施予秘方的恩德，张炳就把烧鸡铺改名为"义兴张"。

■ 百年老字号"义兴张"

时间的指针又划过了一个多世纪，到了第六代传人张和礼时，"义兴张"的烧鸡早已声名远播，成为古镇一块响当当的金字招牌。但古镇里的其他烧鸡铺，却因没有更好的烹制方法，生意渐渐变得萧条。

20世纪50年代，正是共和国建立之初，一切都百废待兴。张和礼决定效仿先人，公开祖传秘方。1956年，在全家人的支持下，张和礼在一次大会发言中，向外界公开了这张宝贵的秘方。从此，"义兴张"传承数百年的烧鸡制作技艺，就成为人人都可学到的技术，成为全社会共有的财富。

从此，道口烧鸡进入全新发展的时期。如今，300多家生产经营道口烧鸡的门店，遍布在古镇的大街小巷。20多家大型烧鸡加工企业每年为古镇带来3亿多元的收入。而"义兴张"老字号也并未因公开秘方而没落，每天仍是顾客盈门的热闹景象。道口烧鸡兴旺的秘诀不仅在于御厨刘义无偿施予的烧鸡秘方，更在于老字号"义兴张"的知恩图报。来到这里的人们，追求的不仅是那口熟悉的味道，更是"义兴张"所承载的悠久历史以及那份公而忘私的情怀。

廉吏暴式昭：不计私利　一心为民

感怀于林屋山百姓为廉吏暴式昭送米的情景，当地名流秦敏树绘制了著名的《林屋山民送米图》。在这幅画中，适逢隆冬大雪，年关将至，百姓们纷纷顶风冒雪，搬运柴米果蔬，船载筏运，车推肩挑，络绎不绝。这幅艺术作品不仅见证了百姓对这位官员的爱戴，而且让我们感受到为官需清正廉洁、两袖清风。

■ 一代廉吏暴式昭

清光绪十一年（1885年），一位穿着草鞋的年轻人怀揣着理想与抱负，前往苏州担任九品巡检司。这位年轻人便是被后人誉为一代廉吏的暴式昭。

一天深夜，暴式昭处理完公务刚回到家，当地的三位富商便前来拜访。他们进门后，掏出300两纹银请暴式昭收下，声称这是按照惯例所交的保护费。暴式昭始终认为拿朝廷俸禄，保一方平安是自己的天职，岂有收保护费之理？其间一位富商担心暴式昭有顾虑，向他保证此事仅其四人所知。迟疑片刻后，暴式昭收下了纹银。

次日，街头上贴出一张告示，内容竟是表扬三位富商慷慨捐赠数百两纹银给当地继善堂的义举。暴式昭的这种做法让三位富商有口难言，但同时意识到这件事让自己有了好名声，内心也深感荣耀。此后，当地人纷纷夸赞这位新到任的官员清正廉明，不为一己之私贪恋钱财，大小商贾也开始纷纷解囊救助穷苦百姓，不再向官府缴纳保护费。令人意想不到的是，这种行为已经触动了当时贪官们的利益。暴式昭不愿与当时的官场同流合污，得罪了苏州知府。罢官后的暴式昭，因为把积蓄都捐助了贫困百姓，不到十天家里就无米下炊，百姓们纷纷顶风冒雪为他赠送柴米果蔬，助他度过寒冬。

为纪念这位一心为民、不计私利的好官员，人们把他的故事编成了戏曲，在古镇中年年上演。正是在传唱声中，那些做人做事的老理儿才被世代相传。

古镇百姓：心底无私　公开技艺

在第六届全国科技发明展览会上一举夺得金奖的不是别人，正是出生在道口古镇普通农民家庭的吕胜战。20 世纪 80 年代，每到播种季节，小小年纪的吕胜战都会看到父老乡亲常常累得直不起腰来。那时，他便萌生了要发明一台机器以减轻大家辛劳的想法。

当时还只是一名高中生的吕胜战，硬是靠着茄子、萝卜和废旧电池来制作模型、进行试验，用整整两年的时间，终于发明出一台"89A 型多功能穴播机"。经过试用发现，播种 1 亩地只需要 15 分钟

■ 89A 型多功能穴播机

就能完成，是手工播种的 36 倍。此外，这台神奇的机器不仅能够播种，还能用来施肥，大大提高了耕作效率。

刚获得金奖就有两家企业找到吕胜战，要出 100 万元买走这项专利。在 20 世纪 90 年代的中国，100 万元足以让 19 岁的吕胜战一夜之间成为当时全镇最年轻的首富，但他却选择了无偿公开自己的发明图纸。受父母从小教育的影响，在吕胜战看来，为街坊邻里多做好事，让更多老百姓都用上自己发明的产品，减轻他们的劳动负担，才是最大的满足。

由于没有申请专利保护，大家都可以免费使用这项技术。没过多

久，吕胜战发明的这台多功能穴播机就被多家工厂生产出来。为了赢得市场，每家都把价格定得非常合理，农民们从中获得实惠。直到现在，吕胜战发明的这台多功能穴播机，仍被世界上40多个国家所应用。

吕胜战无偿公开发明图纸，牵头成立了中国第一家县级发明协会，造福了全社会。无独有偶，冯荣丽无私传授刺绣技艺，也将公而忘私的精神融入自己的事业中。

冯荣丽出生在刺绣世家，从小便跟着奶奶学习传统的安绣技艺。长大后，她和几位小姐妹创办了一家刺绣工艺品店，经营得有声有色。一天，冯荣丽回到乡下老家，看到村里有不少留守的妇女和残疾人，日子过得很艰辛。这让冯荣丽不禁回想起小时候发生在这座村庄的往事。当年，黄河故道时常泛滥，周围一些受灾的人们，就会来到道口，古镇人也会无私地接纳和帮助他们，使他们渡过难关。在父辈的言传身教下，冯荣丽很小就懂得了心底无私天地宽的道理。多年后，回到家乡见到此情此景，冯荣丽决定要为他们做点事儿。

■ 新疆安绣免费培训基地

2004年，刚刚赚到钱的冯荣丽，在家乡开办了第一期培训班。她不但免费教大伙儿技术，还免费发放刺绣工具和材料。后来，前来学习的人越来越多，她又陆续在古镇周边开设了8个培训基地，5000多人从中受益。自己富不算是真正富，让大家都学会传统刺绣技艺，都能富裕起来，才是令冯荣丽所心安的。

2013年，国家提出"一带一路"倡议。当冯荣丽了解到，全国对口支援新疆的政策后，又决定要把安绣技艺带到那里去。从2016年开始，冯荣丽在新疆库车和哈密分别建立了两个免费培训基地，有400多名少数民族绣娘熟练地掌握了这项技术。在大家的共同努力下，安绣产品已经销售到西亚、中东及欧洲的十几个国家，成为道口古镇走向世界的一张文化名片。

周国允：不负重托　走向创业

中华世纪坛、首都机场新航站楼、国家体育场等一个个国家重点工程里都能看到建筑工队"周家军"的身影，而"周家军"的领头人便是地地道道的古镇人周国允。做人要懂得付出，做事要不计回报。哪怕是最艰难困苦的时候，周国允都未曾忘记父亲的叮嘱，用实际行动带领大家走向创业。

1984 年，高中毕业的周国允，决定去外面闯一闯。经人介绍，到了北京，成为工地上一名民工。在建筑队里，他吃苦耐劳、无私付出，很快就赢得了施工队队长的信任。回家过年

一个个国家重点工程

■ "周家军"参建国家重点工程

前，队长交代他，年后从家乡再带一些工人来，去银川参建一项工程。

那年春节过后，周国允带着组织起来的几十个家乡人，来到了银川工地。不料，队长却因合同没有谈拢，一个招呼也没打，就把周国允和他从家乡带出来的几十个人撂在了银川。既没有任务，也没有饭吃，面对几十个家乡人，周国允感到了沉甸甸的压力和责任。夜晚时，等其他同伴睡着后，他常会自己跑到屋外，对着家乡的方向大哭。无奈之下，周国允决定自己先只身回乡，请求援助。回到家乡后，周国允向乡亲们说明情况，大家不但没有埋怨他，还一起想办法为他凑够了承包工程的钱。家乡人的无私帮助给予周国允极大的力量，他带着这份嘱托和情感，回到了工地，带领大家走上了创业的道路。

由于工程干得又快又好，他们很快就在建筑行业中打响了"周家军"的名号。20多年间，这支"周家军"参建了诸多国家重点工程，每年为古镇带回一个多亿元的纯收入。现今，作为全国劳动模范、"中国十大杰出外来务工青年"的周国允将继续返乡创业，把总部搬回道口，努力把家乡建设得更好。

年终岁末，这是古镇一年当中最热闹的时候。道口古庙会源于宋末元初，距今已有700多年的历史，有着"中原狂欢节"的美誉。最早，庙会通常在正月十五举行。后来，为迎接过完年陆续回到古镇的客商，道口人特意把庙会改在了正月二十六。此后，每年的这一天，十里八乡的人们都会涌向古镇，四方宾客也会云集在此，共同感受古老的传统，分享欢乐的气氛。舞出的欢腾喜庆，让人沉醉不已；敲出的运河古韵，让人热血沸腾。古老的庙会，为古镇带来了生机与活力。

"大道之行也，天下为公"。千百年的运河激荡，孕育了灿烂厚重的古镇文化。道口人之所以能够走出中国、走向世界，不仅在于继承了老手艺、老传统，更在于融进血脉里的"义"。无论是御厨刘义的知恩图报、施予秘方，还是廉吏暴式昭的不计私利、一心为民；无论是吕胜战、冯荣丽的心底无私、公开技艺，还是周国允不负重托、走向创业，"公而忘私"的精神都在世代相传。

编　导：王星晨　主持人：王　静
撰稿人：李皓青　指导撰稿：韩晓芳

编导手记

一方水土 一方人

道口、赊店、周口、朱仙镇，明清时期并称"中原四大名镇"。作为码头、商业重镇，四个古镇都曾经商贾云集，经济繁荣，也同时留下了各具特色的文化历史。除去已经成为地级市的周口，赊店和朱仙镇都已在第三季拍摄完成，道口镇就成为我们第四季的重点。

文化，是古镇的灵魂。时光不断在流逝，古镇不断在演变，政治、经济等积淀成文化形态，渗透到了建筑、习俗、方言、服饰、饮食等多个方面。道口作为一个有近千年历史的古镇，也曾繁华一方，清朝光绪年间至民国时期，水路畅通，上可达白泉，下可抵天津，再加上道清铁路的开通，水陆交通的便利，使道口成为商贾云集、人烟辐辏之地，有着"小天津卫"的美称。

作为商业重镇，古代大运河的重要组成部分，道口古镇因运河而生，而兴，而盛，摄制组的调研方向自然集中在了商帮文化，运河文化上。可是当我们翻开厚重的道口历史，惊讶地发现，有一种独特的精神在道口这个地方一脉延续，也造就了这里不同于其他商业古镇的独特气质，从历史到现在，公而忘私的家国情怀是这个不大的商业古镇的突出个性。

在历史上，这里就曾经出过很多廉洁奉公的先贤。汉武帝时的汲黯，官位不是很高，但他同情民众的疾苦，一生重气节，史书记载，汉武帝见他都要整整衣冠。他在任上从不置办田产，一生廉洁奉公，死后更是家无余资。唐朝宰相李元纮，在担任京兆尹一职时，朝廷下令让他负责疏通三辅河道，当时，王公贵族们利用自己的职权，在自己家里傍着运河岸设置各自的水磨坊，让河渠中的水不能流入下游百姓农田。李元纮得知后，立马带领官兵将这些权贵们家里的工程全部拆掉，让河水浇灌下游百姓的田地。唐代宰相卢怀慎，做官十几年，常常用俸禄周济部下和贫民，没有多余的储蓄，走到哪里身上只带着一个布囊。一次，卢怀慎患病在家，宰相宋璟和吏部尚书来看望他，发现他家里床上的草席单薄破旧，门上连个挡风的帘子也没有。等到天色已晚，饭菜端上来，只有两瓦盆蒸豆和几根青菜而已……

抗日战争时期，作为中原要冲，道口成为兵家必争之地。道口镇人民在中国共产党的领导下，为了全中国的彻底解放，妇孺老幼奔赴战场，不惜一切代价奋勇支前。无产阶级革命家赵毅敏，青年时期留学法国，辗转苏联，在经历了九一八事变，国家危难之际，执笔了中国共产党第一篇抗日宣言。

我想这种不断线的影响是不可磨灭的，因为它植入人的潜意识，造就的是这一方人的为人处世基因。正是这些历史上当地先贤传承下来的家国情怀，让这里的商文化中多了回馈社会、投入社会公益慈善事业的责任，遇天灾国难之时，亦能慷慨相助的特性。所以我们在今天，在道口镇依然能够看到像节目中吕胜战、冯荣丽这样的为集体为国家，不计个人得失的代表人物和集体。俗话说一方水土养一方人，那么我觉得大概可以说，一方文化影响一方人吧。我想，这方人传承下来的这种公而忘私精神，正是我们的时代所需要弘扬的。

节目编导：王星晨

在贵州省凯里市，苗山侗水之间藏着一座宛如山水画卷般的小镇。青青山水，悠悠古镇。静谧的清水江从小镇人家的门前经过，沿江而建的吊脚楼和远处的青山交相辉映。这里还有与德国牧羊犬齐名的中国名犬"下司犬"。产于小镇的下司犬不仅是山寨村民家庭看家、打猎的好帮手，还具有警用开发潜力。这座古朴而宁静的小镇便是清水江上的明珠——下司镇。

早在秦汉时期，这里就有人居住；唐宋时期，仫佬族的先民们便在这绿水青山间开垦耕作，聚落成镇；嘉庆十三年（1808 年），下司被辟

■ 下司镇俯瞰图

为商埠，成为黔东南地区重要的物资集散地。一时间，马蹄声声，货船如织。这里的客栈游人不绝，餐馆彻夜不眠，通明的灯火映照在清水江上，灿若繁星，宛如一座不夜城，因此也就有了"小上海"的美名。

下司人的勇与谋成就了古镇的繁盛，这种祖祖辈辈流传下来的精神浸润着他们生活的点点滴滴。千年时光中，经历了数载春秋的淳朴下司人，始终坚守着"靠智不靠蛮"的处事方法，用一个个看似轻巧却充满智慧的点子，有意无意间改变着自己的生活。

山歌传情　共建下司

下司镇作为一个多民族聚居地，各种文化在这里碰撞交融，来自不同民族的下司人相依相存，各展所长，用非凡的勇与谋成就了古镇的兴旺与繁盛。

仫佬族是最早居住在这片土地上的人，他们开垦山地，搭桥修路，依靠着勤劳的双手，开辟出了一片属于自己的沃土良田。后来苗族人带着原本在平原上的耕种方法来到这里，却发现难以融入当地的自然环境。失去了粮食的保障，这些迁入者的生活难以为继。

■ 清水江

这时有人提出将仫佬族人赶走，并占据他们肥沃的土地。但这个想法刚一提出，就遭到了苗族首领的制止。当时，苗族部落人数近千，仫佬族只有两三百人，要占领仫佬族的土地虽说轻而易举。但两族兵戎相见，不仅会造成伤亡，还会滋生仇怨，遗祸无穷。苗族先民清楚地认识到唯有合作方能永享太平。

经过商量，苗族人派出了一支队伍进山向仫佬族求教。山林里杂草丛生，野兽出没，武器防身必不可少。但带武器见面很容易让对方产生误会，更不可能学到农耕技术。一番思量后，他们决定用唱山歌的形式来驱赶野兽，便只随身带了作为礼物的酒和肉。

山歌传递着友好，美酒佳肴释放着善意。凭借着靠智不靠蛮的处事方法让仫佬族人看到了他们的诚意，两族开始共同合作，改良生产，在清江岸边开辟出万亩农田，建起一座座实用且精美的吊脚楼，深山之中，一座美丽的村寨拔地而起。在世代的繁衍生息中，有了一代代下司子孙，也有了下司古镇。

火烧水浇　智取河道

明清时期，随着与外界联系的不断加深，这个曾经与世隔绝的小镇开始有了船夫、马帮和商人，原先的小码头和拥挤的河道已经不能满足当时的需求。清雍正年间，小镇人决定疏浚河道，发展航运。

夏季的清水江水量丰沛，只有到了冬季进入枯水期才能展开疏浚工程。然而，冬日的贵州山区，天气阴冷刺骨。工人们只得在下水前喝些烧酒，暖和以后一起干。河道里礁石林立，寸步难行。由于常年受到河水的冲刷，许多石头

■ 工人疏浚河道

工人们一干就是一个多月

变得光滑坚固，普通铁器难以开凿。在每天十几个小时的工作强度下，工人们一干就是一个多月，但工程仍不见进展，不少人还因此滑倒受伤。

蛮干不是办法，只能开动脑筋"智取"。下司人发现在枯水的季节，礁石现出来以后，用火把礁石烧烫，冷水一泼石缝就会炸裂，这时再用钢钎敲会容易很多。在火的炙烤和水的冷却下，巨大的礁石被一一击碎。工人们用了不到一个月的时间就完成了疏浚河道的工作。

这次疏浚工程，打通了连接贵州和外省的航运通道，下司镇也发展成为通商的黄金口岸。湖广江浙的布匹油盐逆流到下司，起岸分流西南各地，云贵川三省的烟土皮货等则源源不断地向下司汇集装船顺水东下洪江。当时镇上商贾云集，马帮成群结队，商号、货栈、会馆、餐馆遍布街巷，彻夜营业，来自云贵川的挑夫们在船与商铺库房之间日夜不停地来回搬运，用鹅卵石砌成的路梯也被踩得光亮圆滑。疏通河道促进了经济的快速发展，而这一切都离不开工人们的智慧和勇往直前的拼搏精神。

投资票券　发展本埠商户

繁盛的商贸为古镇汇聚了财富，使外地来到古镇经营的客商都赚到了钱，但下司本地人却还停留在小本生意的经营上。这样的情形持续了100多年，才有人凭借过人的胆量和三思而后行的智慧改变了这一现状。

周绍阳是一家外地客商经营的钱庄的经理。一次偶然的机会，他听说湖南洪江商界发行了可用来进行投资的兑换汇票。周绍阳觉得这是一个难得的机会，但同时也意识到一旦投资

■ 周绍阳像

失败就会给钱庄带来万劫不复的损失，所以他顺水而下前往洪江了解这种票券。研究之后他发现如果票券的发行渠道和方式正规，越早入手，以后的收益就越大。他趁着刚刚发行的低价，毅然拿出钱庄近一半的资金，购入了 20 万元的票券。

初期因为投资没有起色，人们纷纷撤资。但周绍阳因为事先做了充分的了解，对自己的判断很有把握，别人撤资他便继续投入。果然不出所料，几个月后，票券价格一路走高，这一次的投资盈利了 10 万元，为分庄创造了一笔可观的财富，老板对他这次的投资十分欣赏，从 10 万元的盈利当中，抽出了两万元奖赏他。

周绍阳赚到了他人生的第一桶金，却没有因此便安于现状，他有一个更大的愿望，那就是让自己的家乡人能够真正富起来。为了发展本地商户，周绍阳开始积极组织起了药材、桐油和木材出售，又从外地购入布匹、煤油和食盐。

在他的带领下，本埠商户实力逐渐壮大，发展起了几十家店铺商号和货栈，创下了下司商业史上的第二个高峰。周绍阳用自己的勇和谋帮助本埠商户发展，而同样是当老板的吴聪明改良酸汤也带动了当地的餐饮旅游。

百锅百味　酸汤香飘万里

在下司有句俗语："一天不吃酸，哈欠连连干；两天不吃酸，饭菜不想拈；三天不吃酸，走路打'捞穿'。"酸汤是苗家人世代相传的珍宝，也是生活中必不可少的美味。但是在发展旅游的过程中，下司人吴聪明发现外地游客并不喜欢这道传统美食。

为了酸汤的事情，他琢磨了很久。为什么会不喜欢？是不是因为清酸汤没有红酸汤鲜艳好看？为了让传承千年的清酸汤变成红色，又不失原本的美味，吴聪明进行了很多次的尝试。他首先想到的是使用酸辣椒进行发酵，但是酸辣椒的酸味和清酸汤的酸味发生冲突，味道十分难吃。为了改进配方，每当有外地客人来到店里吃饭，他都会拿出几种不

吴聪明做了很多次试验

■ 吴聪明记录顾客反馈意见

同配方的酸汤让顾客尝试，并记下反馈意见。在不断的努力下，他做出的红酸汤终于受到了游客们的一致好评。

一辈传一辈的酸汤如今已不仅仅是苗家人的最爱，更是千千万万到这里旅游的人吃饭的首选。一个小小的创意，带火了苗家的酸汤，而吴聪明也没有独占这份喜悦，他把方法传授给乡邻，大家又在此基础上不断创意，形成了百花齐放的局面。如今的古镇，几乎家家户户都有"红酸汤"，但每家都各有特点，各不相同。酸汤沸腾翻滚间，下司人用勇与谋把自己的生活经营得红红火火、有滋有味。

"有勇有谋"的行事方法影响着一代代下司人，无论从事什么行业，人们总让"靠智不靠蛮"这一观念永存心底。

智用下司犬　勇退山中顽匪

在家园保卫战中，面对敌众我寡的紧张局势，下司人巧用当地人原本用于打猎的下司犬来抗击山中的土匪。下司犬虽然长得矮小，平日里看上去温顺可爱，但是它却是与德国牧羊犬齐名的一种凶猛猎犬。在这场力量悬殊的战争中，凭借着人和狗的良好配合，下司人扭转了敌众我寡的窘境，赢得了最后的胜利。

20世纪50年代初，在中国的西南部地区仍有部分国民党残留势力，他们与山中土匪勾结，四处作乱，劫掠百姓，富庶的下司古镇也成了他们的目标。活动在下司周边的土匪多次写信给镇长吴邦荣，要求他投降并交出粮食。即使他的家被土匪烧毁，亲人被土匪残害，吴邦荣还是不为所动。

在挑衅面前，吴邦荣没有丝毫畏惧。他把大家聚在一起，共同讨论抗击敌人的办法。当时，下司镇只有100多人的民兵组织，要想击退上千人的土匪几乎是一件不可能的事情。经过大家的商讨，下司人决定以清水江为天然屏障，两

但是 它却在世界上赫赫有名

■ 下司犬

个山头交叉火力对付敌人；同时他们也带着下司犬一同奔赴战场。下司民兵便通过这样的方法为下司军民的撤退留出充足的准备时间，以尽可能地减少损失。

面对敌人的来袭，吴邦荣和民兵们十分镇定，他们按照预定方案把土匪逼上了水码头。眼看进入包围圈的土匪乱了阵脚，吴邦荣又乘胜追击，拿出仅存的三枚炮弹，向敌人发射出去，并放出一群勇猛的下司犬，对他们进行攻击。一时间炮声震天，犬吠声与战士的吼叫声振聋发聩。敌人都被这阵式所迷惑，以为有部队支援，吓得四处逃窜，节节败退。

在敌我实力悬殊的不利局面中，吴邦荣和民兵们毅然决然地选择抗击，连同下司犬一起，谱写出一篇保卫家园的战歌，守护这方水土的安宁。

取法传统　独创跨步划法

2007年的广州民运会中，下司龙舟队用独创的"跨步划法"，成为赛场上的一匹"黑马"。而跨步划法的发明，正得益于下司人"靠智不靠蛮"的古老智慧。

下司龙舟队是一只由苗族和仫佬族组成的队伍，队员都是下司古镇土生土长的农民。在备战2007年广州民运会过程中他们发现队员普遍个子矮小，如果采用坐式划船一些队员甚至蹬不到船舱。面对人高马大实力雄厚的对手，他们清楚地意识到如果光靠一股蛮劲埋头练习，是无法赢得比赛的。

就在这时，大家想起了祖辈们勇闯清水江时的站姿划法。但比赛的龙舟和平时用的渔船不一样，他们的船型又窄又长，船舱狭小。当龙舟速度加快时，很多队员都因无法站稳而掉入水中，甚至受伤。经过一个多星期的适应训练，"站不稳，发不了力"的问题还是没有解决。

但他们并没有气馁，而是放下船桨，

■ 队员练习跨步划法

走进村里向老一辈的船夫请教。老船夫告诉他们脚要靠着船帮，站稳之后才能发力。得到指点后，教练文朝汉和队员们反复在清水江里练习，很快就有了成效。"靠智不靠蛮"的古老智慧再一次展现出了光芒，下司也因这支龙舟队被人们称为了"龙舟之乡"。

在苗山侗水之间感受下司之美，在挥桨竞渡里体验传统龙舟赛的魅力。无论是美丽的下司还是竞渡的龙舟，都离不开下司人的智和勇。随着陆路交通的方便，这里不复当年繁盛，反而静谧淡然。木杵捣衣的清脆声响唤醒了沉睡中的古镇，没有了曾经喧嚣的车水马龙，但是一条条整洁的街道，各式各样的临街店铺依然能够让人感受到这里的生机和活力。时至今日，下司传统贸易集市——赶"猪场"开市时，方圆数十里的人们还是会挑着自家种的蔬菜瓜果和特色山货来到下司，外来的商客们也闻声赶来。数百年来，这样热闹的场景在古镇中反复上演着。

千年时光中，不知经历了多少个时代的淳朴下司人，如今依然坚守在这块土地上。走入新的时代，下司人在用自己的方式延续着"有勇有谋"的古老智慧。凭借着这份胆识不断开拓创新，去追逐更美好的未来。清水江还在流淌，带走的是岁月，不变的是下司人有勇有谋的处事方法。

编　导：王　洁　主持人：栗　娜
撰稿人：王梦阳　指导撰稿：韩晓芳

位于山西省东南部的润城镇，一直是山西阳城县最繁华的城镇之一，富商巨贾辈出。四山环抱，三水萦流，樊溪由镇中流过。自古就以发达的冶炼业而闻名于世。"白天炉烟弥漫，夜间炉火通明。"冶铁业的兴盛，造就了润城延续数百年的繁华，也使得这里逐渐形成了"读书可荣身，耕冶能致富"的文化氛围。在以冶铁为主业的时期，润城镇士农工商，无一不兴。到了明清时期，润城已经发展成太行山中的一个工商业重镇。

无论是做箭、筑墙，还是铸佛、制壶……润城的冶铁业因为巧夺天工的作品和冶铁匠人细致用心的创造驰名三晋。能取得这样的成就，离不开润城人独具的匠心精神。千百年来，生活在古镇的人们用心做事、用心处世，用心构筑了一代又一代乡民的美丽家园和心灵归处。

尽职尽责，造箭迎战促统一

无论做什么事情，想要获得成功，秘诀无他，唯有匠心。"执事敬""事思敬""修己以敬"，孔子提倡的敬业精神在润城工匠的身上体现得淋漓尽致。润城人正是用匠心，改良弓箭，协助秦军斩首坑杀赵军约45万人，打赢长平之战，开启了秦国一统天下的宏伟征程。

战国时期，秦赵两国决战于长平，由于当时润城地区历来就是冶铁重镇，且距长平仅有100多里，秦大将白起就在这里设立了一个兵器铸造基地。

大战在即，古镇的人们全部被秦军征召夜以继日地赶制兵器。然而当第一批生产出来的箭被用于战场时，效果却与想象中相差太多，不仅射程不够远、就连方向也出现了大幅度的偏移，因此使秦军战败。秦军将领也因此指责润城工匠不用心，要屠杀全城百姓。

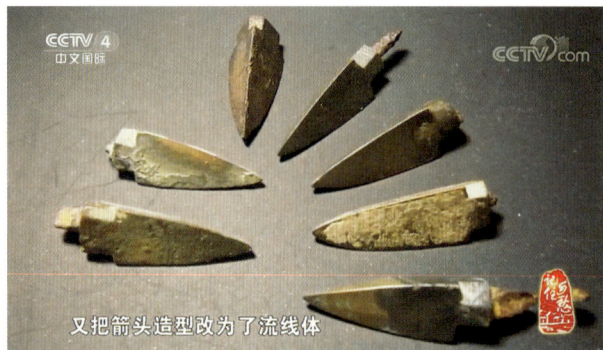
又把箭头造型改为了流线体

■ 流线体箭头

可一向做事用心到极致的润城工匠对此不服，再三恳求秦军将领给他们一次查明原因的机会。在细心查看了战场的地形后很快发现：战场山高沟深，风很大，造成箭的方向偏移，而地下的磁石矿则是造成剪头下坠飞不远的主要原因。有了这样的一个重大发现，全镇人聚在一起，想到把箭头缩小，把箭头造型改为流线型的办法使得箭更轻巧，速度更快。重新赶制出来的箭不仅射程远、命中率高，穿透力还强，大大提升了战斗力。

攻坚克难，坩埚筑城御流寇

明朝末年，朝野动荡，大股流寇趁机作乱，一路攻城略地、烧杀抢夺，步步逼近润城这座富庶的小城。当时朝廷已自顾不暇，没有军队支援，单靠古镇人自己抵御一支全副武装的流寇大军实属不易，身为京官的润城人杨朴便号召百姓为了土地和子孙誓死保卫家园。

虽然敌我硬件差距悬殊，但是润城人并没有听天由命。古镇三面环水，本就是一座天然的屏障。如果在此基础上修筑城墙，就可以构成双重防御，抵御流寇。在时间紧迫无法凑齐建筑城墙的大量石料的情况

收集了很多坩埚

■ 以坩埚为原料的城墙

下，润城人将河底的鹅卵石作为筑墙必备的石料，加上炼铁用过的废弃坩埚收集起来，里面填上炼铁的渣，用石灰将城墙筑起，形成了铜墙铁壁的"蜂窝城墙"。高20余米，宽2米多厚的临河城墙从河边筑起，使得润城被铁疙瘩般坚固的屏障包围，流寇兵临城下即望而生畏。

因为沁河［又称洎（jì）水］流经古镇，所以人们把这座新建的城堡称为砥洎城。危机解除后，古镇人又在城内修建了形似迷宫的街道，错综复杂的"丁"字蜘蛛网似的巷口，方便两家人互相守卫的"过街楼"，防御工事不断升级，城堡也变得更加固若金汤。一遇兵荒马乱，城门一关，自成一体，攻不可破。除此之外，坩埚中空，能起到很好的保温和隔热的效果，使得房子冬暖夏凉，为润城人提供了更好的生活环境。

"三面滔滔碧波，胜似雄兵百万，砥洎城巍然屹立，不怒自威。"这首当地流传的民谣，道尽了这座古城堡的雄奇壮丽。时至今日，在明末的动荡岁月里，砥洎城的城墙依然保存完好。经由岁月的磨砺，坩锅这种特殊的材质因其不断钙化，不但没有丝毫损坏，且与往昔相比更加坚固。这座用匠心凝聚而成的城堡护佑了一代又一代的古镇百姓。

突破革新，万口熔炉铸巨佛

坚固的城墙，以及防御性极强的聚落体系，让世代的润城人不仅得以安享平和快乐的生活，也能够心无旁骛地锤炼自身的技艺。润城铁匠们凭借着一颗执着的匠心和玲珑的巧心声名远播，备受尊崇。

一次，高平县要铸造一尊重达千把斤的巨大铁佛像，就算使用现代工艺铸造也需要耗时很久才能完成，技术工艺要求极高。然而那时，既没有冲天炉，也没有行车，一座炉最多熔化铁水也不过二三百斤。当地官府只好派专人到一百里外的润城请高人相助。尽管也没有铸造大件器物的经验，以粟家为首的润城铁匠还是决定迎难而上。

当时，民间始终解决不了大量铁水在模具内一次浇筑成型的问题，所以不铸造大型铁器。但是办法总比困难多，为了攻克难关，万历年间已是当地有名金火匠人的粟家把全镇的铁匠召集起来研究试验，决定用一种创新的"多炉同铸"法——即大家一起动用上万个坩埚融化铁水，再通过十几个大型熔炉分开浇铸的方法浇铸成型。设计形象的，造模的，开炉的样样俱全，搭起的铸架丈把高。风箱不停地呼扇，火苗窜出四五尺高，一炉炉铁水流出来了，汇入大包，开始浇铸。谁知，刚铸到一半，模具被撑爆了，铁水四处流的都是，差点伤了人。铁匠们并没有灰心，找到问题，加固了铸模，重新开始。但铸到一半，模具又被撑爆了。几经多次，误时一个多月，能出的力出了，能使的窍使了，铁匠们筋疲力尽，还是没能铸成。他们的努力眼看就要功亏一篑。

然而，长辈的一句无心之语"我已经土埋到脖上骨了，我也没有办法，你们自己想办法去"启发了他们。"土埋脖上骨"让铁匠们联想到，如果把铸佛的模子埋到地下，利用周

■ 巨型铁佛像

成功了以后

围的土地承压，就算灌多少铁水都不在话下。按此方法操作，果然奏效。大件铁佛如期呈现在大家面前，巨大的造像震撼了每一位前来观看的人。

世上无难事，只要用心就能做好事。润城铁匠追求突破、敢于创新的工匠精神推动了冶铁业的进步。他们所在的街坊，被人们命名为"铸佛坊"，他们也没有辜负所祭拜炉场老君爷像下的那个"心"字。

精益求精，铁牛测洪保平安

四海皆兄弟，谁为行路人。润城人的用心与智慧不只体现于自身的发展，而且愿以其自身精益求精的做事态度和卓越的能力造福其他人。

明清时期，润城镇店铺林立、商贾辐辏（fú còu）。南来北往的客商和古镇里的居民，最喜好的美食要数这一口香脆的小米煎饼。在润城，几乎家家户户都会备上这样一口煎饼用的小锅，古镇人称它为"鏊"（ào）。

这样一口煎饼用的小锅

■ 鏊

河面淹到铁牛跟

■ 大铁牛水位计

"樊山戴上帽，小城揭了鏊。"每逢多雨时节，河岸边卖煎饼的小贩看到山顶上乌云密布，就知道暴雨即将来临，大家就会马上揭下鏊，封好火，收拾东西撤离。等暴雨过后，河水回落，再搬回去做生意。古镇人用心观察得以预知天气，防洪防汛，并且利用水走弯路，人走近路的特点让人给下游不懂得预测天气，饱尝水患之苦的木栾（李）店人报信预防洪灾。

为了更加精准地预测洪水水量，防止每次无论水量大小都按照大洪水的方法进行防御，劳民伤财。润城人集资铸造了一个大铁牛，作为镇河的神物，又兼有灾情水位计的功效。"河面涨到铁牛跟，木栾告急人躲光。河面涨到牛身上，不见木栾见汪洋。"每年汛期，他们都会派专人在铁牛身旁监测沁河水情，监测员不分昼夜轮流值班，随时报告。因为有了准确的信息，每当洪水来临，下游沿河城镇都能从容应对。

天下大事，必作于细。润城人不仅对自己的事用心，对帮助别人的事更是精益求精，他们的智慧展现出了我国百姓早已从身边的小事出发，开启从"中国制造"向"中国智造"的伟大转变。大爱精神代代传，每年腊月，木栾店人都会来到润城致谢，两地人缘起防洪，世代友好延续至今。

细致琢磨，铁壶唱歌传匠心

雕琢世界，对抗遗失，探寻华夏瑰宝，用一场匠心之旅，让古老技艺响彻中华，续写至纯至美的匠心传奇。从古至今，润城人把每件事都力求做到极致，阳城生铁冶铸技艺的传人石阳生，用三年的不断摸索与试验，让会唱歌的铁壶重见天日。

相传，镇里的一位铁匠常年在外干活，他的母亲睡眠不好，经常彻夜难眠。为了给母亲解闷儿，他专门制作了一个有点温度就会发声的铁壶。铁壶放在家中的炉火上，美妙的声音响起来，感受着儿子的一片孝心，老人很快入眠了。这种能助眠的特殊铁壶也就成了古镇一绝。

然而，到了20世纪三四十年代，社会动荡，战火四起，铁茶壶的手艺就此失传。反而近年来，日本铁壶大量进入中国市场，国内厂家纷纷开始效仿，甚至有人说铁壶是日本人发明。但在众多历史资料中，无一例外地指出日本铁壶来源于中国唐宋煮水器。

这让石阳生伤透了脑筋

■ 石阳生钻研会唱歌的茶壶

　　石阳生心痛中国传统技艺的流失，他下决心要让会唱歌的铁壶重见天日。那段日子里，石阳生茶不思、饭不想，一心琢磨怎么才能让铁壶开口唱歌。他不停地铸造，又不停地回炉重铸，几十上百次的试验，铁壶仍旧发不出他想要的声音。苦心人天不负，经过3年的不断摸索，会唱歌的铁壶终于重新出现在了人们面前。石阳生以一己执着恢复了中国绝世40多年的铁壶，并在传统的基础上加以改进，做出适于当今社会需求的家用品。石阳生作为一个掌握了坩埚炼铁和犁镜、铁范制作两种非遗技艺的古稀老者，他做铁壶不仅是为了铁壶制作技术的流传，也为自己潜心钻研了一辈子的非遗技艺可以永为传承。

　　世上无难事，只怕有心人。这种时刻用心的工匠精神无时无刻不体现在润城匠人的身上。改良武器做到极致，铸造大佛做到极致，防汛做到极致，当一个人对人对事尽心尽到极致的时候，他就可以攻无不克，战无不胜。

　　今天的古镇，小到冬日食的枣糕、夏日食的小米煎饼，大到东岳庙里的大铁钟、老院子里的铁柱础，都见证着润城人做事用心到极致的品

质。润城人不仅善于炼铁，也把"世上无难事，只怕有心人"的工匠精神炼铸成每一个人的精神榜样。

编　导：马胜会　张慧卿　赵雪红　主持人：蔡丽娜
撰稿人：储信仪　指导撰稿：韩晓芳

义行传家

五里街镇

位于福建省永春县的五里街镇，是一个集诸多角色于一身的古镇。它是潺潺桃溪水流过的秀丽村庄，是余光中笔下难忘的故乡，是福建沿海与中原内陆的重要交通枢纽，是古泉州海上丝绸之路的延伸之地。在陈后主的儿子陈敬台率领亲族、部属和百工业者南迁定居这里后，小镇迅速繁荣起来。到宋元时已是商贾云集、航运繁盛，来自江浙的棉布、日用百货，产自本省的食盐、瓷器、海产山货，都通过船只运达古镇的许港码头，由此装卸转运，小小古镇便由此开启了与全世界做生意的大

■ 五里街镇全貌

场面。

然而，最能代表小镇风情的是，它作为永春白鹤拳的发祥地而名闻天下。数百年来，小镇的崇德尚武之风就从未间断，急公好义也成为小镇人的特殊品质。这里曾走出了许多被历史铭记的名人义士，如被周恩来总理赞为"散财济国，仁被遐方"的爱国侨领林光庭，在第一时间支援淞沪抗战的新加坡华侨李俊承，在日本侵略者投放鼠疫菌灭杀中国百姓时救助同胞的医生辜尚峰……然而，对于生活在这片土地上的人们来说，侠义精神不只是仁人志士才有，普通老百姓也有，他们的善行义举在这片土地上生根发芽、广为流传。

传义行：方七娘首创白鹤拳

说起咏春拳，大多数人都不会感到陌生，脑海中首先浮现的就是叶问、李小龙等功夫大师的矫健身姿。但是很少有人知道，咏春拳是在五里街镇方七娘创造的白鹤拳基础上发展而来的。

原来，在清朝年间，方七娘一日在寺中织布，看见一只白鹤在田间翩翩起舞，姿态十分美妙，她觉得很是奇特。于是，她先用手中的梭盒投向白鹤，结果被白鹤闪跳而过。她再次以纬尺掷向白鹤，又被白鹤展翼弹落，这让她很受启发。经过悉心揣摩和反复练习后，以鹤为形，以形为拳，她创造了象形取义的白鹤拳。在当时，村民时常遭到土匪的抢劫，她目睹后决定为乡亲们打抱不平。她用白鹤拳轻松制服了土匪，此后声名大噪，人们纷纷慕名而来拜她为师，同时也将"学仁学义"的白鹤拳师训诫深深刻在了心底。清乾隆年间，其第四代传人五枚师太又在前人基础上再度创新，并把这套新拳法传给了严咏春，由此成就了日后风靡全球的"咏春拳"。

作为白鹤拳的故乡，五里街人一直保留着习武的传统，这里人人都习武，家家有拳师，小小的古镇也就形成了"卷起裤管种田，挽起袖子练拳"的独特乡风。这也使得侠义精神浸润在这方水土中，人们不仅习得强身健体的功夫，也将为国为民侠之大者的气魄胸怀展现得淋漓尽致。

行侠义：藤牌兵抵抗外侮

百年来，崇武尚义的五里街镇一直以社会安定、民风淳良享誉四方。生活在这里的人们闲时为农，安享田园生活的宁静与惬意。但是每当国家社会陷于危难之际，五里街人义不辞难，为社会除暴安良，为保家卫国立下自己的功劳。对于他们而言，急人之难是侠士的本分，救国之困才是英雄本色。

17世纪50年代，沙俄军队侵占黑龙江重镇雅克萨，烧杀劫掠无恶不作。面对侵略者的步步紧逼，清政府被迫展开自卫反击。然而要在黑龙江地区作战，就必须组织一支能够适应水陆两地环境、具有灵活攻防转换能力的军队。这时方七娘年近70岁的徒弟林兴珠临危受命、挺身而出，他迅速组建了一支主要由五里街镇白鹤拳师500人组成的队伍，远征雅克萨。

为了让这些勇士们在战场上能够有效抗击敌人，当地父老在临行前利用闽南山区盛产的野藤条，为他们制作出了既防刀箭亦可渡水的藤牌兵器。500藤牌兵手持家乡父老为他们赶制的神兵利器，急行4000多公里奔赴雅克萨。当他们抵达

■ 签订中俄《尼布楚条约》

时，战斗已经打响。由于沙俄军队在城门前设有大炮，无法正面攻击。林兴珠就命令大家绕到城后，由水路发起进攻。5月的黑龙江依旧冰寒刺骨，但他们毫不犹豫地裸身跳入冰水，把藤牌顶在头上，举起大刀向敌人发起猛烈攻击。他们秉承挺身救国、仁义为民的精神气概，与敌人经过四天四夜的激战，最终大获全胜，为收复雅克萨立下了赫赫战功。

这次自卫反击战的胜利，沉重地打击了沙俄侵略者的嚣张气焰，维护了中国领土主权的完整，也直接促成了中国历史上第一个平等条约中俄《尼布楚条约》的签订。自此之后，福建藤牌兵的赫赫威名也和雅克萨保卫战一起被载入史册，成为后世传颂的对象。

义不辞难，从来都是五里街人的处世准则。从方七娘"路见不平、拔刀相助"的小义，到白鹤拳师"顽强斗争、抵抗外侮"的大义，五里街人始终把"义"字留存在心中，世代相传。在此后的岁月里，他们带着家乡的烙印下南洋闯五洲，在更广阔的天地中施展拳脚，大显身手。

重信义：丰记侨批局承担战乱损失

在下南洋的鼎盛时期，曾流传着"无永不开市""一桌永春人半个吉隆坡"的说法，形象表明了永春的华侨多，财力大，而永春的商贸就始于五里街镇。几百年的历史中，从五里街走出去的华侨足迹遍及世界五大洲 47 个国家和地区，人数多达 130 多万。这里之所以能够缔造出这样的商业神话，秘诀全在四个字里——"义为利先"。

在当时，"银信合一"的侨批局是华侨向家人报平安的纽带，寄托赡养父母妻儿的义务，传达对家乡和亲人的深深思念。五里街曾有几十家侨批局，处在老街街尾的丰记侨批局是规模最大的一家。据

■ 侨批

统计，1938 年永春全县侨汇 370 万银圆，丰记经手的就有 90 万银圆，占永春县近 1/4。

1942 年，日军悍然发动太平洋战争，东南亚各国陷入战乱之中。福

建永春丰记侨批局在马来西亚、新加坡、菲律宾、印度尼西亚、缅甸等国的机构纷纷被毁，大量侨批单据失踪不见，损失惨重。

丰记侨批局的老板孙辉显在南洋打拼多年，深知华侨们漂泊在外的艰辛。抗战胜利后为了不负同胞的信任，他决定哪怕是砸锅卖铁，倾家荡产也不能让侨亲侨眷失望，要以一己之力担负起战争造成的损失。但战乱过后，物是人非，当年的雇员和寄批人大多都已过世或联系不上。伙计每到一地，先发出通告，再一一寻找。一封的侨批往往要经过六七次的奔走核对，才能确认。所有消息汇总后，孙辉显又动用上海、厦门、泉州几个分点的雇员和送批员，多方寻找收款人。然而，有的收款人因为战乱早已搬离原住址，有的则已过世，需要再寻家人。历经数年，几经艰辛，丰记侨批局才把因战争损失的十多万元侨汇全部兑付。

"义为利先"是五里街人无论走到哪里都坚守的做人原则。对同乡，他们相互关照，重情有义；对顾客，他们重信守诺，童叟无欺；对同行，他们追求公平正义，从不恶性竞争；在祖国遭受困难、同胞遇到欺辱之时，他们又总在第一时间伸出援手。他们承袭了源自家乡的信义文化，使他们无论是在海外还是在全中国，都闯出了名声，收获了口碑。

行善义：林章龙助华侨寻根问祖

林章龙是五里街镇上一家摩托车维修店的店主。多年前，他随父亲从海外归国定居，为了寻找到曾祖父的安葬之所，他手抄了25本林氏族谱，因此对林氏脉络有着清晰的了解。他明白下南洋人们的不易与艰辛，深知找到祖籍对他们的重大意义。

■ 林章龙帮忙寻根

一页一页地翻找

于是，林章龙有如身负使命，在开店之余一直帮助其他的林氏宗亲义务寻根。

2013 年，80 多岁的马来西亚华侨林景山先生听说林章龙对林氏族谱很有研究，想通过他找回自己遍寻两年都未寻到的祖籍地，他手中唯一的线索就是爷爷林金水曾在五里街镇的埔头村居住过。当林景山先生找到他后，林章龙立即开始查找线索。经过一番比对，林章龙找到了一位仍在世的 70 余岁的老人林金水，但林景山先生要找的是一位一百余岁的老人。这个结果让老华侨很是失望，林章龙心里也不是滋味。寻亲是许多海外华侨多年的心愿，一旦放弃，便遗憾终生。为了能尽早帮助这位老华侨找到亲人，林章龙干脆关上了店门，一门心思地开始重新研究族谱。刚开始，妻子不理解他的做法，但林章龙用自己当年寻根也得到了他人无私帮助的经历说服了她。对他来说，钱可以晚些再赚，能让亲人尽早相聚才是重中之重。

经过多日不眠不休地查找，他终于发现了一个线索：隔壁介福乡福东村的林氏祖先，在数百年前与五里街镇埔头村的林氏祖先是兄弟，这个消息让他激动万分。于是他迅速赶到福东村，就立即借来族谱翻找比对，终于在族谱上找到了老华侨的祖父。

十多年间，林章龙已经帮助 20 多位林氏宗亲成功寻根，在这期间他从未收取过任何费用。他将心比心，帮助华侨寻根问祖；尽己所能，对邻里乡亲守望相助；行善积德，将善义在五里街发扬光大。今天的古镇人，他们也像林章龙一样，用一个个善行义举温暖着这片世代生活的土地。

承正义：辜克锋、林荣澄显家乡风骨

对于古镇人来说，所做之事不在利益大小，而在正义与否。数百年间，尚义之风早已成为这座闽南小镇的独特气质，滋养着一代代五里街人。他们既以拳脚功夫延续着先祖强健的体魄，又以侠骨柔情传承着家乡的风骨。

26 岁的辜克锋是镇里一家理发店的小老板。每周，他都会在当地筹备的爱心活动中为老人们免费修剪头发。原来，辜克锋听说一名理发师在给一位瘫痪在床的老人上门理发后，按照市场价收取了 50 元的费用。在他看来，50 元的价格虽然不高，但是对于经济不太宽裕的独居老人来说就比较困难了。于是，辜克锋和妻子决定，为镇里年过 70 岁的老人提供免费理发服务。另外，为了方便镇里一些腿脚不便的老人，辜克锋把老人的住址、电话等信息都记录下来，挨个上门服务。

61 岁的林荣澄是一名海洋专家。他的祖父林宝山，是当年名震一时的白鹤拳师。小时候，林荣澄就喜欢跟在祖父身旁舞刀弄棒，因此也打下了很好的武术功底。在他的印象中，最为人称道的不是祖父的功夫，而是他的侠义心肠。父辈们的言行举止深深地影响着林荣澄，成为他效仿的榜样。2015 年，林荣澄随雪龙号到南极考察，在穿越西风带时，遇到大风浪，船体颠簸得很厉害。一个年轻队员站不稳，突然摔倒在地。在那时，一个大型滚筒朝年轻队员滚了过来，林荣澄不顾个人安危，凭借自己的武术功底，一把将队友拽到一边。

无论是过去还是现在，五里街人始终把"义"字放在心中。对他们来说，民族危亡时"挺身而出"是义，同胞有难时"拔刀相助"是义，

■ 崇德尚武之风盛行

月儿圆了就想家

关爱相邻、体贴他人也是义。如今的五里街依然保持着旧时的格局，一条长街呈丁字形分布，两边深浅不一的小巷四通八达，沿街的老民居和老铺子还是传统式样。闲暇时分，咯摊上三五亲友围锅而坐，氤氲热气里充满了浓浓的温情。路边的布袋戏演出中，人们入耳入心的是古时仁义之士的传奇故事，自然而然地就把这份侠义精神融进了血脉中。

五里街不长，却足以测量世道人心；五里街不大，却足够滋养浩然正气。终然繁华不复往昔，但先人留存下来的侠者风范，却始终在斑驳的骑楼里扎根，在潺潺的桃溪水中流淌，化作这座千年古镇最深厚的文化底蕴，与众不同，气韵十足。

编　导：王晓宇　主持人：杨　阳
撰稿人：肖　扬　指导撰稿：韩晓芳

新市镇

实干
方能成事

　　"人家两岸柳荫边，出得门来便入船"，位于浙江省德清县的新市镇，溪塘纵横、古桥林立、水街相依、宅弄深远，是典型的江南水乡古镇。临河而建、傍桥而市的新市镇，地处杭嘉湖平原、长三角腹地，东望上海、南靠杭州、北连太湖、西接莫干山山麓，申嘉湖杭高速、京杭运河穿境而过，宣杭铁路、杭宁高速相伴于侧，自古就是浙北地区的商贸重镇与文化名镇。

■ 新市全景

新市镇古称仙潭，自晋永嘉二年（308年）建镇以来，小镇已走过1700多个春秋。从北宋设新市坊开始，小镇商贾云集、物阜人丰。隋唐以后，京杭大运河开通，新市镇成为重要的商品集散地。自此，"比屋傍河开市肆，疏苗盈野间桑麻"，新市的商贸文化，尤其是丝绸贸易，辐射到了日本、南洋等地。晚清至抗战前夕，小镇市井繁华，有四车八当三坊，四栅店铺林立，故有"千年小上海，江南百老汇"之称。如今，新市依托京杭运河，正着力打造临港物流产业带，大力发展现代物流业。

在悠久的历史长河里，水乡走出无数务实进取、实业兴邦的有识之士。晋镇国大将军朱泗、南宋水利专家吴潜、中国纺织先驱童润夫、中国电机之父钟兆琳、中国第一家证券交易所创办者俞寰澄，都曾喝着市河水长大。踏实做事，是传承，也是信念，当地人所秉承的先人风骨，已随着辛劳的汗水，渗透到了古镇的每一寸土地，也渗透进了每一个新市人的心田。

朱泗治水，泽被桑梓

"知之非艰，行之唯难"，新市人始终明白，只有做到不畏艰难、脚踏实地，才能创造属于自己的幸福生活。

1700多年前，新市镇还是个名叫仙潭的小村落。因处于水乡湿地，地势低洼，这里每逢暴雨便洪涝成灾，久不下雨又干旱连绵，当地人备受困扰。西晋年间，这里遭遇了一场罕见的旱灾，数月无雨，河床几近干涸，百姓苦不堪言。为了维持生活，人们只能从几里外的洋溪取水，一去一回，每次都耗时耗力。

当时一个名叫朱泗（279—322年）的年轻人，看着眼前的困境焦急不已，他每天徒步数次往返洋溪，悉心研究解决之策。前思后想，朱泗产生了一个大胆的念头："远运洋漾之水，以纾民力"，即把洋溪水引过来，以缓解大家的用水困境。于是，他花了几年工夫拟定了引水方案。在当时，挖河引水是一项庞大的工程，费时费力，因而人们对他的提议各执一词。看着那些退缩的人，朱泗劝说道："忍只是一时之法，要想解决长久之困，必须从根本改变。"在朱泗的坚持下，乡亲们最终同意一起参与河道的疏浚工程。人们用了两年时间，在一片滩涂和沼泽地中挖出1000多米长的河道，并在河道两岸砌起石堤。自此，当地旱涝灾害不断减少，吸引了周边人们前来定居。

晋永嘉二年（308年），陆市淫雨一月，洪水大发，几近淹没，那里的人们艰难跋涉数十里后来到这里，决定在这片水路环绕、舟楫通利之地留下来，开拓新的家园。为了纪念曾经居住的"陆市"，也为了寄托对新生活的期待，人们把这里更名为"新市"。在新土地上开基立业并非易事，家族长辈定下"勤业务实"的家规，告诫后世子孙无论做何事都要勤奋踏实。

岁月变迁，一条河道见证了古镇的沧桑变化。无论时代怎样变换，新市人面对困境的选择从未改变，祖辈"实干才能成事"的精神，也悄然地注入了后人的心间。

吴潜：兴修水利，惠泽万民

数百年间，新市人兢兢业业耕耘在水乡阡陌间，勤勉肯干、处乱不惊，他们坚信，一切困难都有迎刃而解的方式。中华最早的抗倭英雄、中国最早的水利专家、济时忧国的状元词人吴潜（1195—1262年），就出生在新市。长期受家乡文化熏陶，吴潜从小就有一腔抱负，立志为国为民做些实实在在的事，由他发明的刻有三条测水线的石碑，是中国最早的水文监测站。

开庆元年（1259年）秋，阴雨绵绵，河道水势不断上涨，当地人称之为"秋潦"。按惯例，时任浙东制置使的吴潜需根据保正上报的水情，控制各地水闸开闭，以防范水患。由于他管辖范围较大，四乡地保前来传达消息，有的距离衙门将近一百公里，走路需要一天时间。提前放闸会浪费水资源，而延迟泄放又可能造成水灾，难以控制的水情使他坐立难安。于是，他决定亲自去实地勘察，以寻找治水良策。很多人不太理解吴潜的行为，劝他说："既然每日都有水情上报，身为官老爷，何必亲自跑去城外。"吴潜听后勃然变色，反驳道："干等着不做事，一旦开闸晚了，父老乡亲的命就会白白葬送。"

实地调查果然有了成效，吴潜急中生智，命人在城内水中立下一块石碑，在石碑上先刻两条线，一条为开闸放水的警戒线，另一条为关闸闭水的标准线，并在两线之间加刻一条虚线，以示正常水位。从此，首席官员不必再等四乡地保，可凭这三条线裁决水闸的开闭。一心为民的吴潜，凭借实干精神，完成了中国水利史上一次重大的突破，这块石碑成为中国最早的水文监测站。吴潜为官 40 余年，将这一方法在江苏、浙江、福建、广东等地推广开来，帮助无数百姓免于水患之苦。

吴潜离世后，新市人把他住过的地方更名为吴家园，将他走过的石桥称作状元桥，以此来传颂他的功德。"博学而不穷，笃行而不倦，言有物而行有恒"，前人的言行慢慢积淀为新市深厚的文化土壤。

■ 状元桥

童润夫：潜心织造，实业救国

水乡的历史犹如一本厚重的书籍，先辈的实干精神早已铭刻在新市人的内心深处。在新市成长的童润夫（1896—1974 年），凭借勤学爱国、崇实为民的精神，多次挽救中国纺织业于水火之中，是中国近代民族纺织工业先驱，也是爱国纺织科技专家。

■ 童润夫旧照

明清时期，伴随着运河贸易的快速发展，小镇商业迎来了鼎盛时期，街巷集市客商云集，舟楫往来不舍昼夜。其时，湖丝市场前景广阔，镇上家家户户植桑养蚕。剥茧、抽丝、拉棉、织绸，在古镇人的辛勤劳作下，一颗颗蚕茧变成一件件精美的织品，把江南小镇编织得秀美富足。

然而，到了清朝末年，随着西方工业革命的兴起，中国传统纺织业备受排挤，镇上蚕丝积压成山，居民的生活捉襟见肘。童润夫睹之心痛，决心远渡重洋，学习纺织技能，以帮助乡民摆脱困境，振兴民族纺织工业。背井离乡的求学生涯里，童润夫从课本中学到了许多先进的纺织技术，但他深知仅有理论知识远远不够，必须亲身体验纺织的每个环节，才能真止做到学以致用。1921 年，童润夫毕业回国后，凭借扎实的理论基础，应聘于上海日商大康纱厂。出生于书香门第的他，不问薪资，一心向学，选择最基层的助理工程师来做，在各个生产车间做着最辛苦的工作。他始终明白，振兴实业必须深入实际，只有当了助理工程师，才有可能熟识纱厂各个部门的生产技能与运作机制。在纱厂工作期间，童润夫虚心求教、心记手动，最终编译出版了《纺织标准工作法》一书，并编成通俗讲义，在国内各家纱厂中推行开来。自那以后，民族资本的纱厂从 1913 年的年产 50 万锭，增加到 1922 年的 150 万锭，布机由 2000 台增长到 6700 台。1934 年，童润夫代表棉业统制委员会，多次与中央研究院院长蔡元培进行洽谈，最终集双方力量，于 1935 年合作建成中国最早的纺织科研机构——棉纺织染实验馆，开始科研实验工作。

抗日战争爆发前，日本处心积虑想要打垮中国的棉纱业，众多纱厂岌岌可危。1935 年，在日本帝国主义的掠夺控制下，天津作为中国北方近代棉纺织业的中心，其六大纱厂中已有四座被日资购买，留存的恒源纱厂与北洋纱厂也负债累累，日商欲以低价吞并。为挽救民族纺织工业不被强占，在童润夫的号召下，许多有识之士站了出来，纷纷出钱出力，从而保全了北洋、恒源两座纱厂，击败了日商的收购企图，为中国民族纺织业保留了发展根基。恒源纱厂于 1954 年更名为恒源纺织厂，成为全国第一批实行公私合营的试点企业之一。北洋纱厂一直经营到 1949 年天津解放，后更名为国营天津第六棉纺织厂。

童润夫的一生都倾注在纺织工业上，他勤学钻研、网罗人才、发展教育，直到晚年仍参与纺织科技的翻译工作，贡献余热。撸起袖子加油干，实干精神是一脉相承的，童润夫的事迹深深影响着一代代新市人。

沈梦诗：借力电商，连接"网上丝绸之路"

"鱼米乡，水成网，两岸青青万株桑"，如今的新市镇已成为江南有名的丝绸之乡，当地生产的丝巾远销海外，而这一切，全凭新市人骨子里实干求变的拼劲儿。

时代滚滚向前，随着商品经济的迅速发展，传统丝绸业亟待变革与创新。为了振兴古镇丝绸业，许多年轻人纷纷回到家乡，寻找新的发展机遇，沈梦诗就是其中一员。在经营实体店铺期间，沈梦诗提出想在自家实体店的基础上开设网店，以冲破销售地域的限制。常年经营丝绸店的母亲，比女儿多了些顾虑，她认为丝织品售卖时，顾客向来都要求看得见、摸得着，感受到品质的好坏才决定是否购买，而做网店费时费力，还不一定有预期的效果。可沈梦诗坚信，电商是未来商业发展的趋势，应该把握时机，勇于尝试。经过耐心劝说后，她终于征得母亲同意，开设了自己的第一家网店。让她倍感惊喜的是，开店第一天，就接到了 20 个订单。仅一年时间，她把新市的丝织品卖到了北京、上海、云南、黑龙江等地，销量翻了几番。而后，沈梦诗借助微博、微信等社交平台进行推广，进一步提升了小店的知名度，很多人到了新市后，都会慕名而来。

■ 沈梦诗的丝绸品网店

期间，母亲打算将实体店里闲置空间改造成茶室，以增加小店收入。而这时，沈梦诗又有了新的想法，在与母亲协商后，她把这块区域改造成了工作室，用来陈列新市各个时期的丝绸作品，旨在让更多人了解新市的丝绸文化和历史。沈梦诗始终相信，只要自己脚踏实地、务实进取，小店的将来一定充满希望。

创新是实干的重要体现，从手工养蚕到电商贸易，古老的丝绸行业传袭千年，新市人用他们的实干精神，为这门老手艺注入源源活力，使之在变革中不断前行。

天色初亮，弥漫在水乡河道上的浓雾还未散去，新市人又开始忙碌起来，集市小店陆续开门，镇上炊烟袅袅升起。郁郁葱葱的绿树掩映着穿街小桥，往返舟楫伴随着两岸笑语。在这个千年古镇，每个新市人都不会停下前进的脚步，时刻用勤劳的双手耕耘着幸福的生活。踏实做事，实在做人，是根植在新市人血脉中的文化基因。如今，社会发展日新月异，生活节奏不断加快，但是祖辈留下来的这份生活智慧，却可以让新市人沉下心、踩到地，虽然朴实，却充满力量。

编　导：李　婕　主持人：孟盛楠
撰稿人：王　蓉　指导撰稿：袁文丽

龙兴镇

纾困解难
古道热肠

古人云："蜀道之难，难于上青天"，在猿猱愁攀、陡峰纵横的重庆渝北区东南，坐落着一座古镇。登上奇峰俯瞰，那里老街纵横，老巷斑驳，沧桑的城墙如同一道时空的界线，把它分为新旧两半。城墙间四座城门仁立，收藏着六百年古镇的人文记忆，风风雨雨。乘龙而兴，风雨走廊——"龙兴"，就是它威严而古朴的名字。

明朝初年，官府在铁山与明月山之间初设驿站，名为"隆兴"。自那时起，岁月似能工巧匠般对古镇精雕细琢，留下痕迹：商贾往来间，人潮熙攘，车影斑驳；白墙青瓦街，墙角西窗，巷陌寻常。古镇因商而

■ 龙兴古镇

起，龙兴人打开大门做生意，诚心诚意，热情好客。无论是谁来到这里，只要遇到困难，古镇居民都会伸出援助之手，也由此成就了龙兴人古道热肠的美名。

娄老大从善方得"第一楼"

永乐年间，"隆兴"驿站刚刚设立，随着过往商旅逐渐增多，附近的乡民也开始向驿站聚集，靠着为旅客提供补给和服务来谋生。于是，在距离驿站不远的地方，出现了一座诉愿祈福的小庙，"第一楼"的故事就发生在这座小庙里。

那是一个冬日的下午，集市散场后的隆兴逐渐人静声息。一位娄姓猎户卖完山货回家，从驿站出来，就看到一位僧人跨越田垄，仓皇而来，远处有几个舞刀的黑衣蒙面人正在追赶他。娄猎户猜想这名孤身的僧人可能是被盗贼追杀，便不假思索地领着僧人向小庙里跑去，并将他藏在庙里的墙洞内。由于情况危急，娄猎户来不及与僧人多说，只为他遮挡一番后便离开了。第二天，躲过一劫的僧人向庙里的住持打听，才知道为自己引路的救命恩人是十里之外的猎户娄家老大。僧人请求和尚代为转达感激之情，并留下一个银袋，之后就悄然离去。三天后，娄老大见到银袋，觉得自己不过是在僧人急难之际伸出援手，从没想过对方的回报，但受人之托的住持却执意将银袋留下。娄老大回家和母亲商量，母亲建议他和两个弟弟用这笔钱建一个栈房，让过往的客商、下力的力夫有个住处。之后短短两年，娄氏三兄弟就在小庙旁建起了一栋两层楼的栈房，名为"第一娄"。

作为隆兴的第一家客栈，"第一娄"为小镇带来了新气象，在此驻足停留的客商越来越多，贸易往来越来越频繁和密集，一座大型的集镇初具规模。一年后，那座小庙又收到了被救僧人捐赠的一大笔香油钱。有人传说，那位僧人就是被朱棣赶下皇位、逃亡巴蜀的建文帝朱允炆。于是，小庙因皇帝到此躲藏而更名为"龙藏寺"，"隆兴场"也改名为"龙兴场"。此后的数百年中，"第一娄"渐渐成为龙兴的标志，逐步积累起来的善行，形成了龙兴的一种乡风，小而至于乐于助人，大而至于解民倒悬，却都是在解人之困、济人之难，这也成了龙兴人做人做事的传统。

■ 六百年"第一楼"

兴旺的"第一娄"福荫了娄氏十五代子孙，旧址虽已毁于一场火灾，但清代的一位杨姓乡贤在原址予以重修，并更名"第一楼"，正所谓形虽灭、神犹在，如今，在人们上下楼的必经之处，仍能看到重修时题写的一块匾额——"承先启后"，这四个大字闪耀至今，也把娄氏兄弟纾困解难的精神不断传扬。"第一楼"旁的龙藏寺恬静自在，寺内残旧的墙壁上，被救僧人当年题写的诗痕似乎还依稀可辨："苍天灭我无缘由，削（靴）发躲藏无处投；昨日险成刀下鬼，留银谢恩第一娄。"

刘登吉幡然醒悟戒后人

岁月悠悠，古老的石板长街上，演绎着无数的悲欢离合、荣辱兴衰。但始终不变的是古镇人家济人危难、解人困苦的传统。在古镇人心里，纾困解难可以让家业兴旺，富贵后滋长恶行却会让人身败名裂。

道光年间，一位名叫刘登吉的年轻货郎，经常走村串寨叫卖货物。有一天，他遇到一位老人摔倒在石坎下，人已经昏迷，刘登吉毫不犹豫地施以援手。事后，被救的老人拿出百两纹银重谢这位好心的年轻人。刘登吉以此起家，短短十几年间，就从货郎变成了棉纱行业的大老板。在龙兴场镇的中心建起了一座三开五进、占地三亩的大宅院，成为当地首富。然而，在财富不断积累的同时，刘登吉的贪念也开始肆意增长。

已经坐拥万贯家财的刘登吉不满足于所拥有的财富，想进一步扩张自己的土地，但他也很清楚，周围的土地大多已经有了主人。刘登吉又不愿花钱购买别人的土地，于是亲家尹道明替他想了一个主意。心有贪念的刘登吉听从了亲家的建议，于是，每天晚上，刘登吉都会安排人把他们和其他家族之间的土地界碑往别人家的方向挪动一尺，再用旧土还原，慢慢地侵占了不少土地。本以为这件事做得神不知鬼不觉，没想到一个月后，刘登吉让界碑长脚的事情被其他家族发现，心头气愤的人们找刘登吉理论，刘登吉却翻脸不认账，对方忍无可忍，把刘登吉告到了官府。即便被告到官府，刘登吉还觉得自己有的是钱，没有理也能打赢官司。但是公道自在人心，经过长达3年的诉讼，刘登吉最终输了官司，他辛苦积攒了30多年的财富，全部都用于官司诉讼和赔偿中，就连那座三开五进的大宅院也不得不变卖，最终落得一贫如洗，众叛亲离，孤独终老。

如今的刘家老宅中，悬挂着一副对联"读圣贤书明体达用，行仁义事致远经方"，这是刘登吉晚年幡然醒悟时所写，以此告诫后人：纾困解难可以让家业兴旺，富贵后滋长恶行却会让人身败名裂。刘登吉这个曾经热心的年轻货郎，最终因为贪念自食恶果，他的故事从此成为一代代龙兴人立身处世的一把戒尺。

李石匠不图回报挖井救急

在龙兴古镇城墙脚下，坝子左右及中间各有一口井，呈"品"字形分布，自水井挖好100多年来，井水一如当年的清澈甘甜，经年不息地滋养着这一方水土和一代代龙兴人。而这三口井不仅流淌着古镇人赖以生存的生命之水，还流传着一个不图回报、纾困解难的挖井故事，伴随着龙兴走过了悠长的岁月。

清咸丰年间，重庆遭遇百年不遇的大旱，龙兴古镇最大的一口水井也断水干枯了，居民和过往商旅无水可用，只能到十里之外的御临河取水。由于水井无水可用，取水又路远不便，古镇渐渐难以为继，甚至古镇人的生存也面临威胁，一位李姓石匠为此夜夜苦思对策。李石匠是龙兴镇最有名的石匠，常年济人危难、解人困苦，他不忍心看着乡邻们为水所困，寻找水源成了压在他心头的一块石头。

天无绝人之路。一天早上，李石匠的妻子早起做饭，在院里抱柴火时不小心摔了一跤，李石匠发现妻子摔倒的地方有湿滑的青苔，觉得青苔之下应该有水，他马上就动手挖，挖到3尺深的时候，一股泉水忽地涌出。李石匠又从镇子外运来青石，用了10天的时间，凿砌出一口水井。这口井不仅解决了李石匠自家的用水困难，他还免费提供给街坊邻居。但一口井的水量毕竟有限，李石匠决定去寻找更多水源。凭着经验，他觉得同一股泉水的水脉有可能在其他地方显露出来，于是他走遍了龙兴场每个角落，终于在这口井的左右两边各发现一处湿润的地方。在妻子的协助下，李石匠仅用了不到两个月的时间，先后挖掘、砌筑了三口水井，形成了"品"字形的水井布局，解决了全镇人缺水的燃眉之急。有人劝他，你出钱出力挖了三口井，是全镇人的救命恩人，收些钱也不过分。李石匠却始终没有这样做，他说泉水是苍天赐给龙兴百姓的，不是自己一个人的功劳，而是自己作为龙兴人的责任。

■ 吃水不忘挖井人

直道君心美，日夜东流水。不图回报的一个善举，福泽了无数后人。古镇人家饮水思源，感念李石匠夫妇的恩德，当他们年老体弱的时候，街坊邻居们都争相前来照应。在众人的关爱和照料下，李石匠得享高寿九十九，妻子寿高八十八。正是因为众多李石匠这样淳朴厚道的龙兴人不计得失、诚心助人，身体力行龙兴人的责任，才使纾困解难的精神成为龙兴人的自觉和担当。

古镇温情催就慕义乡风

龙兴仿若一座散落烟火人间的古镇，看尽了世间风云、百态人生，也汇聚着亲情乡情、责任与担当。龙兴人传承着先辈的古道热肠，他们浓浓的温情催就了感人的慕义乡风。

2007年5月23日上午，正值晴好的春耕时节，龙兴镇外大岭坡的田地间一派繁忙。村民王兴云突然听见有人在高声呼救，王兴云循着叫声赶到在田坎边的一处水井旁，村民徐贵会焦急地告诉王兴云，井下有两个人被淹。原来一位村民在抽水灌田时，因为水泵突然熄火，于是就下井检查，却因井内充满了水泵排放的废气而窒息晕倒。只是当时井外的人并不知道井内的危险，都以为是不慎溺水了。

当有人遇到危难时，龙兴人绝不会袖手旁观。在王兴云之前，已经有一位闻讯赶来的村民下井去救助，却也很快就看不到踪影了。不熟水性的徐贵会急忙大声呼救。匆匆赶到现场的王兴云二话没说，马上顺着梯子就下井救人，当他到达井底时，捞了几下也没摸到人，却发现自己的呼吸出问题了，这才意识到事故不是溺水那么简单。他赶紧爬了几步，抬手刚举到井口，就被围在井口的几个村民拉了出来，这时的王兴云已经人事不省了。水泵事故让龙兴人失去了两位乡邻，但面对未知的险情，他们不顾安危，奋勇救人的故事却深深地铭刻在了每一个人的心中。经历了生死考验的王兴云从不后悔下井救人，他说："看到别人有困难，不管一切都要去帮助。"

外面的世界日新月异，龙兴人的生活方式也在悄然改变，但如今的龙兴古镇依旧古朴宁静，因为这里的人骨子里坚强而温柔，他们如巍峨峰峦，撑起了龙兴的脊梁。

鄢光菊曾是龙兴镇大岭村小学的代课老师。1992年，20岁的鄢光菊本该享受桃李年华的美好，却不得不面对命运的沉重打击。因身患骨瘤，鄢光菊被截掉了左上肢，她开始了单手的生活，一只手洗衣，一只手锄地，她尝遍了各种常人难以忍受的痛苦。看到这样的情景，村里的长辈们着急了，他们互相传递着消息："大家要帮帮光菊姑娘。"从此，鄢光菊不再是一个人、一只手。多年以来，街坊邻居们仿佛有了一种默契，大家每天都会轮流到鄢光菊家里，陪她说说话、拉拉家常，为她舒缓一下病痛带来的压力，顺便也帮她干些家务、做做农活。在大家的温情陪伴下，鄢光菊的脸上慢慢恢复了笑容。不久后，她与同村的小伙子张六明恋爱结婚，并在镇里开了一家小商店，婚后还添了个可爱的孩子。

鄢光菊的生活渐渐有了幸福的滋味，可让所有人都没想到的是，苦难再次降临，给这个家庭带来了更大的磨难。2011 年 4 月，鄢光菊的丈夫张六明因尿毒症导致右眼失明，几乎完全丧失劳动能力。仅仅一个月后，她的公公也因家中遭遇巨变，突发脑出血导致全身瘫痪。鄢光菊的天塌了，两个没有劳动力的病人、一个正在读书的孩子、一位年迈的婆婆，一家老小衣食住行的担子全部落在了鄢光菊柔弱而残缺的臂膀上。

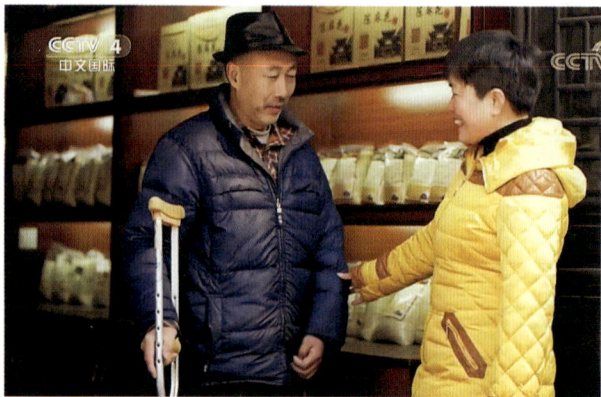
■ 工作中的鄢光菊（右）

龙兴镇的乡邻为鄢光菊焦虑和担心，为了不让这个多灾多难的家庭被击垮，他们一如既往，抽出时间轮流为鄢光菊看守店铺、照顾病人，购物时也会首先选择鄢光菊的小店，照顾她的生意。住得较远的乡邻，会专门绕远路到她店里买东西。点点星光照亮了光菊漆黑如夜的生活，细微的善行义举为她搭起了一座通向希望的桥梁。镇政府为鄢光菊申请了困难家庭救助资金，又协调免除了她的儿子上学的费用。在古镇人的关心和陪伴下，鄢光菊的公公和丈夫的病情日趋稳定，一家人终于渡过了最困难的时期。

2015 年，鄢光菊主动申请到残疾人综合服务中心工作，还担任龙兴镇"好家庭·好家教·好家风"主题教育宣讲员。她忙前忙后，不断结识朋友，用自己的故事激励那些身处困境的人们，播撒着对生活的热爱和感恩。鄢光菊觉得能帮助人是一件快乐的事情，她为自己能帮助别人

■ 热闹的座唱会

而自豪。就这样，由你到我，由我到他，浓浓的乡情在古镇的街巷中不断传递，温暖着人心，也照亮了未来。

转眼又一个小年到了，龙兴古镇早早就热闹起来。铿锵的锣鼓声像一张无形的请柬，穿透薄雾，传向大大小小的街巷。在这一天举办川剧座唱会，是龙兴的传统。每当锣鼓声响起，镇上各家各户的当家人都会放下手中的活计，赶到回龙桥外的坝坝茶馆。听戏之余，闲话半日，把困难和烦恼拿出来跟街坊邻居们说一说，大家坐在一起商量个办法，天大的难事都能得以纾解。古镇人信守"事不过年"的古语，川剧座唱会不仅是他们问候交流的媒介，更是他们解决困难的平台，这样的传统在古镇中已经延续了数百年，已经成为龙兴人最温暖的家乡记忆。

如今的龙兴，经历了 600 年的沧桑巨变，又将天地一展。随着重庆市两江新区的建立，这座巴渝古镇正在与现代都市与高科技产业园快速接轨，逐步转变为以旅游服务为主营的现代都市后花园。但无论时代如何发展，龙兴人纾困解难的精神却从未改变，它永远是古镇人心中最温馨、最坚实的精神家园。

编　导：刘占国　主持人：王　静
撰稿人：周里昂　指导撰稿：袁文丽

东浦镇

黄酒故里
刚柔并济

　　"越酒闻天下，东浦酒最佳。"被称为"黄酒小镇"的东浦，隶属于浙江省绍兴市越城区，位于长江三角洲南翼，西接中国轻纺城，东临镜湖国家城市湿地公园。东浦镇历史悠久，早在东晋末年就有聚落，宋代时已是中国酿酒业的中心，"东浦十里闻酒香"描绘的正是当时的繁荣景象。东浦在鉴湖之北，为水乡泽国，据乾隆《绍兴府志·水利志》载"积水之区，小者为浦"，因系地势低洼之处，又位于原山阴县东北，故名东浦。

■ 秀美婉约的东浦镇

东浦黄酒飘香，水脉阡陌，古桥如织，素有"酒乡""水乡""桥乡"之称。小镇地势平坦，河道纵横，人们大多临河而居。户户有廊檐相连，粉墙黛瓦，错落有致，较好地保留了明清时期江南水乡的古朴风貌。东浦镇境内桥梁遍布，形态各异的古今桥梁共有 216 座，有的气势磅礴，有的小巧玲珑，有的桥还与酒有关。在古镇老街河的西端有座石拱桥，名为"新桥"，实为古桥，桥上刻有"浦北中心为酒国，桥西出口是鹅池"的对联。相传，用鹅池的水酿成的酒，甘甜醇香，故该桥又名"酒桥"。

古镇虽依然保持着白墙青瓦的江南格调，但内里却有着北方的沉稳和大气。入眼的是石头铺成的路、石头筑成的桥，就连小镇中的人也多了一种粗犷豪迈的气质。

越王勾践箪醪劳师

在当地人心中，穿镇而过的鉴湖水乃是"福水"，它不仅成就了东浦黄酒的千古美名，更造就了东浦人那如酒一般外柔内刚的性情。

相传，春秋时期吴国与越国交战，越国战败，越王勾践被迫对吴国俯首称臣。勾践被俘后，立志发愤图强，他唯恐自己贪图安逸，消磨了报仇雪耻的志向，便卧薪尝胆，励精图治。就这样，经过十年生聚、十年教训，越国粮库逐渐丰盈，当兵强马壮之际，勾践决心一雪前耻，收复越国失地。

公元前 473 年的冬天，勾践率领 3000 越甲来到一条清澈见底的河边，整装待发之时，当地父老抱着一坛黄酒来为越王践行，预祝越王凯旋。传说这是把越国家家户户所有的存酒集中起来，才好不容易得到的一坛酒。面对此情此景，勾践豪情满怀，他觉得要打败吴国雪耻复国，就必须和士兵同甘共苦。为了激励将士，勾践"跪而受之"，并将那坛来之不易的黄酒举过头顶，倒进河水之中。顿时，水浓如酒，清澈的河面上飘起了醉人的酒香，将士们俯身河畔，迎流共饮。那浓郁芬芳的酒醪，如火一样迅速点燃了将士们同仇敌忾、奋勇杀敌的斗志，3000 越军如滚滚铁流锐不可当，勾践最终兴越灭吴，成就复国大业。从此，人们将那条无名的小河改名为"投醪河"。而投醪河的水，也烙着历史的印迹，带着黄酒的醇香，流进了鉴湖。

直到今天，古镇中还一直流传着"一壶解遣三军醉"的千古美谈。

■ 一壶解遣三军醉

越王勾践如同所有的古越人一般，外表温和却内里刚强，这种刚柔并济的精神，恰与黄酒的气质暗合，两者相互交融便化作了古镇最深厚的文化底蕴，滋养着一代代东浦镇人。

诗人陆游爱国情深

东浦人杰地灵，镇域内的三山地区，乃是南宋爱国诗人陆游的故里。陆游（1125—1210 年），字务观，号放翁，行事不拘礼法，最喜酒中不羁，在晚年诗作《衰疾》中，他发出了"百岁光阴半归酒，一生事业略存诗"的感慨。陆游寿高 85 岁，有 40 多年都是在老家东浦度过。"夜阑卧听风吹雨，铁马冰河入梦来"，是陆游晚年归居东浦的不朽诗句，表达的是诗人老而不衰、矢志不移的爱国豪情。

北宋末年，中原沦陷。战乱中，父亲陆宰带着不到 3 岁的陆游举家南撤，回到老家东浦。年少时的陆游安于琴棋书画的隐士生活，每日饮酒作诗，即景抒情。直到有一天，家中来了一群特殊的客人，他们的到来宛如一坛烈酒入喉，激荡起陆游的满腔豪情。陆游的父亲因主张收复北方失地而被罢免，但即使退隐故乡，仍常有朋友上门拜访，他们都是朝廷的主战派。当中既有文官，也有武将，他们大步流星而来，慷慨激昂而去。陆游常能听到父亲与宾客们的激愤言辞，而岳飞、宗泽、韩世

47岁的陆游被调任陕西汉中西部前线

■ 陆游铜像

忠这些抗金英雄的名字也反复出现在他的耳中。大人们议论国事时痛心疾首的样子，给年少的陆游留下了深刻的印象，也在他的心中播下了爱国的种子。

从此，他的床头案上，除了诗书还增加了兵书。陆游常常读书到深夜，睡一觉又闻鸡起舞。他不再满足于仅仅做一个诗人和酒客，更立志要做一个奋勇杀敌为国捐躯的斗士。公元1172年的春天，47岁的陆游被调任陕西汉中西部前线。他征战沙场，悬利剑、挽长枪，一心报国的志愿刚得实现，却因皇上主和不主战，8个月后，便又被派往成都做了地方小官。岁月的风刀可消磨年华，却无法销蚀陆游对北国的思念。从34岁出仕做官，到65岁致仕为民，30多年间，他辗转南北、奔走东西，虽多次被罢黜贬谪，但燃烧在心里的爱国火焰至死都不曾熄灭。

公元1210年，85岁的陆游在东浦的一间草堂留下最后的绝句："死去元知万事空，但悲不见九州同。王师北定中原日，家祭无忘告乃翁。"这首短小的名篇，凝聚着诗人毕生的心事，蕴含着陆游执着、深沉的爱国激情。在此后的千百年岁月里，陆游发自肺腑的这首《示儿》，感染了难以计数的爱国志士。每当民族危难之际，陆游的爱国诗篇就宛若历久弥香的醇酒，弥散为抗敌御寇、保家卫国的精神力量。

一介书生以身报国

在中国的传统文化中，酒是沟通人与天地的媒介，也是内心无所畏惧的表达。以酒为旗，一代代东浦人酿就了兼济天下的雄心壮志，辛亥革命的先驱徐锡麟便是其中的佼佼者。

清朝末年，徐锡麟出生在东浦镇的一个富裕家庭，其父徐凤鸣秀才出身，当过县吏，是当地颇有声望的士绅。由于从小爱好学习、沉迷读书，徐锡麟很快就成了高度近视。在他考中秀才的第二年，中日甲午战争爆发，中国战败后向日本赔款两亿三千万两白银。看到家国衰败，百姓流离，徐锡麟对软弱无能的清政府深恶痛绝，他认识到，唯有打破封建专制，才是国家民族的出路。这个瘦弱的江南书生从此投笔从戎，苦练功夫，立下了"只解沙场为国死，何须马革裹尸还"的报国志向。

■ 徐锡麟捐躯赴国难

1907年夏天，徐锡麟和同乡秋瑾等人反复商量，计划趁安庆巡警学堂举办毕业典礼之际，刺杀安徽巡抚恩铭，发动浙皖起义。在毕业典礼上，徐锡麟首先向恩铭开枪射击。因为高度近视，他连开7枪都没有击中要害，直到后来一个同党击中恩铭的胸腹，他才肯罢休。由于增援的清兵正在赶来，大家都劝他赶紧离开，可徐锡麟却坚决不同意。激战4小时后，这场仓促组织的起义终因寡不敌众而失败，徐锡麟被捕。第二天，年仅34岁的徐锡麟在安庆抚署门前壮烈牺牲。殉难前，他神态自若地说："功名富贵，非所乐意，今日得此，死亦无憾。"

徐锡麟虽身为一介书生，但却沿袭着古越人外柔内刚的气质，孙中山先生专门为他题写了"丹心一点祭余肉，白骨三年死后香"的挽联，以此彰显他的风骨。徐锡麟以身报国的大无畏精神，激励着一批又一批仁人志士冲锋陷阵，也把东浦人骨子里的刚毅与不屈推向了极致。

八旬老人手绘古镇

八年前，已是古稀之年的沈厚夫被诊断出患有肺癌和结肠癌。躺在病床上，老人睁眼闭眼都是家乡的水桥街市、民生百态。当了一辈子美术老师的他决定拿起画笔，趁自己有生之年，画一幅东浦风情全景图。

心中有了目标，时间就显得格外珍贵。从那以后，沈厚夫把化疗、输液的间隙都利用起来，要么打腹稿，要么画速

■ 沈厚夫还原古镇风貌

写。在经历了四场大手术之后，他的身体非常虚弱，家人和医生都劝他不要那么拼命，可老人却执意坚持着自己的创作。对家乡那份深沉的爱，让这位耄耋老人不再惧怕死亡，也成为他击退病魔的利器。经过 3 年多的努力，一幅以 70 多年前东浦水乡风韵为原型的古镇版 "清明上河图" ——《古镇风情图》创作完成。整个画卷长 15 米，宽 1 米，所绘的 130 余条船和神态各异的 2728 个人物，生动展现了当地人的生活、劳动场面和民俗风情。

一幅幅画作让老人记忆里的一桥一河、一房一瓦、一草一木都活了起来。白墙黛瓦、檐廊古桥，连同那些活灵活现的淳朴乡人，呈现出独特的水乡风景线。2015 年 6 月，东浦镇启动黄酒小镇开发建设工程，在古镇核心区先后投入 5000 余万元，参考沈厚夫的《古镇风情图》，复原小镇传统风貌、改造基础设施。老人说："家乡文化底蕴深厚，能以这种方式留住乡愁，并看到家乡新的建设，是我们对下一代的责任和担当。"

如今的东浦古镇，每到节假日都会举行水上社戏，从而逐渐恢复往昔的老传统。沈厚夫心中所珍藏的古朴风雅也因此从画中走了出来，再度新生。

坚强母亲背女上学

对生活在东浦古镇的人来说，家乡秀美的山水滋养了他们温文尔雅的气质，而一坛坛陈年老酒则赋予了他们坚忍顽强的性格。

■ "最美妈妈"坚持背女上学

赵小艳是东浦镇的一位普通居民，她也曾拥有温馨的家庭，可爱的女儿和疼爱自己的丈夫。可17年前的一次意外，把她的生活彻底打乱了。那天，6岁的女儿依蓓不幸从四楼窗户摔落，经过抢救，虽然保住了性命，但胸部以下失去了知觉，从此再也没能站起来。无情的命运并没有击垮赵小艳，仅仅一天之后，她就决定擦干眼泪，直面这残酷的人生。

为了全心陪伴女儿，赵小艳和丈夫商量后，辞去了工作。虽然生活过得很艰辛，但赵小艳毅然决定"做女儿的腿"，送她上学。她知道，自己可以陪伴女儿一时，却不能陪她一世，越是身有残疾就越要学会自立。抱着这样的想法，她不顾别人的眼光，坚持背着女儿去上学。后来女儿大了，她背不动了，就在车子上安了固定布带，把自己和女儿绑在一起，骑车送她上学。

2013年的一个冬日，下着大雪，赵小艳骑电动车送女儿上学，路上一个打滑，车子侧翻在地，绑在一起的母女俩就被压在车下。当时天还没亮，行人稀少，母女俩就在冰冷的雪地里躺了很久。后来，在一对好心夫妇的帮助下，她们才站了起来。当时，她顾不上处理受伤的腿，迅速带着女儿继续赶路。

6500多个日子，100多万个台阶，每天往返学校七八次，没想到还真的把女儿从小学"背进"了大学。2013年，女儿考上了越秀外国语学院，学习网络编辑。拿到录取通知书的那一刻，她流下了激动的眼泪。对于这位母亲来说，"背女上学"的这条路虽然走得异常艰苦，但每一步都通向了明日的希望和美好。

白墙青瓦的江南建筑，石头铺成的路与桥，外表温和却内里刚强。千年东浦，因酒因人，古镇深厚的文化底蕴，滋养着这方有情有义、有血有肉的水土。在岁月的侵蚀中，斑驳的只有那些古老的屋墙，不灭的却是那份勇猛精劲的遗风。那些沉淀在酒中的壮怀激烈，宛如一条舞动的巨龙，腾空而起，成为华夏儿女不屈的风骨。

编　导：王晓宇　李金燕　主持人：宫柏超
撰稿人：任　婕　指导撰稿：袁文丽

大安镇

助人者
心长安

广西平南县大安镇，地处白沙江与上寺河交汇处，自古交通便利、物丰人和，是广西著名的三大古镇之一。

相传，明朝末年，这里江边曾有一棵巨大的乌桕树，树荫下常有来往的乡民、商客歇脚或交易，热闹非凡，逐渐形成墟集，人们称之为"大乌墟（圩）"。清乾隆年间，小小的"大乌墟"发展成为广西"上接平贵、下通藤容、四方客商云集"的大都会，嘉庆年间大小商号已多达336个，道光年间更一跃成为广西的商贸重镇。西江流域流传的三大古镇"一戎二乌三江口"中"乌"即"大乌圩"，后更名"大安镇"。至今，镇内仍

■ 大安镇全貌

留存以大安桥、粤东会馆、大码头、大王庙（列圣宫）等为代表的古建筑群体，这些保存完好的古建筑群，见证了大安人曾经创造的辉煌。

一 力求心安——乞丐报恩献计修石桥

据史料记载，清道光十五年（1835 年）的《平南县志》最早出现"大安"之名。当时，原本只是墟集的"大乌墟"经过百余年的发展，逐渐扩展成墟镇，来此贸易、赶集的人越来越多。但因处于两江交汇，商客免不了来来回回过河上岸，十分不便，货物、牲畜坠河的事情也时有发生。一位名叫劳千拱的乡绅见此情景，倡议集资建桥，古镇人一致赞同，可是却没人知道桥怎么建、建在哪里。

正在大家为此犯愁之时，一个平日里衣着干净、看似颇有文化的"神秘乞丐"主动提出可以相助。他在江边来来回回走了 3 天，最后建议把石桥建在两江交汇口的岩石上，并运用易经八卦原理，设计出了石桥造型，算出了石料用量。乡民们感激不尽，提出要款待乞丐，但他坚辞不受，依旧像从前一样，每餐只乞讨一碗米粥。乡绅十分不解，就与其攀谈，询问为何主动帮忙却不求回报，乞丐说："来大乌墟两年多了，每顿只要一碗米粥，热心的乡民们都尽力满足，对我十分关照，而且也很尊重我，大安人好，我早下定决心要为大安做一件善事，正巧大家建桥有困难，我又知晓，不帮忙，心不安。"

乡民们按照乞丐的建桥方案，筹资购买了石料，雇了工人开始建桥。一年后，一座长 33 米、宽 3 米的花岗岩石桥竣工落成。当人们欢呼雀跃之际，乞丐早已悄悄离去。后来古镇里的人们打听到，这个神秘的乞丐，其实是广东珠三角一带富甲一方的乡绅，因相信命中有劫，故行乞行善 3 年。乡民觉得石桥是乞丐为了报恩、求得心安帮忙修建的，便把这座桥取名为"大安桥"，建成后的大安石桥成为人们往来两岸的重要通道，为当地的商贸发展带来了极大的便利。如今，经历了近 200 年风雨的"大安桥"，仍然屹立在河上，固若磐石，桥上的道道车痕记录着它昔日的忙碌与功劳。

■ 留存至今的"大安桥"

大安桥建成后，古镇人觉得"大鸟"不及"大安"，"大安"既有"平安"之意，又有"心安"之寓，乡民们希望人人出入平安、安居乐业，也力求做事做人像"神秘乞丐"一样，心安理得、实实在在，便把古镇的名字改为"大安镇"。

二 互助家安——"高义记"救助乡民度灾年

漫步在大安镇的古码头上，足可想象当年熙熙攘攘、帆樯林立的繁盛景象，码头边记录着粤商辉煌的粤东会馆更是雕画精美。粤东会馆是粤商于道光年间共同出资建造的，总面积1072平方米，前后三楹，以石、砖木结构为主，馆内四壁、檐下皆是出自名家的画，画家笔下的各种花卉、虫、鱼、鸟、兽栩栩如生；门前有六组神话故事木雕，人物或站或坐、或蹲或跪、或笑或颦、或嗔或怒，惟妙惟肖。南来北往的商船在这里停靠歇息，商人们互帮互助、抱团发展，本地开设商行的粤商经营花纱、布匹及海味杂货，又借助水运把桂东南的特产、原料销往广东、香港及东南亚等地。大家互助相帮，让大安古镇聚足了人气和财气。

民国时期，大安镇上的各类商号已有300多个，"高义记"是当时较大的商号之一。掌柜高仕佳年少时随家人从广东南海来到大安经商，期间，父亲不幸患病离世，留下他和母亲艰难度日。为了重振家业，10多岁的高仕佳不得不外出谋生，以维持一家人的生计，他虽沉默寡言，但为人实诚又机灵，深得大家喜欢，人们都愿意帮助他。有时高仕佳在轮渡、货船上帮工，老板就破例允许他带一笼鸡到香港去卖。

■ 粤东会馆

■ "高义记施粥"铜像

在那个物资紧缺的年代，高仕佳贩卖的土鸡在香港很快打开了销路，几年过后，他便创立了一间商号，取名"高义"。因他经商重义守信，"高义记"的生意越做越大，到民国初年已涉及纱布、洋杂、海味、药材、航运、汽车运输等多个行业，商行遍及广西、广东、上海、香港等地。富裕后的高仕佳不忘当年困难之时乡邻们的帮衬，总是竭尽所能回报大家，不仅在古镇里捐建学校、修路修桥，还常常救济困难百姓。

　　民国三十二年（1943年），大安一带大旱，庄稼歉收，有一些外地的不良商贩为了牟取暴利，在受灾地区哄抬米价，古镇人的日子雪上加霜。看着满城的饥民，高仕佳决定把商号所有的存粮都拿出来，熬成米粥，用以赈灾。刚开始放粮施粥时，店铺里的伙计每日精打细算，熬出的粥汤米各半，高士佳知道后，非常生气，不仅狠狠责罚了他们，还每日亲自查看粥锅，叮嘱不许放水过多，并要求盛出来的粥中须能插住筷子。"高义记"连续两个月施粥救民，共用大米1000石，合计6万多公

271

斤，最终让大安镇的乡民安然无恙地渡过了灾年。

一碗碗稠得化不开的浓粥温暖了人心，也安抚了灾民们的恐惧和不安。助人者业常安，灾后的大安人纷纷感念高仕佳的义举，经常光顾他的店铺，各地的"高义记"商行生意更加兴隆。相传，在战争动荡的年代里，不少地方劫道匪徒横行肆虐，但他们只要听闻是"高义记"的货船，都不会出手，而是靠边让行。半个多世纪过去了，今天的大安人把"高义记"当年施粥济饥、救助乡邻的善举制作成雕塑，安放在镇中心的文化广场上，让后人铭记在心，不断传颂。

㈢　共守平安——古镇人自己的"消防节"

如今的大安人多是粤商后裔，他们习惯于早茶、粤剧、敬神、经商的珠三角文化，说着原汁原味的正宗广府粤语、唱着朗朗上口的坊间里弄童谣。而"助人者天助，助人者自助，助人者心安"的道理早已深入人心，从小听着这些故事长大的古镇人，沿袭着前人互助的传统，共同守望着古镇的平安。

■ 大安镇的消防所

古老的大安镇商铺林立、小巷纵横，镇上大多是木质结构的房屋和店铺，屋与屋相靠、街与街相连，几乎每年一到天干物燥的季节，就会因用火不慎引发火灾。清道光十四年（1836年），一场大火几乎把大安变成了一片废墟，百姓损失惨重。痛定思痛的古镇人意识到了防火的重要性，在一个周姓商人的倡议下，共同集资购置了先进的消防水柜，装配了水枪、火钩、消防桶等消防器械，自发成立消防所、组成义务消防队，并制定了消防公约。

民国五年（1916年）农历八月二十日，大安镇居民举行了一次大规模的消防演练活动，自此以后，每年的这一天就成为古镇调校"水

■ "消防节"的"校水柜"比赛

柜"的日子，这一"传统消防节"至今已有 180 多年的悠久历史，是全国最早、规模最大、动员最广泛的乡镇"消防节"，也是全国唯一的"传统消防节"。如今，每逢农历八月二十日，小镇广场上就会举行一年一度的"校水柜"比赛，乡民们都铆足了精神，希望能一举夺魁。平日，邻里间也相互监督，发现火灾隐患就立即指出，每个社区的街道都设有消防所，里面存放着消防水柜和各种救火器具，一旦出现火警，全镇男女老少都会自觉投入救火行列。

小镇居民邓永强继承父业，成为小镇镇北社区的消防总指挥。他从小看着父辈冲锋火场、邻里相帮，深受感染和影响，也多次参与镇上的救火行动。2015 年中秋节，镇上有人燃放烟花，火星掉入一间两层仓库引发火情，正在吃晚饭的邓永强听闻火警，赶忙丢下碗筷，跑到消防所拉出水柜冲往火点。由于火势太大，人们无法走楼梯靠近火源，邓永强只好从隔壁邻居家爬过去拉水带灭火。他拿着水枪一步步慢慢向火源靠近，经过半个多小时奋战，大火终于被扑灭。由于及时灭火，避免了大火串烧旁边房屋酿成大祸，但冲在救火前沿的邓永强手臂被火烫伤却浑然不觉。

大安镇的社区消防队有 22 个，像邓永强这样随时准备冲锋上阵的义务消防员多达 8000 余人，虽没有成文的规定，但一有火灾，他们就会自觉地参与救火。大安镇打造的"人人都是消防员，人人都是防火监督员"的防火灭火体系，依靠的正是众多民间消防员所守护和传承的团结互助精神。

地利人和的大安镇，因商而盛，因水而兴，但其地势低洼，又处于江河交汇处，每到暴雨时节，这里就会被洪水漫灌，形成外洪内涝的情况。走在古镇大街上，如果细心留意会发现，在每一栋老房子的砖柱上都镶有手掌大小的铁环，不仅低处有，高处也有，这些铁环是大安人发大水时用来系船的。不仅如此，智慧的大安人还在自家二楼开设水门，一旦大水淹了一楼，就可以从二楼和三楼出入登船，而不影响生活。已经81岁的高汉荣回忆大安镇洪灾的历史，他对1949年5月的那场大洪水记忆犹新，洪水几乎使全城都泡在水里，人们的饮、食、居住都成了问题，但越是艰难，邻里越是团结互助，大家一起同吃同住，患难与共，更加亲密无间。

如今的大安镇依然在用"安"文化滋养着下一代，教育他们从小就懂得做人的责任与担当，懂得助人者心长安、心常乐的道理。从一个树下的墟集，发展到后来的商贸重镇，再到如今的广西百强乡镇，在时间的长河中，大安演绎着属于它自己的故事，而一代代的大安人，也用自己的方式，延续着先辈互助的传统。对大安人来说，安是一份责任，是一种心境，更是一种幸福！在相互的守护与扶持中，这座小小的西南古镇走过了风雨岁月，生活在这里的人们，无论遭遇任何灾难和困难，都不会心生畏惧，因为他们深知，大安人彼此都是对方温暖的依靠。

编　导：罗慧钧　主持人：杨　阳
撰稿人：刘　佳　指导撰稿：袁文丽

编导手记

助人者 心长安

广西贵港市平南县的大安镇，是一个有着非常悠久历史的古镇，现代人知之不多。但古时水运兴盛，在西江流域一带流传着"一戎二乌三江口"的说法。其中"乌"指的就是大乌圩，今天的大安镇。大安镇是个非常大的乡镇，广西十强乡镇之一，总人口有13万人。

时间紧，任务重，为了寻找符合节目要求的古镇和故事，我自己一人开着车，连跑了四五天。周五的晚上十点多钟，我才赶到大安镇。因为赶路，车子磕碰到了石坎，底盘损坏，倒车影像失灵，我着急找一家维修店修理。时近深夜，大安镇上几乎所有的店面都已关门。远远看到一家店正在打烊，我就把车开过去。按理说修车店老板是可以拒绝我的，但他没有。他重新拉起卷闸门，打开灯，启动设备。帮我检查车辆。检查发现，地盘装甲被磕坏，但没有伤到发动机，无大碍。倒车影像也只是线路松动，接好就行。问题解决了，我很过意不去，要给他维修费，问他要多少钱。没想到这个老板说，不用钱，举手之劳。大安镇这种热心助人的特点，给我留下了深刻的第一印象。

第二天，在镇子上的调研，这样的感受和感触就更多了。在镇子上，很多人帮我出谋划策，给我讲述他们了解的古镇的历史和文化。只用两天时间走访，我就搜集到了10多个故事。我将这些故事整理发现，无论是100多年前的乞丐建桥，民国末年"高义记"施粥救民，还是当地火灾时邻里互救，水灾时街坊互助，无不是人与人之间互帮互助的故事，互助是大安镇最大的特点，也是最好的主题。我们在从大安的镇名"安"字上找切入点，再经过专家学者的推敲、提炼和总结，最终把"助人者心长安"，定作大安古镇的主题。

而事实上，大安镇人互助心安的故事有很多，也很感人。但古镇的正式拍摄，我们只选取了调研中的6个故事。最终还因为篇幅等原因，只在片子里呈现了5个，略有遗憾。

给我个人印象最深的有两个故事。一个是大安镇的有着180多年历史的消防节活动。它最能体现大安人互助精神的传统和传承。另一个就是高汉荣老先生的故事。大安镇在两江交汇的地方，经常发生外洪内涝的情况。数百年来，为应对大水漫灌，大安人可以说，有很多应对的智慧。但要是没有人与人之间的互助精神，这个镇子是无法有这数百年的发展和兴旺的。高汉荣老先生80多岁，身体健朗，精神矍铄，热情热心。高老先生给我印象尤深，倒不是老先生一生做了多少了不起的事情，而是在他这个平凡的老人身上，真真切切感受到了"助人者心长安"这样一种传统，在普通人身上体现出来的一种积极向上的精神气象。

《记住乡愁》第四季《大安镇——助人者 心长安》于2018年2月20日播出。节目播出之后，在当地反响热烈。不少当地人都说，正是《记住乡愁》让他们更加深刻地了解了自己的家乡，让他们坚定了传承发扬传统的信念，更获得了面向未来的前所未有的自信。而在北京，一位大安籍的八旬老将军，在收看节目后，托人找到我的手机号，给我打了一个多小时电话。他激动地讲述了许多他小时候在大安成长的故事。他说《记住乡愁》勾起了他内心的乡愁。他离乡数十年，晚年要照顾瘫痪在床的妻子，寸步不离。他觉得故乡遥不可及，虽日夜心心念念，却不能遂行。直到看了节目，他才决意在耄耋之年，一定要回大安看看。我跟这位老将军说，如果回乡，有什么需要帮助，可以联系我。现在广西的变化巨大，大安早已通高铁，从北京到大安，乘动车，朝发，夕至！

节目编导：罗慧钧

勇猛无畏

在美丽的松花江东岸，有一座古老而神秘的古镇——乌拉街满族镇。它位于吉林省吉林市龙潭区，南望龙潭山，北衔凤凰阁，东倚长白山众余脉，地处松花江上游，物产资源丰富，农业发达。自1727年吉林乌拉设置永吉州以来，这座小镇已有260年的历史，而由于其设立早于吉林市，民间流传着"先有乌拉，后有吉林"之说。

在满语中，"乌拉"是沿江的意思，因临松花江而得名。蜿蜒多姿

■ 乌拉街全景

的松花江，像一条银色的玉带，给这座小镇划出一道自然的疆界。远望松花江，仿佛穿越到小镇悠久的历史源头，回到了5000年前的新石器时代。那时，满族人的祖先肃慎人在此逐水草而居，繁衍生息。直到1613年，努尔哈赤率重兵破城，灭乌拉国，凭借此地养精蓄锐，为此后挥师南下、入主中原奠定了基础，乌拉街因此而被清王朝尊称为"龙兴之地"。

一方水土养育一方人，"龙兴之地"造就了乌拉街满族人勇猛无畏的特质。清朝200多年间，从乌拉街走出了50多位将军，如今，侯府、魁府等英雄的府邸保存完好，犹如历经沧桑的老者，诉说着一段段荡气回肠的故事。

"白花公主"征战沙场保家国

乌拉街的每一处地方都有一段属于自己的故事。走进乌拉古城，除了沧桑的内、中、外三道古城墙外，最为醒目的就是古城中央的"白花公主点将台"遗址。这座高6米、面积800平方米的古土台，述说着白花公主英勇顽强、忠贞至孝的故事。

■ 白花公主点将台

海都国在这里留下的遗迹

关于白花公主的民间传说很多，早在元朝时，就有杂剧《百花亭》，明代时又有《百花记》，清朝时有雕刻的民间年画，都在讲述乌拉古城内白花公主筑台点将的故事。据说，白花公主点将台是元代海都国公主留下的。海都国国王有 3 个女儿，三女儿名叫白花，不仅姿容秀美，还颇有文韬武略，深受国王宠爱，被加封为"白花公主"。公元 1143 年，蒙古国兴起，在灭金的同时横扫北部各小国和部落。蒙古骑兵的铁骑进犯海都国，老国王带着众将士前去迎敌，终因寡不敌众而战死沙场。白花公主听从父亲的嘱托，率众撤离国都退往江东。离开时，白花公主让每个士兵和百姓都带上家乡的一袋泥土。到江东乌拉街后，她用军民带来的土建成了点将台和城墙，在此据守。用家乡泥土铸就的点将台，时刻提醒着白花公主不忘失去家园的苦痛，坚定了她收复故土的决心。每天一大早，白花公主都会在点将台上排兵布阵、操练兵马，寒来暑往，从未间断。经过了十几年的厉兵秣马，她带领将士们一鼓作气，返回老家。面对彪悍的蒙古骑兵，白花公主毫无惧色，她身先士卒，率领将士浴血沙场，最终赢得战争的胜利，收复了都城。

由于年代久远，当年的城墙早已不见踪迹，唯有点将台傲立风雨之中，述说着白花公主的忠孝故事。在乌拉街，白花公主的形象随处可见，古镇人把有关白花公主的年画、窗花张贴在家里，耳濡目染间，白花公主的保家卫国的英雄气概也深蕴于一代代乌拉街人的血脉中。从抗日战争到解放战争，乌拉街古镇先后有近千人参军入伍。如今的点将台上，有一座 40 多年前兴建的革命烈士纪念塔，古镇人以此缅怀和铭记300 多位革命先烈。

"魁府"留忠魂 铁骨傲沙场

乌拉街是英雄辈出之地。清代将军王魁福建功于乱世，亦成名于乱世，他机智果敢，骁勇善战，在民族危亡之际挺身而出，舍生忘死，浴血鏖战。王魁福勇猛无畏的精神，生动展现了乌拉街小镇的特质与气度。

乌拉镇政府西侧有一座保存完好的二进四合院的清代建筑，青砖砌筑的大门上方写着"魁府"二字。据史料记载，"魁府"始建于清光绪二十五年（1899年），主人叫王魁福，当地人叫他魁大人。道光十三年（1833年），王魁福出生在安达木屯。他7岁时鸦片战争爆发，列强开始入侵中国，此后百余年，中国百姓一直处于战乱之中。由于战事需要，道光二十七年（1847年），15岁的王魁福和许多出生在乌拉的青年一样，被编入乌拉协领衙门披甲骑兵，经常被派往外地参与作战。此

■ 魁府

后的十几年，王魁福随军转战多地，在沙场上屡建奇功，被新疆伊犁将军金顺委以重任，担任抚远城领队大臣。

王魁福曾"游行枪林弹雨中，尝撄巨创，濒危者数亦"。1881年，沙俄借口维护边境安全，出兵占领伊犁，王魁福奉旨出征。战斗中，作为主将的他很快就引起了敌军的注意，他们开始集中兵力，蜂拥而上，对王魁福展开围攻。被敌军在脖颈处砍了一刀的王魁福不顾伤口血流如注，依旧奋勇杀敌，宁可向前一步死，不愿退后一步生。血染的战袍、铮铮的铁骨，王魁福宛如沙场中的一尊战神，让敌军心生畏惧，纷纷败退而逃。战斗结束后，军医为他检查伤口，才发现刀口深可见骨，再多半分便可致命。收复伊犁后，王魁福受到光绪皇帝的褒奖，并下旨在他的家乡乌拉街赐建府邸，以彰显他的功绩。

英雄不问出处。从"打牲丁"到将军的故事不断在古镇中上演着。清朝200多年间，乌拉街先后走出了50多位将军，他们以勇猛顽强的大无畏精神，谱写出一个个荡气回肠的英雄传说，激荡着后世子孙的万丈雄心。

韩氏叔侄的英雄传承

　　乌拉街的历史犹如一本本厚重的书籍，前辈们勇猛无畏的精神传承下来，成就了古镇独特的气质。韩仁和在抗日战争中与敌人拼死抵抗，以血肉之躯在家乡人民心中筑起了一座抗日丰碑，也感染着自己的子孙后辈传承其保家卫国的英雄情怀，谱写着和平年代的"英雄之歌"。

■ 后人纪念韩仁和

　　韩仁和是抗联领袖杨靖宇最得力的左膀右臂，打过大大小小上百场战役，立下了赫赫战功，是当之无愧的抗日英雄。韩仁和出生于一个普通农家，自幼天资聪颖，终因家道贫寒而辍学，13岁便投身东北军当兵。1938年9月18日，日本发动了震惊中外的"九一八事变"，国民党军的不抵抗政策致使东北全境沦陷，韩仁和愤而起义，带领一个连的士兵加入东北抗日联军的队伍中。

　　在沦陷区进行抗日活动，不仅极度危险而且异常艰苦。冬季时，东北的气温低到零下三四十摄氏度，抗联战士却只能住在临时挖的地窖里。没有食物，他们就吃树皮、野草。然而，再艰苦的条件都无法消磨这位年轻人的斗志。在一次次的抗日游击战中，他表现得机智过人又异常勇猛，很快就成为杨靖宇的得力助手。1937年的一次战役中，抗联部队在行军途中被日军包围，韩仁和遭到了敌人的猛烈射击，在左手、左眼都被打伤的情况下，他依旧坚持战斗，为战友们赢得了宝贵的撤离时间，保全了东北抗日联军的有生力量。"失去左眼，还有右眼，只要能看见，就要坚持战斗"，他是这样说的，也是这样做的，并且一直践行到生命最后一刻。1941年，韩仁和率部队到宁安活动的时候，在镜泊湖不幸遭遇日军，他带领9名战士与日军展开殊死搏斗，终因寡不敌众，全部壮烈牺牲。当时，韩仁和年仅 28 岁。

英雄家庭孕育英雄子女。韩仁和的侄子韩立军听着叔叔的故事长大，从小便立志像叔叔一样报效国家。18 岁那年，韩

■ 韩仁和的侄子韩立军

立军离开了家乡，成为北海舰队的一名士兵。1989 年，中国着手铺设海底光缆，经过一番细致调研，最终找到了已经是北海舰队铺缆能手的韩立军。

铺设光缆并不是铺设电缆的简单升级，只有指头粗的光缆埋入海底时，会遭遇来自深海的巨大压力，为了不让光缆出现断裂，保持通信畅通，需要进行大量的试验和研究。作为乌拉街人的韩立军，在困难和挑战面前毫不畏惧，勇敢承担下了这个艰巨的任务。经过一年时间的训练和努力，韩立军和他的团队终于顺利地完成了中国第一条海底光缆的铺设。此后近 30 年，他几乎踏遍了中国各个海域，完成了数万公里的海底光缆铺设任务。他发挥自己的聪明才智，成为当之无愧的英雄，在和平年代实现了自己报效国家的夙愿。

王经洪拯救驯鹰技艺

在满族的神话传说中，雄鹰在洪水中搭救了人类的祖先，并带给他们光与火。现实中，满族与鹰的缘分可追溯到其先民女真族，女真人狩猎以鹰犬为伴，千百年来，对鹰的崇拜铸造了满族的民族性格，勇猛与无畏也成为民族崛起的内生动力。满族民间流传着这样一句话，"谁能够驯服那些凶猛异常的雄鹰，谁就是人们心目中的英雄"，勇敢无畏的乌拉街满族人也因此将驯鹰技艺传承了几百年，成为独具一格的满族文化景观。

■ 驯鹰的满族人

满族鹰户捕鹰有独特的方法和技能。俗话说"二八月过黄鹰"，每逢这个季节，举目可见在天空盘旋的鹰，特别是农历八月份，乃当地人捕猎的最好时机。捕鹰前，人们要叩拜鹰神，之后采用细式套，以雉鸡、鸽等做诱饵进行捕鹰。捕到鹰之后，就要开始驯鹰。首先要"熬鹰"，熬掉它们的野性；接着训练让鹰接近主人，使它能够习惯于站在主人胳膊上，名为"过拳"；下一步是"跑绳"，让鹰听到主人的呼叫便能够迅速飞到主人手臂上。猎户们将鹰驯化后，往往用来协助自己捕获猎物，俗称"放鹰"。

如今，由于鹰的数量急剧减少，满族驯鹰技艺面临失传危机，不轻易言败的乌拉人王经洪萌生了人工育鹰的想法。然而，鹰的性格天生孤傲，想要人为让两只鹰产生感情，几乎被看作不可能的事情。几十年的驯鹰生涯，让王经洪这位满族小伙儿养成了做事绝不认输的性格。经过不断的尝试，他终于想出了一个人工饲养与野外生存相结合的办法：先把一雄一雌的两只鹰分笼驯化，在猎鹰交配期到来时，再把它们放归大自然，与此同时，汪经洪还在自家门前的大树上为它们做了一个鸟巢。由于恋旧的原因，两只鹰常常会回到这个鸟巢休息，而野外自由宽松的环境也有助于猎鹰培养感情。慢慢地，原本在鸟笼里互相争斗的两只鹰，逐渐开始接纳对方，并且一起在鸟巢里安家了。1993年，历经四年的摸索和努力，王经洪手下第一批人工繁育的小鹰破壳而出。

20多年的时间，汪经洪先后人工繁育了上百只猎鹰，每年除了留下用于繁育的两对，他都会将其余的鹰放归大自然。如今，古镇附近的山林中，鹰的数量不断增加。到了冬季旅游季节，鹰户们就会带上自己繁育的猎鹰，为游客们表演传统的驯鹰技艺。汪经洪执着探索的独特的驯鹰方式，留住了文化，也留住了传统。

夜幕降临，乌拉街满族镇这座千年古镇并未沉寂。人们围坐在厅堂中，热热闹闹地包起了酸菜馅的饺子。厨房里，炉火正旺，热气腾腾的饺子温暖了寒冷的冬夜。与此同时，在雾凇岛的冰雪世界中，欢乐还未结束，人们点上了花灯，继续着欢快的舞步。乌拉街美食街上，猪肉炖粉条、乌拉火锅、打糕、沙琪玛、野味烧烤、满汉全席、粘豆包、大肉饭、白肉血肠、水豆腐等特色小吃，更是让来往的游客流连忘返。

"宁可向前一步死，不愿退后一步生"，乌拉街满族人将这股勇猛无畏的英雄气节融入了自己的血液中，他们秉承着自己的人生信条，在蜿蜒的松花江畔，书写着属于自己的传奇，自信地迎接未来。

编　导：韩　辉　主持人：宫柏超
撰稿人：郑　宇　指导撰稿：袁文丽

从福建省漳州市向西北行进，便来到了闻名遐迩的深山古镇梅林。远在 600 多年前，客家先祖背井离乡、辗转迁徙，来到闽西南这个偏僻的深山定居。凭着自身的聪明才智和永不言败的拼搏精神，把一块昔日人迹罕至的山岭变成了清溪绕镇、古厝连绵、如诗如画的桃源胜景。如今的梅林，土楼林立，游客流连忘返；侨民云集，侨乡蜚声海外；山清水秀，犹如世外桃源，一派田园风光。

一曲风靡华人世界的闽南语歌曲《爱拼才会赢》，是梅林人自强不息、锐意进取的真实写照。历史上，饱经沧桑的客家人为了躲避战乱，

■ 梅林镇全貌

南迁至此。在这群山环抱、河谷舒缓的地方，安家落户，世代繁衍，在险峻的群山中开创出了繁花似锦的美好生活。在梅林，一座座堡垒般坚固的土楼在山林间拔地而起，数百年的光阴里，静静守护着每一个家族的幸福与安宁。置身梅林，沿着溪岸绵延十余里的古驿道，由清一色用鹅卵石铺砌而成。悠长的小巷里长满了百年的老榕树，一座座神奇的土楼连绵而起，矗立在小溪旁，极具魅力的古老遗存构成了一幅充满韵味的画卷，展示着梅林生生不息的爱拼敢闯的精神。

一　和贵楼：沼泽上的世界遗产

梅林古镇拥有方圆土楼 900 多座，被称为"土楼王国"，其中堪称奇观的是建在沼泽地上的和贵楼。和贵楼是一座规模宏大的方形土楼，又称山脚楼，5 层楼高 21.5 米，第一层的土墙厚 1.34 米，土墙由下而上逐层缩小，到第五层墙厚仅 65 厘米，这样 16∶1 的比例，使和贵楼的建筑面积达到 6450 平方米，是已知福建土楼里个头最高的。土楼内的空地踩上去软绵绵的，竹竿插进泥土会出水，院中两口水井一清一浊，彰显了和贵楼的奇特之处。清雍正年间，迁徙到梅林的读书人简次屏为了子孙后代的兴旺与发展，在梅林镇的虎背山下，建造了这座土楼。坚如堡垒的土楼展现了梅林人勇于开拓、敢于拼搏的精神，它是从不认输的客家人用爱拼才会赢、昂扬向上的精神克服了一个又一个困难建成的。

简次屏是从中原一路迁徙来到梅林的，为了子孙人丁兴旺、人才辈出，他决定在虎背山下的风水宝地建一座土楼。1732 年，开地基、打石脚，整整用了一年时间才建好了第一层。然而，尚在建设中的土楼突然下沉，让人们发现平地之下居然是 3000 多平方米的沼泽地。在沼泽地里建高楼并非易事，但简次屏并不打算放弃。

建楼的难题让简次屏绞尽脑汁，在冥思苦想却始终束手无策的时候，工地旁漫山遍野的松树给了他灵感——"风吹千年杉，水浸万年松"，简次屏犹如醍醐灌顶，灵光一闪，一个大胆而又充满想象力的方法当即出现。之后，他和族人们夜以继日地从虎背山上搬运了大量的松木。将松树排在地底下一层，增加受力面积。100 多立方米的松木排桩，200 多根松木打桩、铺垫，架起了稳固的地基，简次屏和工匠们从头开始夯墙。为了保障安全，在楼建到第四层后停工一年，检查楼基是否稳固。一年后土楼没有下沉，便紧接着建造了第五层。

和贵楼是中国夯土建筑的极限，也是建筑史上的一个奇迹，更是梅林先祖勤劳、坚毅、勇敢、智慧的结晶。如今，沼泽地上的土楼固若金汤，经历过数次地震仍然不倒，站在小天井拿着铁线往地里插，一口气可以插进 5 米多深，拔出铁线，上面有淤泥的痕迹，跺跺脚的话，天井的整片卵石便会涟漪般震动。200 多年来，简次屏爱拼敢闯的精神创造了"学风炽盛、人才辈出"的伟绩，展现了梅林人敢作敢为的超凡勇气，激励着一代又一代梅林人以钢铁般的信念顽强拼搏，昂扬向上！

直到今天，建在沼泽地里的和贵楼经过岁月的洗礼，面对各种考验，依然坚如磐石，岿然不动，昭示着梅林人敢作敢为的超凡勇气，传递着梅林人爱拼敢闯的奋斗精神，是拼搏精神流淌进梅林人血脉的历史见证，不断激励着后辈奋力前行。

■ 和贵楼全景

㈡ 铁骨丹心简大狮

"全台无寸土为中国所有，独留台湾义民简大狮为中国争气，为全台争气，此中国最有志气之人。"这是中日甲午战争期间上海《申报》对简大狮（1870—1900年）的真实写照。1895年，日本侵略者的铁蹄踏进台湾，烧杀淫掠，百姓深受其害。出生在台湾、祖籍梅林的简氏宗亲简大狮揭竿起义，奋起反抗，用自己年轻的生命实现了保家卫国的初心，传承着梅林人身上流淌着的奋力拼搏、昂扬向上的精神，他的执着、勇敢、智慧和胆略使他成为梅林古镇的骄傲，也成就了梅林爱拼才会赢的传统，激发一代又一代外出闯荡的梅林人发愤图强，自强不息。

祖籍梅林的简大狮，年轻时随族中长辈回乡祭祖认亲。在梅林简氏大宗祠，他一手就抓起门前的一只石狮子，并绕着宗祠行走一周，从此美名远扬，人称"简大狮"。在梅林学习武术期间，家乡人敢拼敢闯的精神深深地感染着这个耿直的青年。中日甲午战争爆发后，简大狮回到台湾。随着清政府把台湾割让给日本，日军进入台湾，开始了迫害和杀戮。简大狮义愤填膺，他变卖了台湾的家产，招募义民，在淡水打出了抗日义军的旗号，率领义军拿着大刀长矛、锄头镰刀展开进攻。

从1895年到1900年，抗日义军在极其艰苦的条件下，坚持武装斗争整整五年。简大狮率领义军数百次袭击日本侵略者，日军将简大狮视为心头大患，对他进行了几十次大规模的围剿。1898年12月，日军兵分14路包围了藏身在深山里的义军，四面封锁，断绝粮饷，逼迫义军投降。危急时刻，简大狮宁死一拼，带领着义军冲杀突围，与日军浴血奋战数日，重创日军。

在弹尽粮绝的情况下，简大狮始终坚持战斗。五年后，义军终因兵力悬殊而失败，简大狮辗转从海路回到漳州，刚刚到达，就被清兵抓获。简大狮慨然说道："吾宁见杀于本国，不愿被赦于他邦。"然而，最终简大狮还是被软弱无能的清政府送交给日军处置。在押送回台湾的码头上，简大狮大喊道："我是中国人！"越是在危急时刻，简大狮发自肺腑的表现就越令人动容，让人震撼。1900年3月，简大狮在台湾英勇就义。简大狮作为血性男儿保家卫国的壮举，让整个中国为之震动，充分体现了梅林人

■ 简大狮碑记

爱拼才会赢、昂扬向上的精神。

百余年过去，简氏大宗祠前的石狮子依旧静静地坐在那里，无声述说着荡气回肠的英雄传说。简大狮的誓死拼搏，激励着无数梅林后人为家园、为民族而英勇抗争。"爱拼才会赢"的精神已经融入梅林人的血脉，支撑和引领着一代又一代梅林人走进新的历史时代，追求美好生活，振兴民族发展，推进国家富强。

三　简红亮的"富美"农场梦

南靖县梅林生态家庭农场里，春雨滋润着漫山遍野的茶树和稻田。漳州首批获得家庭农场注册的农场主简红亮坚持"打好生态牌"的理念，用生态化生产与管理，合作社经营，机械化、产业化运作等新型生产方式发展生态农业，创办了漳州市第一个家庭农场，成功带动乡亲们共同致富，点亮了"富美"农场梦。2009 年，43 岁的简红亮作出了人生中最重要的一次抉择，他放弃了东北年薪几十万元的工作，回到家乡梅林创办家庭农场。而促使他下决心的是梅林人爱拼敢闯的精神和身为梅林人的责任与使命。

已过不惑之年的简红亮毅然放弃一切，回到家乡梅林，从零开始创办家庭农场。简红亮将户口迁回，彻底变成了农民。在山清水秀的梅林，凭借着得天独厚的条件，简红亮雄心万丈，他抵押了所有的积蓄，试图凭借企业管理的经验和自己拼闯的劲头，闯出一条现代休闲农业的新路子。然而，3 年过去了，光有闯劲儿却完全不懂农业的简红亮，在家乡的土地上摔了个大跟头。所有的积蓄都赔了进去，所有的心血也付之东流。在外闯荡时再苦再累都没有垮下的简红亮，第一次感到茫然无措。尽管如此，简红亮却从未动摇过。

■ 简红亮上山种茶

他再一次从头开始。农民出身的简红亮不怕输，输掉一切也要坚持。他放下手中的锄头，风尘仆仆地赶到省城，回到久别的课堂，从零开始学习现代农业知识。在 3 年的时间里，他边学习边尝试，种植三叶草保障茶叶无农药、无化肥管理，聘请大学生，确立"打好生态牌"的创业方向，推进农业产业化，大力发展现代农业。2016 年，简红亮终于收获了成功的喜悦。

如今，福建卫视的《新闻联播》经常报道简红亮的生态农场，从四家农民合作社，1000 多亩茶山，800 多亩水稻田、鱼塘，到清洁化茶叶加工标准厂房、大米烘干加工厂房、生态种植技术施作实验区、先进

■ 梅林古镇"做大福"场景

茶叶加工与水稻生产加工设备，处处体现着生态理念、产业化经营顺利推进。

梅林人爱拼敢闯的精神激励着简红亮们，让越来越多的敢打敢拼、热爱家乡的梅林人回到故乡，探索实践，以自己的拼劲和闯劲，探索出富裕之路，以更好地发扬梅林精神，传播古镇文化。当故乡变得越来越美、长教溪旁的大榕树更加枝繁叶茂时，世世代代外出闯荡的梅林人，踏上了归乡的路途，开启了新的篇章。

置身梅林，悠长的小巷、百年的老榕树、神奇的土楼，极具魅力的古老遗存构成了一幅充满韵味的画卷，使得天南地北的游客纷至沓来，流连忘返。电影《云水谣》以两岸客家人生活为原型，展现了一座座坚如堡垒的土楼，让这座隐匿在崇山峻岭之间的小镇逐渐被世人所熟知。而相较于土楼和古镇，更感人的是那些根植在客家人血脉里的永不褪色的勇气、执着和爱拼才会赢的精神。

编　导：张曙丽　主持人：杨　阳
撰稿人：梁家秀　指导撰稿：袁文丽

编导手记

梅林古镇：打拼出的幸福

幸福是什么？

幸福从哪里来？

我们能一直幸福吗？

《记住乡愁——梅林古镇》用几个小小的故事回答了这3个问题。

在我们的节目里，关于幸福有很多种描述。它可以是挡风遮雨的美好家园，可以是母亲手掌心传来的温暖，可以是一年来的风调雨顺、五谷丰登，也可以是朵朵梅花下经久不忘的陶醉和感动。

而幸福来自哪里？它来自一双双布满老茧、粗糙干裂的大手，来自一串串奔波忙碌、勇闯天下的步履，来自一颗颗拼搏进取、永不言败的心灵，更来自对家乡、对亲人深切的爱。

打拼出的幸福，让我们在这个冬天，这么接近于生命的真谛。

遥想曾经的中原大地，兵荒马乱，人们背井离乡，踏上了南迁的道路。故国家园已盛不下他们关于幸福的梦想。跨越了层层群山，越过了无数河流，奔向幸福的步履是那样坚定！终于，他们来到位处福建闽南的梅林，眼前是崇山峻岭卷裹着的大片荒原。放下行囊，也放下一颗思乡的心，他们在荒地上披荆斩棘，在山坳中垒起新的家园。那是一座座高大坚固的土楼，还散发着泥土的芬芳，还浸润着汗水的甘甜，就是这以土为灵的奇特建筑，构筑起客家人新的希望。

土楼，圈起了客家人的幸福，完成了他们对于幸福的理解。建在沼泽地上的和贵楼，是简氏先祖给予后代丰厚的馈赠。而他留下的，又何止这座历经风雨、地震依然坚固如初的神奇土楼呢？当我们驻足仰望它那21.5米的高度，这个高度已是建筑的极限，你怎么能相信，雄伟的土楼下竟然是深度达到5米以上的烂泥地。已经难以细细去考证建楼时的艰难和曲折，它只是无声地矗立着，以两百多年的固若金汤成为后人眼中的传奇。记住"和贵楼"这个名字，也记住建楼的简氏先祖简次屏，他以无比的勇气和智慧书写下关于幸福的注解——没有拼搏，何来绵延后世的福泽！

在梅林古镇有另外一座同样著名的土楼——美轮美奂的怀远楼。幽默睿智的梅林人是这样来训诫自己的子孙：他们在怀远楼大门左右刻下四个字，左边是"全禄"，右边是"福寿"，必须要左右穿插着读，才是完整的"福禄寿全"。在梅林人眼中，幸福从来不是顺理成章的，要靠努力才能收获。

于是，有了一代又一代梅林人的拼和闯。为了亲人的幸福，他们过台湾、下南洋，靠着铁打的脚板行走世界。"漂洋过海三分命"，为了祈求远行的游子平安，梅林人从湄洲岛请回了护佑海上平安的妈祖。屹立在曲梅溪中的妈祖神像，寄托着那么真切的祈愿和思念，年年岁岁，眺望着远在他乡的亲人。

梅林是著名的侨乡。比镇上人口还要多的华侨散居在世界各地。古镇上的魏家最近新修了家谱，记载了20世纪初祖辈魏春光的一生逸事。为了改变清苦的家庭状况，魏春光年少时独自前往缅甸打拼，从没有工资的长工做起，靠着吃苦耐劳、敢打敢拼，十几年后他终于收获了成功，拥有了一家缅甸有名的贸易商行。拼搏的基因始终流淌在魏家人的血脉中，其后的魏家三代人，纷纷外出打拼，缅甸、泰国、中国澳门，一处处勇往直前的足迹，一个个白手起家的故事，谱写着梅林人闯荡天下的气魄、谱写着他们树高千尺也忘不了根的代代乡愁。

梅林，也是 23 万简氏宗亲的祖籍地。甲午战争后，台湾被软弱无能的清政府割让给了日本，是一个叫作"简大狮"、出生在台湾的梅林人，率先变卖家产，以一己之力招募义民，奋起反抗。那是近乎以卵击石的壮烈与坚贞！简大狮用他滚烫的鲜血和"我是中国人"的呐喊，震醒了那个年代的中国，"中国最有志气之人"的英雄传说，从此久久回荡在这片土地。

"三分天注定，七分靠打拼，爱拼才会赢。"这首家喻户晓的闽南语歌曲，不正是对这种拼搏精神最好的注释吗？

当我们在这个最好的时代里，重新打开这些历史，走进那些我们曾经知道或是从不了解的人物和故事，去担当一个冷静的讲述者，我们却常常无法抑制自己的感动和泪水，那些先辈们的荣光，至今照耀着我们。

如果你有一些迷失，有一些困惑，就让我们回到最初，看看我们来时的路。

这条路曾经布满荆棘，这条路从不是一帆风顺，这条路偶尔也阴云密布，只是，这条路从来都通向幸福。

于是，年轻的梅林人在这条路上有了新的选择，回乡创业圆了他们陪伴亲人的心愿。在这条路上一次次置之死地而后生的坚持，记录着新一代梅林年轻人的拼闯和顽强，也带着他们奔向更幸福的未来。

于是，在梅林人关于"幸福"的字典上，多了一个前缀——"拼"。天下没有白得的午餐，没有白捡的幸福。

爱拼才会赢。有爱才去拼，有拼才会赢。

幸福是什么？

幸福从哪里来？

我们能一直幸福吗？

也许每个人都有自己的答案。

节目编导：张曙丽

丹噶尔镇

重信守诺
家业兴

　　丹噶尔镇地处青海省东部，东接西宁，西望新疆，南通西藏，隶属西宁市湟源县。丹噶尔是藏语"东科尔"的蒙语音译，意为"白海螺"，率真可爱的名字饱含着当地人对小镇美好的祝愿和祈盼。据《丹噶尔厅志》记载，早在西汉时期，汉武帝就下令在此修筑古城临羌。唐朝时，文成公主远嫁西藏时途经此地，在古镇旁的日月山设立了青藏高原上第一个"茶马互市"。清雍正年间，为了加强对西域的管理，朝廷在此修筑城墙，驻军布防。独特的地理位置和百年的商业贸易，造就了色彩斑斓的民族文化，使得丹噶尔发展成为商业、军事、宗教、民俗等多元文化交融的重镇。

■ 丹噶尔古镇鸟瞰

如今的古镇依然保留着传统棋盘式的建筑格局，东西两座古城楼巍峨耸立，一条古老的石板大街，由东向西延伸开来，一片瓦、一块砖、一扇门、一合窗，无不承载着厚重的多元文化信息，展示着边塞古城的壮美。街道两旁商铺林立，来自西藏的农牧产品以及皮毛制品汇聚于此，从内地运来的粮油米面、丝绸锦缎也在此交易。大街上，汇聚了来自天南海北的美食小吃，琳琅满目，香飘四方。历史上，在边地经商并不容易，古镇商业繁荣的背后是当地人民勤劳质朴、重信守诺的精神力量。

在明清古街南入口处，坐落着一座供奉炎帝的火祖阁。200多年前，在火祖阁落成的当天，古镇人郑重其事地把一块写有"勤朴忠诚"四字的匾悬挂于最高处，并在"诚"字的下方写下了16个字："言行一致，不诈不欺，人能守信，自立之基。"自那以后，重信守诺的传统就深深地烙在了每个古镇人的心中。

一　魏西园：千里还金美名扬

历史上的丹噶尔古镇商业繁盛，每当白雪消融、商路通畅之时，许多来自草原的牧民，骑着骆驼，赶着牦牛，跨越昆仑山，把牧区的马匹、皮毛和药材带到丹噶尔，再从这里换取丝绸、茶叶等日用品。由于各民族之间语言不通、文化各异，要建立起相互之间的信任并不容易。

■ 魏西园铜像

为此，古镇的商人们自发成立了商会，制定出一套严格的规章制度，并逐字逐句地刻在石碑上，摆放在镇中位置显要的城隍庙。从此，重信守诺的传统渐渐化作了古镇人的人生信仰，根

植血脉，世代传承。

漫步在古镇，一座名为"忠信昌"的宅院颇为引人注目。宅院的主人名叫魏西园，清光绪年间，15岁的他进入"乾泰永"商号成了一名伙计。几年后，西北地区匪患日益严重，战火一路延烧，眼看就要波及丹噶尔。为了躲避战乱，魏西园的东家连夜打包行李，准备逃回江苏老家，匆忙间只交代魏西园暂时替他照看着店铺，就匆匆离开了。

东家走后，魏西园将仓库里的货物小心遮盖了起来，躲过了土匪的抢掠，保全了店里的财产。战乱过后，魏西园很快将仓库里的货物卖了出去。之后，他把生意越做越大，短短几年便赚取了数万两白银。赚到钱的魏西园带着这些年的账本和店里所有的利润，启程前往两千多公里之外的江苏，踏上了漫漫的寻主之路。经过几个月的辛苦跋涉，这位重信守诺的年轻人终于找到了东家，并将所有的利润还给了对方。魏西园千里寻人归还钱财的故事，在丹噶尔广为流传，人们钦佩他的行为，更敬佩他的品德。

二　朱绣：慨然入藏护国邦

重信守诺的传统在古镇中世代传承，不仅是商业经营的行业准则，也是古镇人为人处世的道德规范。在丹噶尔有一句古话流传甚广，"男子说话如同拔牙"，说出去的话犹如泼出去的水。在国家危难之际，言信行果的丹噶尔人发出了为国为民的铮铮誓言，以不成功便成仁的精神始终捍卫着心中的这份信念。

19世纪末期，军阀混战，中国社会动荡不安。西方列强趁机作乱，妄图分裂西藏。1913年6月，中英双方在印度西姆拉地区召开国际会议。会上，英国代表正式提出了分裂西藏的计划，并将青新川滇大片土地划入"外藏"，英国的分裂举动引起了国内民众的强烈抗议。民国八年（1919年），为了安抚在当时掌握西藏政教大权的十三世达赖，北洋政府决定委派代表入藏谈判。精通西藏事务的湟源县奇才、丹噶尔汉子朱绣（1887—1928年）被委以重任，担任谈判特使。

从小立志事边的朱绣深知此行凶险万分，临行前他写下了遗嘱，并立下誓言，如果不能维护国家统一，自己绝不活着回来。对于这位铮铮铁骨的丹噶尔汉子而言，这就是他对国家最大的承诺，誓死都要捍卫。代表团出发之时正值严冬，原本就不好走的山路变得更加艰险，加之沿途匪患不断，一行人随时面临生命危险。经湟源，走共和，渡黄河，登昆仑，一路上冰天雪地，历尽艰辛。后来，朱绣在其所著的《海藏纪行》一书中，曾回忆起那段路途："沿途寒风如刀，刺面欲裂，眼睫生冰，气不能出。"然而，大丈夫一诺千金，无论遇到多大困难，朱绣始终未曾放弃。最终，经过了3个多月的长途跋涉，代表团终于在当年十一月抵达西藏。

到达拉萨之后，朱绣多方奔走，与十三世达赖、九世班禅等西藏各界人士广泛接触，晓以大义，陈以利害。几经努力，代表团与西藏高层共同签订了汉藏合璧的正式公文，彻底摧毁了西方列强试图分裂中国的企图。民国九年（1920年）四月，朱绣等代表团一行启程离藏。临行前，十三世达赖亲自设宴饯行，并表示愿"倾心内向，同谋五族幸福"。朱绣以自己的一言一行，实践着他对国家的诺言。回到青海后，朱绣始终不忘西藏事务，相继编成《西藏六十年大事记》《西藏纪行》《拉萨风闻录》等著作，是研究近代西藏的重要参考文献。

（三）　杨增贵：排灯技艺匠心传

穿越历史的沧桑，如今的丹噶尔古朴而宁静。老街两侧的店铺依然经营着各式各样的买卖，虽然商业的规模已经不及过去，但人们依旧遵循着先人留下的老理儿，恪守着诚信立世、以诚为本的人生信念，踏实本分地经营着自己的生活。在丹噶尔的老街上，随处可以看到很多商铺门口都悬挂着一个绘有历史故事的排灯。内容多与诚信、忠义相关，代表着商家的一份信誉，也反映着古镇重信守诺的传统。

排灯是丹噶尔特有的一种民间节日灯彩艺术，产生于清代嘉庆、道光年间。当时内地客商云集丹噶尔古镇，镇内商铺为招徕顾客，纷纷制作名号招牌，并在招牌内插上蜡烛，夜晚点燃后，耀如繁星，熠熠生辉。排灯艺术充分体现了丹噶尔古镇文化的多样性和丰富性，具有很高的实用价值和研究价值。2006 年，排灯艺术经国务院批准列入第一批国家级非物质文化遗产名录。

戴着老花镜，手握雕刻圆刀，在椴木板上顺着已成型的草图，下刀，逆着刀锋，木屑花轻盈旋转而出……年逾七十的杨增贵，是排灯制作的老手艺人，也是由文化部评选出的国家级非物质文化遗产项目代表性传承人。这位从艺几十年的老艺人，始终不忘当初学习排灯技艺时师傅的叮嘱："做匠人先学做人。"做人首先要诚实，要重信誉，这是古镇的每一个手艺人都必须要遵循的道德规范。不久，学成出师的杨增贵在临别前一天，在师傅面前坚定地许下了影响自己一生的承诺：既然进了这个门，就要坚持做下去，绝不轻易放弃。当时年轻的杨增贵不曾想到，在之后的几十年里，为了守住这个诺言，他将经历无数的艰辛与不易。

20 世纪 80 年代，由于需求量太少，传统的排灯技艺逐渐没落。迫于生计，当时很多人都转行从事装修或是到外地打工，而杨增贵却始终坚守在这个有些冷清的行业里，不曾放弃。那时候，无论给钱不给钱，他都要给别人做上几个，只为不让手艺荒

■ 杨增贵制作排灯

废。就这样，为了曾经对师傅许下的诺言，杨增贵默默坚守了半个多世纪，即使在生活最艰难的时期，他也始终没有想过放弃这门手艺。2005年，随着丹噶尔的排灯艺术被外界熟知，这门古老的艺术得到了新的发展。而半个多世纪的坚守，也让杨增贵明白了师傅的用心良苦。做好一件事，守好一句承诺，终将获得回报。

"祭海了！"随着一声响亮的祭海声，一场在丹噶尔举行的盛大祭祀

■ "祭海"仪式

活动开始了。在当地人的传说中，紧临古镇的青海湖里居住着统领万物的"女神"，因此每逢农历十月，古镇都要在通往青海湖的拱海门下举行一场庄严而隆重的"祭海"仪式。祭祀仪式古朴而庄严，敬献着供品的案几上香烟缭绕，燃烧着的柏香气味扑鼻，吹响着的寺院古号声震长空，身穿古羌服饰的演员手舞足蹈。每逢祭祀之时，当地人都会来到拱海门下焚香礼敬，祈福来年风调雨顺、人畜安康。

经纬交织的院落街巷，气势恢宏的寺院庙宇，雕梁画栋的古建民居，保存完整的商号店铺，丹噶尔古镇宛似一位饱经沧桑的老人，在悠悠的历史岁月里，向人们讲述着这里流淌的时光和曾经的辉煌。历史远走，风云散去，在那些古镇曾经的故事里，蕴藏的是以诚做人的道义担当，是以信立业的包容万象。诚信为本、言出必行的人生智慧，不仅为丹噶尔人带来了平和的心态和绵长的幸福，也让他们多了一份宽广的气度和胸怀。无论时光流转，历史变迁，重信守诺、一诺千金的道义担当都将是支撑丹噶尔人走向远方的力量源泉，让这座美丽的古镇承载着荣耀、启迪着后人。

编　导：宋鲁生　主持人：孙亚鹏
撰稿人：米雅璐　指导撰稿：袁文丽

　　福建龙岩漳平市北部有一座廊桥连起来的小镇，名为双洋镇。据记载，其原为宁洋县旧址，明朝隆庆元年（1567年）宁洋置县，于1956年撤销县治，存史389年。古镇历史悠久，至今仍保存较多的文物古迹，有文庙、关帝庙、祝圣庙、廊桥、古民居等古建筑，是省级历史文化名镇。

　　小镇一面靠山，三面临水，大旅行家徐霞客曾两度游宁洋溪，在宁洋留下了"程愈迫，则流愈急"的名句。因地势险峭、水系众多、交通不便，从明代开始，镇上便相继修建了太平、青云、登瀛、化龙四座廊

■ 双洋镇全貌

■ 双洋镇青云桥

柱式风雨桥通往城外。廊桥于古镇居民而言是独特的存在。在双洋历史上，山洪湍急肆虐，廊桥屡被冲毁，又屡次重建，每次都是靠着双洋人自己筹集资金，同心协力完成的。如今，一座座廊桥就是小镇天然的客厅，人们，吹拉弹唱，安享着岁月的闲适与欢喜。数百年光阴更替，古老的廊桥在为人们遮挡烈日风雨的同时，也默默见证着这座闽西小镇那些守望相助的故事、风雨同舟的岁月。

（一）　曹氏兄弟大义上谏建县

明隆庆元年（1567 年），一个城墙周长只有 1.6 公里的新县出现在闽西大地上，人们为它取名"宁洋"，寓意平静安宁。简单的两个字，包含了宁洋人从禀生、文士到平民百姓保卫家园，守护故土的决心，更是宁洋人众志成城、不离不弃、守望相助精神的体现。

400 多年前，这座小镇还隶属龙岩县集贤里。由于地处四县交界，官府管辖不力，导致盗匪横行、兵祸不断。明嘉靖年间，当地禀生曹文烨、曹鸣凤兄弟，看到乡亲们的生活动荡不安，心中十分不忍，于是联名向官府呈交了一篇《建县八议》，提议新建县治，以确保一方平安。当时的社会不允许读书人议论政事，曹氏兄弟是冒着被革除禀生资格的风险，向朝廷建议的。他们认为，建了新

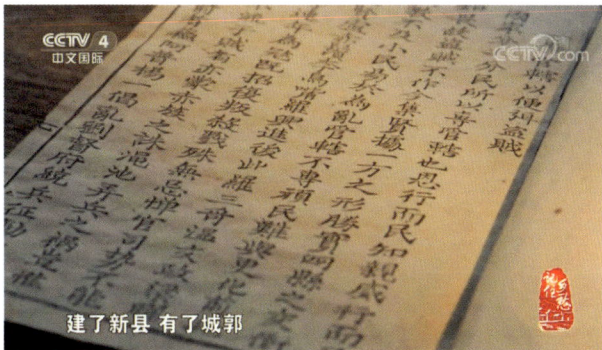

■《建县八议》

县，有了城郭，就可以聚众防守，让百姓安居乐业；设立学校、推广教育，就可以让人们读书明理，民风向善；另外还可以"通商贾聚货财"，让家家户户"农有余粟，女有余布"。翔实具体的《建县八议》，立刻得到了当地百姓的积极响应，官府迫于民意，同意建县。然而，朝廷的法度不容违背，提出《建县八议》的曹家兄弟因为"妄议政事"，被官府革除了禀生身份，只能回到家中，靠种田维持生计。

　　牺牲自己而为百姓谋太平，曹氏兄弟无怨无悔，可是，小镇里的人们却始终觉得愧对恩人。宁洋建县后的第十六年，漳州府府衙门口聚集了十六位联名请愿的读书人，他们为曹家兄弟鸣不平，要求恢复曹氏兄弟的禀生身份。在他们之后，全镇百姓也不断为曹氏兄弟上书喊冤，这样的请愿活动持续了五年之久。忌惮民意的官府最终恢复了曹家兄弟禀生资格，同时赐以冠带，以示褒奖。

　　宁洋建县，有禀生大义上谏，有文士冒死请愿，有百姓上书鸣冤，可谓众志成城。这个传奇的故事后来被写进了当地人的族谱乃至县志，守望相助、不离不弃的传统也由此在古镇中蔚然成风。

二　陈家拆墙变私井为公井

　　宁洋建县之后，安定和谐的生活吸引了许多外来移民来此繁衍生息，包括闽南人和历朝历代从中原地区南迁而来的客家人。这些原本语

言不通、习俗各异的人们，在日复一日的朝夕相处中，形成了一个小小的"命运共同体"，他们互相团结、抱团取暖，风雨同舟、守望相助。而古镇和谐生活的秘密就在于——共享生存资源，位于小镇中心的青龙井就曾见证过一段互通有无的历史。

■ 青龙井

相传，宁洋置县后的第五年，从夏到冬滴雨未落，河水枯竭，人们不得不去山中的泉眼取水，山路一走就是十几里，崎岖难行。而青龙井原本是陈姓人家的私井，用围墙围在自家的院子里，有一天，陈家的公子外出回来，看到镇上的一位曹姓老人从山里挑泉水回来，不小心滑了一跤，辛辛苦苦挑回的水顿时洒了一地。当时陈家公子就想，应该把古井让出来，给镇上老百姓使用，帮助大家共同渡过难关。

在古代中国，水井向来是一家一族一村一地的命脉，常有为争夺水井而发生的纷争祸乱，更别提在这样的大旱之年让出水井。为了让水井的事，陈氏家族专门开了一个族会，族长当即决定："我们理当把这口古井奉献给我们镇上的老百姓，有福同享，有难同当。"

唇亡齿寒，休戚与共，靠着相互扶持一路走来的古镇人深深明白这个道理。第二天一大早，陈家人就主动拆掉了自家围墙，陈家私井从此成为古镇的公井，双洋人因此安然渡过了当年的大旱。说来神奇，此后数百年，青龙井无论旱涝，始终清波不断，滋养着一代又一代的双洋人。

今天，自来水已经取代了水井，人们出于安全考虑，重新为古井砌上了一道围墙，但当年的故事依旧在古镇世代相传。一堵拆掉的围墙，一口共饮的井水，让双洋从此有了不一样的温度和气度，让风雨同舟、守望相助的故事继续传颂。

■ 郑和（左一）与王景弘（左二）下西洋船队塑像

三　王景弘协助郑和七下西洋

走出双洋的人，把古镇人风雨同舟、守望相助的情怀带出了大山，也带到了波涛汹涌的大海之上。带着家乡文化远行，双洋人无论走到哪里都让人敬重。

明朝初年，郑和率领庞大的船队七下西洋，在那段持续 28 年穿越惊涛骇浪的艰难旅途中，从双洋走出的王景弘，始终陪伴在郑和左右。他把家乡守望互助的文化，注入七下西洋的风雨航程中。

公元 1405 年，郑和、王景弘率领当时世界上规模最大的远洋船队，从江苏刘家港出发，开始了一段伟大的航程。200 多艘大船、2.7 万多名出行人员，在茫茫大海之上坚定航行，巨浪狂风、恶劣气候、致命瘟疫以及凶狠海盗，时时威胁着船队的安全。在这支船队里，王景弘担任副使，负责航海事务，是郑和最为信赖的左膀右臂。

1431 年，在第七次出使西洋时，已经 60 岁的郑和在返航途中，病逝于印度古里，临终之时，他把带领船队继续航行的重担托付给了王景弘。四个月之后，王景弘历经坎坷，终于把整个船队安全地带回祖国。此后，王景弘整理了郑和的航海资料，却没有留下自己的名字。王景弘的功绩多次受到皇帝的褒奖，明宣宗还特别赐诗，称其"昔时将命尔最忠"。当时，内臣中能获皇帝赐诗者十分罕见。王景弘的忠勇之名，来自他不惧风浪紧紧相随的情义，来自他临危受命毫不退缩的担当。

晚年的王景弘把一生航海所得编撰成《赴西洋水程》一书，此书流落民间后被辗转抄录，成为明清时期人们驾船出海的导航"秘本"，在中国航海史上写下了浓墨重彩的一笔。如今，在他的家乡双洋古镇，依然建有二保庙，庙里同时供奉着郑和与王景弘这两位大航海家。跨越了600多年的时光，那段风雨同舟的情义与担当化作了一种精神信仰，始终激励着后世的人们。

四 双洋居民齐心协力救伤员

在闽南方言中有一句谚语：众人一样心，黄土变成金。靠着一样心，古镇人建起了美丽和睦的家园，而众人一样心，又为古镇人在突如其来的灾难面前撑起了一方平安的天空。

■ 涵口水库滑坡救援现场

2016年4月22日，双洋古镇旁的涵口水库发生山体滑坡，近万立方米山体瞬间把山脚下正在施工的人员整体掩埋。居住在附近的古镇人第一时间聚集到了事故现场，共同商讨施救方案。由于山势险要，人们都不敢轻举妄动，只能在焦急中等待救援人员的到来，这时古镇居民刘建生想到救援可能要用重型机械，于是立即与在场的人们分头联系所有能够联络到的铲车跟挖掘机。

半个多小时后，当专业救援队伍抵达时，他们为眼前的一幕震撼不已：八台自发赶来的挖掘机，已经整齐有序地排列在道路两旁，等待着救援队的统一指挥。第一个伤员被救出来时，已是深夜，天上还下着小雨。由于山体塌方无路可走，必须顺着河道靠人力将伤员背出。然而河道湿滑难行，救援人员只能在黑暗中艰难前行。就在这时，道路前方陆陆续续有了光亮。蜿蜒曲折的山路上每隔10多米就站着一个群众，他们有的拿着手电筒，有的拿着手机，凭借手中微弱的光亮引导着救援人员。雨夜里，那一盏盏微弱的光芒，汇成了一条温暖的光明之路，驱散了黑暗和寒冷。这一夜，整个古镇无眠，救援也从未间断。

参加救援队伍的，除了专业队伍、专业人员，自发参加的老百姓就有几百号人。甚至，因为山势陡峭，正面上不去，有些群众从后山绕过来帮忙。救援任务整整持续了一周，古镇上所有的人都为救援奔忙着，他们自发为救援队做向导，帮忙烧水煮饭，陪伴伤员家属。在街上的小商铺里，只要是救援需要的物品，都可以不付款先拿先用。

一方有难，八方支援。对双洋人来说，这绝非空话，而是掏心掏肺的付出。如今，灾难的阴霾早已远去，而那些温暖人心的画面已成为古镇人永远的支撑。他们知道，凡事无须害怕，每一个人都是自己的靠山，同时自己也是别人的依托。时至今日，双洋镇居民传承互帮互助的优良传统，在小镇上开办了一家特殊的银行——功德银行。人们往这个银行存入的不是金钱，而是帮助他人做的每一件好人好事；人们从这个银行里支取的也不是金钱，而是大家的赞誉和美名。生活在这里

■ 功德银行对行善居民的奖励

的人们都希望自己在功德银行里的财富越来越多。与金钱的多寡相比，有没有一颗成就功德的心，才是双洋人衡量他人与自己是否体面的标准。

每逢正月十五元宵佳节，双洋镇都会举行一年一度的元宵"炸龙"闹新春。"炸龙"不同于一般的舞龙，双洋炸龙是闽西独有的习俗，极具观赏性、互动性和危险性。它最早始于明代隆庆年间，流传至今已有400

多年的历史。俗话说"龙游街市里，元宵不夜天"。"炸龙"代表了双洋人旺盛的精神面貌，那矫健敏捷的舞龙身姿，形象生动地诠释着"龙的传人"雄姿勃发、勇往直前的气质特点，更代表了双洋人对新年的无限憧憬和希望。

岁岁年年，风里雨里，双洋古镇就像是一艘大船，驶过了万里晴空，也驶过了巨浪狂风。正是凭借着风雨中的不离不弃、相互扶持，古镇人把寻常的一个个日夜，垒成了今天的安宁和祥和。

编　导：张曙丽　主持人：宫柏超
撰稿人：王　冲　指导撰稿：袁文丽

古北口镇

尽忠职守

古北口镇位于北京市密云区东北部，距离市区不过一百公里，东邻新城子乡，南接太师屯镇，西连高岭镇，北隔长城与河北滦平县相望。历史上，这里是辽东平原和内蒙古通往中原地区的必经之路，更是战略上的咽喉要道，素有"京师锁钥"之称。相传"古北口"之名为乾隆皇帝所起。

自古以来，古北口镇就与长城的命运紧密相连，休戚与共。555 年，居庸关至山海关长城从这里修过，古北口成为重点设防关口。1403 年，

■ 古北口镇全貌

朱棣称帝后迁都北京，大修长城，尤其是把居庸关到山海关这一段五百多千米的长城修得特别坚固，古北口成为明王朝首都的重要门户，正所谓"地扼襟喉趋朔漠，天留锁钥枕雄关"。历代朝廷从各地调遣军队驻扎于此，一批批来自中原及江南地区的将士们放弃了家乡的安稳生活，跋山涉水来到古北口镇，成为这里最早的先民。今天的古镇居民多半是当年长城守军的后代，由于各家祖上来自天南海北，这座小小的古镇中密布着135个姓氏，除了常见的张王李赵等，还不乏"桐""索""巴"这些不常见的姓氏，他们的先祖大多是少数民族。

古北口人世代镇守在长城脚下，用生命守护着一方水土，保卫着中华民族共有的精神图腾。如今，长城内外都是家国，千年古北口镇也在龙脊脚下呈现出一派静谧沉稳的气象，娓娓诉说着忠于职守的动人传说。

一　龙脊勇士：抛颅洒血卫山河

从前，长城之内才是家园，为了抵挡北方屡屡来犯的游牧民族，长城脚下的古北口勇士抛头颅、洒热血，保卫着山河不被侵犯，演绎出一

■ 古北口长城

幕幕金戈铁马、气吞山河的英雄篇章。

明嘉靖三十三年（1554年），蒙古鞑靼大军来犯中原，在黄崖关、墙子路被明军围剿3万多人，损失惨重。遭遇挫败的他们不甘于此，再次组织12万骑兵准备对古北口发起冲击。时任蓟辽总督的杨博临危受命，来此镇守。在明军军事设施匮乏的情况下，杨博在流经古北口的潮河上用鹅卵石建造了六座城池和三个烽火台。当年八月，预谋已久的鞑靼大军向古北口长城一线发起进攻。杨博亲自披挂上马，直奔前线，指挥明军御敌，随时随地查看掩体设施。面对蒙军的利箭铁骑和极为悬殊的兵力，杨博四天四夜未合一眼，更不曾卸下身上的战甲，他的心中只有眼前来势汹汹的敌人和身后万里泱泱的江山。

作为长城沿线最重要的关隘，古北口一旦失守，入侵者必将马踏京师，逐鹿中原，到时便是山河破碎，生灵涂炭。守卫古北口的将士们都知道自己肩负的这份沉甸甸的责任，他们抱着永不言败、人在城在的信念，誓与敌人血战到底。最终，在杨博的带领下，明军取得了决定性的胜利，古北口镇的百姓也被将士们的气概深深感染。

守我百姓，护我河山，为国尽忠，死而后已，这种铁骨铮铮、尽忠职守的"杨博精神"，矗立在了长城之上，也烙在了古北口人的心中，经久不衰，历经代代传承，愈发博大精深。

㈡ 大好男儿：粉身碎骨保家国

九一八事变后，日本侵略军的铁蹄开始进犯华北长城一线，古北口这座久经战火考验的险隘雄关再次点燃抗击外来侵略的烽火，成为抵御外敌的疆场屏障。1933年隆冬时节，日本关东军悍然出兵山海关。3月4日，占领承德的日军又分兵数路，攻向长城东部各主要关口，主力第八师团全部及骑兵第三旅气势汹汹地扑向北平的东北大门——古北口。因日军来得突然，驻守在古北口的东北军连夜冒着刺骨的严寒，挖开冻土，凿开岩石，赶筑工事。几乎同一时间，狂轰滥炸，炮火连天，黑烟四起，古北口战役骤然打响。

面对武装到牙齿的日本侵略军，驻守的东北军六十七军寡不敌众，节节败退，形势岌岌可危，国民政府当即派遣国民革命军第十七军北上抗日。时值北方严寒季节，北上的战士们只有草鞋单衣裹体，他们风雪无阻，日夜兼程奔赴前线。当时，古北口的百姓并不知道十七军的番号，只知道他们是从南方调来的，便亲切地称他们为"南军"。南军进入战地仅3小时，日军成串的炮弹便开始落向城头、山沟，霎时间，古北口战场城崩岩裂，树断石飞。南军怀着小米步枪抵日炮、粉身碎骨保家国的决心，同侵略军展开恶战。战斗至11日上午10时，东北军防守的正面阵地被日军突破，狡诈的日寇还用炮火切断了龙儿峪阵地与旅、师指挥部的通道及电话线路，使部队无法增援。千钧一发之际，南军第二十五师师长关麟征亲自率领特务连和一四九团强攻，关师长身先士卒，冲锋陷阵，被手雷炸伤五处，满身淌血，仍大呼杀敌，仿佛百余年前挂帅驰骋前线的杨博化身。经过反复激烈的搏斗，关麟征率部打退日军，恢复了与龙儿峪阵地的联系，稳住了右翼防线。

激战至12日，愈挫愈强的守军战士们又连续击退了日军三次大规模进攻，日军第八师团的"骷髅敢死队"几乎被歼灭。战至中午，日军再次用炮火封住了古北口通往龙儿峪的阵地道路，守军前后方失联，由于伤亡惨重，不得不撤出古北口，移至南天门阵地。当时，南军一四五团团长戴安澜派出的一个军士哨没有接到撤退命令，7名士兵仅携带一挺轻机枪据守在今天蟠龙岭的一座小山头上，封锁着日军前进的必经之路。日军以数百人的兵力反复强攻，每一次都被七名战士击退，前后伤亡百余人，而七勇士巍然屹立。恼羞成怒的日军动用飞机、大炮反复轰击，小小的山头几乎被削平，阵地夷为一片火海，然而这七名壮士始终紧握机枪，没有后退半步，没有喘息一刻，直至全部牺牲。当日军攻上山头时，才发现顽强镇守的只有七名战士，也不得不表示敬佩，最后将7位勇士的尸骨合葬在一起，立碑"支那七勇士之墓"。"没有接到命令，绝对不能撤退！"这七位勇士没有留下姓名，却轰轰烈烈地演绎了现实版的《集结号》。

"杨博精神"穿梭百年，家国信念从未改变。历时75天，毙伤日军7000余人，1万多名大好男儿用血肉之躯筑起了新的长城，粉碎了日军一个星期拿下古北口的企图。古北口战役被称为"激战中的激战"，是长城抗战中坚持时间最长、杀伤敌人最多的一次战役，打响了北京地区抗击日本侵略者的第一枪，极大地鼓舞了中国人民抗战的士气。

1934年，国民政府在此修建"古北口保卫战阵亡烈士之墓"，墓地上方就是巍峨屹立的长城。青山有幸埋忠骨，那些为国牺牲的战士们生为长城而战，死与长城为伴。绵延的长城就像一道坚韧的脊梁，支撑起古镇的过去和现在，也把一代代古北口人尽忠职守的精神传递

■ 古北口保卫战阵亡烈士之墓

下去。今天，全国各地来此祭拜的游客川流不息，人们用山河永在的盛世景象告慰烈士们的在天之灵，始终不忘大好男儿用血肉铸就的家国精神，更把"尽忠"二字深埋心间。

三　白衣天使：披星戴月迎新生

为迎接生命乐此不疲，用无悔的奉献延续青春。古北口镇唯一的妇科医生刘玉侠不仅传承着尽忠职守的精神，更见证着这种精神的传递。由于古镇比较小，每年降生的婴儿都要经过她的手，全镇几千户人家姓甚名谁住在哪里，

■ 刘玉侠在产妇家中诊疗

315

她几乎都一清二楚。小镇医院的医疗条件十分有限，为产妇接生复诊、为新生儿采足跟血等工作都需要刘玉侠亲自前往产妇家中进行。近一点儿的，可以步行到达，远一点儿的，往返几乎要走 60 多里的山路，即便骑自行车也要两个多小时。

2001 年冬天，雪虐风饕，千里冰封，山里的气温比城里要低十几摄氏度。因为担心门诊关闭太久而耽误产妇生产，刘玉侠不畏严寒，在自己刚生完孩子 3 个月后，便回到了工作岗位，上午出门诊，下午去产妇家里访视。一天，由于门诊的病人比往常多，直到下午两点多，她才前去产妇家里访视，待一系列检查结束后，天已经彻底黑透。天黑地滑，寒风呼啸，几十里的山路挡在刘玉侠的二八车轮前。产妇全家极力挽留她暖暖地吃顿饭、住一宿，等天亮了再回去。刘玉侠想到第二天的工作已经排满，家中还有一个刚出生 3 个月的孩子需要照看，身为母亲，她放心不下自己的孩子；身为医生，她无论如何也不能耽误患者，于是，她毅然踏进了沉沉的夜幕中。漆黑的山路上，自行车轮胎在雪地里轧得吱吱作响，山斜两侧，四下无人，风吼声一阵高过一阵。刘玉侠又冷又怕，泪水忍不住在眼眶里打转。她玩命似地往前蹬，边蹬边哼着小曲儿，越害怕哼得越响亮，最后放声高歌，一路骑回家。如今，走夜路对于刘玉侠来说已经是小事一桩，就连古镇通往各村的道路哪深哪浅，她都无比熟悉。

小镇每年有 50 多个新生命诞生，二十余载春秋冬夏，刘玉侠披星戴月，亲力亲为，至今已经迎接了千余生命，其中最大的也已经出落成朝气蓬勃的青年一代，他们将继续秉持祖先教诲，让古镇精神发扬光大。在平凡的岗位上，刘玉侠也如同当年的守关将士一般，把尽忠职守看作分内的事，默默地守护着小镇居民的安康，迎接新生命的到来，更见证古北口精神的传承。

四　义务卫兵：殚精竭虑护长城

古北口镇因长城而兴，以长城为荣，在古北口人心中，守护长城就是守护自己的家。如今，长城义务保护员是古北口镇家喻户晓的身份，现年 60 多岁的王长青就是其中的代表。

眼瞅着少时熟悉贪恋的壮美长城日渐受损，当时只有 20 岁出头的王长青心急如焚，他以群众来信的方式向《北京日报》投稿并被采用，题为《救救古北口长城》。很快，国家开始发起"爱我中华、修我长城"的号召和倡议。全国上下掀起保护长城的热潮，越来越多的人开始踊跃给长城捐款，古北口镇的一些村民也把之前私拆的长城砖瓦主动送了回去。

1989 年，王长青被调到古北口镇文化站工作。他开始发掘长城文化，筹集保护长城的资金，推进保护长城立法，几十年如一日地奔走，常常夜不能寐，把自己完全交给了保护长城的工作。由于夜以继日地操劳，2013 年 7 月 11 日，过度疲惫的王长青突发脑血栓被送往医院抢救。然而，即使是躺在病榻上的那段日子，他心中依旧放不下家乡的那段长城。出院第一天，王长青便迫不及待地让家人带着去长城脚下看他心心念念的砖石。

在王长青的带动下，义务保护员的队伍越来越有朝气，古镇里的很多年轻人都纷纷加入保护长城志愿者行列。他们每天都要到自己负责的片区巡查，捡拾垃圾、查看城墙、对游客不文明行为进行劝阻，这些都是他们给自己划定的工作职责。年轻的宋立胤更是会带着 10 岁的女儿上山巡逻，每天走 10 公里山路，女儿也从来没有喊过累，反而像只快乐的小鸟一样，听爸爸一遍遍讲述长城的动人故事和古镇的传世家风。宋立胤想让孩子从小把长城精神和古镇传统烙印在心灵深处，未来做任何事情都不会轻言放弃。

劳累又琐碎的工作每天都在重复，无论寒冬酷暑，还是节

■ 长城义务保护员查看城墙（左二为宋立胤）

庆假日，百余位长城义务兵，还有镇上越来越壮大的志愿者队伍，没有一天停歇过保护长城的脚步。对于古北口人来说，"长城义务保护员"尽管是一份"兼职"，但他们每一个人都像对待本职工作那样，前赴后继，殚精竭虑。

■ 古北口镇的玉米面小锅饽饽

千载悠悠斜阳下，鼓角争鸣渐远去。战场的硝烟散尽，人间的烟火满溢，英雄的故事代代相传，《长城谣》的旋律历久弥新，有着千年忠守精神陪伴的古北口镇，如今已是一片宁静祥和的景象。来自四面八方的游客络绎不绝，人们前来凭吊烈士的英灵，也用心体味着这方水土的感人事迹。古北口人习惯用当年战时的食物来招待远方的朋友，用玉米面贴出来的小锅饽饽、菜叶包饭等，在今天也是喷香可口的人间美味。

站在长城之巅，俯瞰山脚下这座小小的古镇，它就如同一只重逾千斤的秤砣，轻而易举便压住了世间的浮华，让人深味牺牲与奉献的价值，也让人懂得坚守与不朽的可贵。铁马冰河入梦，背靠长城长大，战时为国尽忠，和时为责职守。生活在古北口镇的人们有一种与生俱来的强烈使命感，战时的杨博、现今的刘玉侠、当年的大刀队、如今的义务兵，不同的人谱写出不同的故事，但都有着共同的精神传承：无论什么年代，从事什么工作，他们都能做到敢于担当，忠于职守。经过血与火的洗礼，历经生与死的考验，新一代的古镇人正用点滴行动默默秉持祖先的优良品质，把尽忠职守看作最平常的家风、镇风，伴随这座千年古镇继续走向未来。

编　导：王灏天　主持人：杨　阳
撰稿人：田晓敏　指导撰稿：袁文丽

荆紫关

一脚踏三省
友善万事兴

　　荆紫关镇位于河南省南阳市淅川县西北部，地处豫、鄂、陕三省接合部，素有"一脚踏三省""凤鸣三省荆紫关"之称。背倚群山，面临清流，丹江穿境而过，是"南水北调"水源地。独有的地理环境造就了荆紫关镇独特的民风民俗，在这里有许多"三省之家"，他们延续着不同地域的文化习俗，也保留着各自的特点。数百年来，大家相互体谅、彼此关爱，孕育了古镇"友善亲邻"的文化底蕴。

■ 凤鸣三省——荆紫关

　　据中国最早的地理书籍《禹贡》记载，战国以前，荆紫关就是"西接秦川，南通鄂渚"的交通要道。在荆紫关镇的月亮湾，有一个两山对峙的关口。关口外，是八百里秦川，关口内，则是开阔的中原。古时，咆哮的丹江与狭窄的古道，在这里共同构筑起一个"一夫当关，万夫莫开"的隘口。这个隘口，就是荆紫关之"关"的来历。战国时期，楚王派太子荆前来镇守，取名"荆子口"，后改为"荆紫关"，一直沿用至今。

　　由于地处三省交界，水陆并通，荆紫关镇自古就是商贸繁盛之地。最鼎盛之时，荆紫关镇设有八大帮会、三大公司、十三大骡马店和二十四大商号。友善包容的荆紫关人以开放的姿态迎接着四面八方的商人，不仅为古镇积攒了丰厚的商业财富，也为后人留下了绚丽的古建文化遗群。

猫头虎身的秘密

现今，荆紫关镇还保留有 700 多间明清古建筑，这些入眼可见的明清古建筑，是古镇各种地域文化、民间信仰相互交融的见证，陪伴着古镇走过了悠悠岁月。其中，最为壮观的建筑群当数山陕会馆。会馆中装饰的木雕、石雕数量众多，艺术水平让人叹为观止。在山陕会馆里，有一幅古老的工笔画，画上的动物似虎非虎，似猫非猫。有人说是四不像，有人说是画家的败笔。

■ 猫头虎壁画

故事还要追溯到 150 多年前。据说，山陕会馆落成之际，当地人请来一位颇有名气的画工。这位画工根据会馆的建筑风格和气势，在墙壁上画了一只威风凛凛的下山虎。老虎活灵活现，引来众人围观，大家都称赞画中的老虎惟妙惟肖。可是，姓张的馆主看到后却连连摇头，说："不可、不可。我们经商之人，讲究和气生财，讲究友善，你画得这样威猛，显得过于霸气，会让别人误认为我们有点儿欺行霸市。"画工觉得馆主的话有道理，沉思了一会儿，提笔将虎头改为猫头。这一改，老虎变成了猫，虎虎霸气变成了盈盈和气，凭着这"盈盈和气"的生财之道，张氏馆主的生意越做越大。"盈盈和气"的经商原则也随着这幅壁画代代相传。

大学与小镇的情谊

20世纪三四十年代，战争打破了荆紫关镇的静谧。1944年，西迁途中的河南大学遭遇日军袭击，造成9人遇难、25人失踪。在校师生被迫再度搬迁，他们一路辗转颠沛，于当年的六月来到了荆紫关。战争年代，古镇人的日子本就捉襟见肘，但他们还是尽最大努力帮助河大师生，淳朴的荆紫关人为颠沛流离的河大师生腾房子、供饮食，让他们在风雨飘摇中感受到了难得的温暖，为了感激乡亲们的付出，河大师生也主动为百姓们普及知识，彼此间结下了深厚的情谊。

1944年初夏的一天，河大的学生乘船去校本部集会，由于丹江河水上涨，船过于颠簸，致使许多人掉落河中。正在河边磨面的王宏彦看见这一幕，急忙下水营救，用尽全力救上来六名学生，但自己却被浑水呛了肺，由于医疗条件差，不能得到有效救治的王宏彦于半个月后去世。他的父亲悲恸万分，却没有责怪任何人，在宽厚的父亲看来，王宏彦以命相救的是河南的才子，是河南的未来。

一生一死，乃见交情。如今，战争的硝烟早已散去，但半个多世纪

■ 河南大学荆紫关附属高中

前河南大学师生和古镇人民结下的患难之情却令人难以忘却。2001 年 11 月 18 日，河南大学荆紫关附属高中在百年华诞之际正式加盟河南大学，并举行了"河南大学荆紫关附属高级中学"挂牌仪式。河南大学为荆紫关高中配置了计算机，建起了校园网，让这座千年古镇里的学子们都能与时代接轨、与世界相连。

荆紫关人民对河南大学师生的抗战支援，河大师生报以知识相授。点滴善举，传递着生生不息的精神动力。"善为天下先"，古镇人民的友善之举在战火的催化下得以升华，成为中华民族"厚德载物"文化内涵的完美诠释。

邻里友善，夕阳更红

在荆紫关镇，友善不仅是商人的生财之道，也是百姓的生活智慧。时光流逝，岁月沧桑，荆紫关镇始终保持着和睦友善之风。对于古镇人来说，与人为善、友爱他人的传统早已深植在血脉中。行走在古镇街头，随处都能感受到人与人之间那种浓浓的温情。

■ 高凤英（左）与吴爱荣

每当天气晴好的时候，人们总会看到两位老人坐在古镇的中街，享受悠然的午后时光。年长的是 90 岁的高凤英，另外一位是照顾她的邻居吴爱荣。两位老人之间虽然没有太多的话语，却显得无比亲近，这样默默陪伴的日子已经持续了整整 3 年。

3 年前，高凤英老人突患脑血栓、心脏病，经过医院的抢救，虽然命保住了，但却丧失了语言能力和行动能力，吃喝拉撒都需要人 24 小时贴身照顾。老人的儿子在镇里供销社上班，需要经常下乡进村，无暇照顾老人。正在他焦急万分的时候，邻居吴爱荣主动找上门，提出可以帮忙照顾老人家。原来，7年前，吴爱荣的外孙得了积食，导致肚胀发烧，连续吃了好几天药，都不见好转。热心肠又懂小儿科的高凤英得知情况后，就一天几次到吴爱荣家，给孩子进行推拿，让孩子很快恢复了正常。俗话说："滴水之恩，当涌泉相报"，虽时隔多年，但当年的那份恩情一直铭记于吴爱荣心中。当高凤英需要帮助时，吴爱荣就主动承担下白天照顾老人的责任，街坊邻居们有空也都会搭把手。

友善邻里亲，家和万事兴。时间悄然改变着古镇的面貌，但改变不了的是古镇人之间相互关爱、相互帮助的质朴友善。

情分显义，本分见品

如今的荆紫关早已褪去历史的繁华与喧嚣，但"与人为善"的商业之风却在古镇世代相传。对于荆紫关人来说，"与人为善"是内化于心中的传统，是外化于行为的准则，他们将先辈们和气生财的传统铭记于心。

作为土生土长的荆紫关人，李银志十几岁的时候就和家人在老街上制作小磨香油，因为待人和气友善，而且油品质量又好，他家磨制的小磨香油很受欢迎。正当李银志一家的生意渐渐有起色的时候，他的哥哥却不幸遭遇车祸去世，留下了5万多元的债务。在一家人愁眉紧锁，为前路担忧之时，年仅19岁的李银志咬牙背负起家庭的重担。看着这个坚强的年轻人，邻居卢长寿决定帮他一把。卢长寿将自己3万多元的积蓄借给李银志，让他购买生产原料，鼓励他勇敢面对困难。在卢长寿的支持下，李银志的油坊生意越来越好，两年后就还清了所有债务。不仅如此，他还积极向外发展，将生意做到了广西。

在广西经营桐油生意期间，李银志结识了一个同行，那位同行不仅在生意上对他百般照顾，而且还传授给他许多做桐油的诀窍。但万万没想到的是，没过多久，那位同行因家中突遇变故，没有心思经营工厂，便把工厂转让给了李银志。李银志接手工厂后，调整思路，提高品质，

■ 企业家李银志

生意做得红红火火，因此赚了不少钱。然而，没过几年，那位同行又想做回桐油生意，有些不好意思地提出想要回购公司。听到这个请求，李银志二话没说就答应了，并且以原价将厂子转让。在李银志看来，朋友之前帮他是情分，他现在回报恩情是本分。从小耳濡目染的家乡文化让他早就懂得一个道理：义大于利，和气生财。

2012年，李银志又回到家乡创业，选择了与荆紫关镇旅游开发相关的酒店业和现代生态农业，以此作为自己事业的新起点。如今，李银志苦心经营的事业风生水起，他也成为当地有名的企业家，但他的身上始终保留着谦逊、坚毅、重义轻利的品质。

一方水土养一方人，"一脚踏三省"的独特地理位置赋予了荆紫关人友善、接纳的胸怀，而这些美好善良的品质经过代代传承，早已深入荆紫关人的骨血之中。千年的时光转瞬即逝，但古老的文化却生生不息，如今的荆紫关正传承着历史，开启着未来。

编　导：董伦峰　主持人：宫柏超
撰稿人：卫　洁　指导撰稿：袁文丽

江平镇

天人合一
和谐共生

广西壮族自治区的防城港市素来有"中国西南门户"之称，在距离防城港东兴市区15公里处，有一座别具风情的海上古镇——江平。江平镇背依十万大山、面朝北部湾，与越南仅一水之隔。明代以来，因为独特的地理位置，文化和经济都得到稳健的发展，逐步成为历史上赫然有名的"四方通衢"的古镇。经过千百年岁月的洗礼，这里既有历史的古朴厚重，也不失现代的新潮浪漫。

■ 江平古镇依山傍海　风光旖旎

江平古镇生活着中国唯一的海洋民族——京族。京族一脉，相传是由南下的中原汉族和古骆越人融合发展而来。500多年前，以海为生的京族人，追随着鱼群来到了北部湾畔的这三座小岛。当时，岛上人烟稀少，但海产却极为丰富，京族人从此不再漂泊，他们临海而居，世代在此繁衍生息。

一　感恩馈赠 热爱自然

由于敬畏海洋的风云莫测、凶险万分，又感恩于它的富饶馈赠，京族人建造哈亭，设立哈节，供奉神灵，祈愿丰收和平安。每年的农历六月初九，是京族人的哈节。"哈"在京语里是唱歌的意思，每到此时所有京族人聚集到哈亭，通宵达旦，歌舞不息，以此举行隆重仪式，迎接来自海上的神灵。一代又一代的京族人，就是在这样庄重的仪式下，学会了人与自然的相处之道。

每年哈节的祭文中都会包含对世间万物的尊崇，对族人行为的训诫。京族人相信，世间万物皆有灵性，唯有敬山爱海才能谋得久远的幸

■ 京族人万人空巷庆祝哈节

福。京族人依海而生，临海而居，他们栖身的巫头、万尾、山心三座小岛，俗称"京族三岛"。关于它的来历，民间还有一个惊心动魄的传说。

相传，江平一带原来是一望无际的大海，海边崖壁上住着一只蜈蚣精，凡是船只经过，必须要献出一个人的肉身来供养它，否则，蜈蚣精就会兴风作浪，打翻船只。讨海为生的人们对蜈蚣精怨愤冲天，但又束手无策。后来，上天派来神仙镇海大王为民除害，经过一番激战，蜈蚣精被斩成三段，头变成巫头岛，身变成山心岛，尾变成万尾岛。这一传说体现了京族人自古以来对大自然、对海洋的恐惧和敬畏，他们懂得知足感恩，取之有度的道理。

京族人世代在大海里谋生，称之为"做海"。江平一侧的海域，是一个天然半封闭的海湾，蕴藏着丰富的渔业资源，单鱼虾种类就高达200多种，数量从未因族人捕捞有丝毫衰减。从清代开始，京族的领袖们就在哈亭商议制定打鱼的条约，古老的京族"喃字"记录着有序捕捞的村规民约，一书一页，历历在目：打鱼设时设点，数量、种类都有严格规定，所有族人必须执行，如若违反必受重罚。时至今日，古镇人仍在遵循着祖先做海的老规矩，之所以要制定如此严苛的规矩，源于京族人数百年前经历的一桩往事。

■ 京族人靠海而居　以海为生

明末，暴政持续，渔税严苛。为了完成税赋，人们拼命捕捞，结果渔获连年减少，使得原本富庶的海岛变得民不聊生。苦楚的生活给了京族人沉痛的教训，对大海的贪婪造成的恶果让京族人学会了索取有度。从此之后，他们之间达成了一种共识，那就是：人可以少食，而鱼不可多捕。数百年来，他们靠着"应时而作，取之有道"的生存法则世代做海耕耘，有节制地享用着大海的慷慨馈赠。

京族人世代遵循着做海的铁律，每个族人都严格遵守，绝不背信诺言。数百年来，京族人遵照祖训：一天一网，绝不贪多。即使打不到鱼，同日之内也不再下网。如果有人违反规矩，将会得不到大家的帮助，成为族人唾弃的对象。这些规矩不仅是京族人生存的法则，更体现了他们对生命的崇敬和热爱。

二　敬畏生命 返璞还淳

世世代代的江平人临海而居、靠海而生，他们自有一套生存的智慧。渔民们感恩于海洋的慷慨馈赠，也遵循着取之有度的古老法则。岁月的更迭，祖先对大自然的崇拜和敬仰演变成人人遵守的乡规民约，对于古镇人来说，这片美丽的海岛不仅是他们的生存之地，也是所有生灵的共同家园。

夏末秋初，江平镇山心村的阮成林大叔都会在自家门前的海滩上修整鱼箔。鱼箔也是京族人浅海网鱼的一种方式。潮涨时，鱼虾跟着潮流进入鱼箔，潮退后，误入其中的鱼虾就成了收获。靠天吃饭，有多少算多少，阮大叔从不过多强求。

■ 涨潮时节海上的鱼箔

有一次，阮大叔照例查看鱼箔。里面居然出现了一对难得的中华鲎，这种古老的海洋生物从4亿多年前问世至今，仍保留着它原始古老的相貌，所以也有着"活化石"的美誉。因为极为珍贵，一些不法分子不惜以高价为饵，四处搜寻。阮大叔知道鲎是国家保护动物，将其放归自然。

在古镇人世世代代的保护下，江平一带的海域至今保持着极为良好的生态环境，很多珍稀的海洋动物都愿意在这里安家落户，有时渔民们会不小心误捕，但每一次，都会把它们重新放归自然。

世代以海为生的京族人始终认为，他们与海洋生物的命运是紧紧联系在一起的，如果不以身作则，这些珍贵的海洋生灵一旦消亡，他们自己的消亡也就在不远处了。放生是敬爱自然的最生动体现。这种朴素观念早已根植在每一个古镇人的心中，自觉而为，从古及今，从未间断。

三　保护生态 严守家园

如今的江平古镇，每座海岛都掩映在葱郁翠绿的树木间，良好的生态环境使这里成为无数候鸟的栖息地，林间鸟儿婉转和鸣，好似人间天堂。但这番美好的景象并非是天成天就，而是一代又一代的京族人苦心营造的结果，他们热爱自然由海及岸，把对生命的尊重也延展到自己的

■ 无数候鸟在滨海之林江平筑巢安家

家园。

在江平古镇，每个村庄都有一片神圣不容侵犯的树林，当地人称之为"神林"。为了护林护树，江平人制定了一系列村规民约，还安排守林人专职守护。在这样的自然林里，百年古树不在少数，每一棵都被他们奉为村庄的保护神，维护着村落的安宁。到了20世纪90年代初，万尾岛上已经形成了一条长13公里、宽2公里的马尾松防风带。一座高大挺拔的纪念碑也随之落成，它既是国家海防林的界碑，又是京族三岛人民保护家园、建设美好生活的历史见证。

每年的三月到五月，就会有上万只的白鹭来到这片滨海之林筑巢安家。初春时分，成群的白鹭飞过，为这座美丽的海岛平添了一抹动人的美景。白鹭生性胆小怕人，但在江平古镇上却有上万只聚集，源于江平人对白鹭的珍视和爱护。

何如华是北仑河口保护区管理处的工作人员，多年来一直值守在万鹤山中。他至今还记得，2013年的那一场台风特别迅猛，万鹤山上的白鹭巢被吹得七零八落，那时的他心急火燎，冒雨去万鹤山救助幼鸟。由于没长羽毛，摔落到地上的白鹭面临着生命危险，几个护林员在林地里四处搜寻幼鸟，带回去一只一只地喂。何如华每天需要买回两三斤鱼虾喂养，直到它们羽毛丰满后放归了自然。后来，这群美丽的精灵不时飞回保护站上空，像是探望它们的救命恩人。

在何如华看来，接手了护林员的工作，就要尽职尽责做好，这不仅是对前辈的敬意，也是对群众、对江平环境的一个交代。10多年来，何如华没有为了赚钱改行，始终坚守在这里，过着清苦的生活。为了子孙后代能有一个良好的环境，他认为这一切都值得。

何如华知道自己的工作意义非凡，也知道自己其实并不孤单。因为在江平古镇，无论男女老少，人人都爱鸟护鸟，人人都同心同道，他们与自然相依相偎、相敬相爱，由古及今，共同创造出了一个无与伦比的美丽家园。

蔚蓝的大海，金色的海滩，碧绿的青山，清新的空气，负氧离子含量是内陆城市的几千几万倍，气候"春秋相连，夏长无冬"，江平古镇所在的东兴因此成了闻名遐迩的"中国长寿之乡"，京族三岛就是其中的康复休养目的地，来往游客繁多。

京族人结束一天的忙碌之后，家中的美味上桌，这是一家人共享天伦之乐的时刻。京族的哈妹，在这时总会情不自禁地在饭桌上高歌一曲。暮色低垂，傍晚是古镇人最闲适从容的时光，三岛仿佛是一处遗世而独立的海上仙境。伴随着悠扬的琴声，阵阵的欢笑，结束了一天劳作的人们，开始走家串户，拜访亲友，分享美味，人们感恩大海的馈赠，也感恩无尽的时光；人们用美酒祝福彼此，也用歌声祈福未来。"敬海"者智，"敬山"者仁，"敬人"者义。遵循着天人合一，和谐共生的古老智慧，京族人在这里构筑了一个富庶的美好家园，这是上天的恩赐，更是智慧的启迪。

编　导：罗慧钧　庞德成　主持人：宫柏超
撰稿人：李瑞琦　指导撰稿：庞慧敏

善琏镇

第42集

匠心传世

在浙江省湖州市，坐落着一座拥有千年历史的古镇——善琏镇，一个文房四宝之首的湖笔诞生地方。善琏古镇地处杭嘉湖平原腹地，千百年来，温润的气候与富饶的土地给这里带来了丰厚的物产资源，也孕育出当地人温婉细腻的性格。仿古风格的骑楼铺陈出老街的新貌，一条条巷弄通往粉墙黛瓦的民居，演绎着生活的质朴与鲜活。行走在古镇的街头巷尾，一座座毗邻而建的笔庄，一尊尊与笔有关的雕像，似乎都在向往来的人们诉说着这里与笔的渊源。

■ 善琏镇全貌

一 始于无心

在小镇的中心，蒙公祠安然伫立，深藏其中的是古镇千年历史的序章。秦朝时期，善琏就已经是一处制笔工匠聚居的小村庄。

相传，大将军蒙恬曾率军在此驻扎。作为军队的统领，他每天都要处理大量的战报、文书。那时，人们使用的毛笔大多由兔毛制成，由于制作工艺简单，书写起来并不顺畅，这让征战沙场多年的蒙大将军在批阅文书时始终无法一气呵成。一次盛怒之下，他把笔从窗口扔了出去，正好扔到了隔壁人家造房子用的石灰里面。蒙恬的夫人见此情形，赶紧出去把笔拾了起来，用清水洗净放在案边。等到蒙恬再次提笔的时候，令他意想不到的事情发生了，这支笔竟然出奇地好用，写出来的字也比平时多了一分流美。原来，兔毛上有油脂，不易吸墨，而石灰水刚好能去除兔毛上多余的油脂。这个不经意的发现，让蒙恬欣喜万分。后来，他又试着在兔毛之外裹上一层质地较硬的鹿毛，让毛笔的笔锋有了刚柔相济之感，书写起来不仅更加流畅，字体也变得更加美观。蒙恬把这个办法告诉了当地制笔的工匠，大家如法炮制，做出来的毛笔果然大受欢迎，从那以后，善琏的毛笔名满天下。因善琏自古隶属湖州，人们便把这里出产的毛笔称为"湖笔"。

■ "笔祖"蒙恬

伴随着湖笔的名扬天下，小镇也开启了千年的发展与繁荣。心怀感恩的善琏人把蒙恬奉为"笔祖"，把绕镇而过的河流改名为蒙溪，并建造了一座蒙公祠，于每年农历九月十六举办"蒙恬会"，以纪念笔祖蒙恬。蒙恬会成为笔工们心中最为重要的日子，这一天，人们早早聚在一起，诵读祭文，焚香礼敬。香烟袅袅中，世代以制笔为生的古镇人相信，他们的手艺在来年依旧会得到笔祖的庇佑。

寒来暑往，四季交替，蒙公祠香火不断。在一代代笔工的不断改进下，湖笔的材质进一步升级。用羊毛等材料制作的笔头，软硬适中，书写起来得心应手，湖笔也因此有了"毛颖之技甲天下"的美誉。

二　汇于恒心

一门手艺汇聚了一方人气，一支毛笔承载了一个民族的情感。由笔而生的书法艺术极具东方审美情趣，古往今来，无数文人墨客醉心其中，以此修身养性、陶冶情操。

南朝时期，一位云游四方的禅师来到善琏，感觉这里是一块风水宝地，便在永欣寺长住下来。禅师爱好书法，为了专心习字，他特意在庙里盖了一座小楼，立下"不成书，不下此楼"的誓言。从此以后，禅师闭门谢客，三十载韶华间，再也没有下过小楼。就在人们几乎要遗忘他时，小楼的大门终于打开了。当年那位年轻的出家人再次出现时已经变成胡须斑白的老者。他唤来沙弥帮忙在后院的塔林里挖了一个深坑，并请他们把自己书房里的箩筐搬下楼来。当沙弥们推开房门，眼前的一幕让他们大吃一惊。屋子里有五个箩筐，放满了写坏的湖笔笔头。古镇人才明白，这位足不出户的出家人，竟然用了整整30年的时间潜心修炼自己的书法技艺，光是毛笔就写秃了几千支。为了表达对这些书写工具的尊重和感恩，禅师决定把满满五筐笔头埋入坑中，砌成坟冢。

■ 智永禅师画像

智永禅师

退笔成冢的故事在古镇流传开来，上门求字的人踏破了小楼的门槛儿。后来人们才得知他就是王羲之的第七世孙——智永禅师。靠着精进苦练，智永禅师在临摹先人书法的基础上不断融入自身风格，终成一代大家。他写的《真草千字文》，一千字，字字不重，成为后世临摹学习的典范。

据《湖州府志》记载，智永在善琏时常常与当地的笔工交流用笔心得，笔工们也被智永的勤奋所感染，天道酬勤的信念凝聚成一方匠心，小镇的湖笔制造业更加繁荣。到了元代，人们便把湖笔、徽墨、宣纸、端砚并称为"文房四宝"。

三　聚于精心

跨越千年的时光，古老的技艺依然在古镇中世代传承。如今，在善琏，从事制笔业的工匠高达数万人，每年能够出产 800 万支湖笔。然而，要成就一支好的湖笔，并非易事。湖笔制作工艺极为复杂，从最初的选料，到最后的成型，一支湖笔的诞生，需要历经 8 道大工序、120 多道小工序、十几名工匠之手和 20 多种制作工具。每一道工序都需要工匠们长期熟稔的操作，许多湖笔匠人常常是守着自己的一两道工序，一干就是一辈子。

在这 120 多道工序中，选料、水盆、择笔是制笔过程中最为关键的几道工序。唐代诗人白居易曾用"千万毛中拣一毫"来形容这项技艺的精细繁杂。羊毫每根直径不足 20 微米，大约是成年人拇指宽

■ 制笔工匠挑选羊毫

度的千分之一。上万根纤细的羊毫在经验丰富的水盆工手里重新组合，成为成型的笔头。而那些不符合要求的杂毛则会在择笔工挑剔的目光中被一一去除。唯有心手合一，细致专注，才能达到要求。数千根的羊毫

组成一支湖笔，眼神与毫毛之间近乎苛刻的选择，手指与笔头之间千万次的接触，旁人看起来枯燥乏味，却是笔工们对于极致的不懈追求。正是在一代代工匠们精益求精的努力下，湖笔制作技艺才得以传承千年而不衰。

心有所执，方能成器。为了一支湖笔，善琏人守着一颗精益求精的匠心，穷尽了毕生精力。同样，为了一支湖笔，各地的人们可以跋山涉水不远万里前来求购。到了明清时期，古镇"家家出笔工，户户做湖笔"，集市街道上，笔庄林立，客商云集。依靠制笔业，当地人把生活经营得安稳富足。

然而，到了 20 世纪 90 年代的时候，随着书写工具的转变，湖笔制造业逐渐失去了往日的兴盛。为了让湖笔重新回到人们的视野，笔工们做了很多尝试。为了重振湖笔雄风，笔工孙育良立志要把《兰亭集序》刻在毛笔上。

对于很多人来说，要在纸上把《兰亭集序》临摹得神形兼备就已经十分有难度了，更别说刻在宽度不过 3 厘米的笔杆上。要想实现这个想法，练习是唯一的途径，要练多久，孙育良的心里没有底。那个时候，湖笔制造业不景气，很多笔工在下班之后，还会做一些额外的工作来补贴家用。一天晚上，一位熟识的笔商给孙育良带来了一笔订单。笔商承诺，只要孙育良在一批湖笔上刻一些简单的笔名，就会得到一笔可观的报酬。为了专心练习《兰亭集序》，他毅然拒绝了这个大单。

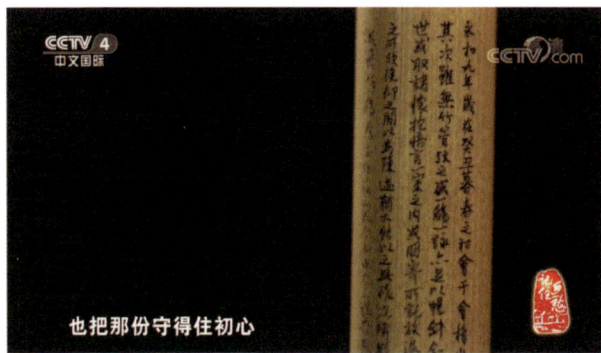

■ 孙育良刻在宽度不足 3 厘米的笔杆上的《兰亭集序》

作废的宣纸堆满了房间，刻坏的笔杆不计其数。每个月赚的钱比原先少了 1/3，但在笔上花费的时间却增加了不少。收入微薄、信心不足、时间紧张等，这些困难都没有让孙育良放弃。几年之后，孙育良终于成功地刻出了全篇《兰亭集序》。324 个字，每个字还不到米粒大小，却字字神采飞扬。它凝结着这位匠人无数个日夜的专注，也把那份守得住初心，耐得住清贫的工匠精神永远镌刻在了湖笔之上。

走在如今的善琏街头，笔庄里到处都是制作精美的工艺笔。作为一门古老的技艺，湖笔在今人的演绎下，不仅实用而且美观，每一处细节中都彰显着中华民族博大精深的历史与文化。

四　传于匠心

在漫长的时光中，善琏人用一颗颗专注执着的匠心锻造出了湖笔的辉煌历史，而作为笔工的后代，从小听着湖笔故事长大的善琏人早已把先辈制笔的精神融入日常。无论从事什么工作，他们都能够秉持着内心的一份宁静，保持初心，用朴实无华的双手耕耘着生活的美好。

黄剑飞在善琏老街上经营着一家旧家具店。一屋子明清式样的桌椅箱柜，有些经过修缮已经可以正常使用，但大部分仍然残破老旧。这些老物件大多已经陪伴一个家庭数代人走过了漫长岁月，对于很多

■ 黄剑飞修缮旧家具

人来说，它们承载的不仅是一段逝去的时光，更是可以细细回味过往生活的情感寄托。

黄剑飞每天的工作就是和这些老旧家具打交道，用自己的手艺赋予它们新的生命。需要修复的家具大多是榫卯结构，不借助任何辅助材料，依靠榫头与榫眼的结合而获得平衡与牢固的榫卯，是中国特有的结构方式。

3年前，有位顾客看中了一张金丝楠木的四仙桌，当场就要出高价买下，可黄剑飞却没有收下这笔货款。他如实告诉对方，这张桌子四根横梁和桌板下的柱桩都是经过后人加工的，所用木材是普通的杉木，接合处是用钉子钉上去的，钉子很容易生锈，生锈后很容易坏。如果想买的话，可以等到自己找到合适的木料把它们重新修缮。在黄剑飞看来，修旧如旧是一个生意人对顾客的负责，是一个匠人对于自己手艺的尊重与敬畏。顾客和黄剑飞约定，等桌子修好以后再过来买。然而同等质感的金丝楠木找起来并不容易。为此，黄剑飞走遍了全国各地的旧货市场，通常几个月下来才能找到一根。有时候把木料打磨好装上去之后觉得不合适，就又拆下来。因为缺少的部分实在太多了，黄剑飞一收集就是3年之久。修理老家具周期长，投入高，但每次看到一件件破旧的木料在自己的手里重放光彩，黄剑飞总是满心自豪。于黄剑飞而言，修缮老旧家具的手工艺不仅是赖以谋生的技能，更是用以装点生活的匠心巧运。

■ 孩子们的启蒙礼

一件家具的生命，能够在两个不同时代的匠人手里得以诞生和延续，这或许是命运的机缘巧合，但更是工匠精神跨越时空的传承。

每年，善琏的学校都会为新入学的孩子们举行一场启蒙礼。简单的一个字，开启了人生的一段新征程。

一支湖笔写就了一座古镇的繁华。在经年不息的蒙溪水中，在人们的口耳相传中，它的故事还在流传，化作善琏人永恒的精神图腾，成为他们不可割舍的情缘。历经岁月的更迭，传承了一代又一代。

编 导：赵奕琳　主持人：蔡丽娜
撰稿人：张 倩　指导撰稿：庞慧敏

宗艾镇

吃亏是福

宗艾镇，位于山西东部寿阳县北，是明清两代晋商东去太行，北进冀蒙，西连太原、陕西的必经之地，素有"旱码头"之称。据史料记载，宗艾始建于汉代，距今已有1500多年历史，文化底蕴深厚。古镇直到现在依然保留着古朴的风貌，11条古街巷纵横交错，65座明清时期的宅院、祠堂、庙宇散布其间，村内随处可见高大气派的民居门脸，大门顶部书写着"松竹茂""德圣贤"等各式砖雕文字，述说着古镇昔日的动人风采。

■ 宗艾镇的秀美风光

千年的宗艾镇，历经劫难、看尽繁华，如今，一切归于淡然，这份荣辱不惊的气质，是古镇人恬静的性格使然，也是古镇人吃亏是福的精神升华。吃亏是福这一平和朴实的处世态度，早已浸润在古镇人的日常生活之中，大到一栋古建筑，小到一块砖雕、木雕，都或深或浅地印刻着古镇人一路走来的从容脚步。一代又一代古镇人，牢记祖训，虔诚地生活在这里，祈福大地安详，岁月静好。

一 五龙圣母：舍得吃亏 切勿贪婪

北方的春天总是姗姗来迟，乍暖还寒的特殊日子里，宗艾镇百姓总会登上双凤山，去龙母庙拜祭五龙圣母，饮五龙池水，这是世代居住于此的人们每年最重要的活动之一。关于五龙圣母的传说，早已印刻在这方百姓的心灵深处，成为宗艾民间的精神图腾。

■ 龙母庙拜祭五龙圣母

相传有一年，宗艾镇及周边地区发生了严重旱灾，有位破衣烂衫的老乞丐来到镇上，想讨口水喝，并承诺："谁给我水喝，我就会回报更多的水给谁。"可是，百姓家中存水都已经不多了，大家都不舍得把自家仅有的一点儿救命水拿出来。这时，一位自幼失去双亲的常姓小女孩不顾街坊邻居的劝说和反对，把老乞丐请进了院子，给他端来半碗水，从干渴中缓过神来的老乞丐承诺三日后必来送水。老乞丐一走，乡亲们都觉得小姑娘上了当，有人笑话她"贪小便宜吃大亏"、有人指责她"脑子笨"。大家你一言我一语，纯真的小女孩委屈地哭了，说："我只是不忍他干渴而死，别无他图。"

3天过去了，在干渴中昏睡的小女孩，忽然梦见老乞丐出现在自己面前，告诉她一个取水的方法："双凤山上有个洞，上去说半碗水、半碗水，就能流两缸子水，这是个秘密，不能告诉别人。"从梦中醒来的小女孩，出于好奇决定上双凤山试试，果然甘甜的山泉水透着丝丝清凉从山洞中涌出。品尝着清泉，她看到了生的希望，可转念一想，乡亲们还在饥渴中面临着死亡的威胁，一定要把这个消息告诉大家。善念一动，老乞丐要求保守秘密的嘱咐，被她抛在了脑后。

消息传开，乡民们纷纷提桶上山取水。山泉细流，难以满足人们的贪婪，人人嘴里都念叨着"半碗水、半碗水"，开启泉流的咒语连绵不绝响彻山间。水流越来越大，渐渐淹没了山洞，沿山势倾泻而下，古镇的房子和田地全部变成汪洋，甘甜的泉水瞬间变成一场难以遏止的灾难。常姓小女孩眼看好事变坏事了，冲上前去用自己的身体把那个洞堵住，才让水不再流。她用半碗水为古镇人换来了救命的山泉水，又用生命化解了古镇的一场劫难，得到了百姓的万世尊崇。据说，她羽化成仙后，还幻化出五条龙，专门护佑古镇安宁，从此被尊为"五龙圣母"。

后来，古镇人定下了规矩：到五龙池盛水只能用小器皿，万万不可贪多。时至今日，这个古老的习俗依然在古镇中延续，对于宗艾人来说，取水既是祈福平安，更是洗涤心灵。

二 红烧饼铺：世间盈亏 善有善报

古镇老街上，烧饼铺子随处可见，"红烧饼"最受古镇人喜爱，是走亲访友的最佳礼品。"红烧饼"先由小麦面发酵，再涂上一层糖面，然后烧制而成。当地人最喜欢夹入猪头肉一起吃，一口咬下，酥软可口，回味无穷。它不仅是古镇人最难以忘怀的家乡味道，这其中还蕴藏着一段充满温情的过往。

明朝末年，镇里有一个烧饼铺，掌柜叫赵善俊。有一年，古镇一带遭遇灾荒，人们的日子越来越艰难，一开始大家还用钱买烧饼，再后来就只能赊账，而且越赊越多，就像一个无底洞。一次，赵掌柜的家中孩童玩火，不小心把账本烧着了，待赵善俊回家，厚厚的账本早已成为灰烬。其他商人都觉得他亏大了，赵善俊却说："我眼睁睁地看着灾民们饿死，亏的是良心，那才真的亏大了。"

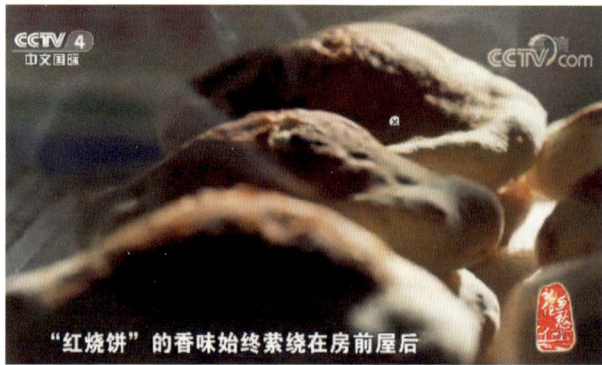

"红烧饼"的香味始终萦绕在房前屋后

■ 美味的红烧饼

眼见周边村镇受灾越来越严重，赵善俊盘算着"既然亏了，干脆就亏到底"。于是他做出了一个堪称疯狂的决定——干脆不再卖烧饼，改为免费送烧饼。赵善俊"将亏吃到底"的故事，影响了宗艾古镇里的其他人。在他的带动下，越来越多的人开始赈济灾民，有钱的出钱、有粮的出粮，无人再言亏，无人再计较。古镇人的慷慨解囊，换得了周边方圆几十里百姓的安居与感激。

在那个风雨飘摇的岁月里，灾荒还连带着战祸。当时，一位附近镇子的灾民无意间听说流寇们计划趁半夜洗劫宗艾古镇，他实在赶不及到宗艾报信，只能把消息传开。于是，一传十、十传百，那些受过宗艾恩惠的灾民们纷纷不约而同前来保卫古镇。当洗劫古镇的流寇们浩浩荡荡到达古镇外围时，眼前却是一群比他们人数还多的灾民和乞丐。夜色中，流寇眼看抢无可抢，未踏入古镇半步便扫兴而去，古镇人在睡梦中躲过了一场浩劫。

正所谓月有阴晴圆缺，世间盈亏之道也是如此。宗艾人的无私付出，换来了世间最珍贵的人心，不但救自身于危难之际，更给古镇带来了人气和繁荣。自此之后，宗艾赵家备受人们尊重，家族生意日益兴旺，富甲一方。据说，最鼎盛时期，镇里有一半的房子都属于赵家。这份因吃亏而来的人间富贵，成为今天古镇街头巷尾人们依旧谈起的一段佳话。

三 义务扬镇：不计得失 豁达开放

古镇人特有的谦逊、礼让和善良造就了一方淳朴的民风，也让这里吸引了一批批外地人前来定居。直到今天，古镇 1.3 万的人口里，姓氏有 107 个之多，他们是源于 9 省 77 县的移民。虽然地域有别，习俗各异，但大家都能互相礼让包容，在和睦融洽的氛围中共同生活了上百年。

77 岁的王森玉，是迁居到宗艾古镇的第三代人。和其他从外地落户宗艾的人一样，王家人被古镇不计得失、豁达开放的氛围深深影响着，他们不仅把生活经营得有声有色，也把这样的文化变成了家风，一代代传承下来。

年轻时，王森玉帮一个外地粮食商人收玉米。按照约定，玉米由王森玉负责收购，外地商人负责运输和销售。到了交货日期，王森玉收来的玉米堆积如山，却迟迟等不来外地粮商的运输车辆。后来才得知粮商家中发生了变故，实在没有经济能力收购了。当粮商决定给予他一定的经济补偿时，老王拒绝了粮商的善意，选择了吃亏，守着成堆的玉米度过了一个冬天，直到第二年开春，才低价卖出去。

为人处世从不斤斤计较的王森玉，在古镇中一向有着好人缘，大家

■ 宗艾乡村文化室

他还自筹资金建起了一间乡村文化室

都愿意和他做朋友，老王也深深地为家乡的文化而自豪，他希望让更多的人能够知道宗艾、了解宗艾。2000 年，老王从乡镇文化站退休，闲不住的他自掏腰包购置了相机，义务做起了古镇的推广人。从胶卷机到数码机，10 多年下来，他陆陆续续已经更换了 10 多台相机，投入了 10 多万元。每年，他都会带着宗艾古镇的影像去外地参展，也会把摄影师朋友们请来古镇采风。有些外地的朋友觉得，老王为了推广古镇，自己既贴钱又贴时间，快 80 岁的人，实在有点儿太亏了。面对他人的不解，王森玉老人却自有看法："亏不亏是一种心态，做这些事情能让自己心情好，还结识了很多朋友，我并不觉得亏。"

这些年来，王森玉老人始终乐在其中。为了丰富当地的文化生活，他还自筹资金建起了一间乡村文化室，平日里经常邀请乡邻们参加剪纸、绘画、锣鼓等文娱活动，被古镇人亲切地称为"十项全能的老寿星"。

（四） 经商之道：顾客为上 吃亏是福

古老的宗艾镇经历着岁月的洗礼，朴素的道理却永远不会在时光里褪色。在今天的古镇里，不计较、肯吃亏、懂舍得早已融入人们生活的点点滴滴。

贾彦星是土生土长的宗艾人，前几年他白手起家搞起了养猪场，买了几十头母猪进行繁育。经过精心养殖，第一窝猪崽儿很快便出栏了。一位平遥客户闻讯后来到宗艾，决定把所有小猪都购买下来。装车前，清点核对数量一共是 160 头，然而，当客户回到平遥后再次清点时，小猪却成了 159 头。按理说，客户在自己运输途中出现的意外，跟猪场并没有关系，可眼看着客户受损失，贾彦星心里拧起了疙瘩，他决定给客户补上一头小猪。

贾彦星宁肯自己吃亏，也不让客户委屈的举动深深打动了那位平遥客商。他不仅认定了这位宗艾朋友，还把其他好多客户都介绍到这里。短短几年，贾彦星的猪场已经发展到 2000 多头存栏量，而宗艾人豁达的处世风范，也受到越来越多客商的青睐与赞许。

在宗艾镇，人们相信，吃亏就是为人之本，也是福报之源，更是心里的坦然与安详。懂得世间盈亏之道的古镇人，始终保持着一份豁达乐观的心态，守着时光与岁月的宁静，享受着生活的每一天。

⑤ 志愿服务：甘于奉献 身体力行

在这座千年古镇里，活跃着一支由年轻人组成的志愿服务队。平日里，他们利用闲暇时间清扫街巷、帮助老人，虽然都是些琐碎的小事，但每桩每件都倾注着满满的爱心。王凤英是古镇志愿服务队中的一员。1997年，她从邻村嫁到古镇，刚进门没多久，就赶上两户邻居盖房子。这两户人家在丈量宅基地尺寸时，并不拿尺子，而是用步子去量，不一会儿工夫，界线就划出来了。这个奇特的办法让王凤英很好奇，也从心底里佩服他们不斤斤计较的大度。

初入古镇，宗艾人不计得失的豁达态度深深打动着王凤英。在后来的日子里，难免和邻居有些磕磕碰碰，但每次回到家中，她的丈夫总是安慰说"不要斤斤计较，要看开看得远些"。一开始，王凤英还以为丈夫

■ 宗艾镇秀美风光

345

有点懦弱，后来才感觉到这是古镇人共同的处世风格。于是，王凤英也试着凡事宽心，心情自然也愉悦了许多。

当古镇人组建志愿服务队时，王凤英二话没说就报名了，每次活动都忙里忙外，十分热心。如今，宗艾古镇的志愿服务队已经发展到几十人，他们的付出虽然没有物质上的回报，但却有着心灵的升华和精神的欢悦。

又是年终岁末，这一天，王凤英和其他志愿者们一起来到了敬老院，一个个年轻而忙碌的身影，一张张舒心而快乐的笑脸交织在一起，便构成了这座千年古镇冬日里最温馨的画面。

从吃亏是福到甘于奉献，一代代宗艾人身体力行，用温情与良善温暖着彼此。如今的古镇，五龙池的泉水依旧清澈甘甜，滋养人心；红烧饼的香味始终萦绕在房前屋后，唤起人们温情的记忆。对于生活在这里的人们来说，甘于吃亏、乐于吃亏不仅是一种境界，也是一种自律和大度。依靠古老的智慧，一代又一代的宗艾人，用一颗包容豁达的心经营着自己的生活，也成就了今天美好的生活，让这座小镇处处充满温情。

编　导：梁　星　主持人：宫柏超
撰稿人：李延芳　指导撰稿：庞慧敏

和平镇

自立自强

　　和平古镇地处闽西北腹地、武夷山南麓，位于广东省汕头市潮阳区中部，历史上被称为"八闽第一重镇"。白驹过隙，不知不觉间，小镇已经走过了悠悠千年岁月。

　　漫步在古镇，青石板土街和卵石铺砌的古巷道使人迷醉，青砖琉璃、雕梁画栋的明清豪华民宅，尽情诉说着小镇昔日的繁荣；众多保留完好的宗祠、庙堂、谯楼、牌坊随处可见，使小镇呈现出古色古香的风貌；傩舞、龙灯、烛桥等独特的民俗遗产丰富，构建了小镇独特的文化

■ 群山环抱下的和平古镇

景观；古镇特有的游浆豆腐、包糍等美味小吃，在古韵悠长的巷道里芬芳四溢、十里飘香，令无数游客垂涎欲滴。

古朴的美景使得小镇妖娆动人，而小镇不断发展的精神动力，则是人们自立自强的奋斗品质。数千年来，正是"天行健，君子以自强不息"的人生信条，支撑着小镇从繁华喧闹和风雨沧桑中一路走来。从先祖扎根到当代社会，那些不畏艰难的小镇人，用自立自强谱写了一个又一个属于他们的传奇。

一　黄氏先祖定家规祖训

西晋末年，和平先祖为避免战乱，从黄河岸边出发，一路向南迁徙。他们辗转奔走，终于在这片青山绿水间停驻下来。没有任何依靠的和平先人，靠着勤劳的双手把周边的荒山变成了沃野良田，过上了富足的生活。到了唐代，小小的村落逐渐发展成了集镇，黄氏家族也成为人丁兴旺的一大望族。

■ 工部侍郎黄峭

907年，唐朝灭亡，工部侍郎黄峭回到家乡和平。由于儿贤子孝，他晚年生活过得舒心又快乐。然而，在黄峭看来，厅堂里的燕子，生活虽安逸，却远不如山林中的鸟儿生存能力强；鱼塘里面的鱼养得再好，也不如江河湖海里面的鱼那般自由自在地成长。他深知，安逸的生活会使子孙养尊处优、不思进取，要想延续宗嗣，激励子孙上进，非使其自立不可。

于是，在他八十岁寿辰这一天，他把21个儿子召集在一起，宣布了一个决定："只留下长子侍奉双亲，其余的儿子都要离开家乡，独自去闯天下。"随后他给儿子们每人一匹马、一份家谱，让他们带着妻儿、离开故乡，到外面的世界尽情施展自己的才华。

由于年事已高，儿子们离家前的最后一次相聚也许就会成为永别，即使老人心中万般不舍，他还是忍痛把嘱咐与期望写进《遣子诗》中，告诫儿孙"漫云富贵由天定，三七男儿当自强"。《遣子诗》记录下了父亲对子孙的殷殷期盼，也吟咏出了黄氏家族自立自强的家规祖训。

在父亲的激励下，儿子们各有所成。从此之后，黄氏家族不断效仿祖辈的做法，孩子一旦成年，就要离开长辈身边，自己出去闯荡打拼。就这样，黄氏子孙在不断的迁徙过程中，逐渐发展壮大，涌现出无数英杰。如今，黄峭的后裔子孙遍布世界各地，已达1700多万人。

黄峭还在小镇创办了和平书院。一千多年来，和平书院滋养了一方文脉，更将创始人秉承的自强精神播种在了和平小镇，激励着一代又一代和平子孙不懈奋斗。

二　廖氏纸商传自强品质

黄氏先祖开启一方文脉，将自立自强的种子播下，古镇后人则躬亲力行，将小镇自强精神代际传承、发扬光大。

明清时期，由于交通便利，古镇曾繁盛一时。来自沿海的食盐、海货，建宁生产的茶叶、稻米，永安的笋干、竹木，都在此集散，可谓商贾云集，热闹非凡。其中，经营连四纸是小镇曾经兴旺一时的行当。纸商廖岐山就是众多经营者之一，经商伊始，生意兴隆。谁知，因为一次生意失败，廖岐山赔上了大半财产，家道就此中落。他也一病不起，不久便离开人世，只留下廖传琼、廖传珍两个儿子与母亲相依为命。面对突如其来的变故，廖家一时失去了生活来源，陷入困境。由于廖岐山生前为人忠厚，许多人愿意以高于市场的价格收购他留下的店面和货物，以此换来的钱物，应该足够负担母子三人的生活所需。但年轻的兄弟二人婉言拒绝了。

生活在和平古镇的兄弟二人深知"靠己粮满仓，靠天空米缸"的道理。他们明白只有重新扛起家族的重担，才能使家族延续，产业兴盛。就这样，靠着兄弟俩的苦心经营，纸店生意渐有起色，重拾昔日的红火。但廖传琼却并不满足于守着祖业安乐到老，他发现福建市场渐渐饱和，决定出去开辟新的领域和市场。纵然前路漫漫，困难重重，但客家人身上那种闯劲儿和韧劲儿，使他的决心越来越坚定。

他叮嘱弟弟照顾好母亲，独自踏上了漂泊闯荡的创业路。离开家乡的廖传琼，一路北上，在天津开起了廖和堂。背井离乡办实业的日子艰难而无助，10多年的时间，他逐渐在天津站稳了脚跟，成了当地最大的纸商。积累了大量财富的廖传琼并没有忘记故乡，他捐资修缮了古镇的道路、桥梁，并在家乡建义仓、办学堂，以此回馈家乡。

拼搏进取的自强精神激励人们披荆斩棘、百折不挠。和平人坚信，只有自强才能赢得尊重，改变命运。廖氏兄弟以自己的实践诠释了永不屈服的精神内涵，将自立自强进一步传承和弘扬。

（三） 小镇匠人铸工匠精神

千年的时光缓缓走过，古镇虽没有了明清商贾云集、车水马龙的繁华与喧嚣，但是10多年前，随着古镇旅游热的兴起，和平人又迎来了新的契机。然而在那个时候，古镇保存下来的300多座明清建筑却因为年久失修，早已失去了往日的光泽与风采。

■ 小镇人修复古建

2002年，为了配合古镇的旅游开发，人们决定重新修缮这些老房子。在当时，一栋普通的老宅，专家修复的费用至少需要十几万元，而镇里急需修复的宅院，就有几十栋之

多。数百万元的修复费用，对于当时还不富裕的和平人来说，是一笔无法想象的天价。

赖华军是和平当地一位普普通通的木匠，从小就生活在古镇的巷弄里，对这些老建筑有着难以割舍的感情。面对天价修复费，他想，修复费我们花不起，但是修复古建却一定要做下去。在古镇中，和赖华军有同样想法的人不在少数，于是，一支由几十人组成的古建修复队成立了。

然而，事情的发展远没有那么顺利。古建修复是一项非常复杂、专业的工作。工程刚开始的时候，面对一座濒临倒塌的马头墙，他们就犯了难。在此之前，他们只做过普通的木工、泥瓦工，要想独自完成修复工作，存在较大技术难题。然而面对困难，和平人从来没有想过放弃。匠人们一头钻进了图书馆、书店，翻阅各种古建筑书籍，他们还向镇里年长的师傅请教，甚至到福州去向古建修复专家学习。大家边做边学，一次修不成，就反反复复，重新再来，直到把活做到极致。

就这样，为了恢复家乡古朴的面貌，这些年轻人靠着一股干劲儿，五年多光景里，使得镇上几十栋老房子成功蜕变。而和平镇这支古建修复队，也已经远近闻名。这些普通的小镇人，凭借无畏的拼搏精神，使家园面貌焕然一新，这座千年古镇再次散发出迷人的光彩。

四　和平居民扬坚韧风采

岁月流淌过古镇，撒下斑驳的光影，古镇人自立自强的精神品质，在当代小镇余温依旧。无论是守护家乡的茶香，还是修建跨越天堑的长桥，都倾诉着古镇人说不尽的乡愁。

和平产茶历史悠久，尤以"碎铜茶"最为有名。此种茶可碎铜钱，充满了神秘色彩。它曾因神秘而名扬四方，远销各地。然而，到了20世纪80年代，碎铜茶多数都是粗放型种植，茶叶质量不好，市场逐渐萎靡。许多外地茶商来到这里承包山地，改种其他品种的茶树，碎铜茶面临消亡的危机。

在这样的情况下，罗兴华毅然决然选择振兴碎铜茶。他承包了几百亩山地种植碎铜茶。虽然对种茶并不在行，但为了留住家乡的这一缕茶香，他边种边学，艰难摸索。刚开始时，由于种茶和制茶技术都不过关，第一年辛辛苦苦种出的茶叶在市场上几乎无人问津，损失巨大。

罗兴华把茶园分成了十几块实验田

■ 罗兴华种植碎铜茶

虽然遭到了失败的打击，但罗兴华并未气馁，他特意跑到武夷山，跟有经验的老师傅们学习，一待就是大半年。掌握相关技术后，他回到和平，运用先进的管理技术进行种植。在那段日子里，每天晨光熹微，他就来到茶园，观察茶树长势，记录下每一项数据。

因为坚持，罗兴华终于种出了高品质的碎铜茶。如今他已经把这项技术无偿教给了当地茶农，每到收获的季节，浓郁的茶香都会飘散在古镇的大街小巷。热水冲泡，一杯香茗入喉，沁入心脾的是故乡的滋味。罗兴华靠着坚持不懈的精神，守护了家乡的一方茶香，而和平镇的另一位普通人方明山，则秉承无惧无畏的精神，参与修建了连接香港、珠海、澳门的超大型跨海通道——港珠澳大桥。

方明山是港珠澳大桥副总工程师，他的童年是在和平古镇附近的一个小山村中度过的。每年汛期，家门口的木桥就会被洪水冲毁。从那时起，建一座不被洪水冲毁的桥梁，成了他儿时的梦想。怀揣着这样的梦想，方明山考取了重庆交通大学的桥梁工程专业，后来又在同济大学攻读桥梁工程博士。

读书期间，他就和父亲一起，花费 5 万元钱，利用废旧钢材，在家乡的小河上建起了一座坚固的桥梁。如今，20 多年过去了，这座小桥再也没有被洪水冲垮，极大地方便了乡邻们的出行。从那以后，建世界上最大、最坚固的桥，就成为方明山迫切的理想和目标。2009 年，港珠澳

■ 小镇傩舞庆丰收

大桥开工建设。跨越天堑，与自然对抗，当然离不开方明山与团队的通力协作。面对巨大的工程量和海上多变的气候环境，他们无惧无畏，历时九年，终于建成了全长 55 公里的跨海大桥。

每次回到家乡，方明山都要陪父亲到桥上走一走。无论离开多久，家乡永远是游子们的心灵归处。

岁月不紧不慢地流淌着，和平古镇静静地迎送着每个日出日落。聆听熟悉的足音，驻足每一个角落，这座如诗如画的小镇正散发着无限诱人的魅力。年终岁末，古镇的戏台上拉开了年戏的大幕，伴随着锣鼓喧嚣，古老的故事，亘古不变的唱腔，再一次唱出了这座千年古镇自立自强的豪迈气质。

夜幕降临，古镇人点起了篝火，在激昂的鼓声中，跳起了庆祝丰收的傩舞。千余年来，和平的客家人，在这片山水之间，用自立自强创造出了一个美丽的家园，如今他们又将带着这种精神，走向更加明媚的未来。

编　导：吕明月　主持人：蔡丽娜
撰稿人：李　茜　指导撰稿：庞慧敏

353

「一匹马、一个家谱」的寓意

漫步行走在古街，木质或青砖材质的古民居透出的微光穿越千年，与我们相遇。

武夷山南麓、群山环抱之中的福建邵武市和平古镇，被称为"八闽第一重镇"。1300多年前的西晋末年，中原战乱，黄河流域的百姓不堪纷扰陆续南迁，和平镇的先祖来到福建，找到了这样一块安身之土。

和平镇，唐称"昼锦"，宋、元为"和平里"，明为三十三都，清设和平分县，1950年设和平镇。古镇上的历史遗迹，不仅有古城堡及谯楼，有袁崇焕题额的聚奎塔，有创建于五代的"和平书院"，还有"县丞署""旧市三宫""旧市义仓""谢氏庄仓"和中乾庙、下城庙、光源寺以及廖氏、黄氏、丁氏、赵氏、上官氏等家族祠堂，更有近300幢的明清民居。

几天的采访，给我留下深刻印象的，除了众多保留完好的宗祠、庙堂、谯楼、牌坊营造出来的古朴风貌，更有一种古老与现代碰撞出的崭新力量。

自立自强，是我们对和平古镇传统民风的最突出印象，也是《记住乡愁》想要重点传达的。

这一传统源自唐代。工部侍郎黄峭致仕返乡，本应享受儿孙满堂的晚年之乐的八旬老翁，却做出了一个不同的决定，除留长子侍奉双亲后，其余的20个儿子都要自立门户，外出闯天下。儿子们遵父训，走出家乡，打出了一片天下，出了4名进士，8名将军。后世子孙，更是人才辈出，近代著名英雄人物黄兴就是黄氏后人。

"父母在，不远游"，是中国式孝道文化最广为人知的一句，"大树底下好乘凉"也是流传甚广的民间俗语，而由黄峭定下的"燕雀怡堂而殆，鹪鹩巢林而安""漫云富贵由天定，三七男儿当自强"的家规祖训则让人看到了中国文化中的另一种传统，那就是自立自强。

"远方"与"故乡"，似乎永远是一对矛盾。黄峭的做法中，最耐人寻味之处也正在于此。黄峭遣子时，送了每人一匹马、一本家谱。马，意味着纵横四海打天下的豪情，"足离此境非吾境，身在他乡即故乡"。家谱则意味着文化基因的传承，"早暮莫忘亲嘱咐，春秋须荐祖蒸尝"。

拍摄时，正巧赶上一年一度的和平镇黄氏祠堂祭祖活动，来自海内外的黄氏子孙在祠堂里肃穆施礼的那一刻，让人震撼。《记住乡愁》拍摄至第四季，类似的场景出现过很多次了，深切地感受到，越是漂泊异乡的人，越是对家乡、对乡愁难以割舍。那是每个人心中的根，是镌刻在每一个中国人和海外华人文化血液里的家谱，是中华民族的文化基因始终延绵的原因所在。

故土难离又须离，是今天的全球化浪潮中大多数人必须做出的选择，"家乡"一词本身似乎就已经成了"乡愁"。心系远方，又时刻回望家乡，这种中国式的自立自强，既具传统感，也有时代性。"一匹马、一本家谱"的寓意也因此深邃，它是对漂泊所产生的寂寞失落的安慰，是治愈奋斗过程中焦虑与创痛的良药，更是大步走向世界的中国人最大的底气。

不忘初心，方得始终。习近平总书记说："一切向前走，都不能忘记走过的路：走得再远、走到再光辉的未来，也不能忘记走过的过去，不能忘记为什么出发。"

告别和平镇，把这本"家谱"揣在身上，带着一颗赤子之心，我们继续赶路。

节目编导：蔡丽娜

　　从广西北海市起航，在碧波万顷的北部湾，一路向南，水云天际间，一座海岛宛如碧绿的翡翠浮现在汪洋之中，这就是涠洲岛。涠洲岛是广西壮族自治区最大的海岛，也是中国最年轻的火山岛。大自然的鬼斧神工造就了这里丰富多彩的独特地貌，清澈的海水，细腻洁白的沙滩，千万年海浪冲击形成的海蚀崖，让这座远离大陆的海岛有了一种别样的美。它的美不是刻意营造，更像一股清泉直击心底。

　　"日射涠洲郭，风斜别岛洋"，这是明代著名剧作家汤显祖在游览涠洲的时候留下的诗篇。独特的自然景观，让每一个来到这儿的人，都不

■ 涠洲岛全貌

记住乡愁　第四季（45）
涠洲镇 —— 同船合条命

由得感叹大自然的鬼斧神工。靠海为生的涠洲人世世代代在这座小岛上耕作、生活，他们一起迎接风浪，也共享这一片海天一色的壮美。

一 团结互助 生死与共

涠洲自古盛产珍珠，是古珠池"断望池"所在。晋朝刘歆期所著的《交州记》称："去合浦八十里有涠洲，其地产珠。"历史上涠洲所产的优质珍珠一直是皇家贡品。唐宋以来，岛上居民逐渐增多，世代以捕鱼采珠为生。

明万历年间，皇帝派太监上岛，威逼岛上的采珠人必须在新年来临之际，从"断望池"中采集到传说已久的夜明珠，如果不能完成任务，就要全岛百姓以命易珠。然而，冬季的"断望池"水深不见底，鲨鱼环伺，下池采珠九死一生。

当时，为了岛上人的安危，有两个水性比较好的渔民——符海生和林春生，他们冒着生命危险出海取珍珠。到了断望池边，年长的林春生执意先下海，他腰系长绳，抱起一块石头跳入海中。长绳尽头由符海生在船上拽着，上面系着一小段红布条。过了一段时间，忽然红布条剧烈抖动起来，按照约定，这是水下的采珠人遇到了鲨鱼发出的信号。危急时刻，海生用刀把手臂划破，沉入水中，引开了鲨鱼，春生趁机爬上了小艇，从口中吐出了珍珠。岛上的岛民得救了，可是海生却被鲨鱼吃掉了。符海生用自己的生命挽救了同伴，也挽救了全岛百姓，被岛上人视为英雄。他的遗腹子出生后，乡亲们给孩子起名叫"珠儿"，并且约定，珠儿由林春生和全岛百姓一起供养。

也就是从那时起，涠洲岛上的出海人立下了一条规矩，"同船合条命"，意思是出海的人同在一条船上，生死都是一条命，遇到危险，一条船上的人要同命相连。而涠洲人那份同生共死的勇气还远不止如此。

明万历三十六年（1608年），交趾贼首翁富，率贼船200艘入侵涠洲，许多岛民被海盗裹挟而去，生死未卜。涠洲中军守备祝国泰闻讯后，率战舰前往追击，终于在钦州龙门一带追上海盗，把渔民救了出来。但是由于地形不熟，潮水退去时，来不及撤离的战船搁浅在滩涂上，遭到前来报复的海盗疯狂围攻。祝国泰带领官兵拼死抵抗，掩护岛民们驾驶小船先行撤退。后来被祝将军

■ 村民回忆祝将军解救村民的过程

解救出来的渔民听说他被围困了，渔民认为，同一条船就同一条命，于是他们就停下来赶回去，想把祝将军抢救回来，但最后寡不敌众，全部牺牲。

这一战，虽无一人生还，但他们生死与共的精神，使涠洲岛人在北部湾地区威名远扬，海盗渐渐不敢再来进犯。小岛逐渐安定繁盛起来，成为海上丝绸之路过往船只的休养和补给重地，涠洲岛也慢慢繁盛起来。

清朝末年，为躲避战乱，大批来自广东、广西、海南和福建的客家人陆续登岛定居，由于岛上耕地稀少，面对茫茫大海，狂风巨浪，原本长于农耕的客家人一下子变得无所适从。面对艰险的环境，客家人"一人有难大家帮，一家有事百家忙"的古老传统发挥了作用，大家像客家先人南迁时那样抱团取暖，团结互助，开始了新生活。涠洲岛也由此成为中国唯一的海岛客家人聚居地。古老的"同船合条命"精神又被注入了新的内涵。

岁月更迭，著名的珍珠产地"断望池"已经消失在了历史的长河当中，采珠人的后辈改变了祖辈的生产生活方式，但是团结互助的精神，却深深地根植于海岛人的内心，并且化成了他们生活当中的行动自觉。

二　修建港口　同舟共济

涠洲岛的东面，原来没有港口，附近的渔船回港都要绕到岛的西边

去避风。1986年台风袭击涸洲岛，在涸洲岛东面捕鱼的100多艘小船来不及赶回避风港，被巨浪掀翻，好多渔民遇难。看到乡亲们因为没有就近的港口而遇难，当时只有33岁的陈光权决定，他要用自己的力量为大伙儿建一个港口避风。

涸洲岛东部海边，有一条小沟岔，很多人曾经动过在此建港的念头，但因为此处正对着风暴方向，风急浪高，施工困难，所以都打了退堂鼓。而年轻的陈光权却说干就干，一匹马、一根铁杆、一副手套，开始了他30年建港的奋斗。

在沙滩上建港口，需要大量的石头打基础，陈光权没有石料，就到处找石头来填海。海边的石头运完了，陈光权就把岛上所能用的建筑废料，一趟一趟全拉了过来。刚开始，随着大海的潮涨潮退，安放在沙滩上的石头一步步滑入大海，被沙滩淹没，忙活了一个月，留下来的石头不到十几块。但倔强的陈光权没有退缩，靠着肩扛手提牛车拉，小小的港口终于有了雏形，没承想，1989年的一场台风把他刚刚建好的堤坝全冲垮了。

几十年下来，陈光权摸清了大海的脾气，涨潮时借助海水的力量搬运石头，潮落的时候就清理河道。为了修筑防浪堤，他使用了200多万

■ 陈光权拉石

一趟一趟全拉了过来

块石头，先后累死了 20 多头牛。如今，蜿蜒 300 多米的简易港口，成为附近 100 多艘渔船避风休憩的港湾。当地渔民亲切地把这里称为"马拉港"。

30 年的时光，陈光权用马拉、牛拉、肩扛、手提，为乡亲们缔造了平安，也造就了新一代"同船合条命"的传奇。

三　灭火救船　同生共死

在涠洲岛，客家人祖祖辈辈流传着一句"轻霜打死单根草，狂风难毁万木林"的谚语，越是到了关键时刻，涠洲人越能团结起来，共同维护大家的利益，这种思想潜移默化地影响着每一位涠洲人。

2016 年 10 月的一天，北海侨港镇渔港，有一艘渔船突然失火，无法控制，径直漂向周围的渔船。情况危急，如果不能从密密麻麻的渔船中

■ 骆春伟救失火渔船

及时拉出这艘起火船只，一旦火势蔓延，渔港内 560 多艘渔船都将遭遇灭顶之灾。就在大家束手无策时，一位民警拿起一根缆绳跳进了海中，然后把绳了的一头咬在了嘴里，奋力地向失火船只的方向游去，这位民警就是从涠洲走出来的警官骆春伟。

在骆春伟的带领下，很多渔民也纷纷跳入水中参与救援，顶着浓烟和烈火，骆春伟和随后游来的四位渔民一起，成功地把缆绳绑到了失火的船上，岸上的人们迅速把失火船拖向岸边，扑灭了大火。560 多艘总价值 33 亿多元的渔船，5000 多渔民的生命财产获救了，但骆春伟，却再也没有回来。

骆春伟的行动体现出涠洲岛人长期坚守的"同船合条命"的可贵之处，那种在共同利益面前，牺牲自我的利益，用小我来成就大我的精神，令人敬佩。

四　援助游客　休戚与共

如今的涠洲岛，因其秀美的海岛自然风光和淳朴的人文环境，吸引了越来越多的游客前来观光。岛上有 700 多家民宿，2000 多名外地人在此创业生活。涠洲人用宽厚平和的心态接纳了他们，不分内外。岛上的人们团结互助，和睦相处，给涠洲岛带来了新的发展。

地处茫茫大海之中，涠洲岛经常遭遇台风。2014 年 7 月，强台风"威马逊"来袭，15 级的狂风挟持着暴雨横扫涠洲岛，岛上 1000 多间房屋受损。当时在涠洲岛经营民宿的湖南姑娘莫小鱼和爱人小陈，蜷缩在屋里，感觉到前所未有的恐惧。幸好镇上居民组成巡逻队及时赶来，为这些没有抗台风经验的外乡人排忧解难。小莫家的门窗得到加固，心情也平静了下来。

狂风一刮就是十多天，岛上交通中断，水电瘫痪，涠洲岛一时间变成了孤岛。当时，有 200 多名游客滞留在涠洲岛石盘河村，面临断水断粮的困境。涠洲岛的乡亲们看到这种情况，自发伸出了援手。

■ 涠洲人同游客一起吃饭

乡亲们把自家仅存的大米都拿了出来，和游客们同饮一杯水，同吃一锅饭。在他们看来，来到了岛上就是一家人，既然遇到了台风，大家就要"同船合条命"，共渡难关。

涠洲人的善心善行也感动了在岛上创业的异乡人,他们都说,同在涠洲岛,就要同做涠洲人。投桃报李,莫小鱼和她的同伴自发组织了一个"爱心小分队",定期到村里照顾当地孤寡老人,坚持到海边清洁海滩,为自己的第二故乡尽一份心,出一份力。

涠洲岛人长期坚守"同船合条命"这样的一个老规矩,是因为他们在长期的苦难和磨砺当中明白一个道理,小至一个岛,大至一个国家,乃至全世界,人们是休戚与共的共同体,大家命运相关、祸福相依,唯有团结互助、努力奋斗,方能生生不息。

涠洲岛是需要用心来倾听的,当涛声回荡在大海和礁石之间,当小巷子和院落里传出了祖辈的遗训、父辈的叮咛,你会感觉,仿佛这所有的奇景,都被注入了柔软的灵魂。在这座小岛上,每天都有人带着好奇和希望而来,也每天都有人登船离去。时代在日新月异地变化着,但是涠洲岛人同舟共济、守望相助的精神,却会永远长存,并且在沧海桑田当中,留下温暖的印记。

编 导:吴红宇 主持人:李七月
撰稿人:苗雨欣 指导撰稿:庞慧敏

马牧池位于山东临沂市北部，地处沂蒙山区的核心地带，一面是绵延起伏的青山，一面是静静流淌的汶河。历史上，沂蒙山区常年缺水，但汶河却从不断流。明朝中期，汶河附近的山道成为沂蒙山区连通外界的重要驿道，过往的官员、客商在这里歇脚饮马，附近的军队也常来此放牧战马。淳朴的百姓们垒坝拦水，修起一个个饮马的池子，为休憩的路人带来一处荫凉和补给之地，当地因此被称为"马牧池"。

一方水土养一方人，儒学作为齐鲁文化的核心，影响了世世代代的沂蒙人，奠定了其仁义敦厚、公忠体国的高尚品格。三国时期的蜀汉丞

■ 汶河

相诸葛亮，生长在汶河畔。少年诸葛亮在父亲和叔叔的教导下，阅读了大量儒学经典。刘备病危托孤，留下"若嗣子可辅，辅之；如其不才，君可自取"的嘱托。尽管刘禅终不得志，但诸葛亮从未动过取代刘禅的念头，至死都不曾背弃诺言。诸葛亮死后被追谥为"忠武侯"，成为中国传统文化中忠与智的代表人物。

一 战火纷飞万里迎，水乳交融养育情

在那个烽烟四起的年代，马牧池因其四面环山、易守难攻，而成为兵家必争之地。20世纪30年代，中国共产党在此建立根据地，领导山东人民发动了抗日武装斗争，组建起八路军山东纵队。大批共产党员从延安来到山东，八路军115师师部和部分主力也先后进入沂蒙山区。

八路军的到来，让沂蒙山里的乡亲们，看到了一支不同于以往的军队。自从家里来了共产党八路军，水缸永远是满的，院子也总被打扫得干干净净。村子里的大姑娘小媳妇第一次走进学堂，不仅有了自己的名字，还学会了识字读书。减租减息的土地政策，更是极大地减轻了当地百姓的负担，在国统区、敌占区每亩地要交八十斤、上百斤的租子，而在沂蒙山根据地仅需要交十几斤。

在山东省蒙阴县孟良崮战役纪念馆里有一组沂蒙母亲塑像，向人们形象地讲述了那段动人的军民鱼水情。

驻扎在马牧池的八路军不仅发动群众组织农业生产，更随时提防进犯的敌人。只要听到枪响，"队伍上的人"就会先把老百姓掩护起来，自己舍命冲在前面。而他们年幼的孩子，却因为不断地奔波而营养不良，一个个面黄肌瘦，有的甚至生了重病。

看到这种情况，当地的老百姓也甚是心疼。于是，王换于向徐向前司令员建议，成立地下托儿所，把烈士和干部的子女分散到农户家抚养。

那时，徐向前、罗荣桓、朱瑞、黎玉等人当时都住在王换于家里。罗荣桓元帅的儿子罗东进出生三四个月就被母亲带到山东，住进了王换于家。当时住家里的孩子有几十个，大的七八岁，最小的刚出生3天，

很多正在吃奶。王换于带着两个儿媳一起挨家挨户打听，谁家有正在哺乳的妇女，就帮忙给队伍上的孩子喂上几口。由于吃奶的孩子多，奶水越来越少，儿媳张淑贞就让自己的孩子喝粥、吃粗粮，让八路军的孩子喝奶、吃细粮。托儿所办了 3 年多，先后哺育过 42 名烈士子女和八路军后代，这些孩子无一伤亡，但张淑贞的一个儿子却因为照顾不周不幸夭折。

■ 孟良崮战役纪念馆的沂蒙母亲塑像

■ 罗东进将军

在张淑贞和婆婆看来，自己的孩子没了，还能再生，但是军人们如果在前线牺牲，孩子又没了，那就断了根了。那些孩子是革命的后代，拼了命也要养活。

70 多年过去了，受马牧池居民养育的革命后代们也从未忘记那份刻骨铭心的恩情。"那时候大爷大娘喂孩子怎么喂啊？跟大鸟喂小鸟一样，我们就趴在大娘大爷身上，嘴对嘴地就这么吃。我们在山东就是这样大爷大娘一口一口地把我喂大的。"说起当年马牧池的乡亲们对自己的养育，罗东进将军依然格外激动。

那些被乡亲们带大的孩子曾多次回到马牧池看望他们的"娘"，也有很多人提出要把"娘"接到城里生活。但马牧池的这些"娘"却不愿离开故土，更不愿给"孩子们"添麻烦，在她们看来，八路军是给老百姓打江山的队伍，哺育抚养他们的孩子就是在尽一份仁义之心。

马牧池居民隋学彦说："咱祖祖辈辈，从老一辈就传下来的，老祖宗说的得讲仁义、讲义气，你对我好，我就对你好，你敬我一尺，我就敬你一丈，咱不能做对不住人的事。"

烽火岁月中，马牧池谱写出一个个军民鱼水情的动人故事，而在这里所孕育出的沂蒙精神更是不断地鼓舞着人心，激励着后人。然而，当我们走进它就会发现，这方水土所承载的不仅是红色的记忆，更有悠久的历史和文化。那些沉淀在千年时光当中的往事，始终不曾被人们所遗忘。

二 此时无声胜有声，军民鱼水难忘恩

在马牧池处处可以看到人们拥军爱军的历史印记。当年沂蒙山的老百姓们住在由石头砌成、茅草做屋顶的尖顶圆形小屋里，当地人称它为"团瓢"。就在这极其简陋的小屋里，不知道掩护了多少八路军伤病员，让他们伤愈重返战场。

明德英是一位哑女，抗战期间，家里的房子被日本兵放火烧了，她和丈夫在一片树林旁搭起一间团瓢，靠种点零星田地糊口。

1941年11月的一天，大批日伪军包围了驻扎在马牧池的八路军山东纵队司令部。战斗一直打到第二天中午，八路军小战士庄新民在战斗中身负重伤，被出门挖野菜的明德英发现了。她把受了伤的庄新民背回家，把他放到一个土炕上，他出血过多，奄奄一息，嘴唇干裂。当时烧水来不及，情急之下就用自己的乳汁一滴一滴地滴在小战士的嘴里。没有人知道，这位年轻的哑女解开衣襟的那一刻在想什么，但是，在那个封建思想还很严重的年代，一个女人用自己的乳汁救活了一位八路军伤员，无疑让今天的人们看到了人性的光辉，知道了什么是当年的军民鱼水情。

由于担心伤员会被敌人发现，明德英和丈夫就把他藏在屋后林地的一个空坟里。她和丈夫杀了家中仅有的两只鸡，做成鸡汤，一口一口地喂给庄新民喝。在明德英夫妇的精心照料下，半个多月后，庄新民就伤

舞剧《沂蒙颂》片段

"最后一碗米送去做军粮"

■ 舞剧《沂蒙颂》

愈归队了。如今的马牧池建起了红色影视基地，乳汁喂伤员的故事后来在这里被改编成舞剧《沂蒙颂》，广泛传播。

当年，沂蒙山区流传着一首民谣"最后一碗米送去做军粮，最后一尺布送去做军装，最后的老棉袄盖在担架上，最后一个亲骨肉送他上战场。"八路军 115 师刚到山东时只有 7000 多人，短短一年多时间就发展到 7 万多人。

三 共保家国两平安，红嫂同心见肝胆

家园被毁，国将不国。沂蒙人看到是八路军舍命保护自己，像亲人一样对待百姓。山东人向来知恩思报，即使是女人，也愿倾尽全力为这支支援着人民的军队无私奉献。

1947 年 5 月，陈毅、粟裕指挥的华东野战军包围了国民党整编 74 师，发动了著名的孟良崮战役。在这场包围与反包围的拉锯战中，决定胜负的关键因素就是时间。

汶河是战斗的必经之路。为了让部队尽快过河，5 月 12 日傍晚，妇救会长李桂芳接到了紧急命令，5 个小时内，在汶河上架起一座桥，保证部队顺利通过。可当时，村子里的男人们参军的参军，支前的支前，家里只剩下老人、孩子和妇女。时间紧迫，也没有架桥材料，紧急时刻，李桂芳找来 32 名妇女，抬着自家卸下的门板，蹚入凉气袭人的河中，搭起了一座"人桥"。

五月的汶河，正值桃花汛期，水量很大。天气虽已转暖，但夜晚的河水依然凉气袭人。32 位沂蒙红嫂用自己屡弱的身躯扛着门板，也扛起

了一条通往胜利的道路。

当最后一名战士从桥上通过后，红嫂们被河水冻得全身麻木，相互搀扶着才爬回到岸上。在这些女人中，有的落下了残疾，有的怀有身孕不幸流产，终生没有生育……

■ "红嫂"

在沂蒙老区，"红嫂"是一个光荣的名字。在展厅当中，我们看到的这些照片，有的标注了名字，有的只留下了像"傅大娘""李大娘""段大娘"这样一个简简单单的称呼。但是她们被人们统统亲切地称为"沂蒙红嫂"。可以说，当年女人们撑起了后方的一片天，男人们则拿起枪、推上小车走上了前线。

爱憎分明，就是你敬我一尺，我敬你一丈，是进入沂蒙人血脉当中去的东西。当时的沂南县一共只有 28 万人口。但在鲁南战役、莱芜战役、孟良崮战役和淮海战役中，却出动了小推车 1 万多辆，民工十几万人次。很多支前民工，跟随部队渡过长江，完成任务后又默默地回到家乡，守着自家的老宅和几亩薄田，过着清贫却安心的日子。如今，马牧池 90 岁以上的老人有 95 人，百岁老人有三位，他们几乎都参加过支前。当年，他们无私无畏地支援革命，为后世子孙谋得一份安宁与幸福，自己也健康长寿地享受美好新生活。老人们常说，人有善念，天必佑之。人若忠厚，福必随之。在他们看来，今天的幸福日子就是一份福报。

（四） 天下既定民安稳，双手耕耘富裕村

随着共和国的建立，马牧池又恢复到了昔日平静的生活，然而因为这里地处山区，交通不便，所以当地又一度陷入了经济发展的困境。面

■ 王本玉

对贫穷的现状，马牧池人不等不靠，而是凭借着自己的双手，把一片片荒山变成了生机盎然的林场果园。

那时候的马牧池，背靠蒙山支脉北大山，大小村落散布在山坳中。虽群山环抱，风景秀丽，但因交通不便，耕地匮乏，共和国建立后的很长一段时间里，沂蒙山区甚至成为"贫穷"的代名词。

相对于村民的贫穷，做了几年布匹生意的王本玉算是当地的富裕户。他给兄弟几个都盖了房，娶了媳妇，自己家的小日子更是过得红红火火。因为不忍心看着乡亲们过苦日子，1992年，38岁的王本玉放弃了自己的生意，回村做起了支部书记。他说父亲从小就教育他一定要跟党走，打下来天下不易，一定要干点事。

王本玉从个人积蓄中拿出7.8万元钱，买了55吨炸药，在全是石头的大山上炸出了一个个石坑，再填满土，种上果树。两年时间，他和村民们放了7.5万炮，栽了7.5万棵果树。20多年过去了，王本玉回报家乡，带领乡亲们致富的淳朴愿望终于实现了，一半的村民都在县城买了房子。而如今的新立村，已经变成果树飘香的苹果庄园，还搞起了特色旅游，昔日在山地里刨食的农民，转身成为苹果种植大户和传统民俗的表演者，日子越来越红火。

五　感念家乡养育恩，反哺情长似海深

满玉莲是土生土长的马牧池人。因为家庭贫困，14岁就辍学外出打工。但每次想到家乡，总会勾起她一些温暖的回忆。年幼时，同学看她生活困苦，便经常邀请她到家里吃饭，嘘寒问暖的关照让满玉莲感念至今。

前几年，每次回老家，母亲总跟她念叨，谁家的丈夫有残疾，家庭生活困难，谁家的老人有病孩子小，不能外出打工。已经成为外企管理人员的满玉莲觉得，自己应该回到家乡，利

我尽我的所能

■ 满玉莲

用所长帮帮乡亲们。于是，她回到马牧池创办了一家电子厂，优先录用残疾人和妇女。

而正当企业刚刚走上正轨的时候，帮她管理工厂的父亲和哥哥却不幸相继去世，厂房的租金也从原来的6万元一下涨到了15万元。内外交困的满玉莲没有退缩，已经在青岛安家的她，把房子抵押了300万元，买下一座旧校舍改造成厂房，自己也在厂里住下来，她要用个人的力量回报养育过自己的家乡和亲人。

如今的马牧池，既保留着古朴的石板房、茅草屋，也有依山而建的崭新社区。走在悠长的石板路上，仿佛在历史的长河当中穿梭。人们时刻能回想起那段舍生忘死的峥嵘岁月，也能真切地感受到新时代的美好生活。马牧池还建成了影视基地和写生基地，吸引了很多剧组和艺术家前来拍摄采风。镇上的一些农民也摇身变成影视城的工作人员或群众演员。从战火纷飞到繁荣昌盛，马牧池人始终保留着淳朴坚毅的性格，秉承着爱党爱军、无私奉献的革命情怀，谱写着沂蒙红嫂精神的动人乐章。不管是从春秋时期传承至今的儒家"仁义"思想，还是近代"红嫂""水乳交融、生死与共"的无私奉献精神，早已融入他们的血脉，成为他们引以为傲的力量源泉。

编　导：张　琳　主持人：杨　阳
撰稿人：宋　瑶　指导撰稿：李彩霞

有一种力量，叫信仰

电影《芳华》上映的时候，正赶上《马牧池》这集节目的初审。当身穿病号服的何小萍在空旷的操场上独自起舞，当"蒙山高，沂水长"的旋律在电影院中回荡，黑暗中的我，禁不住泪盈眼眶。

是的，正如电影《芳华》宣传语写的那样：有些人有些事"从来不需要想起，永远也不会忘记"。

作为山东籍的编导，沂蒙精神和红嫂的故事我之前做过多次，但每一次与老人们接触，还是会让我生出不一样的感动——战火纷飞的年代，他们像真正的士兵一样殚精竭虑、出生入死；和平时期，他们退守乡野，耐得清贫却不向国家提半点要求。有多少次，他们拖着年老病弱的身躯执意把我们送到村口，车子远去，还能看到老人像雕塑般伫立在风中……

面对这些老人，作为媒体人，我觉得我有责任有义务把他们的无私奉献和默默坚守通过更大更高的平台传播出去，让更多的人知道在轰轰烈烈的革命战争背后，还有这样一群人倾尽全力地支援着革命。

节目前期调研的时候，我第一次走进百岁红嫂张淑贞老人家。因腿伤卧床多日的老人见到我们的第一个反应就是一边翻找口袋一边念叨："我的党费呢？我的党费呢？"如若不是亲眼所见，我一定以为这只会出现在文学或影视作品中。但这一刻，我一下就理解了张淑贞老人为什么能够舍弃自己的孩子，也要养大八路军后代。因为这是一种信仰，是对共产党八路军发自内心的

爱戴和坚定的追随——共产党为老百姓打天下、谋幸福，我们
要保护好他们的孩子，不能让革命后代断了根！

在革命战争年代，马牧池"家家有红嫂，村村有烈士"。走
在极富沂蒙山特色的街巷、院落中，但凡80岁以上的老人，大
都参加过"支前"。他们安之若素地生活在乡野农家，做些力所
能及的针线、农活，布满皱纹的脸上散发出的安详与满足直抵
人心。

我们拍摄的另外一位95岁红嫂高振荣，听力不好，脑子
也有些糊涂了。但当我和她儿子聊起当年做军鞋支援前线的故
事，坐在一旁的老人竟拿起桌上的针线给我们示范起来……说
实话，我当时眼睛一下就湿润了。好像正应了那句话——纵然
忘记了整个世界，那些刻骨铭心的过往还是会不经意地浮上
心头。

当拍摄完毕告别的时候，一直靠坐在墙角的老人在儿媳的
搀扶下站起来，执意要将我们送到门口，并一个劲儿地说"谢
谢你们！"儿媳告诉我们，她是谢谢我们来看她！我张开双臂，
把身形佝偻的老人紧紧拥在怀里，对她说："奶奶，是我们该谢
谢您！您一定好好活着，活过一百岁！"这一刻的我，无比真
诚，也绝对地发自内心！是的，正是他们奉献了自己的芳华，
我们的芳华才得以安然绽放。

片子中当代故事的代表人物满玉莲是土生土长的马牧池
人。这个14岁就因家庭贫困辍学打工的女人也有自己的信仰，
她的信仰朴素而坚定，那就是回乡办一家企业，让乡亲们可以
在家门口打工挣钱，孩子们再也不用做"留守儿童"。

我曾经设计了这样一个镜头：万籁俱寂的夜晚，漆黑的乡
村小路路口，一座三层楼的厂房只有一盏灯孤独地亮着……这
就是满玉莲和她克服万难也要坚守的厂子。我曾经问她，一

个女人舍弃了青岛宽敞的公寓和温暖的家，一个人守着夜晚的厂房害不害怕？她呵呵笑着说："不怕，我有电棍防身！"同为女人，我分明看到了故作坚强背后的一丝胆怯和对儿女深深的牵挂。

在马牧池，我们时时被一种信仰的力量温暖着、感动着。过去，这种力量来自对中国革命必胜的坚定信念；现在，这种力量源自建设美好家园的希望。

有一种力量，叫信仰。或宏大，或朴素，但都异常坚定！在一代代马牧池人心中生根、发芽，开出最美的花。

节目编导：张　琳

贡川镇

心底无私
天地宽

位于福建省永安市的贡川古镇，在青山翠竹的陪伴下，已经走过了1200多年的时光。唐朝开元年间，御史中丞陈雍辞官后决定在此处颐养天年。定居在此的陈氏族人给这里带来了袅袅炊烟，越来越多的人来此定居。由于沙溪与胡贡溪在此交汇，水利交通发达，这里逐渐由一个叫"挂口"的小村发展为繁华的集镇。到了宋代，由于这里出产的莞（guān）蒲草坚韧而富有弹性，制作出的草席舒适耐用，作为贡品进献宫廷。"献贡物品、川程遥之"，因敬献"贡席"，这里被赐名"贡川"。

■ 贡川古镇全景

记住乡愁　第四季
贡川镇——心底无私天地宽

■ 贡川镇

贡川盛产翠竹，满山翠竹好像是一幅秀美的山水画。作为花中四君子之一，"竹"所代表的高洁、无私的品质影响着贡川人，引领着贡川人繁荣至今。一衣带水、古桥城墙、宗祠故居、青山翠竹……处处浸润着这座古城的气质，影响着这里的儿女，积淀在精神深处。

（一） 陈瓘正直无私勇谏言

《资治通鉴》作为我国第一部编年体通史，在史书中占有重要地位。"鉴于往事，有资于治道"，在宋英宗和宋神宗的支持下，历时19年，该书得以编纂完成。作为一部经典著作，它不仅渗透着治世思想，也在传统文化中有重要作用。这样一本书险些

■ 陈瓘雕塑

陈瓘是陈雍的第十一世孙

付之一炬，能够流传至今有赖于陈瓘（guàn）的正直无私、据理力争。

陈瓘是陈雍的十一世孙，北宋神宗年间考中探花，入朝为官。宋徽宗时期，皇帝沉迷于书画，不理朝政，把国家大事交给宰相蔡京处理。蔡京利用皇帝的宠信，结党营私，迫害朝臣。如有不从，轻则乌纱不保，重则就会引来杀身之祸。当时，蔡京一党故意诋毁司马光，想把他所著的《资治通鉴》付之一炬。刚正不阿的陈瓘挺身而出，三番五次向皇帝冒死进谏。他以书的序是由宋神宗所写为理由，力谏皇帝，最终使这部巨著得以保存下来。但这件事也使陈瓘得罪了权倾朝野的蔡京，被蔡京一党罗织罪名，贬出京城。不仅如此，他们还指使内侍黄经臣把他关进了监狱。尽管经受严刑拷打，陈瓘还是不屈服，而且大声地申辩说"蔡京奸邪，必为国祸"，"唯消朋党，持中道，庶可以救弊"。陈瓘之言字字铿锵。这份公而忘私、一心为国的忠义之举深深震撼了黄经臣，不仅停止了刑罚，还把实情上奏给了皇帝，陈瓘最终得以无罪释放。

■ 陈氏大宗祠

陈瓘永不低头的风骨，使得蔡京一党极为恐惧，把他视为眼中钉肉中刺，不断构陷诬害。在陈瓘为官的40多年中，他被贬黜放逐23次，经历8个省19个州县，最终于1124年客死他乡，终年67岁。两年后，宋钦宗继位，蔡京一党遭到肃清，陈瓘则被追封为谏议大夫。

古镇百姓感念于陈瓘的正直无私，把他供奉于家乡的祠堂之中。陈氏宗祠外，大片竹林如陈瓘千古不屈的风骨，风吹不折、雨打不弯，永远激励着后世子孙。

二 笋帮商会让利于民促公平

"古镇越千年，地富人贤，宗祠庙宇聚神仙。画栋雕梁今犹在，竹巷桥边。干笋入生鲜，商贾趋前，公平石上立威权。浙沪湘琼销海外，帮栈迁天。"自古以来，竹制品笋制品是贡川最具特色的物产，这里一直是闽笋交易的重要集散地。

明末清初，贡川的竹笋大获丰收。各地客商纷纷前来采购。但市场热闹了没多久，就陷入了混乱。商人为了获利，努力压低收购的价格。辛苦一年的笋农们，只能得到微薄的收入。一时间，怨声四起，买卖双方矛盾激化，闽笋交易市场陷入混乱。

虚而有节、刚直无私是竹向来的风骨，也浸润着以竹谋生的古镇人。清顺治二年（1645年），古镇商家决定共同抵制外来客商的恶性压价，笋商杨宫与严季平带领当地笋商集资，成立"笋帮商会"，制定详细的从收购到经销的完整制度，秉承着公正无私的原则，确保笋农跟笋商的利益。同时筹建"笋帮公栈"作为交易集中地。

各地客商纷纷前来采购
■ 笋帮公栈

"公平石"的美誉
■ 公平石

自此之后，每年闽笋收获季节，笋商与笋农，都会聚集到笋帮公栈。大家一起商议收购价格。确定之后，商会会长会站在一块丹霞石上，宣布结果，而此后的一年时间里，所有笋商收购的价格不能低于此价。

在大家的共同努力下，贡川逐渐成为当时中国最大的闽笋交易市场。到了清道光年间，这里的笋制品又走出了国门，远销到日本、马来西亚等国家，古镇因此繁荣一时，而这块丹霞石，也被当地百姓赋予了"公平石"的美誉。几百年的沧桑过往，丹霞石板逐渐被磨去了棱角，但"公平无私"的精神却一直传承了下来，潜移默化地影响着一代代古镇人家。

三　李宝焌散尽家财造飞机

20世纪初的中国，在西方列强欺压之下积贫积弱，无数仁人志士都在寻找救国之路。

许多人都知道，旅美华侨冯如是第一个自选设计、制造飞机并驾机飞行的中国人。可是很少人知道，中国大地上第一架中国人自制的飞机却出于贡川人之手。他就是中国航空先驱李宝焌。

■ 李宝焌雕塑

1904年，年仅18岁的笋商之子李宝焌（jùn），从报纸上看到美国莱特兄弟发明了飞机，十分震惊。他从中看到了一条强国之路。为此，他和同乡刘佐成留学日本，学习飞机的制造和飞行技术，希望能通过努力，为中国造出自己的飞机，与船坚炮利的西方列强相抗衡。

1910年，两人学成回国，他们把自己的积蓄全部拿了出来，投入飞机的制造中。但这些钱对丁造飞机来说不过是杯水车薪。万般无奈之下，李宝焌回到家乡，向父兄求助。李家是贡川有名的笋商，家境还算殷实。李宝焌的父亲和哥哥觉得造飞机这件事情，有利于国家，当即决定，就算家族会因此变得一贫如洗，也要义无反顾地支持。为了筹措资金，李家不仅变卖了在福州、上海的商铺和家里的田地，还向上海的笋行借了一大笔钱。古镇的乡亲们听到这个消息也纷纷送来财物。家乡人无私的帮助给了李宝焌极大的力量，他临行前，含泪叩别父亲，说："今天我走着出去，明天我要飞着回来！"

1912 年 3 月，一架凝聚着贡川人爱国之心的飞机在南京腾空而起，翱翔于蓝天白云之间，这是在中国国土上制造的第一架成功起飞的飞机，李宝焌也因此被后人誉为中国航空业的先驱。

然而，令人惋惜的是，1912 年 10 月，年仅 26 岁的李宝焌积劳成疾，病逝于南京。虽然没有实现当年驾着飞机飞回故乡的愿望，但他留下的技术资料，却成为一笔宝贵的财富，为中国的飞机制造业发展打下了坚实的基础。

近代中国内忧外患，向来懂得国家利益高于一切的贡川人民在民族危难之际，始终无私无畏，为救国强国贡献自己的力量。

四　笋商义捐笋干巧救民

1937 年 7 月，抗日战争全面爆发，中国东南沿海惨遭日军铁蹄蹂躏。福建省政府立即组织民众内迁，但是如果内迁途中日本军舰突然进攻，就会引发混乱，后果不堪设想。关键时刻，贡川笋商挺身而出，救民于水火。

当时，有很多贡川笋商在福州做生意。危急的时刻，大家聚在了一起，商量如何渡过难关。其间，一位叫陈广选的笋商提出了一个办法：把笋干用绳索串起来，投入闽江入海口。笋干遇水膨胀，体积会变大，同时它的韧性很好，日军军舰的螺旋桨绞上笋干就很难摆脱。

■ 贡川笋干

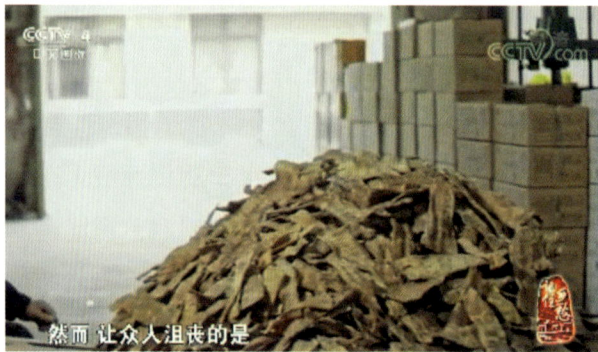

然而，要想成功

阻止日军军舰，仅凭几个人的力量是远远不够的。陈广选连夜赶回贡川，吩咐家人，把自己库存的所有笋干拿出来，又召集留在贡川的笋商，向他们说明了情况。在陈广选的动员下，古镇里的所有笋商纷纷盘点自己的库存。即便如此，还是不足以凑够数量。

笋商们一筹莫展，第二天打开门却发现几十个笋农等在家门口，后面停着几十车的笋干。原来，一夜之间，陈广选准备用闽笋填海来阻止日舰的计划，传遍了古镇。天还没亮，当地笋农们就自发地把自己全部家当装上车，送到陈家门前。几十车笋干，堆成了一座座小山。仅仅用了一天的时间，陈广选就在家乡筹集了30船，近30万斤笋干。他连夜起程，前往福州，并把它们全部投放在闽江入海口。

果然如陈广选所料，当日本军舰抵达闽江口时，几艘走在前面的日舰螺旋桨就被笋干缠绕住了，进退不得，其余船只也不敢再向前行驶。

30万斤笋干，是贡川笋商和笋农几年的产量，古镇人却义无反顾地把它们全部投入大海，成功为福州居民的内迁赢得了宝贵的时间。古镇人深知，没有国，哪有家。当国家面对危难时，每一个贡川人都挺身而出，凝聚成一股强大的力量，救国救民于水火。

如今的贡川人则用无私奉献的精神，扛起了建设家乡的重任。无论是20世纪60年代建设电灌站，还是如今修缮古城墙。不计报酬，不计得失，古镇人齐心协力把家乡建设得更加美好。一块块的古城砖，见证了每一位贡川人无私无畏、奉献家乡的精神，共同筑成了贡川的精神城墙，筑造了这方水土的精神气质。

一方水土养一方人，贡川的漫山翠竹滋养了贡川人独特的精神气质。为官者把刚正不阿、正直无私的风骨和气节带入朝堂之上；笋农笋商在生意场上光明磊落，正直不欺；国家危难之时，无论是学者还是商人，都通过自己的方式，挺身而出，各尽所能，无私奉献，救国救民；再建家园时，他们可以摒弃私心，不计得失，添砖加瓦。心底无私天地宽，一代代贡川人始终传承着古老的文化，把这座闽中小镇打造成一方绝美的热土家园。

编　导：李晓晖　主持人：宫柏超
撰稿人：赵　越　指导撰稿：李彩霞

古堰画乡

山水相伴
和谐共生

　　古堰画乡位于浙江丽水，是一座有着1000多年历史的小镇，古堰是指通济堰。古堰画乡位于川流不息的瓯江两岸，一路东去的江水，把小镇分成了两个部分——古堰和古街。历史上，堰和街之间没有道路，人们往来穿行只能靠船。舟楫轻摇，日复一日地穿行在如画的景致间。

　　古镇因水而兴，历史上一直是一处商贾云集、百工集聚的繁盛之地。作为瓯江中游的重要码头所在地，自南宋起，来自上游的龙泉宝剑、青瓷和茶叶等货物，都经由此处转运各地，古堰画乡逐渐成为周边地区的货物集散地。

■ 古堰画乡

往事越千年，如今，这座藏匿于浙西南群山之中的古镇，沐浴着这山的葱郁和水的灵秀，与自然和谐相处，既有着远离都市繁华的宁静与质朴，又到处充满着浓郁的生活气息。悠悠的古道两旁，一栋栋明清时期的老宅，经营着传统美食和民宿；风景如画的瓯江之畔，成了学生和画家写生的好去处。

一　穆龙舍命修大坝

古镇人富足安定的生活与 1000 多年前修建的古堰"通济堰"密切相关。

丽水地区过去大部分都在山区里，而山下面的碧湖周围有一片 60 平方公里的平原，但是旱涝常发，粮食产量低。为了提高当地的粮食产量，南朝天监年间（502—519 年），朝廷在这里修建了一座通济堰，每天 20 多万立方米的水，通过堰坝，分成 48 排，321 条毛渠像人的血管一样，分布在碧湖平原，旱涝保收。

但没过几年，问题就出现了。当初修建堰坝时，人们为了就地取材的便利，所使用的大多是周边山林里出产的木料。每年一到雨季，木质的大坝就会被冲毁，当地百姓为了确保农田的灌溉，只能不断砍树，修补堰坝。年复一年，为了粮食的丰产，山林遭到无度砍伐，危机悄然而至。南宋开禧元年（1205 年），连日暴雨引发了泥石流，一场前所未有的洪水，不但再一次冲毁了堰坝，也让许多人失去了家园。当时，在朝为官的何澹，在回家探母的途中路过这里，看到眼前的惨状，他放弃了回家省亲，马上赶回朝中请旨，调拨三千兵士，重修通济堰。但如何能既解决农田的灌溉，又保护周边的水土，成为困扰何澹最大的难题。就在他苦恼万分的时候，当地一位名叫穆龙的年轻人提议木坝改为石坝。不但能保持坝体的稳固，还能减少对山林的破坏。于是何澹和穆龙带领大家开始了垒坝的工程。然而，就在石坝快要完工之时，坝体出现了垮塌，之前所有的努力都付之东流。为了查明原因，他们找来熟悉水性的兵丁潜入坝底查看，这才发现河床中竟藏有一个暗洞。修坝怕的就是遇到水下暗洞，人们尝试了很多的方法，都收效甚微，工程一度停滞下来。看着大家一筹莫展的模样，穆龙让人找来一个大竹篮，装上石头，两端系上绳子，自己拉着一端，岸上的人牵着另一端，靠他在水下的牵引，把石块推向暗洞。在湍急的江水中做这样的尝试，旁人纷纷表示这样做十分危险，但穆龙为了全镇人的安危，毫不犹豫潜入水中，结果下去以后，只见鲜血马上涌了上来。穆龙在生命的最后一刻，用尽全力把石块推向了暗洞，而他也永远地长眠在水底，他的身体化作了大坝的一部分，日夜守护着这方古堰。

穆龙用智慧和生命为家乡留住了一片青山绿水，他的精神也伴随着奔腾的江水，融入每一个古镇人的心中。在石坝修好后的 800 多年间，古堰画乡再也没有发生过大的灾害，人们默守着与自然和谐相处的生存法则，在这方山水间世代耕耘，永续发展。

二 诸葛长友忘我守大坝

古老的通济堰流淌了 800 多年，涓流的江水灌溉着这片土地，也给当地人带来了富足的生活，人们对古堰有着特殊的情感，小镇中，至今还保留着一种古老的职业——护堰人。

■ 通济堰

已近花甲之年的诸葛长友，就是古镇里的护堰人，从 16 岁跟随父亲一起守堰的那一天起，他的日常的工作是检查大门木板有没有被水冲走，下了多少雨，涨了多少水位，在这座堰坝上已经走过了 40 多年的时光。因为常年坚守在堰坝上，诸葛长友的大多数时间，都在和石头打交道，很少与人接触，性格稍显木讷，不太善于表达，但在他的心中，却把这方堰坝看得比生命还重要。

10 多年前的一天，半夜突然下起了暴雨，诸葛长友和父亲看到雨势太强，知道情况紧急，连雨衣都没穿就冲出了家门。原来闸门是用木板一块一块叠上来的，风大雨大，如果

■ 护堰人诸葛长友

等天亮超过了水位的话根本就把它关不起来，下游整个碧湖平原的农田就要被淹的。但是深夜里合闸，水位本身已经超过了警戒线，泄洪冲闸的可能性极大，人随时会有生命危险，诸葛长友和父亲为了守护这一方家园，冲入暴风雨中成功地把堤坝的闸门合拢，为小镇避免了一场大灾难。

40 多年的光阴，1.5 万多个日日夜夜，诸葛长友在这方堰坝上走过了他人生中最珍贵的时光。古往今来，一代代古堰画乡人就这样遵循着祖辈的传统，守护着这方山水，和青山相伴，与碧水同行。

（三） 心存敬畏护自然

起伏的群山，伴随着东去的碧水，构建出一处绝美的自然风光，也孕育出一片丰饶的土地。世代生活在这里的人们，对自然心存敬畏，细心呵护，不仅因为这片山水所给予他们的丰富的馈赠，更因为古镇当中一个流传已久的故事。

北宋末年（960—1127 年），宋室南迁，许多原本生活在北方及中原地区的人们为了躲避战祸纷纷迁往南方。相传徐家先祖带领着家族中的几十口人，走到古镇旁一处叫作仙人寮的地方，看到这里背山面水，风景秀丽，是块"风水宝地"，决定在此落脚，修建房屋。为了建造起一座家园，他们开始劈山砍树，开荒种地。一位当地的老人上山捡柴时，看见此景，好意上前劝说："如此不知节制地毁山灭林，必会遭到天谴。"然而，老人的这一番话，徐家人并不以为然。几年的时间过去，村落渐成规模，来到这里定居的家族越来越多，面对那些唾手可得的木材大料，人们也越发贪婪起来。终于，在一个雷电交加的夜晚，那片被他们砍伐殆尽的山体发生垮塌，泥石流倾泻而下，冲毁了整座村庄。正所谓"祸兮福之所倚，福兮祸之所伏"，世间的福祸从来都只在人们的一念之间。看着家园被毁，亲人离世，幸存下来的人们悔恨不已，他们深刻地体会到，人与自然之间那种唇齿相依、相伴相生的关系在冥冥之中自有法度维系，绝不可心生贪念、肆意破坏，否则惩罚迟早会到来。为了弥补自己的过失，徐氏先祖带领大家在村庄周边重新种起了一片片的树林，还定下了严格的家规，日夜守护着这片土地。

如今，每到捕鱼时节，瓯江上就会出现碧水白帆的美景，从远处望去，一艘艘渔船首尾相接，一抹抹白帆倒映水面，应和着蓝天白云和远处的青山，绘制出了一幅天然的画卷。

世代生活在这片江面上的渔民们，与水有着无法言说的亲近。尊天敬地，爱山护水，渔猎有时，幼苗不捕，是这条瓯江上流传下来的古老传统。

林传禄的祖辈就是这水上的渔民，到他这一辈已经是第十代了。祖辈们言传身教的捕鱼规则，深深地烙印在他的心里。随着社会的发展，市场上对野生江鱼的需求量越来越大，面对金钱的诱惑，古镇人并没有放弃自己的坚守，他们严格遵循着休渔期不捕鱼的习俗，但与此同时，外面的一些人却打起了这一江水的主意。为了防止有人偷渔，镇上的年轻人自发组成了一支护渔队。几年前的一天夜里，林传禄带着护渔队在江上巡查结束后，就睡在了船上，半夜，他突然听到了"嘀嘀嘀"的声音，经验丰富的林传禄立刻意识到这是电鱼的声音，在进一步查明情况后，护渔队员们围住了电鱼的船，发现船上有两个网兜，还有一个电瓶

■ 瓯江碧水白帆

和一个电鱼的工具。再靠近船，林传禄才发现，这些电鱼的人中，有一个竟是自己外地的亲戚，亲戚看见林传禄后立马放心了，收拾起东西就要走，没想到老林丝毫没有顾及情面，把他的亲戚和其他人一起交给水上公安，并按规定对他们进行了处罚。

对于古镇人来说，是这一江水养育了一代代的古镇人，守护瓯江是他们的职责所在，不容置疑。

（四） 美美与共善相生

祖先的训诫，后人不敢忘记。在一代代人的细心呵护下，数百年间，这里始终青山环抱，绿水长流。如今，行走在古镇中，沿着江堤还能看到十几棵茂密参大的古樟树，这些郁郁葱葱的树木，根系早已深深地植入江岸，与古镇融为一体，成为一段历史的见证。

前人栽树，后人乘凉；前人栽树，后人守护，这些参天古木历经岁月沧桑，依然生机勃勃、绿意盎然。它们巨大的树冠宛如一只只宽厚的大手，高高举起，为人们遮风挡雨。在古镇人的心中，这些树木就是他们的保护神，护佑着一方的安宁。

世代居住在山水间的人们，对自然有着最淳朴的感情，他们对山水虔诚以待，绿水青山也给予了他们最无私的回报。现在的古堰画乡，每立方厘米负氧离子的平均浓度达到了 3000 个以上，位居全国前列。而在不足 5000 人的小镇中，80 岁以上的老

■ 镇中古樟树

人就有 150 多位，年龄最大的 101 岁，是远近闻名的长寿之乡。

古镇居民雷建华是土生土长的古镇人，这方灵动的山水，赋予了他对美的感知能力。大学毕业后，留校做了美术老师的雷建华，每年都会带学生和朋友回家乡写生，他们到这里来就觉得"这个地方还用画吗，简直就是画嘛"。古堰画乡的美景，随着一幅幅美术作品，走入了人们的视野。就这样，曾经藏在深闺中的古朴小镇，凭借着浑然天成的景致，吸引了越来越多的画家来到这里，他们惊诧于这片世外桃源般的山水，有的在古镇上一住就是几个月，有的甚至在这里开起了画廊，办起了画展。如今，每年来古堰画乡写生的学生就有 15 万人，使小镇成为名副其实的"画乡"。

瓯江之畔，古树参天，游船如织，青石巷里，商铺林立，人声鼎沸，千年古镇以其自信优雅的姿态，立于山水之间，迎接着八方宾客。对于养育自己的这片山水，古镇人始终怀有一份感恩之情，他们依山依水而生，也不忘爱山爱水，千百年来，他们在寻求自身生存发展的过程当中，巧妙地维持着生态平衡，也在不同的历史时期诠释着人与自然的和谐共生。

编　导：李　娜　主持人：杨　阳
撰稿人：郝晓媛　指导撰稿：李彩霞

编导手记

心有敬畏　行有所止

碧水，青山，古堰，白鹭，2017年12月6日，当我第一次来到浙江丽水的古堰画乡时，眼前的景象让我至今都难以忘记。如岱群山环绕着一汪碧水，千年古堰静静矗立，白鹭在烟雾缭绕的水面上缓缓飞过，俨然是一处隐藏在尘世间的世外桃源，世代生活在这里的人们，在绿水青山间把生活过成了一幅画，写成了一首诗。

置身于这如画的景致中，我们在惊讶之余不禁好奇，这方山水在千年时光的流转中，是如何被完好地保留下来的，世代生活在这里的人们对自己的家乡又有着怎样的情感呢？带着这些疑问，我们开始了探寻。

修建于1000多年前的通济堰，是古镇的生命之源，关于它的故事在镇里广为流传，也影响着一代代古堰画乡人。当我们提出想要深入挖掘古堰的故事时，当地请来了80多岁的樊寿康老先生。刚一见面，老先生就拉着我们来到了石坝旁，他说因为正值枯水期，我们才有幸能够看到这座堰坝的本来面目，在老人心中，堰坝上堆积的一块块石条是祖辈守护自然的决心，而长眠于江水中的穆龙，则是古镇里的英雄，他用自己的血肉之躯护佑了这里千百年的繁华与安宁，也给后世子孙留下了一座精神丰碑。我也在这感人的故事中，找到了本期节目的主题所在。从堰坝上来后，老人又带我们来到了不远处的穆龙庙，他告诉我们这个看起来不大的庙宇，却是古镇里香火最旺盛的地方，逢年过节，镇里人都会带上家人来上香，而他自己也会经常带着孙子孙女来到这里，给他们讲讲穆龙的故事，让他们自小就明白只有珍爱家园，敬畏自然，才能把日子过得自在踏实。

从穆龙的故事开始，古镇人心中有了敬畏，他们敬畏天地、敬畏自然，也把这份敬畏之心世代相传，融入了生活的点滴之中。古往今来，他们进山有山规，下水有渔规，生于这方山水中，也尽己所能守护着这方山水。当地人告诉我们，在小镇里至今还保留着一个特殊的职业——护堰人。听到这个线索，我们迫不及待地找到了他，已近花甲之年的诸葛长友因为常年与堰坝相守，不太愿意与人交流，为了让他消除陌生感，我们每天都会去和他聊聊天儿，帮他干会儿活，有时也会和他一起去巡巡堰，几天的接触下来，他逐渐对我们打开了话匣子，说起16岁就和父亲一起守堰的经历时，这个七尺男儿几次湿了眼眶，他告诉我们，这些年一些朋友也曾劝他到外面去走走看看，但他却放不下这古堰，离开一天都觉得心里不踏实。40多年，1万多个日日夜夜，诸葛长友在堰坝上走过了几万公里的路程，也走过了他人生中最宝贵的时光。在与诸葛长友的交谈中，我感受到了古堰画乡人对家乡那份淳朴而真挚的情感，对于他们来说，每天能与青山相伴，与碧水同行，是内心最大的幸福。

人用几分敬自然，自然便用几分报人间。1000多年来，生活在这里的人们，把大自然视为自己最亲密的伙伴，在古镇里，有十几棵郁郁葱葱的千年古樟树，这些树最早是为了涵养古堰堤岸栽种的，在一代代人的精心护佑下，如今密密麻麻的树根早已与河堤交织在了一起，成为古镇的一部分。在我们摄制组拍摄的间隙，大伙儿会很自然地围坐在古树下休息、聊天，这份闲适与安逸对于久居城市的人来说，是千金难买，万分珍贵的。当我们和当地人聊起他们对这些古树的情感时，有一位老乡说得特别质朴，他说这些树从小就陪着他们长大，就像自己的爹娘一样，所以给多少钱他们都不会卖掉，又有谁会卖掉自己的爹娘呢？质朴的话语中蕴含着巨大的力量，内心的敬畏让他们恪守着人生的底线。

进入新时代后，随着社会经济的快速发展，古镇人也曾面临过两难境地，是追求经济利益，还是保护绿水青山，摆在了大家的面前。但自古传承下来的这份敬畏之心，早已内化成了古镇人的一种行为自觉，他们拒绝了一切以破坏自然为代价的致富之路，宁可守着一份清贫，也不愿这方山水毁在自己手中，我想这里的人们是真正的智者，他们的这份理性与克制，最终也为他们带来了丰厚的回报。

心有敬畏，行有所止，在调研和拍摄期间，这句话常常出现在我的脑海中。自然赋予了人类生命，也给予了人们丰厚的馈赠，人们对自然是心存敬畏，还是无度索取，常常只在一念之间。如何能在绿水青山和金山银山间，找到最好的契合点，智慧的古堰画乡人给出了一个精彩的答案。

节目编导：李　娜

安丰镇

民安物丰 以善立人

　　走进安丰镇，仿佛穿越了时空，置身于古朴的明清时代。在这个远离朝堂的小镇，人们世代享受着平和宁静的生活。青石板铺就的七里长街，四方商贾云集。作为盐都，这里到处都有体现与盐有关的印记。抬盐巷、盐仓巷，这曲径通幽的小巷，镌刻着盐文化的历史，也演绎着过往的岁月。

　　安丰古镇，位于江苏省东台市境内，因为地处黄海之滨，盛产优质食盐，早在唐开元年间，这里就成了中国最重要的盐场之一，古称"东淘"。发展到明代，成为闻名天下的"淮南中十场"盐场之一。这里人杰

■ 曲径通幽的小巷

这一条条曲径通幽的小巷

地灵，人文荟萃，最负盛名的当数明代盐民哲学家王艮，清代布衣诗人吴嘉纪，还有政治家、文学家范仲淹曾在这里做官，让"东淘"变成"安丰"，他们的名声都远播大江南北，影响遍及海内海外。

一　范仲淹筑堤抗海帮盐民

"不以物喜，不以己悲；居庙堂之高则忧其民；处江湖之远则忧其君。"朗朗上口的《岳阳楼记》传诵至今，这份忧国忧民的情怀和信仰也贯穿了范仲淹的一生。

北宋天禧五年（1021 年），范仲淹来到安丰担任盐仓监一职，负责淮盐的生产和转销。上任之初，他目睹了一场巨大的天灾。恰逢雨季，海潮倒灌，洪水冲毁了几乎所有的盐灶，饿殍遍野、民不聊生，百姓纷纷携家带口去逃荒。这一幕让心忧百姓的范仲淹悲愤不已，迫切想要改善民生。当他与地方官员协商时，官员对这些灾祸早已司空见惯，他们并不同意，认为这件事既不能从中获利又要耗费心力，不值得做。于是范仲淹直接越权上书，向朝廷提出了修堤捍海的方案。

这一举动惹恼了那些鱼肉乡民的官吏，他们联名告他越职言事，

■ 范仲淹办公的安丰监课司

心忧百姓之苦的范仲淹悲愤不已

不懂规矩。听到这些说法的范仲淹很生气，但是为了让修堤之事得以批准，他解释道，作为一个盐官，老百姓都逃荒去了，没办法收盐，所以修堤完全是分内的事！

最后范仲淹的建议得到朝廷的采纳，天圣二年冬，他找到了驻扎在附近的好友滕子京，征集了4万多士兵和民夫，开始了捍海堤的修建工程。然而，工程开始不久，困难就接踵而至，由于无法确定海堤线的具体走向和高低水平，头一天筑起的堤坝，到了第二天就被冲毁。为此，大家一筹莫展。

五年之后 一条绵延数百里的捍海长堤

■ 修筑好的百里长堤

有一天早晨，他看到妇女在喂猪，猪食桶里放了水和稻糠，用棒子搅拌以后，在桶子上面留下了一个糠的印子，这让范仲淹感到很高兴，他终于想到修大堤的办法了。第二天他带领着大家，往海里撒糠，待海潮退去，糠留在沙滩上形成了一道弯弯曲曲的糠线，人们沿着这道天然成形的糠线打桩，海堤渐渐成型。

辛苦地修筑5年之后，一条绵延数百里的捍海长堤终于横亘在了黄海滩头，锁住了汹涌的海水，盐场和农田从此有了保障，流离失所的灾民开始扶老携幼，重返家园。

这里的百姓终于得到平安，范仲淹颇为欣慰，想了想，跟当地百姓说这个盐场，不要叫东淘了，不然总会受到东边海水的侵蚀。改个名字，叫安丰吧。希望你们民安物丰。

"东淘"变成了"安丰"，盐业生产得到了新的发展，安丰也如范仲淹所愿，渐渐成为一处民安物丰的乐土。据明《两淮盐法志》记载："天下财赋盐利居半，天下盐利两淮居半，两淮盐场三十，而安丰几半之"。盐业的发展，财富的聚集促进了古镇的进一步繁荣，形成了"三关六码头，九坝十三巷，七十二个半庙堂"的壮观景象。大街小巷商贾云集，店行坊馆星罗棋布，八百多家大小铺面，经营着徽州的茶叶、油漆，江浙的绸布，江西的瓷器，中原的旱烟……

范仲淹当年的善举造就了这座苏北小镇的繁荣与富庶。后世的人们感念他的功德，把这座捍海堰称作"范公堤"。在此后的岁月里，随着海水的不断冲刷，堤东逐渐被淤泥堆积成陆地，成为一片沃野良田，造福着一代代古镇人家。

二　王艮创学立院传善于人

王艮生于明宪宗成化十九年（1483年），祖辈都是盐民。在中国古代，盐民不仅要被课以重税，在政治上也备受歧视和奴役。从宋代起，历经元、明、清三代，朝廷都用特殊的户籍管理盐民，不仅对生活、出行、择业有严格限制，他们的子孙后代也要世世代代延续这种身份，永远不能更改。盐民生活的艰辛、身份的低贱在王艮的心中打下了深深的烙印，也激发了他向命运发起抗争的强烈渴望。

有一次，他长途跋涉去山东贩卖货物，在办完了正事后顺道去了曲阜谒孔庙，当他站在圣人像前油然而生一腔豪情，不由得感慨道："夫子亦人也，我亦人也，圣人者可学而至也。"

立下效法先贤之志的王艮回到安丰后，开始一心只读圣贤书，发愤图强的他在38岁时，成功拜入心学大家王阳明门下学习，收获颇丰的他融合了自己的想法创立了"泰州学派"，一时名扬天下。

■ 东淘精舍

当时，许多朝廷大员都纷纷举荐他入朝做官，但皆被王艮拒绝了，他认为"所谓师道立，则善人

多，善人多，则朝廷正，而天下治矣"。这位盐民出身的儒学大家最终选择回到家乡，开办了东淘精舍书院。

东淘精舍以"百姓日用即道，满街都是圣人"为办学宗旨，专门为贫困百姓讲学，不仅不收学费，还管弟子们的食宿。王艮期望此举能够打破当时社会固有的贫富贵贱之分，真正做到有教无类。而他收取的学生，也大多数都是农夫、樵夫、陶工、盐丁。他一不为名，二不为利，只为弘扬"百姓日用即道"的理念。从一言一行中教导人们做善人、做好人。

深深热爱故里的王艮还为安丰定下了一份《淮扬乡约》，这份乡约写道："凡吾乡人，当以善立人，和吾邻里，齐吾渊族，实践良知，畅行道义，敦礼让之风，成淳厚之俗。"乡约一经发布，古镇人无不遵循。

后来有一位叫凌儒的巡盐御史来安丰巡查时，被当地百姓的"和睦善良"所感染，写下《咏东淘》一诗，盛赞古镇皆为"忠孝""诗礼""自在""清白"4种人家。王艮制定的《淮扬乡约》，也被朝廷在两淮乡间推行，被誉为"焕然文明之乡"的安丰，成了江南大地上一座坚实的精神丰碑。

在安丰古街入口处的照壁上，写着"圣土和韵"四个大字。"圣土"，是安丰人对自己家乡淳朴乡风的赞美，而"和韵"，则是安丰人世世代代沿袭王艮的教导，遵守其立下的乡约，恪守"以善立人"的精神内涵的写照。

（三）　吴氏家族为善立人

吴氏家族恪守"以善立人"的祖训，以德为邻，与善为友，代代相传。

元朝初年，在朝为官多年的吴显卿回到家乡，见到安丰久旱不雨，抬盐的苦力口渴难耐，乡邻乡亲用水极为困难，于是，便把自己多年的积蓄拿出来，在镇里修了两口水井，一口修在抬盐巷，供盐工们汲水解渴，一口修在他的住宅边，供乡邻们生活农耕。

到了清朝中期，吴显卿的后人吴嘉纪，他一生为盐民作诗无数，期望能通过这种方式，让世人知晓他们的艰辛，换得世人对盐民的尊重。

其中，吴嘉纪最著名的一首《绝句》是这么写盐民生活的：白头灶户低草房，六月煎盐烈火旁。走出门前炎日里，偷闲一刻是乘凉。这首诗在当时就深受大家喜爱，广为传唱。

这首诗传到了扬州官府里，官员们看到这个诗也很触动，就把它写下来呈给乾隆皇帝看，皇帝看了以后也被感动了，乾隆深深感到盐民生活的困苦，工作环境的恶劣，就特批免掉了安丰这个地区一年的税收。

吴显卿、吴嘉纪等吴氏家族人的善举被古镇人铭记在心，其家族中人也引为榜样，纷纷效仿。今天，从安丰走出去的吴氏后人，已经遍布大江南北，他们也把一颗颗善良的种子播撒到了更广阔的天地。

吴奇杰，是一位终年奋战在塔克拉玛干沙漠深处的石油勘探宣传员。2011 年，他在贵州龙里县工作时，认识了当地五里村的一位小姑娘。这位只有 8 岁的小姑娘不仅每日要生火做饭，还常常帮着大人做些农活，尽管日子过得十分艰辛，却依然刻苦

■ 居民生活用井

读书，渴望用知识来改变命运。吴奇杰心有感触，拍下了一组小女孩学习生活的照片，并把它发到了家乡的论坛。这些照片很快引起了古镇人的关注，善良的人们自发行动了起来。很快，来自安丰古镇的 20 多个包裹、300 多件衣物和 1 万多元的捐款，就寄到了五里村小学，用以资助 7 名贫困学生。

这件事轰动了之后，有记者采访乡民，大家都说："很愿意尽一份自己的绵薄之力，更何况我们老祖宗教育我们要'以善立人'，帮助别人是最快乐的事。"

走在麻石板铺就的街道上，喝着古井中甘甜的清泉，在"圣土和韵"的古碑下生活劳作，善行之风飘荡在古镇的大街小巷，滋润着一代又一代安丰人的心灵。

四　安丰村民以善传善

在古街巷口这有一处回廊，是清朝时安丰乡贤为盐工游客们歇脚休息，遮风避雨所捐建的，这条街道历尽风霜携带着岁月的痕迹，但仍然保持着自己的干净整洁，这街为何会纤尘不染呢？这个故事得从八十年前讲起了。

80多年前丁友珍刚刚嫁到安丰，她的婆婆就要求她和自己一起，每天去沿河的街道扫地。这条街道因为平时常有运草车经过，落下草屑，如果一天不打扫，就会变得一片狼藉。

在刚开始时，丁友珍很不理解婆婆的行为，她觉得这里既然是公共场所，为什么要我们自己来打扫？婆婆一眼就看出了她的想法，一边打扫一边对她说："我们家离得最近，打扫起来很方便，能帮大家一个忙，给乡邻们行个方便，是我们的分内之事啊。如果人人都像你这么想，今后你有了难处，别人也不会帮你的。"听了长辈这番淳朴的话语，丁友珍懂得了与人为善的道理，自此以后，她就一路扫了下去，足足扫了80年，风雨无阻。她不光自己去践行这份善意，也把这份善教给自己的儿子。

丁友珍儿子杨礼广说自己的母亲经常跟自己讲与人好就是对自己好。

■ "天使奶奶"打扫街道

每天去沿河的街道扫地

从桃李年华到期颐之年，80 年的岁月里，丁友珍不知道扫坏了多少个扫帚，扫走了多少尘土，这位被邻里们称作"天使奶奶"的老人，把这一看似微不足道的"小事"，做了整整一辈子。如今，这里的每一条马路，都干净整洁，扫街的不仅有杨礼广夫妇，更有着许许多多年轻的身影。在只有 5 万人的安丰古镇，光是登记在册的各种志愿者，就已经超过了 5000 人。

安丰人的善意是种在每个人心中的一粒种子，不仅仅影响着大家在小事上的态度和做法，这份善意渐渐生根发芽，影响着大家的人生观、世界观和价值观。

安丰人顾海涛就是在这样的环境下成长的，他从小就立志成为一名救死扶伤的医生，怀揣着这份梦想的他努力学习，终于成了一名优秀的心血管专家。

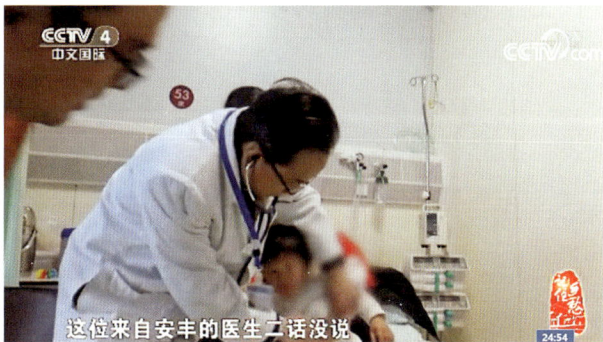

■ 顾海涛自掏腰包给孩子看病

有一次，顾海涛接诊了一个专门来找他看病的外地家庭。为了给孩子治病，这个家庭已经花光了所有的积蓄。看着孩子懵懂而渴望活下去的眼神，这位医生二话没说，自己掏腰包垫付了剩下的医药费。

孩子得救了，面对家长的千恩万谢，顾海涛却怎么也高兴不起来，经过深思熟虑后，他开始发动同事捐款，和一些大型国企合作，牵头筹集慈善基金，为贫困家庭的患儿减免医疗费。

如今，顾海涛作为江苏援疆"润心计划"的专家，已经把善的种子传播到更远的地方。他放弃难得的休息时间，多次带领医疗团队奔赴南疆，培训当地医生，救治先心病孩童。

虽然人在外地，顾海涛依旧时刻惦念着家乡，作为一名医生，父老乡亲的身体健康是他最关心的事情，最近几年来，他已经回来做了近十次义诊。

在他 30 多年的行医生涯中，家乡"以善立人"的文化始终影响着他的一言一行。经过时光的变迁，积善成德的精神已经成为安丰悠悠历史的注脚。走在古镇上，这些不会说话的小巷就像是一个个善与爱的坐标，指引着安丰人不断地前行。

回望历史，安丰质朴的民风，厚重的文化，在古镇上合奏出独有的乐章。范仲淹当年"民安物丰"的期许，早已变成了现实；王艮"以善立人"的精神，还将引领安丰古镇的人们迈进新的时代；吴氏家族秉承传统精神，世世代代坚守家训，在安丰古镇绽放着榜样的力量；安丰人民不分地位高低，把善贯穿始终，也成为星星点点的小善融进名叫"中国"的大海中，飘向更多更远的地方，形成以善为本的格局。

编　导：王诗豪　主持人：宫柏超
撰稿人：雷兆欣　指导撰稿：李彩霞

诸由观镇

扬帆出海
闯出新世界

在山东半岛东北部，广阔的渤海湾畔，有一座向海而立的小镇，它就是烟台龙口市的诸由观镇。它东临蓬莱、西近良港、南依群山、北向大海，镇区地理位置优越且交通便利，成为胶东半岛连接内陆的咽喉要道。2000多年前秦始皇时期，这里就是山东对外交流的重要口岸。明清时期，凭借着水陆运输中转方便的优势，诸由观的工商业逐渐兴盛。

诸由观镇在全国小城镇综合发展水平排名中位列前1000名。多年来，镇党委始终坚持"工业强镇，农业立镇，三产兴镇"的思路，不断强化工业主导地位，稳定农业基础地位，推动全镇经济实现持续快速增长，主要经济指标连续多年位居龙口市首位。全镇目前拥有丛林、龙

■ 诸由观镇入口雕像——"骏马腾飞"

喜、洁月 3 个大型国家级企业集团，8 个合资企业，形成了建材、饮料、纺织、化工、电工机械、汽车配件六大支柱产业。凭借优势的交通条件，镇里的水泥、球墨铸管、化工颜料等产品远销到日本、韩国、美国等 20 多个国家和地区。

波涛汹涌的大海，赋予了向海而生的古镇人开拓进取、敢于闯荡的精神和迎难而上的斗志，激励着他们不断奋勇向前。靠海而居的诸由观先民们很早就开始扬帆远航。诚然，在风险莫测的大海上，唯有"敢闯"才能探索未知，收获丰饶。历代的古镇人也将"闯"的精神深深地烙刻在自己心田……

王成蘭智闯海贸新路线

■ 商人出海图

位于诸由观镇的黄河营港是中国历史上最古老的海港之一，早在秦朝时期，这里的人们就挽袖出征，踏上远洋的征程。清朝时，凭借交通优势，诸由观的工商业逐渐兴盛。古镇人或投身海上捕鱼，或投身商海闯天下，涌现出许多善于经营的强人。

道光十五年（1835 年）的一天，一位商人急匆匆赶到一家叫作"吉元号"的航运公司，求助老板王成蘭。因为他有一大批粉丝要通过海上航线运往广东番禺，但那段时间的广东沿海一带海盗肆虐，没人敢接这单生意。

到底该不该接？接，就能开辟一个新的市场，挣一大笔钱，但是海盗横行，充满凶险。经过万般思虑，敢闯敢干的王成蘭接下了这笔利润丰厚但充满挑战的生意，他铁了心要闯出一条新路。但就在船队快要到达广东海域时，传来了一个坏消息，有货船被海盗洗劫一空，船员也有伤亡，船员们士气低迷。

王成蘭面对如此困境，他没有蛮闯，而是仔细思虑应对的解决措施。他马上从诸由观镇调来一艘空船，装上稻草、沙石，伪装成载满货物的样子，吸引海盗的注意力。而他则押运货船重新规划路线，连夜起航，最终成功摆脱了海盗，将货按时送到了目的地。

通过这次成功的运送，王成蘭不仅打开了广东市场，又顺势开辟出直达南洋的海外运输线，诸由观镇的海上远洋贸易由此而起，并日渐繁荣。

■ 王成蘭石塑

姜荫荞仁义批粮"闯关东"

波澜壮阔的大海孕育了诸由观人敢闯敢拼的气魄，赋予了他们迎难而上的精神特质。从清朝同治年间到中华民国时期，迫于日趋沉重的生活压力和连年不断的自然灾害，古镇人开始把目光投向广袤的东北大地，加入了"闯关东"的大军。他们从家乡起程，跨过山海关，到达东北，在异乡开辟出新的天地。

姜荫荞就是诸由观"闯关东"大军中的佼佼者。他在东北

■ 闯关东人群

立足之后，把龙口产的花线贩运到沈阳，创办了"洪顺盛"商号。

"洪顺盛"商号始于1902年，时任掌柜的姜荫莽主持大局。企业全体成员恪守诚信原则，敢想敢干地走出去，开辟了自己的市场业务。1920年，正值中国北方地区大旱，由关里逃难入关的灾民急剧增多。对此，姜荫莽并非无动于衷，而是大胆创新提出"批粮"业务模式。"批粮"是由商号提前把粮款拨付给农民，或者用日用百货先赊账，农民需出具一张欠条。到了秋收季节，农民用他生产的粮食来还商人提前拨付的粮款。但由于灾民太多，货物不断赊出，商号的经营风险越来越大，灾民的欠条和"批粮"规模即将超过计划上限。

尽管如此，姜荫莽却告诉店里的伙计们，人命大过天，要把救人放在第一位，挣钱是次要的。即使赔了，就当做了善事，如果来年没有天灾，粮食丰收，生意就会上一个大台阶。他知道此举的结果会面临多大的风险，但他在伙计们面前没有表露任何的疑难，但私下里他凭着个人的信誉和人格四处借贷，使得批粮生意丝毫未受影响。

终于老天不负善心人。第二年秋天，东北粮食大丰收，灾民们踊跃交粮归还欠款，姜荫莽不但获得了丰厚的利润，还赢得了广泛的赞誉。"洪顺盛"也因为"批粮"业务，生意越做越大。诸由观人就是凭借着这样敢想敢干、吃苦耐劳的做事风格在东北地区开创出了一番新事业，实现了从"闯关东"向"创关东"的跨越。

王纪本敢拼攻坚"创"熊猫

■ 王纪本

没那个精神能干出来吗

"闯关东"向"创关东"跨越让古镇人明白如何在逆境中闯出一番事业，实现全新的发展。在这些传奇故事的流传中，古镇人从小就把"闯"与"创"的种子深埋进心底。共和国成立后，诸由观人凭着敢于闯荡的精神，把个人命运与国家命运紧紧连在了一起。从少年时期，王纪本就承袭了诸由观人不惧艰难、敢闯敢拼的性格，这种精神也体现在了他的学习与工作中。

1953年，中国自主研制国产收音机，王纪本负责收音机的心脏——电子管的研发。回想当年，

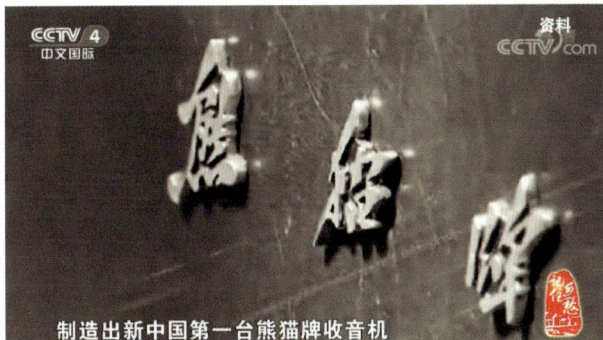

■ 熊猫牌收音机

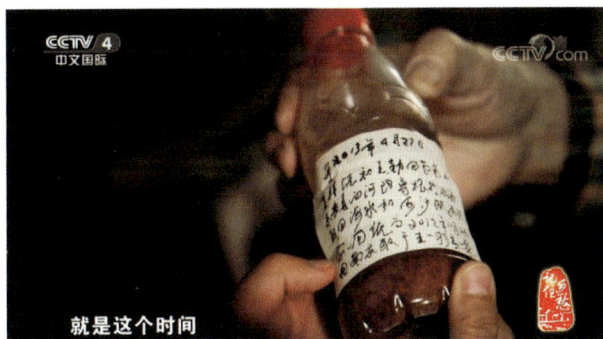

■ 家乡的水

如今已经88岁的老人记忆犹新。王纪本与同事们一起，在没有技术参考甚至原材料不足的情况下，靠着一股敢闯敢拼的劲头，攻克一个个难关，终于成功研发出电子管，制造出新中国第一台熊猫牌收音机。

一生的拼搏与闯荡，让老人感慨万分。他说，是家乡的那片水土养育了自己，是家乡的那片水土给予了他闯天下的勇气。

张修基不畏压力，自研新技术

千百年的风摧浪袭不曾改变，喜欢搏击风浪的古镇人也没有改变。一个个棘手的难题，让他们锐意进取、开拓创新的底气更足，劲头儿更盛。

20世纪90年代，留在家乡的诸由观人乘着改革开放的东风，抓住发展机遇，办起了大量乡镇企业。其中最让诸由观人自豪的，是中国高铁

车体材料的 60% 都出自这里。

张修基生前是诸由观知名的企业家。1998 年，中国高铁项目进入工厂化制造阶段，国外一家公司找到张修基洽谈合作，准备共同生产车体材料。在双方即将签订合同时，外方突然提出想要控制技术和市场的附加条件。当时，外国高铁车体材料价格是中国的三倍，如果满足外方要求，会大大增加中国高铁的生产成本。

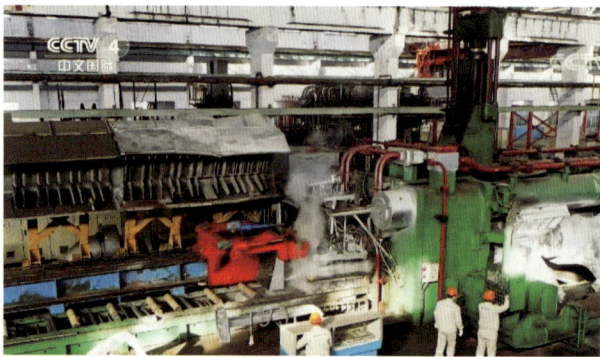
■ 万吨挤压机

对张修基来说，这是一个困难的选择，与外方合作，可以坐享其成，增加企业利润。放弃合作，就只能任由外方垄断技术和市场。思考再三，他决定背水一战，毅然放弃合作，进行自主研发闯一把。闯赢了，海阔天空；输了，大不了从头再来。

经过一年半的实践，张修基带领技术团队不断攻坚克难，以"争世界第一，为民争光，为国争光"的雄心壮志，成功研制出了当时世界上唯一的"万吨挤压机"，创造出世界奇迹。它通过压力作用加工铝材零件，供高铁、地铁、船舶使用。自从有了万吨挤压机，中国高铁材料完全实现了国产化。2005 年，该项生产技术荣获国家科技进步一等奖。

在诸由观镇，像张修基一样的企业家还有很多，他们延续着古镇敢闯敢干的精神，在瞬息万变的市场闯出一片新天地，使这座与海结缘的古镇，在时代的发展中，始终勇立潮头。

李高武搏击风浪，扬起"吉元"帆

大海不曾改变，喜欢搏击风浪、敢闯敢拼的诸由观人也没有改变。

李高武是从诸由观走出的一名环球远洋货轮船长，他的曾祖父和祖父都曾闯过关东，他敬佩先辈们那颗勇敢的心，从小就梦想闯荡海洋，向往那种迎风前行的日子。他出海 15 年，到过全球 100 多个国家，所驾驭的 6 万吨货轮，就是他心中的那艘"吉元号"。

■ 李高武查看航行情况

2010 年，李高武所在的货轮在即将靠近南非德班港时，受到温带气旋的影响，遇到了罕见的自然灾害。暗夜里波涛汹涌，具有五六十吨破坏力的 10 级大风掀起的巨浪几乎要把 40 米高的大船打翻。这是他跑船以来第一次碰到这么大的风浪。然而李高武并没有慌张，而是想起了家乡前辈率领"吉元号"冲出险境的经验。他重拾信心，迅速组织船员们保持秩序，同心协力，把货轮停进了港口，成功化解了危机。

从懵懂少年到闯荡世界的远洋船长，凭着一股闯劲儿和拼劲儿，李高武在风浪中磨炼着自己的意志。像他一样，新一代的诸由观年轻人也大都选择走出家乡、走向世界。每年，镇里有上百位年轻人应聘到中国远洋海运、渤海轮渡等大型企业做水手，他们在海上搏击风浪，放飞梦想，也把古镇人敢闯敢拼的优良品质散播到了世界各地。

张存山勇闯国门，以贸易为帆

古镇人从来没有停下过"闯世界"的步伐，比之前走得更远、更高。随着时代的发展，那些外出打拼的古镇人关注着家乡的发展和命运，纷纷回到这里，在养育他们的这片热土上，创造出新的辉煌和成就。张存山从小听着古镇上的海浪声长大。20 世纪 90 年代，他的大伯和父亲就在俄罗斯做起了国际贸易。到了他这一代，便开始在吉尔吉斯斯坦求学、工作。

2010 年，吉尔吉斯斯坦时局动荡，张存山家投资的饮料厂面临破产，24 万美元的货款打了水漂。当时只有 23 岁的张存山刚大学毕业，还没有太多生意经验，况且人远在海外，身边知己能人几乎为零，只能独自处理这件棘手的事。面对动荡的时局，张存山没有放弃。他听说在吉尔吉斯斯坦南方边境城市克泽克亚有一位大经销商，需要饮料货源。他多方考量，认为这是开拓新市场、重振企业最好的机会，于是一人踏上未知的道路。

历尽艰辛，张存山终于到达目的地。尽管已与经销商碰面，但对方却要求饮料在出厂价的基础上再优惠 30%，还不能保证在这个区域的销量。面对重重困难，不服输的张存山进行了几轮谈判，最后达成共识：在出厂价优惠基础上再让利 15%，并保证每个月达到一定的销量。此举顺势开启了一条全新的道路。

■ 张存山与经销商谈判

2013 年，中国政府提出"一带一路"倡议，张存山意识到中国与吉尔吉斯斯坦的交流合作会越来越频繁，于是，他回到家乡，做起了中吉贸易。

在海外八年的锤炼，张存山越来越体会到古镇人敢闯敢干精神的可贵。如今，诸由观像他这样出国闯荡的人越来越多。从小镇走出去，开阔视野，充实自己，然后回到小镇，报效家乡。在他们看来世界很大，大到无法丈量；世界又很小，只要敢闯，路就在脚下。

辽阔的大海，赋予了古镇人敢闯敢拼的性格，千百年的风摧浪袭，奋斗的精神依然影响着今天的古镇。虽然生产生活的方式改变了，但创新、发展、拼搏、奋进的古镇人底气没有变。正是靠着敢于开拓、敢于闯荡的精神，一代代的诸由观人突破了地域的限制，在各自的领域当中闯出了新路子，干出了新事业。对于世代生活在古镇的人来说，开拓进取、敢闯敢拼的劲头就像大海一样，早已融入他们的血脉，这精神久远而深刻。在新时代的发展中，这座临海而居、因海而兴的千年古镇，又将踏上迎难而上、开创幸福的新道路。

编　导：周　栋　主持：杨　阳

撰稿人：胡晓泓　指导撰稿：李彩霞

六堡镇

六堡镇位于广西壮族自治区苍梧县西部，东邻梨埠镇，南与夏郢镇、旺甫镇接壤，西连狮寨镇，北与贺州市平桂区水口镇交界。交通便利，风光旖旎，漫山遍野的茶树散发着阵阵清香，沁人心脾。

茶道苍茫，历史悠悠。自清代起，已经有明确记录，六堡镇出产的六堡茶制作完成后，大部分在合口码头被压入箩筐，装上尖头船，然后沿着六堡河—东安江—贺江—西江这条"茶船古道"运往广州和港澳地区，再出口到东南亚和日本等国家和地区。六堡镇是"茶船古道"的起点，几百年来，六堡茶就是沿着这条神奇的"茶船古道"走出了深山，

■ "茶船古道"历史悠久

走向全国乃至世界。在历史的长河中，这条与茶相生相伴的古道，谱写了一曲六堡人锲而不舍、坚韧不拔的华美乐章。

（一） "茶箩娘"：功在长远 名扬千古

坐落在崇山峻岭之中的六堡古镇，由于山高林密，气候潮湿闷热的气候环境，生活在这里的人们只能忍受着瘴疬和毒虫的侵害，因此当地自古以来就形成了以茶当药、祛湿避瘴的乡风民俗。在明朝洪熙年间，一位外乡来的女子的出现彻底改变了这种局面。她姓罗，大家都亲切地喊她"罗妹子"。罗妹子自小会做茶，她不远千里来到六堡镇，看到当地人制茶的方法很不成熟，没有充分利用好当地的资源，从此，她就开始了茶艺传授之路。

当地乡民刚开始出于好奇，便开始尝试新的制茶技术。罗妹子带着六堡人上山采茶，教给大家怎样杀青、揉捻、汽蒸、陈化等十几道工序，尤其是炒茶的工序，需要下手在200多度的锅中翻炒茶叶，很容易被烫伤，大伙儿身体吃不消，炒出来的茶不是烧焦了，就是青一撮黑一撮的，乡民们好几次都想要放弃，但按照罗妹子改良的方法制茶，不仅茶味甘醇，而且经济价值高，为了更好地改变当地的困境，乡民们跟着罗妹子一遍遍地尝试，不喊苦不喊累。罗妹子也不厌其烦，反复示范给乡民们。"功夫不负苦心人"，经过多年传授，六堡人熟练掌握了所有的制茶工序，制茶的技艺便开始了传承。

为了感谢这位罗妹子，六堡人为她起了一个美丽的名字——"茶箩娘"。茶箩娘仙逝后，被古镇人奉为"茶神"和"圣母"，而她功在长远、造福一方的坚韧

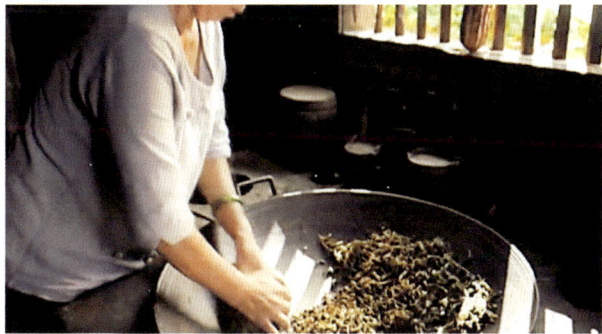
■ 罗妹子传授给乡民的揉捻工序

品质也开始在乡民们的心中生根发芽。千余年来，这种坚韧的品质伴随小镇人从风雨沧桑中一路走来，激励他们不畏困难，披荆斩棘，为家乡美好的明天不懈奋斗。

（二）　邓英才：以茶济人 远销世界

得益于茶箩娘的茶艺改良，六堡茶逐渐声名远播，市场不断开拓。但辛亥革命后，军阀混战，民不聊生。由于国内市场的萎缩，六堡茶销路断了，当地茶厂纷纷倒闭，茶园开始大面积荒废。看着濒临破产的家乡，茶商们想尽了办法力挽狂澜。

当时，六堡英记茶庄的掌柜邓英才听说，南洋正在开挖锡矿，有大批华工漂洋过海前去谋生。因为水土不服，许多人出现了发烧、痢疾等病症。邓英才心想，要是能把茶叶运到海外销售，不但可以开拓茶叶市场，还可以缓解华工的病痛之苦。于是他把古镇里积压的茶叶全部装上大船，带着十几名伙计，远赴南洋。可从六堡到南洋的水路，狂风大作，波涛汹涌，走了两天便有人上吐下泻。冒着葬身大海的危险，邓英才带领伙计们闯出了一条海上茶道。

面对艰难的航程，邓英才没有丝毫的动摇，他们在茫茫的海上航行了一个月后，六堡茶漂洋过海终于抵达马来西亚。邓英才仔细分析当地自然条件和人文条件，结合当地华工以两广福建人居多的有利条件，他决定在矿山上每天煮茶，然后免费分发给矿工。半个月后，工人们水土不服的症状竟然有所好转，从此六堡茶开始在当地一路畅销。

艰难困苦，玉汝于成。邓英才凭借这一股子韧劲儿将家乡的茶叶推广到了东南亚，六堡茶开始走向世界。

（三）　倪卓朝：打通天堑 愚公移山

由于六堡地处深山，自古以来，陆地上只有一条崎岖小路通往外界，车辆难以通行，人们只能靠步行与外界沟通。20 世纪 50 年代，水路交通逐渐没落，货物纷纷改走陆路，一时间，因水而兴的六堡古镇失去了往日的光彩。

要想富，先修路。没有资金，没有先进的机器，六堡人就靠着一股韧劲。1954 年，六堡人打响了一场艰苦卓绝的"战役"，下定决心从山里开出一条路来。一时间，共同的愿景让镇子上的男女老少都参与了进来，大家有钱出钱，有力出力，拿起平时耕地用的镰刀、锄头、铲子，用最原始的工具开山辟路。四年过去了，筑路工程一点点地向前推进着。1958 年 11 月，公路修到了九城界，一座花岗岩山坳挡住了工程进度，锄头和铲子挖不动，只能采用炸药爆破。

倪卓朝就是当时负责指挥爆破的年轻人。由于山中连日多雨，雷管潮湿，给工程带来了很大的难题。有次大家在工地上吃饭，突然前方出现了一枚哑炮，倪卓朝放下手里的饭碗就奔赴工地，就在大家着急的时候，只听见"砰"的一声哑炮破了，而倪卓朝却再也没有回家。倪卓朝的离世让古镇人悲恸万分，也刺激了乡民们，乡民立志一定要把这条山路修通。

■ 六堡镇人开山修路

从 1955 年开始动工，到 1964 年全线通车，六堡人用了整整 10 年的时间，终于在大山之中开辟出了一条长达 24 公里的盘山公路。就是凭借这条路，每年有几万立方米的木材和近千吨的农产品才得以走出深山，在为人们带来财富的同时，又把外界的资讯和源源不断的生产生活物资输送到小镇上的千家万户。这条路为这方水土注入了一股新生的力量。望路兴叹，它又无时无刻不在告诫乡民们，在危险与挑战面前，在挫折与希望之间，唯有信念坚定、意志坚韧才能永不放弃，收获成功。

四　易章奇：茶园复兴　技艺传承

在时代的进程中，发展必然伴随着挑战。20 世纪 70 年代以后，在长达十几年的时间里，茶叶收购价格低廉，六堡镇原有的一些老茶厂纷纷倒闭，改做其他生意。易章奇看到老茶园变得一片荒芜，心里很不是滋味。

2001 年，面临如此艰难的困境，易章奇夫妇拿出全部积蓄，租下镇子西南角上一片老茶园，开始在一片杂草中进行拓荒复垦。易章奇和妻子一起到茶园里种苗、施肥、除草，经过夫妻俩七八年的辛勤栽培，茶园才初见规模，却不想，一场灾难发生了。

2009 年，病虫害暴发，茶毛虫把大片大片的茶园啃得干枯，但是为了保住有机茶园的声誉，易章奇坚决不使用农药。为了保住茶园，他到市里调研请教专家，引进了"诱虫灯"环保技术，在夜晚利用昆虫的趋光性来对病虫进行引诱和捕杀。那一年虽然保住了茶树的根本，但茶园却颗粒无收，易章奇夫妇俩看在眼里，却痛在心里。

事业常成于坚韧，而毁于争躁，需要人们在漫长的工作时间和烦琐的工作细节中保持热情，持之以恒地坚守目标。易章奇夫妇俩年复一年地省吃俭用，一砖一瓦地修建着他们的老茶园。盖凉亭，挖水塘，铺

■ 漫山遍野的茶树香气四溢

阶石……十几年过去了，当初的 200 多亩荒山，已经变成了如今满目苍翠、风景优美的梯田式茶园。曾经香飘四方的六堡茶又在易章奇的手中重获新生。如今，这里已经成为古镇一处具有公益性质的茶艺传承基地，来自四面八方的游客都可以到这里免费参观，体验采茶种茶的文化。

与易章奇夫妇一样为了六堡镇的产业复兴而奋斗不止的，还有村民祝雪兰。祝雪兰根据当地情况率先引进矮化品种的八角，在她的带动下，大家都纷纷开始尝试矮化技术，进行种

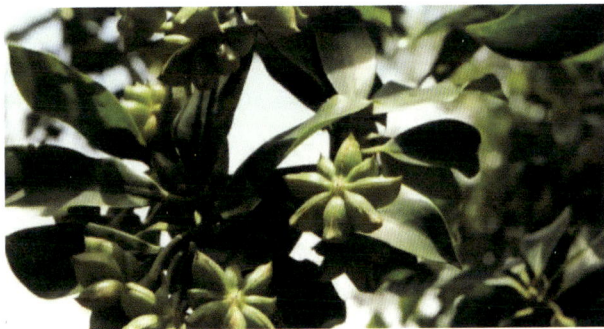

■ 引进的矮化八角技术

植优化，调整产业结构，改变了当地八角产量低、质量低、收益低的问题。如今，当地种植矮化八角达到 5000 多亩，而且面积还在逐步扩大，不久的将来八角林将会给村民带来源源不断的财富。

现实和目标之间有一段很长的距离，人们无时无刻不在经受各种考验，也包括各种诱惑，唯有意志力坚定，才能达成目标。

五 邓展志：十年树木 百年树人

邓展志，六堡镇塘坪村人，今年 44 岁，1996 年邓展志毕业于广西民族大学。那一年，本可以在大城市一展宏图的他却毅然放弃了难得的机会回到家乡教书，这一教，就是 20 年。

因为父亲是一名乡村教师，所以他深感到农村教育有多艰难和不易。虽然刚开始代课老师的工资每个月不到 200 元，但这却丝毫没有动摇邓展志为农村教育献身的决心。

坐落在大山最深处的山坪村，因交通不便和地处偏僻，当地教育局为了整合教育资源打算取消山坪村小学的教学点。但邓展志认为，学校

■ 乡村教师邓展志和他的学生们

是学生的第二个家，没有家，那孩子就不能谋发展，在邓展志努力争取下，山坪村教学点被保留下来了。

邓展志的家离山坪村小学有 8 公里，每天都要依靠摩托车代步上下班。晴天时上班的路还好走，但每逢下雨，山路泥泞难行，波折不断。

因为学校地处偏僻，生源少，所以每隔三年招生一次，邓展志不仅一个人承担了六个年级的教学任务，还要给孩子们做好后勤准备午饭。为了让山村里的孩子与时代接轨，邓展志从去年开始增加了一门英语。这对于 40 多岁的邓展志来说，简直比登天还难。但他没有退缩，邓展志利用新时代的网络技术，上网查阅资料，买磁带、录音带边听边学、边学边读、边读边背，直到深夜，还会有英语声从邓展志家中传出。

面对外界诱惑，邓展志不为所动，兢兢业业地服务乡村教育。这位乡村教师长达 20 年的坚守就犹如 20 年六堡老茶散发出的茶香，丝丝缕缕氤氲开来，飘进了一代代大山孩子的心中。

经过岁月的打磨和时间的沉淀，一碗茶汤滋养了古镇千年，也浸润出六堡人击不倒、压不垮的韧性。看着古镇上的人们享受着平凡生活当中的幸福与满足，这是他们挥洒汗水之后收获的幸福，也是他们辛勤劳作过后获取的果实。在这片青山绿水间，六堡人凭借这勇气与毅力穿越历史的波澜一路走来，也必将带着这份昂扬的激情和斗志走向未来！

编　导：何汉立　蓝云剑　主持人：栗　娜
撰稿人：宋冠琪　指导撰稿：庞慧敏

古劳镇

变则通
通则久

广东省鹤山市东北部，濒临西江，与佛山隔水相望之处，珠江三角洲最后的原始水乡——古劳镇静伫于此。以"古劳"二字命名此处，历史上颇有渊源。相传，在宋嘉定年间，广东韶关的古姓和劳姓两大家族为躲避灾祸，一路迁徙来到这里，他们以两家姓氏为名建立村庄，"古劳"之名由此而来。

这里河流纵横、湖泊密布。一个个大小村落，星罗棋布，好似一块块拼图，镶嵌在波光水影之中，拼凑起了数百年光阴里的水乡梦影。勤劳的古劳镇人民千年围垦，孕育出丰饶的桑基鱼塘。数千只白鹭翱翔于天地之间，为这座岭南小镇平添了一份生机与活力。

■ 鸟瞰古劳镇　湖泊密布

浸润于这水墨江南的诗情画意中，走走停停。独特的南国风情，孕育了当地独具特色的交通方式。到了古劳水乡，最重要的交通工具就是船了，心灵手巧的古劳人，利用古劳多变的地形，把房屋建在土墩上，让河流在家门口流淌，过着世外桃源般的乐居生活。

世间万事本无定法，一切都从实际出发，这是古劳人的思维方式。古劳人信奉"事不凝滞，理贵变通"。千百年来，他们不断用智慧改善生活，改写人生，创造出无数智慧与思维的璀璨花火。

一　谷糠抗洪　智慧乐安居

追溯中华民族几千年的灿烂历史，先人用智慧改造自然，克服困难，创造奇迹，书写下一段段瑰丽的民族史诗。从古至今，我们的民族志，就是一段段不断用强大的生命力来创造美好生活的赞歌。英雄，不是每一个都惊天动地，他们可能开动智慧，默默耕耘在这片土地的任意一隅。

沿江而建的古劳，每年一到汛期，就会遭到洪水的侵扰。为了抵御洪灾，求得生存，一代代古劳人都在反复建造堤坝，但每次建好后，用不了多久，就会被冲毁。

据传，明洪武年间，当地遭遇了一场特大洪涝灾害，庄稼被毁，村庄被淹，百姓流离失所。目睹家乡的惨状，古劳人冯八秀痛心不已，他立下宏志，一定要为乡民们修建一条足够坚固的堤坝，抵御可怕的洪涝之灾。自那时起，他每天跑去西江查看水情，寻求建堤之法。一次大雨过后，上游的草木被雨水冲刷，形成了一个弯弯曲曲的水线，冯八秀见后灵机一动，心里有了主意。

他立即动员乡邻们扛来许多谷糠放至江内，然后让大伙儿在谷糠停留处，插下一排竹竿做标记，并告诉大家，待洪水退后，就可以在竹竿的位置修建堤围。

据后人回忆，当时冯八秀解释，之前之所以建堤每一次都不成功，是因为选址错误。水湍急的地方是不可能建成堤的，一定要水缓的地

■ 远眺古劳围

方，这里连如此轻的谷糠尚且无法冲走，必是水缓之处。于是古劳人按照冯八秀的办法重新建堤。从此之后，再无洪水毁堤的情况发生。

如今，这条长达 10 多公里的堤围，依旧巍然屹立在西江边上，它对于当地而言，就似一尊慈悲的古老保护神，纵贯了 600 多年岁月，守护着这方水土的安宁。

二　理贵变通　石桥引财富

这一方安宁的水土，在 600 多年的潮起潮落间，将如水般因势利导的精神与智慧悄然融入古劳人的血脉中。他们顺应自然、随形就势，用双手把这片土地打扮得摇曳多姿。

数百座历尽岁月洗礼的小码头，由最初的泥式结构转换成木板式，再演变成如今的水泥石板。一次次改变，不仅保证了古镇人出行的方便与安全，也成为他们生活中不可或缺的陪伴。十几座百年石桥贯通水乡，默默守护着一代代古镇人家。

坐落在古镇西南部的天灯桥，是当地人最引以为傲的建筑，是古劳人

古劳木石混合桥

智慧与勇气的结晶。

清嘉庆年间，民间贸易日益增多，出行就需用船的不便让人们产生了修桥的想法。当时，建桥师傅勘察地形后告诉大家，小镇四周环水，唯有建造石桥才能经受河水长年的冲刷，达到结实耐用的效果。可是，古劳地少水多，石块十分稀少。如果要建石桥，人们就必须驾船穿越浩荡的西江，到30多公里外的西樵山上采石。

路途遥远，诸多不便，这一切谈何容易。运石的巨大消耗，让古劳人陷入了沉思，他们希望能够找到应对办法。讨论当中，有人提出了一个折中的方案，桥面仍用石板铺就，桥墩可以尝试着用制作龙舟的水松或者杉木来代替，这样就能最大程度解决石料不足的问题。

事不凝滞，理贵变通。古劳先人转变思路，采用了最合适的建桥方法，使本来三四年才能完成的浩大工程，在周密计划和勤劳作业下，只用半年便完成了。

石板桥竣工当日，正值一年一度的元宵节，人们欢呼雀跃地在桥上点灯祈福。就在这时，天上划过一场流星雨，璀璨的星光和桥上的灯光交相辉映，美妙绝伦。从此，古镇人就把这座桥称作了"天灯桥"。

有了成功的样板，一座座石板桥在古镇中相继建成，使得各个村落间往来更加密切，货物之间的交易也日渐频繁。人们把自家吃用不尽的蔬菜瓜果、日用百货都拿出来贩卖，昔日门可罗雀的冷清街巷变成了人声鼎沸的热闹圩市，这座岭南小镇达到了空前的繁荣。

自那时起，敢于突破、思考变通的脉络便春风化雨般浸润在古劳镇星罗棋布的小河里，融入了这个水乡小镇人民的血脉里，代代相传，缓缓流淌。

（三） 咏春故土 忠义铸国魂

灵动的水土滋养着古镇人家，也培养出一代代杰出英才。被誉为"一门俊杰，五代豪门"的香港李氏家族；中国第一代电影皇后胡蝶以及咏春拳宗师梁赞都是古劳人。

说起咏春拳宗师梁赞的故事，在古劳可谓是无人不知，无人不晓。清朝末年，社会动荡不安。人们为求自保，形成了习武强身的传统。当时，年仅16岁的梁赞正值少年风华，凭

■ 咏春拳宗师梁赞先生像

借其出神入化的功夫赢得了"佛山赞先生"的美名。

有一年春节，梁赞回到了家乡古劳。早已耳闻他武功了得的乡邻们，纷纷前来请他教授武艺。然而，正当大家勤学苦练之时，梁赞垂爱的弟子王华三却悄悄地从武场消失了。

梁赞了解之后才得知，原来，王华三因为身材矮小，每次和师兄弟切磋武艺，总会被对方轻而易举地擒住。弟子的遭遇让梁赞同情不已，他决定尝试把现有的咏春拳结合不同的身材特点进行改良，适应更多人的习武需要。他在正身咏春拳的基础上，删繁就简，创造出一套以闪为进、灵活快速的偏身咏春拳。

运用梁赞改良后的咏春拳法，王华三勇敢地再次挑战，终于反败为胜，让所有人叹为观止。

梁赞因材施教、因势革新的授拳方式，让咏春拳愈发受到大众的青睐，前来学习的弟子也与日俱增。一人练武，可以保身；一家练武，可以强族。乱世之中，一代宗师叶问以咏春拳捍卫了民族尊严；在海内外广为传播，为中国功夫在国际上赢得了声誉。近年来，咏春题材的电影电视也愈来愈多，无巧不成书，作为其间翘楚的电影《叶问》，其出品人黄百鸣正是古劳人。

四 求索开拓 鱼苗巧致富

一方水土养育一方人，一方人也改造着一方水土。灵活变通的古劳人，自古以来就懂得巧妙利用有限的土地，挖塘养鱼、塘基种地，以此在水巷阡陌间打造出了一派绝美的田园风光。

62岁的吕源根是一位本分的古劳渔民。靠山吃山，靠水吃水。早年间，吕源根养殖的草鱼、青鱼等家鱼都有不错的销量。可是到了20世纪90年代伊始，随着养殖家鱼的人变多，滞销的情况越来越严重。为了开拓销路，吕源根四处走访，向老渔民请教破局之法。

■ 因势制宜 吕源根改养鱼苗

在一次聊天中，他偶然得知桂花鱼近来很受欢迎，周围已经有不少人开始饲养，但是这种鱼对生存环境要求很高，而且特别挑食，只吃小鱼苗。吕源根听到这里，突然心生一计。他想，大家都在养桂花鱼，肯定需要大量的鱼苗，自己何不搞搞孵化鱼苗给农户家的营生呢？根据形势大胆应变，是古劳人向来的处事原则。此后，吕源根开始专门养殖喂养桂花鱼的小鱼苗。这样既避免了竞争，同时又开发出了新的市场。自那以后，滞销的情况得到了极大的缓解，吕源根的生意越做越好，不仅显著改善了自家养殖场的经营状况，还引领了古劳新的经济模式。

因人制宜、因势制宜，遇到困难，处理它、解决它，便是古劳人最简单而无比的智慧。这种智慧绵延至今，带领一代代的古劳人拥抱美好生活。

五　推陈出新　舞狮换新颜

每逢节日，行走在今天的古劳街头，总会响起振奋人心的锣鼓声。浩浩荡荡的舞狮队走街串巷，十分热闹。然而，这样精彩的表演，在 20 世纪 90 年代末，也曾一度衰落。

那时，与古劳只有一江之隔的佛山，用难度高、动作惊险的高桩狮吸引了人们的关注。而古劳的传统狮则因动作过于平淡，变得无人问津。从小跟随父亲舞狮的黄永安，见此情形，心中甚是郁闷。他知道，如果继续这样下去，古劳的传统狮就会彻底退出历史舞台，而唯有创新才有希望。

一次，黄永安在路过家门前小桥时，突然灵机一动：在传统狮中有一个过桥采莲的动作。若把桥改成扁担，让狮子在扁担上行走。这样不仅可以保留传统的动作，又增添了新的花样。样式一旦改变，难度自然也就提高了。经过一年多的艰苦训练，创新过后的古劳传统狮终于重回大众的视野，得到了所有人喝彩。

■ 各式各样的古劳"狮子头"

变则通，通则久。这是古劳镇先人留存下来的智慧。今天的古劳人传承先祖的变通血液，让古镇的昔日旧物焕发出新的时代光辉，福佑后人，恩泽一方。

岁月伴着古劳的小桥流水淌过数百载，诉说着古劳人民求新求变、永恒追逐的时光传奇。历史的车轮辗转至今，今天的古劳人在先人的风骨里续写着这片土地的素人神话，无论是远离故土，还是坚守家乡，都用这份精神和热忱书写着自己的灿烂人生。

编　导：王晓宇　李金燕　主持人：杨　阳
撰稿人：潘　璐　指导撰稿：庞慧敏

仓埠镇

常怀
感恩之心

仓埠镇坐落于湖北省东部，武汉市新洲区的武湖之滨。由于它通达长江，水陆交通便利，明洪武元年，朝廷在这里建起贮粮所，储备军粮，古镇由此被称为"仓子埠"。与"仓埠"之名一同被仓埠人继承的还有"接祖人"的古老习俗。烛光微曦，映照出仓埠人虔诚的面庞，他们迎接的不仅是祖先的英灵，还有代代传承的报恩信仰；微风徐徐，拂过仓埠人坚毅的双眸，他们坚守的不仅是肃穆的仪式，还有祖先的谆谆教诲。这是仓埠人代代传承的古老习俗，也是仓埠人代代奉行的感恩之念。

■ 俯瞰武湖之滨的仓埠镇

尽管岁月变迁，时光转换，但在每年的腊月二十四，依旧可以看到仓埠人祭拜祖先的身影，依旧可以听到掷地有声的十六字遗训，依旧可以感受到仓埠人对天地和祖先的感恩之

■ 接祖人：感念天地和祖先

心。这种感恩的传统和精神，已经融入仓埠人的血脉，在每一个仓埠人身上践行和丰富，塑造了仓埠人的恩义之魂和感念之骨。在仓埠这片土地上，上演着一幕幕感恩的故事，传诵着一段段报恩的佳话。

一　福报家乡　泽被后世

仓埠镇有座中西合璧的园林老宅——徐源泉公馆，已有近百年的历史，虽然历经战乱，却保存完好。老宅的主人徐源泉少时家境贫寒，依靠母亲给人做针线活维持生计。年少的徐源泉没钱读书，只能在空闲之时趴在私塾的窗外偷听先生讲课。私塾先生注意到了这样一个勤奋好学的孩子，渐渐被他的坚持所打动，于是将他留在家里给他单独辅导。徐源泉感念先生的教导之恩，每次到先生家中，帮助先生做些力所能及的事。五年之后，私塾先生离开了仓埠，临走时，把自己珍藏的一套《古文观止》送给他。靠着这套书，徐源泉自学成才，并在20岁那年，考取安徽随营学堂。自此，徐源泉走出乡间，走进历史的洪流。同年，徐源泉参加了辛亥革命，开启了他的军旅生涯，也开启了他光辉灿烂的一生，而后参加南京保卫战、武汉保卫战，经历了大大小小战役，半生戎马，战功赫赫。

在徐源泉心中，有一件事一直无法忘怀，当年他离开仓埠时，母亲再三叮嘱他："一心报国，回馈乡邻，为穷人谋事。"通过读书改变命运

■ 正源学校的根本精神，在使人培养本源，复其本性！

的徐源泉深知，唯有办学才是不忘师恩、回报乡邻最有效的途径。他想方设法筹措了近 10 万块大洋，在仓埠镇上开办了一所培源学校。徐源泉在成立培源学校的开学典礼上告知学生："我中华四千年来，以文教立国，即以道德设教。盖其根本精神，在使人培养本源，复其本性！"学校不仅为学生提供走出家乡的机会，更让仓埠人知恩必报的精神代代传承。

两年以后，学校改名为"正源"。正源学校引入了西方教育模式，开设科学、体育、外语等课程，并重金聘请名师，成为当地名校，培养了众多优秀人才。如今，由当年的正源学校发展而成的新洲二中，仍然是武汉市的重点学校。仓埠人常说，心怀多少恩，就有多少福！当年一粥一饭，一支笔一本书给予了一个穷孩子的恩情，让他福报家乡，泽被后世。

二　戏里戏外　弦歌不绝

徐源泉感恩的故事余音未绝，沈云陔已唱响了仓埠人另一出报恩的剧目。迫于生计压力，少时的沈云陔以"十岁红"艺名开始登草台班唱花鼓戏，漂泊乡间卖艺求生。一年冬天，沈云陔的戏班子接到了演出邀请，他带着几十号人顶风冒雪赶了过去，结果联络人突然失踪，戏班被困于破庙之中。庙外风雪交加，庙内寒风刺骨，众人饥寒交迫，惶恐不安。正当沈云陔一筹莫展之际，附近村子里的戏迷们自发送来糍粑和油面，让戏班子在破庙里过了个"丰盛年"。沈云陔在心底默默记下了乡亲们的恩情。

专攻青衣的沈云陔名气越来越大，后进入汉口大戏园挂牌演出，成了风头无两的名角。盛名之下的沈云陔没有忘记当年的恩情，只要是仓埠老家来人，他都会热情接待，"进澡堂、吃饱饭、看大戏"，三件事一样都不能少，走时再送 5 块大洋。戏班子里的人觉得他尽花冤枉钱，可他说："对乡亲们好是应该的，他们才是楚剧生存的土壤，是我们的衣食父母！"

日军发动侵华战争后，百姓流离失所，沈云陔一边救济乡邻，一边投入到抗日救亡运动中。那段时间，他捐献了所有的演出酬劳。一次出门，沈云陔走在路上，看到献金台，就把自己的怀表拿出来捐献，再走两步，又有一个献金台，他就把自己的金笔捐献出去，走到最后一个献金台，他怀中已空空如也，于是就把一对金脚镯也捐献了。沈云陔"一日七献金"支持抗战在当时被传为佳话。抗战八年来，他和剧团的同人们一起捐献的银圆和物资不计其数。沈云陔身上所展现的，正是中国感恩文化的一种升华。

在仓埠，人们敬重那些知恩图报的人。家乡的乡亲们目前正在积极谋划为沈云陔修建一座纪念馆，让后人永远记住这位知恩感恩的艺术家，让他的精神在家乡永远流传下去。时光流转，岁月更迭，楚剧仍然活跃在仓埠的大街小巷，楚韵新声、弦歌相继，一个个新的感恩故事继续在古镇上演。

■ 楚韵新声　弦歌相继

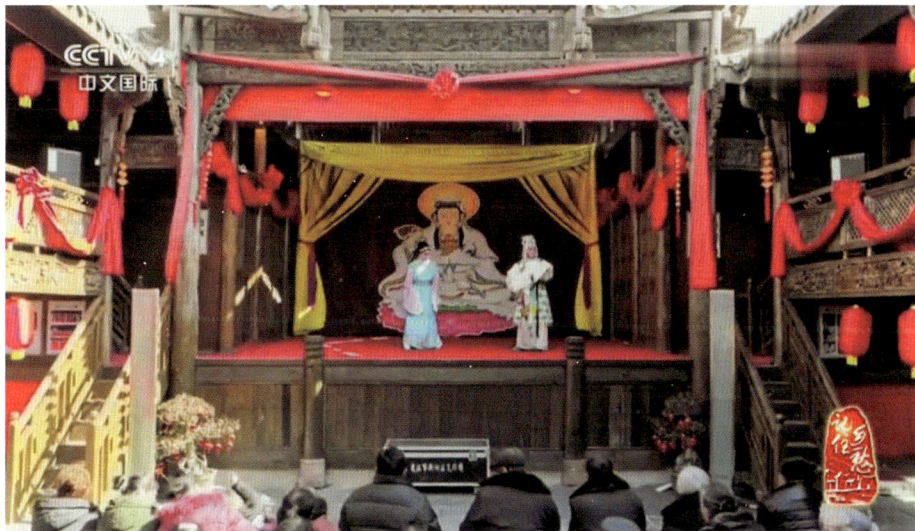

三　父子同心　薪火相传

如今，感恩已不再是一个人、一代人的故事，而是一个家族、几代人传承的故事。柳家三代行医，柳学勇医生是方圆几十里有名的正骨专家，父亲柳柏松也是远近闻名的老中医，儿子柳超学成归来后在镇卫生院工作。一家三代人在古镇治病救人，悬壶济世，而这一切都源于20世纪50年代柳家的一场变故。

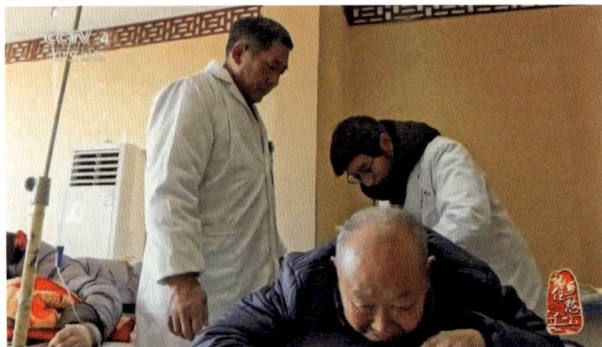
■ 柳氏一家三代行医，深受古镇人爱戴

当时，柳学勇的奶奶独自带着一对年幼的儿女艰难度日。奶奶需要出门做工以维持生计，家中只剩两个年幼的孩子。女儿在思念父母和惊慌恐惧的双重压力下止不住哭泣，最后哭瞎了双眼。看着失去光明的女儿，老人家心如刀绞，可在生活极度困苦的时期，家中已无多余的钱带女儿去看病。正当一家人一筹莫展之时，乡邻柳学春披着一身风雪过来探望，他从怀里掏出10元钱，这钱是他刚从亲戚家借来打算过年的。奶奶拿着这10块钱，带女儿去当地医院治疗，经过几次治疗之后，她的眼睛重见了光明。

受人滴水之恩，当涌泉相报。亲眼看见这一切的柳柏松，心中充满了感激。当时只有10岁的少年，默默立下志向，长大后要做一名医生，让病痛远离善良的乡亲邻里。为了实现自己的理想，他到镇卫生院做起了伙夫，烧火做饭之余，拜当地骨伤名医为师，从此，走上救死扶伤的道路。柳学勇长大后，按照父亲的要求，也成为一名医生，40多年来，他始终没有忘记父亲给他讲过的那段往事，用自己的双手为乡亲们驱走病痛，用自己炽热的心回报一份温暖的情。柳学勇将传承自父亲的感恩之心继续传递给儿子。2012年，儿子柳超从湖北中医药大学毕业后，进入天津的一所大医院工作，才干了不到 3 个月，便被柳学勇劝回家，理由只有一个："这里的乡亲更需要你。"年轻人留恋大城市的工作环境，对于父亲的决定，他起初有些不理解，但报答乡亲们"10 元之恩"的家族故事让他渐渐懂得，作为柳家的后人，用自己的医术回报乡亲才是做人的根本。

在父亲的言传身教中，柳超继承了家族的中医诊疗技法，也传承着一份知恩感恩的人生信念。医者仁心，悬壶济世，柳柏松虽已离开人世，但一代代"柳医生"仍然在古镇默默地为乡亲们服务。70 年前，仓埠人种下的那一颗善的种子，如今长成了一棵报恩的大树，护佑着古镇人家的健康，也让知恩、感恩、报恩的良好民风在古镇世代流传。

四　回报家乡　造福水土

仓埠镇的感恩故事早已模糊了边界，分不清是谁帮助了谁，又是谁报答了谁，感恩的行为已融入仓埠人的日常生活，渗透到小镇居民的方方面面，即使远在他乡的游子，也挂念着回报家乡。

1998 年，在外打拼多年的左文勇回到家乡。多年以前，当左文勇离开仓埠时，身上没有多少资金，见此情形，乡亲们筹措资金帮助他创业投资。左文勇感念乡亲们的善举，离家多年后决定回乡创业，提高村民的生活水平，改变家乡的面貌。回到家乡

■ 造感恩园　回报家乡

后，左文勇组建了一家农业公司，进行规模化种植，同时统一规划建设了乡村道路和管网，良好的环境和便捷的交通条件，吸引了十几家企业落户古镇，乡亲们在家门口就能找到一份好工作。

这一干就是 20 年，左文勇从年轻小伙到年过半百，用 20 年的付出回报家乡，换来了古镇翻天覆地的变化。和左文勇一样，每一位从仓埠走出去的人，都在想着为家乡做点儿事。袁惠文带着他对园林艺术的热爱和积攒的资金，回到家乡，创办紫薇都市花园。柳冠彩回乡办起了仓埠山庄，经营高端农业产品。骆黎明回来后建设"创客村"，吸引了 20 多家创意工作室入驻，为沉寂多年的乡村带来一股时尚清新之风。

回报家乡，回报乡亲最好的方式就是努力造福这方水土，这是仓埠人的共识。传承千年的感恩文化，犹如涓涓流水，滋润着古镇人的心田，也昭示着未来的美好。这片古老的土地在这份感恩文化的滋养下，必将变成山清水秀、恩义绵延的温馨乐土。

感恩之心已幻化为仓埠人的精神图腾，报恩之行已融入仓埠人的一言一行。走在仓埠镇的街道上，现代化的道路和管网是左文勇对乡亲们的回报；路过镇卫生院，柳家三代传承的感恩故事深入人心；舞台上楚剧动人心弦，字字句句融入了感恩之心；学堂里传来琅琅读书声，感恩的精神一代代传承。仓埠人和仓埠镇，成就了彼此最美好的样子。

在仓埠人心中，感恩原本就是生活的一部分，而今，仓埠的一草一木，一唱一和中都融入了感恩的故事，知恩必报、恩义绵延已幻化成仓埠人的精神信仰，历久而弥新。感恩的文化吹进了仓埠人的家中，也吹进了仓埠人的心田。这里是感念天地眷顾、感念父母恩情、感念邻里和善的千年小镇，这里是传诵感恩佳话、传承感恩精神的萦梦故乡。这里是最好的仓埠镇，这里有最好的仓埠人。

编　导：龚　群　主持人：宫柏超
撰稿人：许嘉欣　指导撰稿：庞慧敏

　　地处广东省东北部的梅州市有一座历史悠久的客家古镇——百侯镇。梅潭河自西向东缓缓流过，把小镇一分为二。两岸依山而建的客家民居，古朴雅致。竹篙轻点，竹筏划过，清溪中泛起金色的涟漪。在无尽的时光中，远处的群山如同绿色的屏障，庇护着两岸的肥田沃土，也守护着小镇人家的祥和岁月。

　　行走于这座风景如画的小镇里，一些高高耸立的石旗杆十分醒目，这些石旗杆是百侯人心中最引以为傲的精神图腾。它彰显着这座古朴小镇的勤学之风，象征着小镇居民的笃实之气。

　　教育兴则国家兴，教育强则民族强。中华民族自古以来就是一个崇

■ 小镇依山而建，古朴雅致

文重教的民族，"诗书传家远，耕读继世长"，讲的就是读书教育紧系家国命运。只有让自己的子孙后代认真读书，才能够知书达礼、明辨是非，对未来才能够有一个清醒的认识和把握。几百年来，静谧的田园生活和悠长的耕读传统，不仅赋予了百侯镇人清雅淡泊的性格，更让这里充满了浓厚的文化底蕴和不同凡俗的气质。

一 百侯寓意深 乡贤名士推动文风

南宋末年，百侯先民为了躲避战乱，从中原迁徙到这片青山绿水的深处。他们在这里开山垦田、休养生息。百侯最初叫作白堠，之所以改为现在的名字，源于一次充满血与泪的生死劫难。

明正德年间，由于人口急剧增长，山多地少的环境已经不能满足当地乡民的生存所需。混乱滋养罪恶，许多百姓遁入大山之中，他们不纳赋税、不服徭役，被朝廷贬称为"梗民"，视为祸患。为了防御前来抓捕的官兵，这些梗民在山口用白石砌成报警用的烽火台，在古代，烽火台又被叫作"堠台"，"白堠"的名字也就由此而来。

明嘉靖三十九年（1560年），白堠附近一个名为张琏的大盗，利用粤闽赣一带海倭山寇交相蜂起之机，鼓惑"梗民"杨舜等人一起趁机作乱。短短几天的工夫，张琏就聚众数万，占山为王，号称"飞龙国"。为了扩大地盘，他们派人四面出击，攻城略地。1562年，嘉靖皇帝调兵7万人，平息了这场叛乱。在战争中，白堠遭到重创，杨家死亡100多人，杨舜和两个弟弟被捕，财产全部充公，整个家族只有他的叔父杨淮幸免于难。几近灭族的悲惨代价深深刺痛了杨淮，也让他认识到光凭匹夫之勇只会滋生事端，害人害己，唯有兴教育，正家风，才是一个家族得以长久生存之良策。

劫难过后，杨淮不惜重金在当地修建起一座"大书斋"，并从福建请来名师教育子孙。从此之后，这片未经开化之地有了自己的书院，数百年间，"大书斋"书声不歇，一直延续到民国初年。而"白堠"也被改为"百侯"，寄托着古镇人企盼"多出人才"的美好愿望。

生于清顺治年间的萧翱材是百侯镇第一个考取进士的人。直到今天，他酬勤治学的故事依然在古镇里口耳相传。

有一年端午节，萧翱材奉母命，带粽

■ "大书斋"书声不歇

子到学堂给老师品尝。到午饭时，他仍然放不下手中课本，边吃粽子边看书写字，同学见他这样用功便不忍打扰。等大家吃完饭回来，看到学堂内的情景不禁哄堂大笑。原来是萧翱材一心学习，拿着粽子蘸着墨汁吃到嘴里也不自知。他竟还开玩笑说，是自己肚子里墨水太少了，所以要多吃点。

不论是杨家叔父自建书斋开启学风，还是萧翱材酬勤治学考中进士，他们都激励着一代一代的百侯人勤学好问，奋发图强。

（二） 杨之徐归乡　乡民共筑科甲蝉联路

这些从古镇中走出的读书人，虽在外为官，却始终心系故土，他们捐资兴建学堂，大力发展家乡教育。清康熙年间，萧翱材的外甥杨之徐考中进士，因不愿参与朋党之争，便辞官归隐，在古镇修建了一座占地十亩的企南轩，并贴出告示，谢绝一切宴请拜访，专心教子。

杨之徐认为，"人无品行，读书无益"。他在教育孩子时，传授的不仅是经典文化知识，更是为人做事要坚守内心、正道直行的道理。在这种教育理念的熏陶下，杨之徐的三个儿子都科举及第，成为翰林。

在杨氏家族的倡导下，古镇各大家族建立起了蒸尝制度。把每年秋冬用于祭祀的财产划出一大部分设立为奖学金，专门资助贫寒子弟上学。此后，小小百侯镇，无论贫富贵贱皆从教化，最鼎盛时，古镇中同时开设有 30 多所书院。不仅如此，各大家族还尽可能创造条件资助学子上京赶考。

■ 高耸的石旗杆　显示功名　光宗耀祖

对于取得举人以上功名者，不管出在哪家，都被视为全镇人的骄傲。他们会在祠堂前竖起石旗杆，以显示功名，光宗耀祖。几百年来，仅明清两代，百侯镇就有翰林5人，进士24人，举人134人。众多的功成名就的百侯文人化为古镇里随处可见的石旗杆，它们不仅代表着荣誉，同时激励着后世子孙励志勤学，成才立业。

（三）　杨增蕴南渡　知识塑己兴办乡学

民国初年，百侯镇成为粤东地区的经济文化中心，有眼界、有智识的百侯人把目光投向了更远的海外，他们纷纷渡海远行，在南洋群岛开辟出一番新的天地。

1927年，15岁的杨增蕴辞别父母，跟随同乡前往印尼，在棉兰的一家药材行打工。由于不懂医药知识，几年时间下来，依然只是一个做琐碎工作的小伙计。这位年轻人逐渐意识到，一个无知无艺的人，单凭力气干活只能解决温饱，唯有通过学习掌握更多知识，才能成就一番大事业。

药材行旁边有一个福建老医生，教了他很多东西，杨增蕴学习的热情一下被点燃了，他开始拼命地学习。连续四年，他白天在药店忙碌，晚上就去夜校读书。不仅自学了英文、印尼文，还学习了《本草纲目》《伤寒论》等许多医药典籍，掌握了100多种药剂配方。经过多年的学习和研究，杨增蕴把中药的丹、膏、丸、散和西药结合，创办了"百花灵制药厂"，最终成就了"印尼药业大王"的称号。

读书改变了杨增蕴的命运，也让他更加体会到知识的可贵。20世纪50年代初，杨增蕴捐资50万元重建家乡的漳田坑小学，之后又捐资110

万元修建了百侯中心小学教学大楼，使这座小学成为当时大埔县内师资教学设备最完善的学校之一。

在客家人心中，故土可以远离，但文化和传统都必须要薪火相传，只有这样，才能够确保一个家族、一个地方的长盛不衰。在百侯镇，像杨增蕴一样的爱国华侨还有很多，他们兴办乡学、资助贫苦，帮助一批批孩子走出大山，读书成才。

（四）　张维山凿路　开启乡童求学之门

地处大山深处的红光村，地理环境闭塞，南面山上陡峭曲折的小路是村庄连接外界的唯一通道。张维山从小就生活在红光村，他深知大山里的孩子们在求学路上的艰辛和不易，希望能够通过一己之力做些实事。

1996年春节，外出打工几年的张维山回到家中，在和村民商量之后，他们决定开山凿洞，用双手为孩子们开出一条上学路。

为了筹措资金，张维山不仅拿出了在广州打工的全部积蓄，还把自己唯一的一辆卡车卖了，筹集了3万多元的启动资金。那年夏天，张维山买了柴油机、风钻等设备，带上6个村民开始打隧道。

那个时候技术不发达，张维山和村民们天天都弓着腰钻进遂道里干活，只能人工用钻头、钢钎一点点挖凿。由于工作强度大，大家的手磨起了一个个水泡和裂口，一洗手，伤口就钻心地疼。更让人心悬的是，一旦遇到塌方落石，他们的安全就成了问题，甚至有可能会连命也搭进去。在将近两年的隧道开凿过程中，张维山和队员们不知道磨断了多少根钢钎，也不记得受了多少次伤。

■ 张维山等人为孩子们打通求学之路

从此有了一条通往未来的光明道路

1997年12月2日，一条长160米，宽1.5米，高1.8米的隧道终于打通了，这条贯通了一座大山的隧道，终于让乡村的孩子们从此看到了知识和希望的曙光，张维山觉得再辛苦也值了。

（五） 杨珍宝育人　发展幼教尊崇师统

每天清晨，90岁的杨珍宝老人都会来到小镇的老年活动中心。和大伙一起唱唱歌，和乡亲们聊聊家常。作为百侯幼儿园的第三任园长，她在教师岗位上工作了40多年。每当有人问起这座幼儿园的历史，杨珍宝老人总会娓娓道来。

■ 杨珍宝老人讲述幼儿园的故事

故事还要追溯到1933年，当时，热心家乡教育的百侯人杨德昭，找到人民教育家陶行知先生，请他来古镇办学。当时，陶行知忙于其他事务，脱不开身。于是，他派了几个得意门生前来，帮助百侯镇建起了中国第一所乡村幼儿园。

百侯镇世代传承的重教传统，让杨珍宝和所有的幼儿园老师明白，条件虽然艰苦，但对孩子们的教育绝不能放松。她们用碎布缝制各种小动物，从木工厂捡来小木头，自己锯成木头玩具。还根据不同年龄的孩子制定了不同的文化和体验课程，给每个幼儿班都起了特别的名字。在杨珍宝她们的努力下，百侯幼儿园成为广东乃至全国闻名的先进示范园。让老人欣慰的是，她的很多学生如今都已经成才。家中三代人，也有11人先后走上了教育岗位。

对读书的重视、对教师的尊崇，不仅让这里人才辈出，同时也影响着古镇人家，大家都把教书育人视为一种莫大的光荣。在百侯老街上，几乎家家都有老师。

■ 昔日"小猫班"的集体聚会，年逾古稀童心未泯

2018年春节前夕，曾经百侯幼儿园小猫班的同学们再聚首，一起看望他们的老师。曾经的儿时伙伴，如今都成为银发满头、年逾古稀的老人。然而，时光仿佛又回到了过去，一首首熟悉的童谣，是童年无尽的欢乐，也是珍藏心底不曾忘却的记忆。

光阴易逝，时光流转。有着百年文脉的积淀，百侯镇像极了一本摊开的线装古书。虽然曾经的一所所老宅已经褪尽了鲜亮的外衣。但一缕缕书香却始终萦绕在古镇上空，历久弥新。

有诗书气必贤子孙，如今的百侯镇虽然有不少人已经迁居新房，古老的巷子里也少了曾经琅琅的读书声，但那份代代向学的精神，早已随着岁月的流逝沉淀进这方土地，一代又一代，脚下蜿蜒的小路，和两旁白墙灰瓦的老房子，无声地见证着古镇充满希望的明天。

编　导：王晓宇　主持人：孙亚鹏
撰稿人：黄　璐　指导撰稿：庞慧敏

瑷珲镇

英雄之城 寸土不让

瑷珲古镇位于黑龙江省黑河市境内，滔滔不绝的黑龙江水从镇东缓缓流过，滋养着这片广袤的黑土地，也见证着其300余年不可复制的历史。唐朝时，瑷珲被正式纳入中国版图，从此成为历朝历代中央政府沟通边疆的咽喉锁钥之地。因此，瑷珲从建城之初，就拥有了英雄之城的底蕴和气魄。

■ 清政府在瑷珲签订《瑷珲条约》

清朝末年，清政府国力衰弱，西方列强虎视眈眈。此时，趁火打劫的沙俄军队，开始猛烈地入侵黑龙江流域。面对外敌步步紧逼，软弱的清政府被迫于1858年在瑷珲签下了丧权辱国的《瑷珲条约》，这一纸条约让中国割让出了黑龙江以北、外兴安岭以南的60多万平方公里的土地。前所未有的耻辱让瑷珲这座有着悠久历史的英雄之城背负上了沉重的历史枷锁。作为戍边军人的后代，瑷珲人把强加于他们身上的这份耻辱化作了熊熊燃烧的爱国之心，从此开启了一段保家卫国的铁血悲歌。边关如铁，寸土不让。一代代瑷珲人把这份信念深深地扎根在这方养育英雄的水土之中，从来不曾放弃，也不曾离开。

一　不惧牺牲保家国　卧棺自尽火焚城

《瑷珲条约》签订之后，沙俄政府的野心愈加膨胀。1900 年，他们相继驱离居住在海兰泡、江东六十四屯等地的中国人。一时间，黑龙江东岸聚集了上万名手无寸铁的百姓。贪婪的沙俄大军为了把黑龙江由界河变成内河，举起屠刀攻向了瑷珲城。当时，瑷珲城只有将士 1000 余人。在外无增援、内无充足兵力的情况下，不屈的瑷珲人民没有一个畏战逃离，大家同仇敌忾甚至不惜以命换命。当时，汉族士兵徐玉刚、王志强与满族士兵兴春、达斡尔族士兵巴力布发现敌人就要攻入弹药库。为了

■ 沙俄政府屠杀手无寸铁的百姓

阻止他们的抢掠，这四名士兵毅然引爆炸药。一声巨响伴随着冲天的火光，四位勇士与几十名敌人同归于尽。

前方将士的流血牺牲并没有唤起腐朽清廷的斗志，反而变得更加软弱可欺。他们竟命令黑龙江将军寿山与沙俄商议停战，但这位生于瑷珲、长于瑷珲的大将军却宁可玉碎也不愿瓦全。在敌军破阵之时他令人抬出早已准备好的棺木，仰卧其中，以手枪自击而亡。在这场战役中，每一个瑷珲人都战斗到了最后一刻。当男人们为国捐躯时，瑷珲的女人们也并没有退缩，她们纵火焚屋，宁愿在烈火中死去，也不肯投降。英勇的瑷珲人民就这样用自己的鲜血和生命守卫着故土家园，捍卫着民族的尊严。

战争过后，这座

■ 战争过后的魁星阁

439

古老的城池除一座魁星阁外，其余一切都被尽数焚毁，巨大的阴霾笼罩在人们心头，久久不曾散去。与此同时，那种保家卫国的自我牺牲精神也作为了一个民族的印记深深地烙刻在每个瑷珲人的生命里。

二　据理力争守寸土　身先士卒勇抗日

一次次血与火的洗礼让瑷珲人始终保持着寸寸山河寸寸金的民族情感。他们挺直着顽强的脊梁，骄傲地昭告着世人：这是一座英雄之城，这里有着爱国之民，这里的领土不容进犯，爱国的精神永垂不朽！

1907 年，面对瑷珲百姓不屈不挠的持续抗争以及中外舆论的强烈谴责，沙俄军队被迫同意撤出瑷珲。但同时，他们又提出租借瑷珲最繁华的商业街市、停船码头作为商埠。当时的清政府被西方列强纠缠不休，无暇顾及此事，便责成刚刚升任瑷珲副都统的姚福升酌情拨给。姚福升对此据理力争，寸土不让，誓死都要捍卫底线。面对着俄国人与朝廷的双重压力，他宁愿被罢免，也要做到守土有责，不负家国百姓。正是姚福成的据理力争让沙俄政府见此事难成，只好作罢。在姚福升的坚持下，瑷珲被永远地留在了中国的版图中。

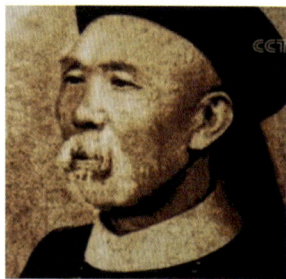
■ 瑷珲副都统姚福升

在一段段波澜壮阔的岁月里瑷珲人始终传承着先烈的英勇之风。在抗日战争期间，古镇又有数百名热血男儿奔赴前线，在保家卫国的战役中，浴血沙场，以死相拼。1931 年，21 岁的陈庆山考入哈尔滨工业大学。在校读书期间，恰逢九一八事变。他毅然加入抗日救亡的运动中。当外国势力侵略我们国家和人民的时候，作为一个中华儿女，理应站出来，保卫家园，保卫国土。抱着这样的信念，1934 年春，陈庆山又加入了赵尚志领导的珠河抗日游击队，参与到当年冬天的反日军围剿突围中。由于敌人的火力很强又占据有利地势，经过几天的艰苦作战，游击队始终无法冲出敌人的封锁。生死存亡之际，陈庆山主动请缨，留下断后，掩护大部队撤离。而断后意味着奉献、牺牲，这样的结局谁都能想到，但陈庆山还是毅然带领着一支瑷珲人为主的小分队，打退了敌人的多次进攻。在战友们大部分已冲出包围圈时，他不幸中弹，壮烈牺牲，年仅24岁。

胜利的旌旗浸透着烈士的鲜血。历史无言，精神不朽。血火淬炼的民族精神，在历史的星空中定格成永恒。

三　缅怀先烈系风铃　山河犹在家乡美

战争的硝烟早已散尽，但英雄的故事却世代相传。为了铭记历史，警示后人。瑷珲人在古镇中建起了一座历史陈列馆。陈列馆前，竖有一面风铃墙，墙上的1858个风铃，代表着《瑷珲条约》签订的日期。每当有风吹过，叮叮当当的风铃声就会在古镇上空回荡，仿佛在告慰那些把生命和鲜血洒在这片土地上的先烈们，如今山河犹在，岁月安好。

如今的瑷珲古镇宁静而祥和，面积达200多平方公里的土地上，生活着3000多户居民，虽地广人稀却不失生机与活力。当地河流纵横、土地肥沃，耕地面积高达1.1万多公顷。古镇周边林地密布、草原广袤，既是飞禽走兽活跃的天地，又是当地人渔猎、畜牧的良好场所。

和平的环境并没有让瑷珲人忘记历史的悲痛，对于饱经战乱的古镇人来说，他们懂得和平的可贵也更加明白团圆的意义。在古镇里就有一种独特的小吃，每当节庆时分，家家户户都会包起水团子。把黄米磨成面，用豆沙做馅，当家人聚齐，趁热端上

■ 瑷珲人在做水团子

餐桌，一口咬下，便是满满的甜蜜，这样的生活滋味，正是数百年来，无数仁人志士为之不断奋斗的美好"明天"。

（四） 以林为家树为伴　平凡岗位见豪情

在和平年代，对家国的守卫早已不再局限于抛头颅洒热血，而更多地体现在一个个平凡的岗位上多年如一日的默默坚守。在瑷珲有 26 座森林防火瞭望塔，每座瞭望塔都设有护林员长期值守。他们没有惊天动地英勇壮举，也没有荡气回肠的豪言壮语，却无怨无悔地守护在这里，如同古镇先人在战场上守卫国土一样，他们为子孙后代守护住的，是一片绿色的家园。

1990 年，16 岁的史贵玲就来到了这里，看护区域内 4.6 万公顷的森林，一守一护间，28 年的时光恍然而逝。在这期间他经常是啃一个馒头喝一碗冷水就算吃了一顿，再重要的事情也没有森林的事情重要。

1996 年的一天夜晚，史贵玲像往常一样在塔顶用望远镜观察时，发现远处有亮点，亮点就意味着火情，于是他迅速把这个情况反映给森林防火指挥部。由于风很大，火势迅速蔓延，导致那次扑灭山火的行动变得异常艰难。当时，指挥部与扑火队员之间的联系只能靠史贵玲手里的对讲机中转，他不敢有一丝的懈怠，几乎九天九夜没有休息，嗓子都喊哑了。几十年来，史贵玲就这样默默坚守在自己的岗位中。2002 年年初，他的妻子已怀了八个月的身孕。然而，春季防火期就要到来，史贵玲只能无奈离开回到山中。当秋季防火期结束后，他才回到家中，

■ 史贵玲守护的森林

此时，他的女儿已经六个月大了。当他紧紧将这个小生命拥入怀中的时候，这个朴实的汉子幸福地笑了。2003年，老史的妻子把孩子交给了她的父母照顾也来到大山中，和丈夫一起坚守在这里。十多年的精心呵护，一万多个日日夜夜，在所有护林员们的共同努力下，瑷珲再也没有发生过重大的森林火情。

坚守一个岗位，践行一份责任，这是古镇人对自己的要求，也是对这片家乡故土深沉的热爱。

（五） 驻边精神代代传　铁血男儿思报国

生活在这座有着悠久战斗历史的英雄之城，今天的古镇人依然承袭着先祖的威武之风、英豪之气。历史上，一个个不屈不挠的英雄故事，都是每个瑷珲儿女最珍贵的教材。身着戎装，手握钢枪，也成为古镇人儿时的梦想和追求。

2006年，华正巍报考了东北大学国防生，毕业后本有机会留在大城市，但他却选择回到了黑龙江边，成为逊克县边防连队的一员。

黑龙江蜿蜒曲折，国境线以江心主航道区分确定。进入冬季后，江水封冻结冰，大自然的天然屏障一下子消失了，华正巍和他的战友们，在封江的第一时刻，就要在江上每隔50米插上标识杆。在架设标志杆的过程中，为了不让我们的领土少一寸，这群边防战士就在寒冷的江面上一分一毫地丈量。或许寸土如金的概念早已融入瑷珲人的骨血，变成了自然而又神圣的天职。为了守卫这片领土，每天20公里的界江

■ 华正巍和他的战友在界江巡逻

巡逻是华正巍和战友们的日常。在零下40摄氏度的严寒中，他们要行走4个多小时，风吹起的雪粒打在这些年轻战士们的脸上，凝结成一滴滴晶莹汗霜。茫茫的雪原中深深地印刻着他们的足迹，一趟巡逻下来，战士们的手脚早已冻得僵硬。有时巡逻完毕之后，这些装具都已经硬了，挂上像铠甲一样，回来摘的时候可能需要人辅助才能摘下来。

■ 风铃叮当作响

万里赴戎机，关山度若飞。这些边防战士们，日复一日，年复一年，头顶边关的明月，手握钢枪，像界碑一样，屹立在风雪之中。他们的职责就是让鲜艳的五星红旗在边关上空永远高高飘扬。

古镇里，1858个风铃叮当作响，奏出一曲告慰先烈、警示后人的历史乐章。星火飞逝，当年守边固土的英烈之魂却始终飘荡在这片热土上空，告诫着后人：英雄之城，寸土不让，珍惜和平，捍卫国威！

编　导：吕明月　主持人：宫柏超
撰稿人：栗　宁　指导撰稿：庞慧敏

编导手记

英雄之城　爱国之民

　　乡愁是什么？是远方故土的一城一池、一砖一瓦，是来自家乡的一碗水、一盏灯、一道小吃、一声问候。小时候盼着离开家乡，远走高飞，总以为外面的世界很精彩，当走过很多地方，看过很多风景才发现，我们最留恋的还是自己的家乡。

　　在拍摄《记住乡愁》第四季时，有幸来到了黑龙江畔的边陲小镇——瑷珲。这里距离我的家乡只有300多公里。当踏上这片黑土地时，这里的一草一木，一砖一瓦是那样的熟悉，甚至空气中飘散的泥土芬芳，都是那样的亲切。听着耳畔熟悉的乡音，和老乡们诉说着的浓浓乡情，给我以温暖，给我以回忆。

　　但当我开始慢慢了解它，触摸它历史的脉搏时，心情却久久不能平静。在古镇里，有一座瑷珲历史陈列馆，记录了这小城的前世今生。大多数人了解瑷珲，都是通过中学历史课本中，清政府签订的丧权辱国的《瑷珲条约》。一提起这些耳熟能详的历史事件，每每都会产生憋屈之感，耻辱之气。但当你走进这座古镇，才会发现，"瑷珲"这座置身于历史旋涡中的古城军民，却在这些事件中用自己的生命和鲜血前赴后继，谱写了一曲又一曲雄浑却又惨烈、铁血而又沉郁、荡气回肠的保家卫国之歌。

　　瑷珲历史陈列馆中，用一幅巨幕展示了1900年的庚子俄难，当时瑷珲城被焚，全城百姓与敌人展开了殊死的巷战，每一个瑷珲人都战斗到了最后一刻。他们宁愿在烈火中死去也不肯投降。英雄的瑷珲人民就这样用自己的鲜血和生命守卫着故土家园，捍卫着民族的尊严。萨布素、姚福升、寿山，一个个英雄的名字，被后人所铭记。

爱国这种情感是与生俱来的，是一种对出生、成长的地方的深厚情愫，是对故土的热爱、眷恋与深情。战争的硝烟在历史中渐行渐远，但这种爱国精神却深刻地烙印在我们中华民族的血液里。

如今的瑷珲军民，仍如当初奉命戍边一样，一直把保家卫国，戍土守边作为应尽的义务，代代相传，至死不渝。

让我印象最为深刻的，是对边防军人的采访。每年进入冬季，黑龙江封冻后，江面上的气温会下降到零下40多摄氏度。我们摄制组人员在江面站上十几分钟，已经冻得受不了，但是这群战士却要每天进行将近8个小时的日常巡逻，曾有刚入伍的战士甚至被冻哭过，我问过他们：这么苦，有没有后悔当边防兵。他们斩钉截铁地告诉我：没有，他们觉得能够手握钢枪，守卫在祖国的边防线，是十分光荣的事情。家人也以他们为自豪。记得拍摄快结束时，一个小战士，追着我问播出时间，我告诉他大概在春节期间播出，他很开心，说一定要告诉远方的家人，让父母能够在电视上看到他，因为过年他要坚守在这里，没法与亲人团聚。那一刻，我仿佛看到了万家灯火的祥和节日背后，他们爬冰卧雪、守护国门的高大形象。

一部片子做下来，让我对家乡有了更深刻的认识，不只是眷恋故乡的那碗水、那片云。让我自豪的是根植于家乡那片黑土地中，传承千百年，生生不息的爱国精神。

片子播出之后，当地的朋友打电话告诉我，很多人是流着泪看完的，一纸《瑷珲条约》让古镇人背上了沉重的历史枷锁，而如今他们终于可以挺直脊梁，大声地告诉世人，耻辱的历史背后曾有瑷珲人英勇不屈的抗争。

300多年来，英勇的瑷珲人始终以这样的血性和气节，守卫着故土家园，捍卫着民族尊严。这是一座英雄之城。这里有着爱国之民。

和中华大地上众多古镇一样，这片土地给我们的启示是：优秀传统文化是中华文化之根。记住乡愁，就是留住文化根脉，传承家国情怀。面对危机，爱国主义精神是华夏儿女顽强抗争的信念支撑；面对困难，爱国主义精神是华夏儿女不屈不挠的精神源泉；面对挫折，爱国主义精神是华夏儿女奋发图强的动力。天下兴亡，匹夫有责。点点爱国主义精神汇聚，铸成了我们民族的精神脊梁。

节目编导：吕明月

广府镇

顺势而为

在河北省邯郸市有一座广府古城,明朝时曾有记载描述此地"北通燕涿,南达郑卫,东连齐鲁,西接秦晋,史称漳河间一大都会"。春秋时期,就有先民在此地筑土围城。到了元代,广府人把土城扩展到如今的规模。

古城位于永年洼中央,四面环水,孤城岛立。行走在古镇的城墙上,环城而过的滏(fǔ)阳河在脚下流淌,经年不息地滋养着这方土地,成为古镇的母亲河。它带给广府生命的精彩,也赋予了当地人如水一般顺势而为的特质。

■ 广府镇全景

古城从西汉年间起

■ 广府古城

张程引河入镇兴古城

早年间，永年洼并非是由滏阳河形成的。发源于太行山东麓的洺河、小沙河等季节性河流，在此处形成一片洼淀，广府古城在此建成，并且修筑了护城河。但是，遇到旱年河水断流，洼地就会干涸，变成白茫茫的盐碱地，鱼虾绝迹、粮食歉收，护城河失去了防卫功能。

明成化年间，有一位叫张程的州判来到广府。他发现城南十几里外的滏阳河河面宽阔，水量充沛，而且滏阳河的河床要比广府城高出了六尺，于是决定利用地势，开凿河道，引滏阳河水掉头北上。

张程动员广府周边几个县的民工，用了数年时间，开凿了一条新河。滏阳河水改变流向，向北进入永年洼，古城周

■ 广府镇

离开了家乡 前往北京教拳

从此水旱从人 连年丰收

■ 广府镇

围的护城河陡然增至百米，成为古城的绝好屏障。广府周围几万亩的土地从此水旱从人，连年丰收。昔日的盐碱地飘荡起稻花的芳香。总面积4万余亩的永年湿地，在春夏秋三季，呈现芦苇茂盛、鱼虾共生、碧水风荷、雁戏鸟鸣的水乡景象，广府也被人称为"北国小江南"。更为可喜的是，这条滏阳河使南北经济贸易畅通，上到磁（州）邯（郸），下到天津卫。于是，古城开埠兴商，昔日的水泊孤城变成了繁华的水陆码头。短短几十年时间，广府成为富甲一方的经济重镇。

杨露禅顺势改良扬太极　杨振河因材施教传四海

太极拳是广府重要的文化名片。但在传到广府镇之前，始终如一脉暗流，藏匿在山林乡野之间，不为外人所知。直到清朝时，古镇走出的一位武林宗师才将其发扬光大。而所有的故事，都要从一家不起眼的中药铺说起。

广府西大街路南有一家开了将近400年的中药店，叫太和堂。药堂主人祖籍河南温县，那里的陈家沟人大多习武，秘传一种拳法，叫陈家拳。清嘉庆年间，太和堂传到了第四代，当时的掌柜叫陈德瑚。生意闲暇之时，陈掌柜经常和伙计们在后院悄悄练拳。

镇上有一个出身贫寒、靠打零工为生的少年叫杨露禅。有一次杨露禅路过药店，正巧碰上几个小混混与店主发生了争执，结果在他都没能看清动作的情况下，店主一个扬手，就将几个人扔到了街对面。

当年只有十几岁的杨露禅被太和堂掌柜的过人武功所吸引，想拜师学拳。他借着给太和堂送煤的机会向掌柜提出想要拜师。但陈家拳由陈家沟人几代秘传，从不教给外人，他的请求被陈掌柜断然拒绝。可这位倔强的少年没有放弃，他又提出要求，希望到太和堂打杂，陈掌柜见他机灵能干，就答应了

■ 杨露禅像

■ 杨氏太极拳

下来。进入太和堂后，杨露禅手脚勤快，眼里有活，嘴巴又甜，掌柜和伙计都很喜欢他。经过几年的努力，杨露禅终于赢得了陈德瑚的信任，指点他到河南陈家沟拜师学拳。

18年的时间，杨露禅三下陈家沟，终于学得一身好武艺。随后受到朋友的启发前往北京教拳。当时的大学士翁同龢（hé）看到杨露禅打拳后，不禁发出感慨："杨进退神速、虚实莫测、身似猿猴、手如运球，犹太极浑圆一体也。"从此以后，杨露禅习练的陈家拳，就被称为了"太极拳"。

杨露禅名气越来越大，找他学拳的人也就越来越多，其中有不少满族八旗子弟，这些人大都体质较弱，不适合学习技击性太强的陈家拳。如何能让他们练拳强身，成了杨露禅思考的问题。

在家乡广府多年的生活，让杨露禅明白，水随形就势，方得始终，人必顺势而为，才能成事。为了适应大众学拳这种形式，他在教法上就做了一些调整，把动作变得缓慢、柔和、安全，容易操作。经过他改良的新拳法套路简单易学，很适合没有武术功底的人，而且拳法动作连贯，便于记忆。这种做法很快得到推广，风靡各个阶层。

杨露禅就这样顺应当时练功习武的社会潮流，把适合少数人练习的技击拳术，改造成大多数人能够接受的健体养生拳，这种新拳，就是后来扬名四方的"杨氏太极拳"。

"谁料豫北陈家拳，却赖冀南杨家传"，秘藏山野的陈家拳，被杨露禅中兴发祥，传世百年，兴盛不衰。太极拳成为广府重要的文化符号，随着中国文化走向世界。杨振河就是其中一位文化传播者。

杨振河从小喜爱武术，跟着师父学习太极拳，一练就是 50 多年。

1993 年杨振河到郑州国际武术节表演杨氏太极拳，刚一下场，他就被几个外国人围住了。他们想请一个杨氏太极拳老师去欧洲教太极拳。杨振河被他们对太极拳的喜爱所感动，到德国开始了国外教拳生涯。

■ 杨振河

很快，杨振河就发现在国外教拳跟在国内完全不一样。有时候在公园练太极，练着练着，学生就不见了，转而找地方喝咖啡去了。

这让杨振河很不适应。在中国教拳，这样的学生他会直接让他走人。但在国外，要尊重当地的文化习俗。多年学拳的经验更让他明白，为了让那些不了解中国文化的西方人爱上太极拳，要注意劳逸结合，因势利导。顺势而为，方能实现自己的目标。

杨振河改变了国内的教学方法，采取自然学习法，根据每个学员的身体情况，制订不同的教学方案，因材施教。为了便于和这些"洋弟子"

沟通，喝了大半辈子茶的杨振河放下了茶杯，跟着徒弟们学着喝起了咖啡。入乡随俗的做法，让杨振河很快赢得外国学生的喜爱。

■ 杨振河在国外教学

随着太极拳健体养生的功效被越来越多的人认识，杨振河在学生的帮助下，建起一座 2000 平方米的武馆。他要在这里，让杨氏太极拳传遍全球。

宋福如以柔克刚巧创新

太极拳讲求借力发力，顺势进击。这种拳法的智慧也深深地影响着一代代广府人。他们遇到困难，从不正面相迎，而是等待时机，借势发力。宋福如就是古镇上一位不打太极拳的"太极大师"。

2017 年 10 月，广府古镇旁的水稻田里，挤满了从各地赶来的农业专家，包括"世界杂交水稻之父"袁隆平。经过一天收割、脱粒，仔细称重计算，最后统计出亩产稻米 1149.02 公斤，这是目前全球水稻单产最高纪录。袁隆平的超级杂交稻在广府试种成功，而试种所用的有机硅化肥由宋福如提供。超级杂交稻的成功也让宋福如的有机硅化肥为社会所认可。

■ 宋福如

宋福如年轻时

453

就与有机硅材料结下了不解之缘，他在当矿工时，就接触到了有机硅润滑剂，了解有机硅材料的用途。而真正研发、应用有机硅材料却是在停电中找到的商机。20世纪90年代，由于雨雪尘雾等原因造成线路短路，广府一带经常停电。从那时起，宋福如开始琢磨有机硅涂料，几年后终于试验成功，把它涂在绝缘瓷瓶上，可以实现自我清洁，解决了天气原因造成的短路停电。

■ 宋福如与袁隆平

■ 宋福如查看水稻状况

宋福如的有机硅涂料一经推出就得到了市场的认可，就在销售正旺的时候，一些厂家开始了仿冒，同类产品大量涌现。宋福如的一位法律顾问建议他和这些仿冒企业对簿公堂，但是宋福如却并没有采纳这样硬碰硬的处理方式。

面对这样的情况，他想到的是转变方向，开发没有竞争对手的新产品，干别人干不成的事。在与朋友闲聊时，他得知由于过度使用化肥增加农作物产量，大量的土地开始板结。粮食产量上去了，农民赖以生存的土地却出现了问题。宋福如眼睛一亮，他又想到了有机硅。有机硅具有表面活性剂的特性，可以让肥料产生水溶缓释的功效，能有效改善土壤板结的问题。

于是他放弃了有机硅涂料市场，用几年时间，开发出了有机硅化肥。但是，市场并不认可他的新产品，如何打开销路，宋福如一直在寻找时机。

有一次在北京开会时，宋福如偶遇水稻种植专家袁隆平院士，他建议袁隆平在广府试种超级杂交水稻，由他提供有机硅化肥。两人经过一番细谈，袁隆平院士接受了建议，在广府试种 100 亩杂交水稻。这样，新产品推广的难题，在与袁隆平的合作中借势破除了。

转变方向，等待时机，顺势而为的精神让宋福如用于创新，顺应市场需要，研制出一款款有机硅产品，最终有所作为。

武香环经营虎头鞋销海外

冀南地区有个风俗，家中生了小孩，满月时亲戚朋友要送虎头鞋，祝福孩子健康平安，虎虎生威。武香环从小就学会了这门手艺，凭着精湛的技术，她做的虎头鞋在四乡八邻间很有名气。

结婚后武香环到了婆家，那个村庄是传统的蔬菜种植村。武香环的婆家有几亩菜地，每年都有三五万元的收入，武香环就放下了老手艺，跟随丈夫学种蔬菜。没想到种下的蔬菜还没收获，以前的老客户就找上门来。武香环在丈夫的支持下，重新拾起了针线。老客户又带来新客户，慢慢地武香环一个人就忙不过来了，可是在这个蔬菜种植专业村里，家家都在种蔬菜，劳动力紧张，她找不到人帮忙做鞋。

■ 虎头鞋

一天，武香环的家里来了位老人，聊天中武香环得知，老人有个女儿，小时候因为患病导致下肢瘫痪，失去了劳动能力。武香环马上想到了一个主意，既然请不到人帮自己做鞋，何不教会那些残疾人，这样既解决了自己的生产问题，又帮助了那些丧失劳动力的人。说干就干，第二天，武香环家里就来了一位坐在轮椅上的残疾人——段林英。

武香环手把手教她，学会了就让她把活带回家做。自从跟着武香环做虎头鞋，以前沉默寡言的段林英像变了一个人似的，也爱说爱笑了起来。武香环意识到，身体有残疾的人，大多心灵手巧，又珍惜劳动的机会，所以会更辛勤地工作。于是她又招了十几位身体有残疾的人，慢慢教会她们制作虎头鞋，有了这些残疾朋友们的帮助，武香环完成了不少订单，不仅把虎头鞋的生意做得红红火火，也让那些跟她做鞋的人得到了丰厚的回报，让这些丧失了劳动力的人重新找到了自己的价值。

■ 武香环

■ 广府镇景

随着古镇旅游的发展，武香环的虎头鞋深受游客青睐，成为广府最具代表性的旅游产品之一，销量也大幅增加。最近，她又学会了使用互联网，把这充满浓郁乡土风情的虎头鞋销往了全球。

"好风凭借力，送我上青云。"历经两千多年的光阴，广府古城从无到有，几经浮沉。一代代广府人积极而不强求，贵化解而不对抗，在对大势的认知与包容中找到自己的方向，最终有所作为。"阴阳合、太极生"，今天的古镇人承袭着前人的智慧，在新的潮流当中顺势而为，以进取的姿态，谱写着当代的辉煌。

编　导：王宝成　卢肖伯　主持人：杨　阳
撰稿人：赵　越　指导撰稿：李彩霞

丙安镇

宽厚为人
多福寿

位于贵州省赤水市中南部的丙安镇，三面与四川接壤。赤水河蜿蜒曲折，绕镇而行，是古代川盐入黔的黄金水道。小镇始建于南宋，因河道多险滩，人们便把这里称作"炳滩"。后来，为取平安之意，改为"丙安"。

古镇建于赤水河畔陡峭的危岩之上，背倚青山，三面环水，砌石为门，垒石为墙，依山而建的木质悬空吊脚楼，经千年风霜，仍稳如磐石。在这样艰险的环境下，丙安人不仅深深扎根于此，更是以一种宽厚包容的心态去面对一切，就像当年常说的那句话，水到窄处才成滩，只有心宽了路才好走。

■ 古镇建于赤水河畔陡峭危岩之上

一　千年风雨飘摇，沉淀赤水人情

平静的赤水河水，蜿蜒而悄然，河两岸竹叶低垂，灌木无声，寂静得仿佛没有人烟。小巷古老曲折，古渡口长满青苔。青石阶梯上，留下了历经千年风雨的桥；低垂的屋檐，遮住了流过指尖的光阴；岁月的墙，刻着斑驳的记忆，诉说着流传了千年的故事。

早在殷商时期，就有先民在此居住。因地处水陆要冲，常有匪患兵祸。南宋时期，当地先民在这处仅有 4 平方公里的石崖峭壁上修筑城墙，兴建房屋。从此，这里便成为扼守一方的天堑要塞，有着"川黔锁钥"之称。

历史上，进入丙安唯有水路较为通畅。由于滩险水急，往来货船只能依靠人力拉纤，才能渡过险滩。在古镇入口处遗留着一段将近 2 公里长的古纤道。发生在这里的故事启迪着一代代丙安人。

当年的赤水河水流湍急、浊浪滔天。每当船只途经此地，往往需要纤夫和船工相互配合，不仅要铆足全力，还要处处小心，只有这样才能绝处求生，在乱石间闯出一条活路。

相传，清乾隆年间，小镇货运繁忙，赤水河上的航运开始变得杂乱

■ 赤水河

无章。由于河窄船多，一些商船为了能够早点儿渡过险滩，往往相互争抢航道，矛盾逐渐升级。

一次，暴雨将至，几条商船分头召集了几支纤夫队伍前来把船拉上险滩。局

往往需要纤夫和船工相互配合

■ 赤水河拉纤民俗表演

面混乱中，一艘商船偏离了航道，被卷入旋涡，岸上的十几名纤夫也全部被拖入河中。湍急的水流瞬间吞噬了一切。

无序的争斗最终酿成一场悲剧，不仅商家因此倾家荡产，还夺去了许多船工和纤夫的宝贵生命。人们痛定思痛悔恨不已。从那以后，大家明白了一个道理，凡事都不能急功近利，苛待他人，只有互相宽容、谅解，才能利人利己。

事情过后，丙安人立下规矩，凡是商船途经此地，必须按照先后顺序，等待过滩，纤夫们则组成了几支队伍，轮流拉纤。

无论是商家还是纤夫，大家不争不抢，相互体谅，商贸活动变得井然有序，丙安古镇也因此得到了快速发展，成为川黔一带最重要的码头和商埠之一。鼎盛时期，每天就有上百艘货船在此停泊。"满眼盐船争泊岸，收点百货夕阳中"正是当年繁盛景象的真实写照。

二 宽厚淳良待人，绝处逢生兴旺

明清时期随着商贸的发展，有很多来自湘、鄂、闽、赣的客商，到此置地经营，安家落户。一时间，小小的丙安镇中，杂糅着南腔北调，汇聚着各方文化。古镇居民袁树人说："因为都是外来人，多年来大家互相谦让、忍让，后来形成了一句话，宽厚为人多福寿，刻薄处事不久长。"

这是丙安人在日常点滴中悟出的生存之道，也是他们世代遵循的

大智慧。各种地域文化在这里相互碰撞交融，不仅造就出独特的人文风情，也使得小小的古镇中汇聚了天南地北的美食。从香辣诱人的烤豆腐、糍粑，到竹笋、腊肉，这些来自不同地方的特色小吃，至今依然深受人们的喜爱。

■ 大顺店

在古镇的东门入口处，有家叫作"大顺店"的百年商号，不仅见证了丙安的繁荣，还因为一段往事让丙安人铭记于心。

民国初年，"大顺店"是丙安镇里数一数二的"金字招牌"。掌柜杨书田平日里十分好客，除了给南来北往的客人提供食宿外，还可以免费寄售货品，深受商家百姓的信赖。

一年冬天，店员粗心忘记熄灭炉火，不慎引起火灾。火势蔓延开来，不到几个时辰，连着大顺店的几十家商铺，都被大火烧得一干二净。

看着整条街道被烧成废墟，杨掌柜悲恸万分。自己多年的辛劳一夜间化为乌有，街上几十家受到牵连的商家，也理应由他赔偿。结果，损失惨重的商户们不但没有责怪杨掌柜的过失，反而决定要为他筹集款项，帮助他渡过那次难关。

处事让一步为高，对人宽一分是福，向来如此的丙安人在灾难面前，没有一味的埋怨和谴责，反而选择了谅解和宽容。在众人的帮助下，杨书田不仅把"大顺店"重新建了起来，不到几年的时间，生意还越做越大，甚至一连开了好几家商号，成为当地富有声望的一名商人。

生意稳定后，杨书田总想着回报那些帮助过他的乡邻们。当时，古商道盗匪众多，他便拿出钱财，组建起一支"护商队"，帮助丙安的商人安全往返。后来，他又捐出了所有积蓄，在古镇中修建了一条街的房屋和商铺，免费赠送给大家。

正所谓"以大度兼容，则万物兼济"。一场大火不仅没有烧掉丙安原有的繁荣，反而使得这座千年古镇得以浴火重生，愈加兴旺起来。

三　灾祸面前重情，丙安人暖义长

以责人之心责己，以恕己之心恕人。在这种文化的浸润下，小镇有了霁风朗月般的气质，它平静温和地接纳着一切和而不同，也云淡风轻地化解着一切干戈仇恨。

20 世纪 20 年代，丙安人往返赤水河两岸只能依靠渡船。有时遇到风高浪急，就无法通行。

刘永红的爷爷刘云清是当年丙安镇上摆渡的船工。有一年夏天，当地一连下了好几天的暴雨，河水上涨十分迅猛。等到好不容易天晴，村民们都赶着到镇里采购货物。那一次，船上满满当当站了 20 多人。渡船行驶到河中央时，船意外侧翻了。在那次灾难中，船上 20 多人全部遇难。刘永红的爷爷也被河水冲到了下游。由于水性好，他才最终被人救上岸来，保住了性命。

第二天，带着对乡邻的愧疚，刘永红的爷爷主动投案自首。意外的是，当时丙安镇上遇难的家庭，不但没有责怪刘永红的爷爷，甚至还联名上书，请求官府赦免他的罪责。在古镇人看来，虽然亲人

■ 丙安居民刘永红

在乘船时遭遇了不幸，但毕竟是源于一场天灾，更何况，船工也拼尽了全力去营救落水之人，并没有独自逃生。悲剧面前，明事理懂体谅的丙安人最终选择了原谅和宽恕。

刘永红从小就听爷爷无数遍地讲起当年的往事，并且一再叮嘱他，

一辈子都不能忘记乡邻们给予他们一家的那份恩德。

为了回报乡邻，从刘永红的爷爷开始，他们一家三代人都在这条河道上从事着渡船工作。直到后来取消渡船，他们再也没有出现过一次事故。

失去亲人的悲痛并没有转化成难以化解的仇恨。相反，在古镇文化的影响下，丙安人以宽容包容之心去面对曾经的过往，他们相信仇恨的种子结不出善的果实，只有宽厚为人才能多福多寿。

今年已经 73 岁的曾召寒，是当地一家竹编工艺厂的负责人。至今，他还记得当年在开办工厂的时候，曾经发生过的一次不太愉快的"经历"。

1993 年，40 多岁的曾召寒投资建设了一个竹编工艺厂。然而，由于厂房面积有限，在每次进货的时候，大量的原材料只好堆放在了村民的土地上。一来二往，就产生了矛盾。一次因为土地的问题，曾召寒和当地村民争吵了起来，双方都各不相让，最终大家不欢而散。

那天晚上丙安下了一场大暴雨。不到几个小时，赤水河的水位一下子猛涨了起来。眼看洪水就要越过堤坝，冲进厂区。曾召寒一个人根本无法快速转移好几吨重的货物。就在这时，当地村民自发组织了起来，带着绳索和工具前来帮忙。令曾召寒感到意外的是，这些人中有好多是之前刚和他争吵过的村民。

曾召寒每每回忆起那个场景都百感交集："可以说是别人冒着生命危险，白天一个半天下午，晚上到了深夜 3 点多钟，才帮我抢险结束。特别是有一个老妹，她干不得活，搬不动我的东西，就烧点开水来，对我都支持，我很感激。"

事后，他也意识到自己选址的不妥之处，便重新寻找了一块合适的空地办厂经营。一场争端就在双方的彼此包容间消弭于无形。

从那以后，曾召寒每天除了工作之外，还养成了一个习惯，就是定时去观测赤水河的水文情况。每年洪水过后，他都会把最高水位刻在石壁上，做好记号。20 多年来，从未间断。在他看来，这件举手之劳的"小事"，也许会对频发洪水的家乡有所帮助。果不其然，到了 2002 年，古镇在修建索道桥的时候，工程队就是借鉴了他多年观测的水文数据，制定了桥的高度。

如今，曾召寒已经是古稀之年，生活在外地的子女劝他搬到城市居住，但是这位老人却不想离开。在他看来，外面的世界再好也没有家乡人的亲切。

"早上起来，开门就见到了乡邻，早上泡杯茶，哪家走一走，所以我没有出去的原因，我感到我是幸福的。留恋家乡的水、家乡的土、家乡的情，所以不想远走。"曾召寒说。

因为一份留恋，也因为邻里间的一份亲情，丙安人大多留在了古镇。对他们来说，踏着青石板路，推开一扇门，邻里间拉着家长里短，诉说着生活的点点滴滴，这样的生活过得有滋有味，过得平和安详。

世世代代生活在这里的人们始终以一颗宽厚仁德之心待人处世，也使得这座千年古镇仿佛有了抚慰人心的巨大力量。无论在灾难还是困难面前，总能轻而易举地跨越伤痛，重获新生。

四 百年民俗庇佑，小镇增添活力

"竹鼓舞"、"长街宴"和"开酒祭河"是当地流转数百年的文化传统。

历史上，丙安人居住在大山深处，不仅四周野兽出没，还经常遭遇土匪的袭击。一旦遇到危险，他们就会敲响"竹绑绑"呼救。按照丙安的传统，一旦听到"竹绑绑"的声音，无论相互之间有过怎样的过结或是矛盾，四周乡邻都要前往帮忙。现在，这个传统被人们保留了

■ 竹鼓舞表演

下来，成为一种民俗活动。每年临近农历的正月十五，丙安镇的居民就在广场上跳起欢快的舞蹈，一声声清脆响亮的"竹绑绑"，总能唤起古镇

■ 长街宴

■ "开酒祭河"仪式

人心中的那一份善意和包容。那天，古镇人还会沿街摆开一道"长街宴"。家家户户都把自己最拿手的菜肴端上餐桌。此时此刻，大家都欢聚在一起，彼此不分你我，尽情分享着美食，畅聊着人生。

农历新年刚过，丙安镇的邻里街坊搬出自家储藏了近一年的好酒，会聚到赤水河畔，参加一年一度的"开酒祭河"仪式。古镇人选择在良辰吉日启封开坛，把最为醇香浓厚的美酒倒入河中，祈福来年的风调雨顺、人畜平安。这种古老的习俗已经在当地延续了数百年。岁月更迭中，世世代代生活在这里的人们依山而耕，临水而渔，他们安享着丰收的喜悦，也感恩于这方天地的宽厚与仁德。

清代诗人陈熙晋曾在丙安镇留下诗篇：树杪炊烟夕照收，无端风雨落床头。客心摇曳青灯里，一夜滩声撼小楼。

走在青石板和长条石镶嵌而成的老街上，会让人不由得沉静下来，一个和善的眼神，一个暖心的微笑，浓浓的温暖就这样扑面而来，也许这就是丙安人的传统。以一颗和善之心待人，以一份豁达之情处世，也正是因为如此，这一座古镇才得以绵延千载。

编　导：宋鲁生　主持人：孙亚鹏
撰稿人：宋　瑶　指导撰稿：李彩霞

位于新疆阿勒泰富蕴县东北部的可可托海镇，是一座美丽而神秘的小镇。流经中国、哈萨克斯坦、俄罗斯三国的额尔齐斯河穿镇而过，碧绿无瑕的河水，逶迤深邃，亘古不息。"可可托海"意为绿色的丛林，环抱古镇的群山中，一株株桦树、松树深深扎根在巨石奇峰之间，尽显北疆大地的俊美本色。在这片富饶美丽的土地上，山的雄浑和水的灵动交相呼应，喷薄出巨大的生命能量，造就了一座世间罕见的天然宝库。

早在 2000 多年前，这里曾有一个美丽的名字——"金微山"，据《汉书》记载，当时的游牧民族沿额尔齐斯河放牧时，在河边的淤泥中发现了许多色泽艳丽的宝石。隋唐年间，朝廷在此设立金山都护府，各种奇

■ 可可托海的秀丽风光

珍异宝被当作贡品送往皇宫。新中国成立之后，埋藏在大地深处的宝藏被发掘，可可托海成为"新疆有色工业的摇篮"。

一 "三号矿坑"助力国防建设

这个隐藏于新疆北部阿尔泰山间的传奇小镇，蕴藏着让世人惊叹的巨大能量，能量的来源便是被称为"世界地质圣坑"的可可托海三号矿，它与小镇隔河相望，圆形的矿口直径达到250米，这个世界上最大的矿坑，所记载的历史和故事，充满传奇。

20世纪30年代，中国国内军阀混战，局势动荡，当时的政府无暇顾及边境地区。苏联专家沿额尔齐斯河进行勘探时，在可可托海发现了一条巨大的矿脉，矿石数量之多，种类之全，世界罕见。为了获取这些宝贵的资源，苏联就地建矿，开始秘密开采。1949年新中国成立以后，经中苏两国友好协商，矿区建立合营机制。从此，可可托海人的命运就和三号矿坑紧紧联系在一起。

■ 可可托海三号矿

伴随着矿区的建设，世代生活在这里的哈萨克人结束了艰难的游牧生活，成为第一代矿工。同时，稳定的收入吸引着来自四面八方的年轻人，他们纷纷来到离家万里之遥的矿区。虽然民族不同、文化各异，但是在这里，他们拥有了一个共同的名字——可可托海人。从此，一个占地仅12平方公里的小镇在中国西北边陲拔地而起。鼎盛时期，这里聚集四五万人工作、生活。

20世纪50年代，国际形势变幻莫测。对建立之初的新中国来说，没有强大的国防作为后盾，中华崛起便只是空谈。为了保卫国家安全，我国做出自主研发"两弹一星"的战略决策，可可托海成为其中的关键一环。作为"两弹一星"的主要原材料供给地，可可托海人再次肩负起了历史的使命。

80岁的哈萨克老人买迪，曾是矿上的一名爆破工人。每次回想起那段峥嵘岁月，老人脸上总是洋溢着骄傲与自豪。在一次开采挖掘中，买迪和同事接到命令，要对矿洞里的岩石进行爆破。他们在岩壁上填装了16管炸药，引爆时却发现因岩层渗水，有几根导火索烧到一半便熄灭了。若不能同时引爆所有炸药，就会严重耽误工期。导火线在燃烧，每一秒都变得生死攸关，撤离就意味着爆破失败，排除故障则面临着生命的危险。生死抉择间，买迪和同事冲了上去。还没来得及跑出矿洞，16管炸药就爆炸了，巨大的冲击波把两人震晕在地上，买迪身上多处骨折，另一位同事手臂骨折而且失去了一只眼睛。巨大的伤痛和恐惧，并没有动摇这些钢铁般的汉子，一个多月的治疗后，他们就回到了矿上。在矿区工作，常常与危险相伴，但每一位可可托海人都没有丝毫的胆怯和退缩，他们知道自己挖掘的矿石是国家最需要的战略物资，绝不能轻言放弃。

20世纪60年代，中苏关系破裂。苏联要求中国偿还所有援华物资，本息共计52.9亿元人民币。按照双方协议，偿还外债，除了农副产品外还可以用矿产品抵债。当时的可可托海三号矿坑盛产着世界上已知的140多种有用矿物中的86种，其中包含了锂、铍、钽、铀等稀有金属。在国家困难之际，可可托海人义无反顾地肩负起了为国分忧的重任。冬季的可可托海是我国仅次于漠河的第二"极寒"之地，气温低至零下四五十摄氏度。即使在严酷的自然环境下，矿山也没有停工停产。经过4年多的努力，我国提前一年还清了债务。其中，从可可托海"三号矿坑"开采出来的矿石，就占了偿还债务总额的1/3。

可可托海人用自己的双手掏空了一座大山，也扛起了一个国家的希望和未来。1964年，中国第一颗原子弹爆炸，随后，又成功爆破了第一枚氢弹。1970年，中国自行研制的第一颗人造卫星"东方红一号"顺利升空。在这些让所有中国人振奋的消息背后，都有来自可可托海人的默默奉献。"三号矿坑"的锂、铍、铯等稀有金属原料，为我国的国防事业注入持久的动力。因此，"三号矿坑"被称为中华民族的"英雄矿"。

二 最深水电站提供不竭动力

随着矿区范围不断扩大，传统的人工作业方式已经无法满足开采的需要，机械化的设备也需要源源不断的动力。在距离小镇十几公里的地方，小镇人建立了一座水电站，被誉为"共和国水电史上奇迹"。可可托海水电站始建于 1958 年，期间两次停工，最终于 1967 年 2 月正式建成。当时，由于国防建设保密的需要，水电站隐藏在地下 136 米处，是我国最深的地下水电站，由我国自行设计并施工完成。数千名建设者在深山峡谷中，开山挖洞，拦河筑坝，从开始勘探到机组投入使用共耗时20 年。20 年间，有人在拦河围堰时献出了生命，有人在清理坡面时不幸牺牲，但没有一个人因此退却。可可托海人用鲜血和生命铺就出这座如钢铁长城般坚固的水电工程。

■ 可可托海水电站

85 岁的哈德尔哈力曾是水电站的一名维修工，对于当年艰苦奋斗的岁月，他至今难以忘怀。1967年 2 月 5 日，可可托海水电站第一次发电成功，从此维护水电站的正常运转成为工作的重中之重。一年冬天，水电站深井里的水轮机突然停工，井内水位涨高了 15 米，已经达到红色预警线，随时都面临崩坝的可能。由于缺乏潜水设备，矿区立刻从北京请来两位潜水员进行水下勘探。但是，由于潜水员并不精通水电技术，因此在故障机械面前一筹莫展。水电站无法正常运转就会严重影响矿区的生产，这时，从来没有接受过潜水训练的哈德尔哈力提议让潜水员抱着他下水寻找问题的根源，在寒冷刺骨的水中，承受着 15 米的水压十分危险。在哈德尔哈力的坚持下，他们反复深潜，逐渐摸清问题并排除了故障。说起往事，老人显得很平淡，在他看来，守一班岗就应该尽一份责，这样尽职的精神成为可可托海人的象征。

如今，随着科学技术的进步，可可托海水电站进入了全自动化管理时代。从建成至今，这座地下水电站已经走过了半个世纪。作为中国最深的地下水电站，它经受住了多次地震和洪水的考验，至今仍然给小镇源源不断地提供着电力。

三　收藏历史传承担当精神

艰难的岁月早已成为过往，如今的可可托海成了旅游胜地。每逢节日，小镇上都会响起"冬不拉"悦耳的琴声。琴声中讲述的是哈萨克人英勇不屈、勇于担当的古老往事。回看过去，可可托海人用奋斗和担当谱写了祖国发展史上一段可歌可泣的精神史诗。勇于担当的精神特质被定格在矿区里，凝固在土地上，也深植于一代又一代的小镇人心中。

随着可可托海矿区逐渐转为保护性开发，曾经车轮滚滚的繁忙生产景象慢慢在小镇中淡去，但这里依然生活着 6000 多人，包括汉族、哈萨克族、维吾尔族、回族等 17 个民族，他们大多是当年的退休矿工和矿工的后代。

巴哈提别克的父亲在矿区工作了一辈子，他经常在家中说起矿上的往事。从那时起，巴哈提别克就对矿区的历史和文化有了深厚的情结，长大后他也成了一名矿工。现在的巴哈提别克已经退休，他有一个独特的爱好便是将矿上的老物件收集起来。在他看来，每一件物品的背后都蕴藏着可可托海为国分忧、为国担当的历史与记忆。4 年多时间里，巴哈提别克收集了几百件老物件。有人曾出价几万元想买他的收藏品，那时的巴哈提别克，一个月只有 2000 元退休金，面对这笔巨款，他没答应，而是无偿地把所有藏品捐献给当地陈列馆。如今，每当空闲的时候，巴哈提别克就会到陈列馆中做义务讲解，在老人自豪的讲述中，无数游客都会被可可托海人勇于担当的精神所感动。

曾经立下赫赫功勋的"三号矿坑"渐渐走入历史，但那些动人的故事，那一张张曾经年轻而生动的面容却被永远记录，他们把自己最美好的年华留在了这里，也把为国分忧的信念留在了这个叫作可可托海的地方。

■ 巴哈提别克义务讲解

现在的可可托海早已成为国家 5A 级风景区和历史文化名镇。神奇的地质风貌和秀美山水风光吸引着四面八方的游客纷至沓来。沉寂一时的小镇又焕发出勃勃生机。巨大的矿坑已经和小镇优美的风光一起，成为可可托海引以为傲的象征。在小镇平静的生活下，可可托海人勇于担当，无私奉献的精神熠熠生辉，为国分忧、为国尽责的传奇远未结束。

编　导：王　洁　杨　阳　主持人：杨　阳
撰稿人：高红红　指导撰稿：李彩霞

编导手记

勇于承担的人生最美

从北京出发，飞行4个多小时到达乌鲁木齐，再转机1个多小时到达富蕴县，然后往东北方向驱车三小时，就来到了位于新疆阿勒泰山间的可可托海镇。空间的距离仿佛也带来季节上的差异。10月的清晨，在北京只是秋风乍起，而在这里，却已是初冬时节。一栋栋小楼笼罩在晨雾之中，身旁偶尔走过三五个修路的工人、几个穿着校服的孩子，一切都显得极为普通，让人难以想象这里曾发生过的传奇故事。这个因矿而生的小镇，曾帮助新中国偿还巨额外债，为共和国"两弹一星"事业和有色金属工业发展作出重大贡献。数十年光阴如水般逝去，在时光的洗礼下，这片土地留给后人的精神土壤也愈发显得珍贵、厚重、引人探寻。

我的采访是从三号矿坑开始的。在那里，我见到了已经80岁的买迪老人。他曾是矿上的一名爆破手。当年，在和工友在执行一次爆破任务时，为了重新点燃熄灭的部分引线，他们一起冲回了即将爆炸的矿洞。虽然保证了爆破的顺利完成，两人却身受重伤。说起那次经历，老人依然记忆深刻。当我问到，时间如此紧迫，为什么还要回头时，我原本以为，老人会给我讲些深刻的大道理，没想到，他却实实在在地给我算了一笔账。"洞子里有一个眼不能爆炸，8个小时内工人就不能（完成）清沙，就不能及时完成（爆破）。（冲回去）我死了也就死了。"至今我依然可以清晰地回想起老人说出这句话时那份坚定的目光。

　　用质朴的语言诠释伟大的壮举，像买迪老人这样的人在可可托海还有很多。在可可托海水电站运营维护时，从未接受过潜水训练却数次下潜到 15 米水下排除故障的哈德尔哈力老人告诉我，"有一不怕苦，二不怕死的革命精神，那个劲就大得很！"退休后，用四年多的时间收集矿上老物件，留存一代精神记忆的巴哈提别克告诉我，"我给他们仔细地讲，让他们知道父辈们的艰苦程度，可可托海精神不是白来的"。面对我们的镜头，他们的言语中总是流露出自豪。聆听他们的故事，让我的内心一次次为之震动。可可托海人的贡献之大，索取之少；精神之高洁，外表之平凡，让我感受到了强烈的对比。我渐渐明白，对于买迪老人和许许多多当年奋战在矿区的人们来说，他们用行动作出的选择，就是"为国分忧，勇于担当"的可可托海精神。

　　我的家乡是石油城市大庆，如果说可可托海这座小镇是因矿而生，那么我的家乡大庆就是一座因油而生的城市。从小看着家乡随处可见的"磕头机"，听着"铁人"王进喜故事长大的我，虽然无数次感动于先辈艰苦创业的故事，但这些往事对于我这个出生于 90 年代、生长在和平时期的年轻人来说，依然感觉十分遥远。对于"过去那代人"的精神，还不能深刻地理解。但是，当我走进可可托海，走进矿区的矿洞，当我触摸到头顶湿润的岩壁，感受到洞中透出的阵阵寒气，体会到洞内外巨大的温差的那一刻，所有人给我讲述的故事突然变得格外具体。那一刻，我仿佛能够看到，曾经一批批风华正茂的建设者，伴随着日夜流淌的额尔齐斯河，在零下四五十度的极寒环境中挥洒汗水，我仿佛能够听到那响彻山间、昼夜不息的爆破、敲击声。那一刻，我被深深地震撼了。我懂得了可可托海人，也懂得了我的家乡。对曾经数以万计怀揣着理想信念的人们来说，对家国的情怀与担当已经他们在心中内化为一种主动、一种忘我、一种力量。他们懂得人生的意义，不仅仅在于探索纯粹的自我感受，更在于国家、社会甚至千千万万"别人"的感受。记得小时候，父母经常用王进喜的一句话教育我："井无压力不出油，人无压力轻飘飘。"我想，正是因为把家国、把他人放在心上，把责任担在肩头，他们的人生才显得那样饱满、壮美。

"为什么我的眼中常含泪水？因为我对这土地爱得深沉。"当我踏上归途，渐渐离开这座小镇，告别那见证了风雨变迁的苏式老木桥、白桦林，我的内心充满了庄严和崇敬，也充满了对家园深深的眷恋与热爱。我想，这次采访的收获，我将会铭记一生。

出镜记者：杨　阳

尧坝镇

做事
敢担当

位于四川省泸州市的尧坝古镇，四面环山，因地处川黔交通要道，自古以来，往来于四川和贵州之间的商帮，都会在此歇脚，久而久之，就形成了集镇。明清时期的尧坝镇，是川黔商贸最繁华的地区，时至今日，民间还流传着"在别处买不到的东西，在尧坝都买得到"的说法，因此尧坝镇还有"小香港"的别称。

现如今尧坝镇依然保留着明清时期的格局。远远望去，200多栋古民居的瓦脊连成一条曲线，高低起伏，错落有致，宛如一条巨龙栖息在群山脚下。

■ 尧坝古镇

"挑夫挑出来的古镇"

但是，要把货物运到镇里，并不是一件容易的事情。地处四川盆地最南缘的尧坝古镇，属于深丘陵地带，是典型的"地无三尺平"，往来货物的运输，只能靠挑夫们一步一个脚印地挑出大山。

川黔古道上，有一个民谣："罗索长扁担短，男儿做事敢担当，出门挑着家兴旺，道路艰险求平安"，就是挑夫们的真实写照。

■ 挑夫

日夜奔走在崎岖山路上的挑夫们，肩上背负着沉重的货物，翻山越岭，长途跋涉，古道上被踏出的一条条山路，仿佛在诉说着他们的辛劳。一根扁担，两根麻绳，挑夫们就这样日复一日地穿行在川南黔北的大山之间，无论狂风暴雨，还是酷暑严寒，他们都不曾放下肩上的重担。直到今天，人们还把尧坝称作"挑夫们挑出来的古镇"。

年复一年，寒来暑往，川黔古道上的挑夫们用肩膀撑起了家庭的重担，也挑出了古镇的兴旺。勇于担责的精神，就是这样深埋在尧坝人的心中。

"挑夫"精神见"担当"

清朝嘉庆年间，古镇人李耀龙考取了武进士，出任禁卫军统领。有一年，在他回家省亲的途中，见到曾经热闹非凡的古镇商铺店门紧闭，冷冷清清。一度人来人往的川黔古道上也没了人烟。询问后李耀龙才得知，原来是家乡的富庶引来了许多山匪，他们平日藏匿在大山深处，每隔一段时间便下山抢劫一次，不仅当地百姓深受其害损失惨重，外地的商人也不敢再来此地经商。

当时的尧坝是川黔两地的贸易重地，古镇人家大部分都经营着自己的买卖，一旦商道中断，人们的生活就会变得衣食无着。李耀龙深知其中的利害关系，心里十分着急，便主动向朝廷请旨留在当地剿匪。

正所谓"当官避事平生耻，视死如归社稷心"。对于当时正在省亲期间的李耀龙来说，剿匪本不是他的分内之事。但古镇世代传承的"挑夫"精神，让他在遇事时有足够的勇气去承担起为民除害的使命。在那次剿匪行动中，李耀龙义无反顾地冲在了队伍的最前面。

得胜归来时，尧坝镇沸腾了，人们杀猪宰羊，舞龙舞狮，用最热烈的方式迎接他。剿匪成功的消息传到朝廷后，嘉庆皇帝大喜，下旨拨银修建起这座"进士牌坊"，以表彰李耀龙主动担责，为国为民所作出的贡献。

■ 进士牌坊

如今，这座"进士牌坊"依然完好无损地屹立在古镇的南大门，它气势宏伟、俯视古镇，宛如一位勇士护佑着这方水土的安宁。每天从牌坊下经过的尧坝人，沐浴着先人的荣耀，也把这种勇于担责的精神深埋进血脉，世代传承。它时时都在激励着尧坝后人要敢于为国分忧，为民分忧。

李耀龙剿匪成功后，带动了古镇习武风气的兴盛，许多年轻人把以武报国、保一方平安作为自己的人生目标。同样是在清朝嘉庆年间，尧坝人周其斌考取了武举人。正当他在家候任期间，古镇一旁的鼓楼山中又有土匪作乱。当时，正临近春节，凶悍的山匪不但抢走了大家精心备下的年货，还杀了不少人，一时间，古镇里一片狼藉，人们陷入了恐慌之中。

当时的情形让周其斌义愤填膺，他主动拜访了川黔两地的官府，表明自己熟悉鼓楼山的地形，愿意作为向导和官兵一起上山剿匪。当时土匪听说后对其威逼利诱，他不但没有退缩，反而燃起斗志，带领村民将土匪全部消灭。

此后，近代革命斗士梁自铭，一代美学大师王朝文，知名导演凌子风都是从古镇中走出的好男儿，他们或文或武，在各自的领域中施展着抱负，践行着责任，传承着家乡的文化。

正是在一代代有责任、有担当的尧坝人守护下，这座群山环抱的川南古镇虽历经风雨坎坷，却依旧安稳如初。世世代代生活在这里的人们也因"担当"二字被赋予了别样的气质，他们坚强自信又温柔多情，他们忠于信念，也深谙使命。

自建消防队，同心守家园

由于古镇周边山林密布，镇里的建筑又大多是木质结构，天干物燥之时，极易发生火灾。为了守护家园平安，20多年前，当地居民自发成立了一支摩托车消防应急分队，以应对古镇及其周边山林突发的火情。

消防应急分队中有当地的农民、自己的朋友，镇上的和乡里的都有，各行各业的都有。从加入应急分队的那一刻起，这些义务消防员们就把一份沉甸甸的职责扛在了肩头。只要听说哪里发生了火灾，他们就会立即骑着摩托奔赴现场。

2002年的一个夏天，尧坝镇旁的一座山头突然冒出了滚滚浓烟。当时，离古镇最近的消防队赶来需要一个多小时，镇里只能紧急求助消防应急分队。

■ 消防应急分队

听到消息的队员们放下手边的事情

由于那时手机还没在乡镇普及，分散在各处的队员们，一边骑着摩托车飞奔，一边大声呼喊同伴。短短十几分钟，吆喝声就传遍了整个古镇，听到消息的队员们放下手边的事情，迅速集合，向火灾现场赶去。

当时正值酷暑，山火蔓延得很快，热浪一次又一次地扑向队员们，这些尧坝汉子顶着高温，冒着生命危险，硬是用镰刀和锄头砍出了一条隔离带，控制住了火情。

经过近七个小时的扑救，山火终于熄灭了，可为了防止余火复燃，已经疲惫不堪的队员们选择留在山上，继续巡逻。山下的乡邻们看到队员的模样，十分心疼，连夜为他们熬了几大桶稀饭，送到山上。

在这二十几年当中，应急分队没有一个要退出的，而且这个队伍越来越庞大，现如今已经达到100多人。

为了更好地完成每一次救火任务，队员们经常利用业余时间进行消防演习。20多年的时间里，他们骑着摩托车穿行在古镇的大街小巷，从青春年少到不惑之年，他们的眼角挂上了皱纹，发丝沾染了风霜，但唯独不变的是他们对家乡的这份责任与深情。

子欲养，亲亦在

在老街上有一家黄粑老店，每天都忙得热火朝天，糯米与红糖的香气弥漫在古镇的大街小巷中。邓启明便是这家百年老店的传人，今年32岁的他，曾是一名计算机专业的硕士研究生，毕业后在一家大型企业的海外部门工作，事业发展得顺风顺水，然而，这一切却在2010年的一天发生了改变。

他刚去国外的第一年，他父亲就病逝了，母亲身体又太差，再加上那段时间心情不好，导致母亲茶饭不思。于是，那时的邓启明想要把母亲接到国外和自己一起生活，但母亲坚决不同意，因为她既不愿离开家乡，也不想成为儿子的负担。

有一天，家里的邻居给邓启明打电话，告诉他母亲的精神状态越来越差，经常几天都不出门，吃饭也是随便凑合。听到这些话，远在大洋彼岸的邓启明一刻也坐不住了。

所谓责任和担当，不过就是拼尽全力去捍卫心中想要守护的那样东西，大到一个国，小到一个家。

儿时，父母是邓启明背后可以依靠的那座大山；如今，他想要成为母亲可以倚靠歇息的那棵大树。这是他作为儿女的一份担当，也是一个男子汉必须为家庭付出的责任。

最终，邓启明放弃了前程似锦的工作，回到家乡陪伴母亲。或许命运的天秤总会倒向那些敢于付出、无惧担当的勇者。深山里的小镇并没有束缚这位年轻人

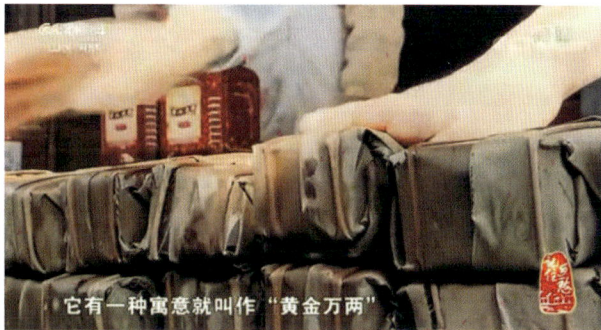

它有一种寓意就叫作"黄金万两"

■ 黄粑

的天地，他把父亲留下的黄粑老店又经营了起来，在传统基础上创新改良过的口味，更加符合现在人们的喜好。曾经海外工作的经历，又让邓启明找到了新的市场。

每年邓启明的店里都会有几个订单销到国外去的，特别是华侨，他们比较喜欢吃黄粑，也会送给他们在国外的一些朋友。因此，更多的人了解到了尧坝古镇的黄粑。

在邓启明的苦心经营下，小店的生意越来越红火，金灿灿的黄粑也成了古镇的一张名片，走向了世界各地。看着儿子每天充满热情的生活，曾经一度陷入悲伤的母亲，脸上又露出了久违的笑容。

心怀责任，传承祖艺

漫步街头也总会遇到惊喜。沿街摆放的一把把油纸伞静静地沐浴在阳光下，为这座千年古镇平添了一抹动人的春色。

油纸伞的传承已有千年的历史，在中国南方的大部分地区，油纸伞曾是人们遮风挡雨的主要用具。看似简简单单的一把伞，制作起来却十分复杂，从伞骨到伞面，要经历108道工序才能完成。

这家油纸伞店的主人张其秀，她们家的油纸伞工艺是祖传的。108道

烦琐的工序，四五千次的穿针引线，才能成就这一把小小的油纸伞，这其中所包含的辛劳不言而喻。从小就看着父亲做伞的张其秀，看着一根根细竹条，一张张油面纸，在父亲灵活的双手下，变成了一把把漂亮的油纸伞，就萌生了想要学做伞的念头，没想到，这一做就再没停下来。

20多年前，张其秀从父亲的手中接下了这家伞店。那时，市场上工业化生产的布伞品种越来越多，价格也相对便宜，一时间手工制作的油纸伞开始变得无人问津，生意最差的时候，张其秀一个月才卖出去了一把伞。为了能够把伞店继续支撑下去，她就和丈夫一起白天去工地打工，晚上回家做伞。这样的生活持续了整整 5 年。

■ 油纸伞

心中有责任，就不能回避生活的打击和重压，站起来并坚持向前，唯有这样才能让祖辈的手艺得以传承。那段日子里，张其秀苦苦支撑着，虽然生活过得既清贫又辛苦，但是始终没有放弃过这门老手艺。

随着时代发展，人们的审美发生了改变，各种传统手工技艺再次受到市场的欢迎。油纸伞的销路也越来越好，如今，许多来到古镇的游客，总会进她的店里看一看，欣赏之余买上一把，既能回味过去的风雅，又能化作一份美好的回忆。

一把把油纸伞，是古镇人用辛勤和汗水浇灌出的生活之花，一座座宅院是尧坝人用心血建造的温馨家园，一间间店铺的背后，则是一代代挑夫用自己的双肩扛出的千古繁华。"罗索长扁担短，男儿做事敢担当"这是尧坝人永恒不变的气魄，也是这座千年古镇永不褪色的硬朗底色。

编　导：李　娜　主持人：宫柏超
撰稿人：李霞飞　指导撰稿：李彩霞

解州镇

大义参天

解州古镇位于山西省运城市，西望陕西、南眺河南，距今已有数千年的历史。每逢年节，极具地方特色的干板腔就会在古镇中响起，"千古盐池早形成，蚩尤心邪成霸龙，遍地哀嚎黎民苦，黄帝举剑成义正"。没有伴奏，全凭演员一张巧嘴，抑扬顿挫地讲述古镇往事里英雄的传说。

这段干板腔中所提到的盐池，位于解州古镇的北部，是中国最古老的盐产地之一，在上古传说中，这里也是黄帝与蚩尤大战的地方，这场大战之后，黄帝心系苍生敢于讨逆的义举深得天下百姓的推崇，各部族奉他为天下共主，又被后人尊为"人文初祖"。

■ 解州镇

一 武圣故里，忠义传后世

一部《三国演义》，武圣关羽为人们所津津乐道，而关羽就出生在解州。他的一生策马横刀，驰骋疆场，谱写出一曲令人敬仰的大义壮歌。关羽与刘备和张飞，三人意气相投，在一个桃花绚烂的园林举酒结义，对天盟誓："既结为兄弟，则同心协力，救困扶危；上报国家，下安黎庶。"这一拜，拜出了一个时代。

关羽勇武异常，冠于全军。后世小说写他温酒斩华雄、三英战吕布、斩车胄、斩颜良、诛文丑、挂印封金、千里走单骑、过五关斩六将、华容道、单刀赴会、水淹七军等，虽有违背史实之处，但却也突出表现了他的武勇和神韵。至于刮骨疗毒，更是尽人皆知。协助刘备一生征战沙场，在吴国撤军时，陷于进退失据、腹背受敌的困境，仍不肯被降服，与其子关平在建业一起被孙权所杀。

作为武圣故乡，当地人深以为傲，解州镇有中国最大的一座关帝庙，创建于隋初，每到逢年过节，来自海内外祭拜关公的人就络绎不绝。古镇人把黄帝和关羽视作"忠义"的化身，传颂着他们的功绩，解州镇当中也流传着许多关于他的故事，数千年间，尚义之风始终浸润在这方水土当中，也影响着世代生活在这里的人们，让他们无论是生活还是经商，都能够以义为先、以义相交。

■ 关羽雕像

二 仝少宣信义为本，振兴盐业

聆听着远古的传奇，传颂着华夏初祖的丰功伟业，解州人仿佛有种与生俱来的使命感，古往今来，不仅普通人把关羽作为心中的榜样，商人也效仿关羽，以"义"为先。

明清鼎盛时期，解州有一街十三坊，南来北往的客商络绎不绝，叫卖声响彻古镇，驼队马帮排着长队，铃铛声不绝于耳。那时商人主要经营的是盐池里盛产的食盐。

在本地盐商中有一位叫全少宣，小时候，他的家境十分贫寒。有一次，全少宣在街上玩耍，突然捡到一个布袋，里面是白花花的银子，在那时，这些钱足以让他和家人过上衣食无忧的日子。然而，年幼的全少宣深知镇上自古以来就讲究"义"，不义之事不能干，不义之财不能拿。他硬是在原地等了整整一天，直到失主回来找，并如数奉上。

良好的家风潜移默化地影响着全少宣。长大后，他靠着自己的努力成了一名盐商，并拥有了自己的商号，由于为人正直仗义，深受古镇人信赖。一次，一个外地商人和全少宣无意间说起解州出去的盐存在缺斤短两、杂质也有点儿多的问题。听闻此，全少宣立刻开始调查，他觉得这种求利忘义的行为不仅是对关老爷的不敬，更是给家乡的名声蒙羞。经过调查，他发现问题出在中间渠道，一些外来盐贩从解州购买食盐再次销售时，常常会往里面添加杂物，以牟取暴利。

为了遏制这种有损声誉的情况再次发生，全少宣和当地几家盐号达成协议：盐生意交由全少宣全权经营，严格审查前来交易的盐商、盐贩子，绝不容许以次充好。同时还承诺，如果因此造成亏损，由他一人承担，盈利则大家按股分成。当时，家里人都不同意，全少宣坚持认为，大家都不择手段地追求利，不讲信用，是给解州镇人千百年来"义"抹黑，必须想个法把这个局面扭转过来，倾家荡产也在所不惜。在"义"和"利"面前，他宁肯舍弃全部的"利"，也要保全"义"。

取义而舍利，全少宣的做法受到了人们的赞许，在他的带动下，解州的市场变得更加规范了，商贸也迅速发展起来。到了清朝末年，古镇已经成为蜚声南北的大码头，草原的皮货、南方的茶砖、苏杭的丝绸、欧美的呢绒、各地的药材都汇聚到这里的市场，车水马龙，热闹非凡。往来贸易的商人来到这里，都会从解州关帝庙请一尊关老爷像，作为武财神来供奉，以彰显"义中求财"的商业道德。

三　马丕瑶私放粮仓，大义救百姓

重情重义的传统不仅给古镇带来了数百年的繁华，也使得这座晋南小镇充满了浓浓的温情。每当家乡遭遇灾难，古镇人都会勇敢地站出来，为了百姓福祉奋力一搏。

清光绪登基的头四年时间里，华北地区暴发了罕见的大灾荒，史称"丁戊奇荒"，当时的解州也未能幸免，成为山西南部的重灾区。

灾情越来越重，灾民越来越多，当时的解州知州马丕瑶心急如焚，决定"开粮仓、济饥民"。这个举动让衙门里大大小小的吏役都慌了神，因为没有朝廷的批文，擅自开仓放粮可是重罪，甚至是要杀头的，吏役纷纷劝他，还是先奏明皇上，待批准之后再办理也不迟。马丕瑶深知，解州距离省城要七八百里，距离京城则更远，如果等到申文请示并得到批准，每天会饿死更多的饥民，任何罪责，等赈济灾民之后，全部由自己来承担。灾难面前马丕瑶不再拘泥于法令条文，不顾个人安危得失，亲手打开了粮仓，解州得以转危为安。在他的治理下，到了第二年，解州全境粮食丰产，存粮万石，古镇人又开始对外救济，帮助周边好多州县摆脱了荒灾之困。

光绪皇帝得知马丕瑶私自放粮赈济灾民的义举后，不但没有惩处，反而亲赐他"百官楷模"的牌匾，以示褒奖，解州粮仓也被人们重新命名为"同善义仓"，一直沿用至今。

四　程子华舍生取义，忠于国家

在民族危难之际，同样也总有热血男儿挺身而出，奋力一搏。程子华曾任全国政协副主席，这位来自关云长家乡的钢铁战士用对党和国家的无限忠诚和舍生忘死的奉献精神，树起了一座大义丰碑。"义"字存心，就是要着眼大局，为民族为人民谋福祉。

从小听着关公的故事长大的他对"义"字有着深刻的理解。长大后，程子华弃笔从戎走上了革命的道路。1934 年 12 月，担任红 25 军军长的程子华率领部队到达陕南洛南县时，遭到敌人的突然袭击。阵地多次失而复得，战斗异常激烈。当程子华迎着炮火，举着望远镜观察战场态势时，子弹突然飞来击中了他的双手，腕骨碎裂，手臂动脉血管被打断，大量失血。那时缺医少药，又没有消毒药水，医生只好拿盐水简简单单地消消毒，没有纱布就用白布代替，卷成布条，从伤口塞进去，又拉出来，这么反复多次，天天如此，即使是这种钻心的疼，他仍坚持指挥战斗。家里人知道之后苦苦劝他回家好好疗养，但是他没有答应，他斩钉截铁地说，革命一天不成功，就一天不离开战场。

直到 1935 年秋，红 25 军长征到达陕北后，程子华才接受了手术。伤口虽然痊愈了，但他的左手却成了一个伸不开的拳头，美国著名作家索尔兹伯里在《长征——前所未闻的故事》一书中，称他为"刮骨疗毒的关圣人"。

常年一线作战，程子华的身体变得十分虚弱。到了抗战时期，他一直带病坚持工作，那时每月仅有六元津贴，药品更是少得可怜。毛泽东同志得知后，决定给他补贴 100 元看病。当时，身边的工作人员听到这一消息后都非常高兴，但程子华却婉言拒绝了，他认为抗战还没胜利，日本鬼子没有被赶走，钱应该花在抗日战场上，有更多的革命同志需要这些钱。为了民族大义，他从不顾及自己的身体和生命，心里装的只有国家和人民。

五　解州人以义修身，同心共济

当硝烟散尽，古老的中国又迎来了盛世，小镇也恢复了往昔的宁静与祥和。虽然时代的车轮在滚滚向前，但是传统的文化却始终不曾被人们所遗忘，行走在古镇的老街上会发现，关公文化依旧深入人心。即使是在一间只有几平方米的小店里，店主也会在最显眼的地方，供上一尊关公的塑像。对于古镇人来说"义"是虔诚的信仰，更是无尽的追求。

在关公文化的影响下，如今的古镇处处充满着和谐友善之风，邻里之间都能相互扶持。急人之难、解人之困成为所有古镇人的行动自觉。

2012 年，镇里各村陆续筹建老年人日间照料中心，专门看护那些白天因孩子工作而独自在家的老人们。然而，场所有了，配套物资也快到位了，可大量照料老人的员工从哪里来，这让照料中心的负责人白学荣犯了难，因为照顾老人是一件长年累月的事情，但是经费有限，没办法招聘专业人员操劳。于是，白雪荣只能在镇上招募志愿者，令他没想到的是，消息刚发出，就有 60 多名志愿者加入了照顾老人的队伍，后来陆

■ 解州镇老人日间照料中心

陆续续又有几十人加入，这些志愿者们风雨无阻，轮班照顾老人。宸红霞是其中从事了几年的志愿者，家里也有老人孩子需要照料，但是她仍然一有时间就来照料中心，在她看来人与人之间本身就应该多替别人着想。照料中心的志愿者们甚至还自购了血压器、指甲剪、理发器等，他们精心照顾老人，为老人们提供了舒心畅快的晚年生活。

在解州，"义"文化就如同关公像前的袅袅青烟，上千年来一直弥散在古镇的每个角落，这份难能可贵的"参天大义"伴随着古镇一路走来，如今已然成为这里最独特的文化烙印，永久地驻留在每一个人的心头，历久而弥新。

编　导：周　峰　主持人：杨　阳
撰稿人：郝晓媛　指导撰稿：李彩霞

《记住乡愁》第四季演职人员表

出　品　人：慎海雄

总　监　制：魏地春

总　编　导：李欣雁

执行总编导：王　峰

制　片　人：王海涛

策　　　划：郭文斌　刘伯山　周　密　赵　翀

片头题字：金鉴才

撰　稿　组：郭文斌　王海涛　周　密　张海龙　沈　晶

解　　　说：方　亮

技术总监：栗小斌

图书《记住乡愁》第四季撰稿委员会

组织单位：山西大学新闻学院
总 负 责：邢云文

第一小组
指导撰稿：王利花
撰 稿 人：任春昊　王景浩　梁晓宇　高钰霞　唐飞娆　汪瑞琪　严　钦　李俊楠

第二小组
指导撰稿：祁瑞萍
撰 稿 人：吕智慧　魏　钰　郑　凯　张　倩　罗　艺　闫春霞　尹雨苗　王　婧
　　　　　文烁棋　薛　琳

第三小组
指导撰稿：韩晓芳
撰 稿 人：乔　艳　王紫瑶　韩冉冉　武　涛　闫柏州　李　鑫　李皓青　王梦阳
　　　　　储信仪　肖　扬

第四小组
指导撰稿：袁文丽
撰 稿 人：王　蓉　周里昂　任　婕　刘　佳　郑　宇　梁家秀　米雅璐　王　冲
　　　　　田晓敏　卫　洁

第五小组
指导撰稿：庞慧敏
撰 稿 人：李瑞琦　张　倩　李延芳　李　茜　苗雨欣　宋冠琪　潘　璐　许嘉欣
　　　　　黄　璐　栗　宁

第六小组

指导撰稿：李彩霞

撰 稿 人：雷兆欣　胡晓泓　郝晓媛　赵　越　宋　瑶　高红红　李霞飞

统稿组织：邢云文　赵瑞锁　袁文丽　王利花　韩晓芳　庞慧敏　李彩霞　　　　　　　　祁瑞萍　李　攀